Couverture inférieure manquante

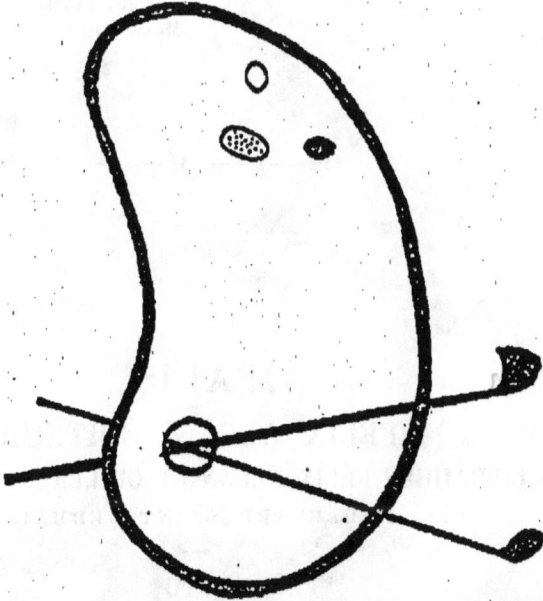

DEBUT D'UNE SERIE DE DOCUMENTS EN COULEUR

BIBLIOTHÈQUE
DE PHILOSOPHIE CONTEMPORAINE

LA PSYCHOLOGIE SOCIALE

DE

GABRIEL TARDE

PAR

AMÉDÉE MATAGRIN

« La servitude. ô mes concitoyens. c'est
l'égoïsme qui nous incarcère en nous-mêmes...
Mais liberté, croyez-moi, c'est fraternité : liberté,
c'est amour ! »

(G. TARDE, *Les deux Statues*,
Montaigne et la Boétie. — Lyon, 1892).

PARIS
FÉLIX ALCAN, ÉDITEUR
LIBRAIRIES FÉLIX ALCAN ET GUILLAUMIN RÉUNIES
108, BOULEVARD SAINT-GERMAIN, 108

1910

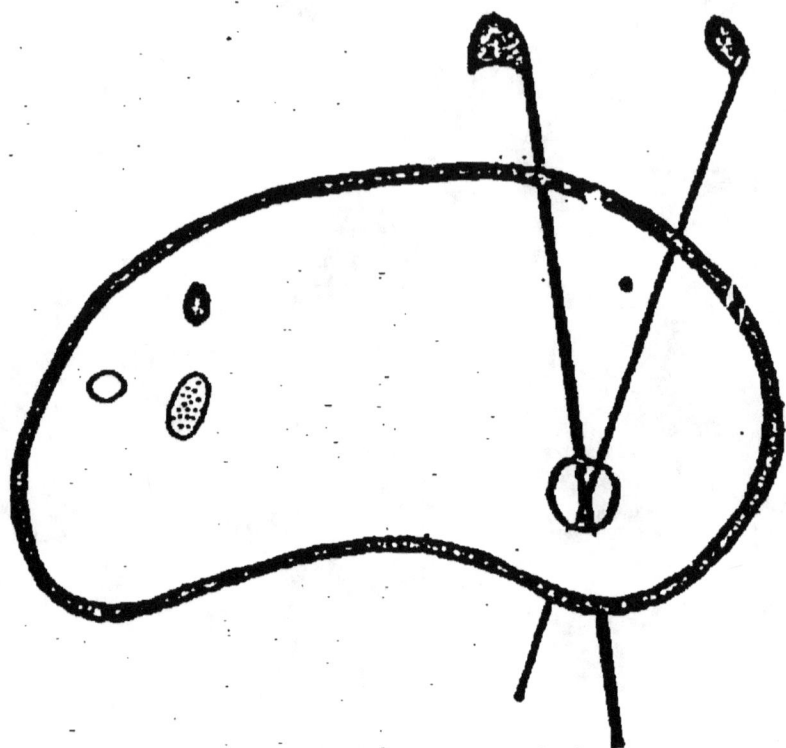

**FIN D'UNE SERIE DE DOCUMENTS
EN COULEUR**

LA PSYCHOLOGIE SOCIALE

DE

GABRIEL TARDE

DU MÊME AUTEUR

Essai sur l'esthétique de Lotze. 1 vol. in-16, Paris, Félix Alcan, 190 .

Histoire de la tolérance religieuse. 1 vol. in-8°, Fischbacher, Paris, 1905.

FÉLIX ALCAN, ÉDITEUR

ŒUVRES DE GABRIEL TARDE

LA PSYCHOLOGIE SOCIALE

DE

GABRIEL TARDE

PAR

AMÉDÉE MATAGRIN

« La servitude, ô mes concitoyens, c'est
l'égoïsme qui nous incarcère en nous-mêmes...
Mais liberté, croyez-moi, c'est fraternité ; liberté,
c'est amour ! »

(G. TARDE, *Les deux Statues*. —
Montaigne et La Boétie —, Lyon 1892).

PARIS

FÉLIX ALCAN, ÉDITEUR

LIBRAIRIES FÉLIX ALCAN ET GUILLAUMIN RÉUNIES

108, BOULEVARD SAINT-GERMAIN, 108

1910

A

MONSIEUR LE DOYEN E. COLSENET

PROFESSEUR DE PHILOSOPHIE A LA FACULTÉ DES LETTRES DE BESANÇON

En témoignage de respectueuse
et sincère gratitude.

A. M.

LA
PSYCHOLOGIE SOCIALE
DE GABRIEL TARDE

INTRODUCTION

Quand Tarde mourut en 1904, quelques mois après Herbert Spencer, il ne laissait pas comme le grand philosophe anglais, et même dans le domaine plus restreint de la sociologie, une œuvre d'apparence unitaire et fortement systématisée. Non pas que sa fin soudaine l'eût empêché de compléter l'édifice, car il s'est formellement défendu, dans la préface aux *Lois sociales*, de l'audace qu'implique une telle ambition spéculative. Ce petit livre lui-même, qu'il donne comme une esquisse de son plan général le moins improbable, est surtout un abrégé succinct et abstrait de son ouvrage capital, les *Lois de l'imitation*, puis de la *Logique sociale* et de l'*Opposition universelle*, qui en sont les principaux compléments. Le dédain de la systématisation ou plutôt le refus modeste d'aggraver encore, même implicitement, l'*exegi monumentum* du poète, est d'ailleurs coutumier aux philosophes français, si l'on en excepte Auguste Comte. Toutefois, chez Tarde, peut-être est-ce là surtout une des traces de l'influence qu'exerça sur lui Augustin Cournot, son initiateur en matière philosophique. Cette influence, Tarde avouait hautement l'avoir subie.

en sa jeunesse : il ne connut que dans ses œuvres celui qu'il appelait « un Auguste Comte épuré, condensé, affiné », mais il lui voua une fidèle gratitude de lecteur et de disciple quant à la méthode ; il dédia à sa mémoire son premier ouvrage important, lui consacra ses dernières leçons au collège de France, et, en toute occasion, s'efforça de vulgariser le nom et la pensée de ce grand ignoré. Chez tous deux, la crainte du système n'implique nullement le mépris pour la métaphysique : Cournot subordonne le transrationalisme à la critique philosophique et surtout à la science, mais il l'admet et le légitime ; et Tarde, sans attacher une valeur absolue à sa spéculation, ne dédaigne pas d'esquisser une nouvelle monadologie. Cependant une différence essentielle les sépare, même sur cette question de méthode : c'est que, dans la faible mesure où penser n'est pas systématiser, le criticisme est effectif et profond chez Cournot, tandis qu'il reste intentionnel et extérieur dans l'œuvre de Tarde. Sous son apparence fragmentaire, la doctrine sociologique de celui-ci est en réalité très ouvertement cohérente : et comme il ne s'agit pas d'une science sociale positive, mais bien d'une théorie dont les bases essentielles sont psychologiques et où il n'est guère possible de négliger le point de vue transcendantal, on ne peut nier que Tarde ait systématisé beaucoup plus que Cournot.

Il sera donc relativement aisé de découvrir les lignes essentielles de son système psycho-sociologique, et cette recherche par elle-même révélera la relation d'interdépendance qui unit ses divers ouvrages. Dès maintenant on peut indiquer que les plus importants au point de vue des questions de méthode sont, en suivant l'ordre chronologique :

Les Lois de l'imitation (1890) ; *Études de psychologie sociale* (1898) ; *les Lois sociales* (1899) ; *Essais et mélanges sociologiques* (1902).

La psychologie sociale en elle-même est, naturellement, étudiée dans les quatre ouvrages précédents, et elle l'est en outre dans :

La Logique sociale (1895) ; *l'Opposition universelle* (1897) ; *l'Opinion et la Foule* (1901) ; *l'Interpsychologie* (in *Archives d'Anthropologie criminelle*, juillet-août 1904.)

Ces divers ouvrages donneront les opinions de Tarde : 1° sur la méthode de la sociologie, sa place parmi les sciences ; 2° sur les éléments de la vie psychique, en particulier sur l'interpsychologie, et sur la nature du fait social élémentaire ; 3° sur les phénomènes généraux de la psychologie sociale ; 4° sur les modalités générales du groupement social. — Enfin il y aura lieu de rechercher encore les principales considérations par lui émises sur : 5° la psychologie des phénomènes et des groupements sociaux particuliers. On en trouvera un certain nombre dans les ouvrages déjà cités, surtout dans les *Lois de l'imitation* et la *Logique sociale*, mais beaucoup plus encore dans les ouvrages spéciaux où il a tenté d'appliquer sa théorie aux phénomènes économiques, politiques et juridiques, à la criminologie et à la philosophie pénale [1].

Si donc, par leurs dates et leurs titres respectifs, ces ouvrages peuvent sembler indépendants les uns des autres, l'analyse méthodique en est cependant possible et même singulièrement facilitée par la systématisation profonde de la doctrine. Mais la critique ne doit pas se dissimuler qu'en réduisant à une théorie abstraite les idées essentielles de ces monographies, en éliminant leur illustration, plus ingénieuse que véritablement objective [2], mais toujours séduisante, elle déflore singulièrement l'œuvre de Tarde, et lui ôte ce charme original qui, de par la théorie même de la suggestion intermentale, dut beaucoup contribuer au succès du causeur, du conférencier et de l'écrivain.

1. G. Tarde, *La criminalité comparée*, 1 v. in-16, 1888 ; — *La philosophie pénale*, 1 v. in-8°, 1890 ; — *Les transformations du droit*, 1 vol. in-16, 1895 ; — *Les transformations du pouvoir*, 1 v. in-8°, 1899 ; — *La psychologie économique*, 2 v. in-8°, 1902.

2. Cournot signalait déjà, dans la préface à l'*Essai sur les fondements de nos connaissances* (t. I, pp. I-II), l'avantage qu'il y aurait à rénover certaines théories de la philosophie ancienne, en les rajeunissant par le choix d'exemples plus modernes. Tarde n'a pas négligé ce double conseil, et il l'a mis en pratique avec moins de rigueur scientifique, mais plus d'originalité inventive que Cournot.

CHAPITRE PREMIER

LA SOCIOLOGIE ET SA MÉTHODE

I

Tarde, par sa méthode, prétend éviter les multiples obstacles qui pourraient s'opposer au développement de la sociologie, et répondre d'une manière satisfaisante aux objections émises contre l'existence même de celle-ci. Ces dangers sont nombreux, et la sociologie, science de fondation récente et dont le succès rapide est consacré surtout par la mode et l'attrait de la nouveauté, n'a pas encore réussi à préciser nettement son objet, ni à calmer les hostilités plus ou moins illogiques que suscite toute innovation.

La légitimité de la sociologie, selon Tarde, dépend d'abord de la distinction qu'il est nécessaire d'établir, en tout ordre de phénomènes, entre les singularités et les répétitions. C'est là, sans qu'il y paraisse, un principe très important en ce qui concerne la définition de la science en général et la classification des sciences. Pour en apprécier la portée, il faut remarquer qu'il se rattache d'assez près aux principes méthodologiques essentiels du criticisme de Cournot.

Cournot, dans ses divers ouvrages de philosophie critique [1], sut fréquemment mettre en relief la distinction qu'on peut établir, dans l'ordre de la connaissance, entre l'élément acci-

---

1. Cf. Cournot, *Essai sur les fondements de nos connaissances*, 2 vol. in-8°, Paris 1851. — *Traité de l'enchaînement des idées fondamentales*, 2 vol. in-8°, Paris 1861. — *Considérations sur la marche des idées et des événements dans les temps modernes*, 2 vol. in-8°, Paris 1872. — *Matérialisme, vitalisme, rationalisme*, 1 vol. in-16, Paris 1875.

dentel et l'élément *rationnel*, ou, comme il dit encore, entré l'historique et le théorique. Cette distinction, non moins importante à ses yeux que celle entre le pratique et le théorique, déborde le point de vue sociologique, bien qu'elle y soit peut-être plus sensible qu'ailleurs : il y a un côté historique, chronologique, dans la plupart des sciences, et le pittoresque humain et social n'est pas toute l'histoire. C'est pourquoi (et ici Cournot réfute implicitement une critique traditionnelle de la classification des sciences de Bacon), c'est pourquoi on peut bien distinguer, à côté des sciences naturelles, une véritable histoire naturelle, ou de la nature : observation qui n'a pas été perdue pour Taine, lui qui connaissait et appréciait l'œuvre de Cournot, et sur laquelle il fonde sans doute son affirmation que « la philosophie de l'histoire humaine répète, comme une fidèle image, la philosophie de l'histoire naturelle »[1]. Partout, sauf dans les mathématiques, sciences purement spéculatives, l'historique et le théorique sont intimement liés en un contraste où le premier joue à l'égard du second le rôle de réactif; en effet, accroître nos connaissances, ce n'est pas absolument perfectionner la science, c'est souvent au contraire troubler provisoirement cette systématisation logique, en provoquer un remaniement qui, lui, constituera peut-être une amélioration. Cette distinction est donc bien plus essentielle que ne pensait Bacon, et loin de la fonder avec le philosophe anglais sur la distinction subjective entre les deux facultés humaines Mémoire et Raison, Cournot la justifiera par un contraste entre les objets étudiés eux-mêmes, c'est-à-dire par l'existence, dans la réalité objective, de deux sortes de causalité, ou, si l'on préfère, de deux processus nettement opposés d'apparition des phénomènes[2] : c'est à quoi se ramène en effet la théorie si originale et si fortement démonstrative de Cournot sur le hasard et la probabilité[3], notions qu'il veut enfin préciser, et auxquelles il attribue une réelle valeur positive.

1. Cf. Taine, *Essais de critique et d'histoire*, préface, pp. xxv-xxvi.
2. Cf. *Essai sur les fond. de nos connaiss.*, t. II, pp. 178-179 et 191-201.
3. Cf. *Essai sur les fond. de nos connaiss.*, t. I, pp. 49-101, t. II, pp. 52-53 et 185. — *Traité de l'enchaînement des idées fondam.*, t. I, pp. 63-64.

Comme toute chose a sa raison, tout événement a sa cause ;
si celle-ci est connue, il est facile de remonter à la cause
dont elle est l'effet, et ainsi de suite à l'infini ; et d'autre part
l'effet actuel peut devenir cause à son tour, et origine de
toute une série d'effets successifs. De telles chaînes indéfinies
de causes et d'effets, se succédant en série linéaire, coexistent
en nombre infini dans le temps et l'espace, et beaucoup peuvent se dérouler indépendamment les unes des autres. Mais
il en est parfois aussi qui se croisent, « de manière qu'un
même événement, à la production duquel plusieurs événements ont concouru, tienne en qualité d'effet à plusieurs
séries distinctes de causes génératrices, ou engendre à son
tour plusieurs séries d'effets qui resteront distinctes et parfaitement séparées à partir du terme initial qui leur est commun. » C'est ainsi que, dans les générations humaines, un
homme tient par son père et sa mère à deux chaînes d'ascen-
dants[1], et peut aussi devenir la souche de plusieurs séries
descendantes, lesquelles seront peut-être, en dehors de cette
origine commune, absolument indépendantes. Lorsqu'il s'a-
gira de causes et d'effets quelconques, les entrecroisements
deviendront sans doute beaucoup plus complexes. Ces événements, « amenés par la combinaison ou la rencontre
d'autres événements qui appartiennent à des séries indépendantes les unes des autres » sont ceux qu'on nomme *fortuits ;*
ce sont les résultats du *hasard.* Celui-ci n'est donc pas simplement, comme le veut Hume, « l'ignorance où nous sommes
des véritables causes », et son idée n'est pas un fantôme
derrière lequel se dissimulerait l'imperfection de nos facultés
de connaître. Comme l'a dit au début du xviiie siècle, dans
son *Traité des jeux de hasard,* l'obscur réfugié Jean La Placette,
il renferme « quelque chose de réel et de positif, savoir, un
concours de deux ou plusieurs événements contingents, chacun desquels a ses causes, mais en sorte que leur concours
n'en a aucune que l'on connaisse ». « Remarquons bien, dit

— *Considér. sur la marche des idées,* t. I, pp. 1-12. — *Matérial., vital.,
rationalisme,* pp. 66-68 et 301-324.

1. L'individu est donc un accident, et son adéquation physique et mentale au milieu social est, par suite, accidentelle : d'où les théories de
Tarde et Cournot sur l'homme de génie.

en effet Cournot, que l'idée d'un fait accidentel n'implique
pas l'hypothèse absurde d'un effet sans cause, ni l'idée d'un
fait que la sagesse des hommes aurait pu empêcher ou du
moins prévoir, ni par contre celle d'un fait qui échappe à toute
prévision. » C'est ainsi que la vie humaine peut s'éteindre
sur la terre par suite d'un refroidissement terrestre et solaire
progressif [1] : ce sera là un fait régulier, d'ordre théorique;
elle peut aussi s'éteindre, comme on l'a parfois prédit, par
suite des modifications atmosphériques et autres résultant
du passage accidentel d'une comète dans le voisinage immédiat de la terre : ici le phénomène, si universel soit-il d'ailleurs,
sera évidemment fortuit, et cependant il aura été possible de
le prévoir, mais non d'y pourvoir. Au reste, le hasard n'est
pas nécessairement une combinaison rare et surprenante,
comme l'entend de préférence le langage vulgaire ; c'est, plus
généralement, « l'idée du concours de plusieurs séries de
causes indépendantes pour la production d'un événement »,
ou bien encore « la notion de l'indépendance des causes ».
Et, remarque prudemment Cournot, aussi discret que Tarde
sur la question des origines, « cette indépendance des chaînons particuliers n'exclut nullement l'idée d'une suspension
commune de tous les chaînons à un même anneau primordial par delà les limites, ou même en deçà des limites où nos
raisonnements et observations peuvent atteindre ». Autrement dit, admettre la fréquence des *chances* ou combinaisons
fortuites résultant de l'entrecroisement continuel des chaînes primitivement indépendantes, ce n'est pas nécessairement
nier le décret divin initial [2].

1. Cet exemple mérite d'être cité parce qu'il a sans doute suggéré à
Tarde l'idée générale de ses *Fragments d'histoire future*, la plus curieuse
fantaisie qui ait jamais été écrite sur l'avenir de la société humaine dans
ses rapports avec les conditions physiques d'existence. Tarde y dépeint
en effet l' « Ère salutaire », où les hommes, chassés de la surface du sol
par le refroidissement universel, vont chercher la chaleur vers le centre
de la terre, et, sous la conduite de l'Inventeur-Chef Miltiade, organisent
dans leur monde néo-troglodytique, après la victoire des cités fédéra-
listes (artistiques) sur les cités centralistes (ouvrières), cette *vie esthétique* dans laquelle seules persistent les luttes spéculatives. (Cf. *Fragments d'histoire future*, in *Arch. d'Anthropol. crimin.*, juillet-août 1904,
pp. 565-621).

2. Cf. *Essai sur les fond. de nos connaiss.*, t. I, pp. 49-57 et 62-63;
t. II, pp. 52-53. — *Considér. sur la marche des idées*, t. I, pp. 1-5.

Il apparaît donc jusqu'à maintenant que Cournot admet la distinction la plus absolue entre ces deux ordres de réalité, l'accidentel et le rationnel, le fortuit et le déterminé, autrement dit entre les produits des rencontres fortuites de séries causales et les résultats successifs du déroulement normal de telles séries. Et il pourrait sembler que l'opposition n'est pas moins absolue au point de vue de la connaissance, du rapport de la réalité à l'homme, que dans la réalité elle-même. En effet, si l'on considère, en adoptant les définitions classiques, que le particulier est le domaine de l'histoire et le général l'objet de la science, et si d'autre part l'on s'aperçoit que le but de l'histoire est surtout la connaissance du passé, tandis que la science vise à la prévision de l'avenir, on pourra faire, avec Cournot, la remarque suivante : « Quelque bizarre que l'assertion puisse paraître au premier coup d'œil, la raison est plus apte à connaître scientifiquement l'avenir que le passé. Les obstacles à la prévision théorique de l'avenir tiennent à l'imperfection actuelle de nos connaissances et de nos instruments scientifiques et peuvent être surmontés par suite du progrès des observations et de la théorie ; il s'est écoulé dans le passé une multitude de faits que leur nature soustrait essentiellement à toute investigation théorique fondée sur la constatation des faits actuels et sur la connaissance des lois permanentes, et qui dès lors ne peuvent être connus qu'historiquement, ou qui, à défaut de tradition historique, sont et seront toujours pour nous comme s'ils ne s'étaient jamais produits. » Autrement dit, si l'on néglige la question discutée du libre-arbitre (spécifie Cournot avant Tarde), le présent est gros de l'avenir, mais il ne l'est pas du passé ; des chaînes d'événements se sont interrompues sans laisser de traces, comme des familles humaines s'éteignent et sont oubliées par la postérité[1]. Voilà pourquoi, de prime abord, la philosophie de l'histoire semble une conception hybride et absurde par définition, si toutefois on ne veut pas entendre par philosophie une spéculation vaine, sans portée comme sans fondement scientifiques : or, dit Cournot, de ce que la philosophie n'est pas une des sciences et ne comporte pas la marche pro-

---

1. Cf. *Essai sur les fond. de nos connaiss.*, t. II, pp. 180-181.

gressive de celles-ci, il ne faut conclure ni qu'elle est un néant,
ni qu'elle reste étrangère au perfectionnement général [1].

Mais la critique serait superficielle encore, si elle ne serrait
de plus près la vérité logique. D'abord il est d'une évidence
tout extérieure que la plupart des sciences, et même l'astronomie, font appel à l'histoire, tandis que la science elle-même,
par exemple en nous renseignant sur la date précise d'une
éclipse, peut contribuer à localiser exactement dans le temps
ou l'espace un détail historique. Il est d'ailleurs impossible à
la connaissance théorique d'embrasser tout l'univers et c'est
seulement à l'aide de l'histoire, comme on l'a vu, qu'elle pourra
tenir compte de certaines influences externes, irrégulières et
fortuites, et aussi élargir son champ d'activité. Au surplus,
« toutes nos connaissances se lient, parce que toutes nos facultés s'entr'aident » [2]. Il n'y a pas lieu, en effet, de classer les
connaissances humaines suivant les distinctions de Bacon
entre trois facultés psychologiques primordiales, mais bien
plutôt d'indiquer cinq formes générales du développement
intellectuel, appropriées à autant de syncrasies ou de tempéraments divers, savoir : la religion, l'art, l'histoire, la philosophie et la science. Du reste, si l'on tient à la précision des
termes, il faut parler de *classification des connaissances* et non
des sciences, et distinguer une *série théorique*, une *série cosmo-
logique ou historique* et une *série technique ou pratique*. Quant
au point de vue philosophique proprement dit, qui, selon Cournot, se ramène à l'investigation de la raison des choses et par
conséquent (puisque celle-ci ne tombe pas sous les sens) à la
critique des idées régulatrices de l'esprit humain, il pénètre
trop intimement le point de vue scientifique et même les deux
autres pour qu'il soit possible de l'en distinguer. Seulement
la même remarque s'applique en quelque mesure, quoique
pour des raisons différentes, à la distinction entre les recherches scientifiques et les recherches historiques : en dehors
des sciences abstraites (mathématiques), celles-là se fondent
sur celles-ci, les utilisent comme matériaux en même temps
qu'elles les guident et, suivant Cournot, jouent en somme à
leur égard le rôle que la logique moderne attribue à la philo-

1. Cf. *ibid.*, t. II, p. 220.
2. Cf. *ibid.*, t. II, pp. 182-185, 194-199 et 326.

sophie par rapport aux sciences. Aussi cette remarque de
Cournot, que partout « l'intervention de l'idée philosophique
est nécessaire comme fil conducteur, et pour donner à la
science sa forme dogmatique et régulière, et que néanmoins
le progrès des connaissances positives n'est point suspendu
par l'état d'indécision des questions philosophiques », reste-
rait-elle en somme exacte, si l'on remplaçait « science » par
« histoire » et « philosophie » par « science »[1].

C'est qu'en effet les anciennes définitions de la science sont
jugées par Cournot manifestement insuffisantes : ces lieux
communs qui la désignent comme la recherche du permanent, du général, du nécessaire, sont inacceptables. Certaines sciences, l'embryogénie et la géologie, par exemple,
n'ont-elles pas les variations pour objet? De même, rien
n'est plus inégal que le degré de généralité requis par la
science : la tératologie n'étudie-t-elle pas le particulier dans le
domaine biologique, c'est-à-dire le monstre ? Enfin et surtout
ce n'est peut-être pas le contingent et non le nécessaire, le
douteux et non le certain, il est vrai, mais c'est du moins
simplement le possible et le probable que la science recherche[2]. Et nous retrouvons ici la théorie du hasard qui est
comme le pivot de la critique de Cournot, ce philosophe qui
fut le premier à donner une formule positive et rationnelle
du probabilisme.

Si, en effet, l'on considère que la science (et Cournot n'a pas
assez marqué cette restriction), tout en constituant mieux que
la recherche du général et du permanent, est du moins l'étude
des caractères *fondamentaux*, c'est-à-dire de ceux que désignent comme tels l'extension et la durée de leur manifestation[3], l'on ne comprendra pas bien l'intérêt de la critique de
Cournot sur ce point, à moins de faire intervenir dans la discussion sa théorie sur la *probabilité*, application pratique de sa
conception du hasard. Cournot distingue deux sortes de probabilité : la probabilité *mathématique* et la *philosophique*. Pour
définir la première, il la rattache à la notion de *l'impossibilité
physique*, très voisine de l'idée de hasard. « L'événement phy-

1. Cf. *ibid.*, t. II, pp. 220-230 et 252-277.
2. Cf. *ibid.*, t. II, pp. 187-199.
3. Cf. *ibid.*, t. I, pp. 245-246.

siquement impossible, dit-il, celui qui de fait n'arrive pas, et
sur l'apparition duquel il serait déraisonnable de compter tant
qu'on n'embrasse qu'un nombre fini d'épreuves ou d'essais,
(c'est-à-dire tant qu'on reste dans les conditions de la pratique
et de l'expérience possible) est l'événement qu'on peut assimiler à l'extraction d'une boule blanche par un agent aveugle
quand l'urne renferme une seule boule blanche pour une infinité de boules noires : en d'autres termes, c'est l'événement
qui n'a qu'une chance favorable pour une infinité de chances
contraires. » Or, ajoute-t-il, « on a donné le nom de *probabilité
mathématique* à la fraction qui exprime le rapport entre le
nombre des chances favorables à un événement et le nombre
total des chances ». Par conséquent, « l'événement physiquement certain... est celui dont la probabilité mathématique ne
diffère de l'unité par aucune fraction assignable, si petite qu'on
la suppose : événement qu'il ne faut pourtant pas confondre avec
celui qui réunit absolument toutes les combinaisons ou toutes
les chances en sa faveur et qui est certain, d'une certitude mathématique »[1]. Cette dernière remarque indique par surcroît
que les sciences mathématiques peuvent prétendre à la certitude, et non pas seulement à la probabilité du même nom, et
elle fournit en outre la distinction essentielle entre cette probabilité et la philosophique : c'est que dans la première l'approximation de la certitude est telle, qu'on peut l'exprimer par une
fraction justifiée et d'un dénominateur relativement élevé.
Et c'est pourquoi, d'ailleurs, la notion plus objective de *possible* (qui sera le trait d'union essentiel entre la critique de
Cournot et la sociologie psycho-métaphysique de Tarde) n'a
pas à intervenir dans les mathématiques, tandis que dans les
sciences concrètes la probabilité mathématique mesure la
« possibilité physique », et qu'enfin dans les sciences morales
la probabilité philosophique ne mesure en réalité que la possibilité rationnelle, pourrait-on dire. En effet, la *probabilité
philosophique*, c'est en somme l'interprétation du procédé inductif et analogique par la notion de probabilité, l'induction
n'étant nullement fondée, selon Cournot, sur la croyance à la
stabilité des lois de la nature ,ni sur la maxime suivant

1. Cf. *Essai*, t. I, pp. 260-261.

laquelle les mêmes causes produiraient les mêmes effets. Elle
se fonde surtout sur la simplicité de la loi ou de l'hypothèse,
car, pour Cournot, l'idée d'ordre, d'harmonie et par suite de
simplicité, est le principe suprême de la raison, par quoi
elle se justifie elle-même et répond à la grave objection connue
sous le nom de « diallèle ». Mais comme la simplicité, à son
sens, c'est l'absence d'exceptions, les deux probabilités se
fondent également sur la statistique au sens général du mot,
et l'on ne verrait pas qu'il y eût entre elles autre chose
qu'une différence de degré, si Cournot n'indiquait qu'en
somme cette probabilité philosophique n'est pas réductible
en nombres [1]. Peut-être, en résumé, y aurait-il surtout, pour
Cournot, dans tous les ordres de connaissances, une marche
scientifique, plutôt déductive et démonstrative, justifiée par
la certitude ou la probabilité mathématiques, et une marche
philosophique, surtout inductive, basée sur la probabilité
inférieure à laquelle peut atteindre notre enquête sur la
raison des choses, et aussi sur les fondements rationnels
de nos connaissances.

Comment appliquera-t-on ces distinctions logiques à l'histoire ? Quel rôle et quelle portée lui attribuera-t-on en conséquence ? Sans la théorie du hasard, « sans la distinction du
nécessaire et du fortuit, de l'essentiel et de l'accidentel, on
n'aurait même pas l'idée de la vraie nature de l'histoire. » Les
vieilles annales des prêtres romains et des moines du moyen
âge, amas de faits particuliers sans nul lien de causalité,
n'étaient pas de l'histoire proprement dite et les registres
d'observations astronomiques le sont encore bien moins, car
la série régulière ne dépend pas ici du hasard, et chaque phénomène y détermine tous les suivants ; de même on ne peut
faire l'histoire d'une partie de trente et quarante, jeu de pur
hasard où la série des coups ne peut donner lieu qu'à une
observation statistique, tandis qu'on peut faire le récit vraiment historique d'une partie de tric-trac ou d'échecs, jeux
où les coups s'enchaînent sans déterminer cependant absolument la volonté des joueurs. De même, si l'ordre d'apparition des sciences était immuable, et si chaque découverte

1. Cf. *Essai*, t. I, pp. 58-75, 82-85, 90-101 et 179-185. — *Matérial., vital.,
rationalisme*, 4ᵐᵉ sect., §§ 4, 5 et 9.

déterminait la suivante, on ne pourrait que dresser un
tableau chronologique de celles-ci, et non faire l'histoire des
sciences ; et de même, si cet ordre ne dépendait pas en
quelque mesure de la nature des choses, s'il était abandonné
aux caprices du hasard, il n'y aurait que des « annales » de la
science[1]. Il semble donc bien que, pour Cournot, l'accidentel, le fortuit, le produit du hasard, soit plus précisément
l'objet de cette science historique auxiliaire qu'on appelle la
statistique; mais peut-être serait-il plus exact de dire que la
statistique recueille des observations sans s'inquiéter si les
faits ont un caractère accidentel ou essentiel : au surplus, si
la statistique, par l'accumulation des épreuves, opère la compensation des particularités fortuites et met en évidence
l'action des causes, non les plus fortes, mais les plus permanentes, c'est-à-dire les plus essentielles, Cournot lui reproche
par contre, en matière historique, de ne pouvoir s'appuyer sur
l'expérimentation : et c'est pourquoi, suivant lui, le passé
éclaire peu l'avenir, et nulle probabilité statistique ne peut ici
compenser le rôle considérable de l'accidentel[2]. Quoi qu'il en
soit, tout ceci ne veut pas dire que l'histoire, par contraste,
recherche plus particulièrement l'essentiel : car elle se con-
fondrait alors avec la science et serait la véritable science
de l'homme intellectuel et social. « L'on conçoit aisément,
dit Cournot, qu'on puisse réduire à la forme scientifique
certaines branches de connaissances qui portent sur les
détails de l'organisation des sociétés humaines : car, avec
les observations que la statistique accumule, on parvient à
constater positivement des lois et des rapports permanents
ou dont la variabilité même accuse une proportion régulière
et des influences soutenues. » Voici donc la science sociale
légitimée; mais elle se distingue de l'histoire « politique »,
pour laquelle, dit Cournot, il n'en saurait être de même, puisqu'elle porte surtout sur des phénomènes accidentels. « Une
telle histoire peut bien avoir sa philosophie, mais non pas sa
formule scientifique. Elle peut avoir sa philosophie, car le
sens philosophique démêle des causes de nature diverse,

---

1. Cf. *Considérations sur la marche des idées*, t. I, pp. 3-10.
2. Cf. *Essai*, t. II, p. 212. — *Considér. sur la marche des idées*, t. I,
p. 3.

les unes permanentes, les autres accidentelles, et reconnaît la tendance qu'elles ont à se subordonner les unes aux autres, sans toutefois pouvoir donner à ses aperçus l'évidence démonstrative. » Et voici la philosophie de l'histoire également légitimée, et distinguée en même temps de l'histoire comme de la science sociale. Car cette *étiologie historique*, comme préfère l'appeler Cournot, « consiste dans la recherche et la discussion des causes dont l'enchaînement compose la trame historique. » Mais il s'agit de la *raison* profonde des choses, et non pas des *causes* immédiates et secondaires, particulières d'ailleurs, dont l'étude appartient à l'histoire proprement dite [1]. Ainsi Cournot, sans nier l'existence de la sociologie, ne récuse nullement la philosophie de l'histoire : seulement il lui impose certaines conditions. D'abord, elle doit éviter de tomber dans la *téléologie* ou bien encore dans l'*épopée* historique, de vouloir plier l'évolution historique à des formules hypothétiques sans fondement inductif; et s'il lui faut laisser aux friands d'anecdotes les causes relevant des hasards de la garde-robe et du boudoir, ne rechercher que les chaînes d'événements dans lesquelles « il y avait un résultat nécessaire, inévitable, où les données essentielles de la situation devaient finalement prévaloir sur tous les accidents fortuits », cela ne veut pas dire qu'elle doit chercher à découvrir « des lois dans l'histoire », qu'elle peut prétendre au titre de science. Comme toute recherche où domine le point de vue noologique, comme toute philosophie, l'étiologie historique devra se contenter d'analogie, d'induction, en un mot de probabilité philosophique. Dans tout ce qui touche le domaine social, il n'y a pas de règle sans exception, de loi sans dérogation. « Mais, dit Cournot, il n'en est pas moins important de saisir dans leur pureté intelligible les règles vers lesquelles gravite la pratique des affaires humaines et dont elle s'approche d'autant plus que l'ordre des sociétés a reçu par les progrès du temps et de la raison générale une plus grande perfection. [2] »

1. Cf. *Essai*, t. II, pp. 211-212. — *Considérations*, t. I, pp. 10-12.
2. Cf. *Essai*, t. II, pp. 175 et 207-209. — *Considérations*, t. I, préface, pp. III-IV, et pp. 10-18. — V. aussi Bouglé, *Les rapports de l'histoire et de la science sociale d'après Cournot*, in *Revue de Métaph. et de Morale*,

Ce rapide exposé des résultats essentiels auxquels aboutit la critique de Cournot, et particulièrement de la solution amiable qu'il propose du conflit sans cesse renaissant entre historiens et sociologues, nous apparaît comme un prolégomène indispensable à tout examen de la philosophie sociale de Tarde. Celui-ci développera parfois ces considérations non sans subtilité, il en tirera des corollaires souvent discutables ; du moins c'est toujours chez Cournot qu'il viendra s'inspirer et chercher des arguments décisifs. On s'en apercevra tout particulièrement si l'on examine la distinction qu'il établit entre la science sociale et la philosophie de l'histoire.

D'après lui, il faut distinguer les lois des sociétés, qui seront l'objet de la science sociale, des lois de l'histoire[1]. Les premières sont relatives aux répétitions de phénomènes : elles portent sur des faits généraux, c'est-à-dire sur « des faits semblables qui se répètent ou sont considérés comme susceptibles de se répéter indéfiniment ». Tandis que les récits historiques, « biographie individuelle d'un homme ou biographie collective d'une nation, ou d'un groupe ou d'une série de nations, roulent toujours sur le singulier, le *sui generis*, l'unique en soi ». « L'objet de ces histoires a beau être composé de faits généraux, c'est par la singularité de sa combinaison, destinée à ne jamais plus se revoir, qu'elles l'envisagent. Au contraire quand le singulier apparaît dans les sciences sociales, aussi bien que dans les sciences de la nature, c'est comme formé par la rencontre de faits généraux, c'est-à-dire de similitudes et de répétitions, qu'on l'envisage[2] ».

Cependant Tarde ne pouvait nier que l'histoire n'ait au

mai 1905. — Taine, qui d'ailleurs semble toujours confondre la philosophie de l'histoire avec l'histoire proprement dite, attribue à la recherche historique une précision plus scientifique, mais ce qu'il appelle lois historiques, ce n'est pas autre chose que les rapports de subordination dont parle Cournot (Cf. Taine, *Essais de critique et d'histoire, loc. cit.*).

1. Cf. *Études de psychologie sociale*, pp. 14-15.

2. *Études de psych. soc.*, p. 21. Ceci évoque la réponse de M. H. Poincaré au paradoxe de Carlyle disant : « Le fait seul importe, *Jean sans Terre a passé par ici* : voilà qui est admirable, voilà une réalité pour laquelle je donnerais toutes les théories du monde. » — « C'est là le langage de l'historien, dit M. Poincaré. Le physicien dirait plutôt : Jean sans Terre a passé par ici ; cela m'est bien égal puisqu'il n'y repassera plus. » (Cf. *La science et l'hypothèse*, p. 168).

moins revendiqué très souvent un caractère philosophique
assez prononcé. « A d'aucuns, lui eût dit Montaigne, c'est un
pur estude grammairien; à d'autres l'anatomie de la philosophie, par laquelle les plus abstruses parties de notre nature
se pénètrent [1] ». C'est pourquoi sans doute Tarde distingue
(ce qui est fort contestable pour le choix des termes) entre
la *science sociale*, ou sociologie, qui doit porter exclusivement, comme tout autre science, sur « les faits similaires
multiples, soigneusement cachés par les historiens », et la
philosophie sociale, qui étudierait les faits nouveaux dissemblables, en un mot les faits historiques proprement dits [2].
Quoi qu'il en soit, cette prétendue conciliation entre le point
de vue scientifique (théorique, dirait Cournot) et le point de
vue historique lui apparaît comme une des « systématisations
prématurées » parmi lesquelles s'est trop longtemps débat-
tue la jeune science sociale; et pour ces raisons Tarde refuserait sans doute toute valeur scientifique, non seulement
aux généralisations vagues et respectivement contradictoires
du *Discours sur l'histoire universelle* et de l'*Essai sur les mœurs* [3],
mais encore à la superficielle philosophie de l'histoire des
idéalistes allemands, caractérisée tout particulièrement dans
l'œuvre médiocre de Herder, ou même à cette « loi des trois
états » sous laquelle transparaissaient les tendances essentiellement métaphysiques d'Auguste Comte. La critique n'est
pas nouvelle, et Cournot n'était pas ici le seul précurseur de
Tarde. Schopenhauer argumentait de même, sur ce terrain,
contre son éternel ennemi, l'hégélianisme. Dans le concert
des sciences, dont la philosophie est le lien suprême, l'histoire, à son avis, ne saurait trouver place : elle peut coordon-
ner, mais non subordonner; au lieu de saisir, comme le
philosophe, dans la fuite incessante de la vie humaine, le
durable, c'est-à-dire l'essentiel, et d'approfondir le présent
qui suffirait à le lui fournir, l'historien compte et additionne
des faits qui ne sont que les variations d'un même élément.

1. Montaigne, *Essais*, l. I, ch. xxii.
2. Cf. *Lois de l'imitation*, p. 11.
3. L'avant-propos de l'*Essai sur les mœurs* indique bien les limites de
cette prétendue généralisation. Ce que Bossuet et Voltaire entendent par
philosophie de l'histoire, n'est-ce pas surtout la partialité érigée en
système?

Mais Schopenhauer, en précisant davantage, remarque que les sciences s'occupent des espèces, c'est-à-dire des concepts généraux, tandis que l'histoire ne peut s'occuper que des individus : or il n'y a pas de science de l'individu [1]. Sur ce point, Tarde et Cournot n'approuveraient plus son argumentation. Sans se mettre en désaccord complet avec les définitions aristotéliciennes, du moins se méfient-ils de la superstition du « général » en matière scientifique. Cependant, ce que Cournot entend par « individuel », c'est seulement le particulier non fortuit, et chez Tarde l'opposition n'est peut-être même qu'apparente, car la doctrine manque au moins de précision.

En effet, Tarde oppose nettement la « sociologie pure » [2], c'est-à-dire plus exactement la sociologie générale, « dont les lois s'appliquent à toutes les sociétés actuelles, passées ou possibles », à la « philosophie de l'histoire », système étroit d'explication envisageant bien la totalité des phénomènes humains, « mais présentés de telle sorte que la possibilité de tout autre groupement soit exclue » [3]. Mais, en réalité, il reproche seulement, sur ce point, à toutes ces sociologies anticipées, à Bossuet, Vico, Hegel, Comte, et aux évolutionnistes, d'avoir prétendu déterminer les principes explicatifs des phénomènes les plus compliqués, « avant de chercher les lois applicables aux faits élémentaires de la vie sociale » [4]. L'exposé de sa doctrine positive montrera que l'auteur de la *Logique sociale* ne négligeait nullement le singulier, l'individuel, (voire même l' « accidentel », auquel Cournot, pensait-il, n'avait encore attribué qu'un rôle trop minime dans l'évolution de l'humanité[5]. Ne recommande-t-il pas formellement, comme seul procédé vraiment expérimental de recherche sociologique, les « monographies » précises, « narratives » et non plus descrip-

1. Cf. Schopenhauer, *le Monde comme Volonté et comme Représentation*, tome II, ch. XXXVIII.
2. On verra qu'il ne s'agit pas d'une science autonome, ni purement abstraite (car les deux interprétations sont possibles).
3. Cf. *Lois de l'imitation*, préface, p. VI.
4. Cf. *Études de psych. soc.*, pp. 15-16.
5. Cf. Tarde, *L'accidentel et le rationnel en histoire d'après Cournot*, in *Rev. de Métaph.*, 1er mai 1905, surtout pp. 333-336. — Cet article reproduit les dernières leçons de Tarde au Collège de France, et Tarde y développe plus souvent sa pensée personnelle que celle de son maître.

tives, l'étude des changements et non des états sociaux[1]? Si
donc ailleurs il conseille de n'attacher aux récits des voya-
geurs, aux découvertes des archéologues qu'une importance
relative[2], ce n'est nullement qu'il expulse de la science sociale
cette « dynamique » qui constituait en fait la partie fondamentale de la sociologie d'Auguste Comte : on verra que, tout en
lui attribuant une importance très secondaire, il ne néglige
pas la question du progrès. Seulement il prétend qu'il n'est
pas besoin d'édifier la sociologie sur ce terrain où, comme le
dit Paul Janet, l'histoire confine à la métaphysique et devient
elle-même métaphysique[3]; il ne juge pas nécessaire que de
telles lois universelles d'évolution historique soient valables
pour que la sociologie soit possible[4].

Les restrictions sont donc nombreuses à la distinction
établie par Tarde entre le domaine historique et le domaine
sociologique : il sera le premier à reconnaître l'importance en
matière de science sociale non seulement de la statistique,
plus spécialement consacrée aux répétitions de phénomènes,
mais aussi de l'archéologie, qui, moins consciemment, recherche elle-même des similitudes[5]. Et certes sa pensée eût été
beaucoup plus claire, et sa critique d'apparence moins contradictoire, si, dans l'histoire, il eût distingué nettement le point
de vue esthétique[6], l'étude des faits violents ou pittoresques,
dissemblables toujours, du point de vue statistique recher-
chant, comme il le dit de l'archéologie, les richesses de vie,
les régularités harmonieuses, qui constituent en somme ce
qu'il appelle « la collection des initiatives les plus imitées »[7].

1. Cf. Lois sociales, pp. 152-154.
2. Cf. Études de psych. soc., p. 19.
3. P. Janet, Principes de Métaph. et de Psych., Paris, 1897, t. I, p. 251.
4. Cf. Études de psych. soc., pp. 18-19.
5. Cf. Lois de l'imitation, ch. IV, § I-III.
6. C'est évidemment par souci du point de vue esthétique que Miche-
let, le poète historien, attribue une importance excessive à l'action individuelle, « comme si, dit M. Espinas, un homme pouvait être grand
autrement que pour participer en quelque chose à l'âme de la patrie ».
(Des soc. anim., 2me éd., p. 69). Dans le monde social comme dans le
monde vivant, remarque Tarde lui-même (Études de psych. soc., p. 38),
le répété est le domaine de la science, tandis que l'unique, l'éphémère
est l'apanage de l'art.
7. Cf. Lois de l'imitation, pp. 101 et 156.

II

C'est pourquoi, bien que la méthode déductive inverse attribuée par Stuart Mill[1] à la sociologie générale en fasse une véritable philosophie de l'histoire, assez voisine, mais seulement par définition, du système positiviste, il n'y a cependant qu'une différence de degré entre l'opinion de Mill et celle de Tarde. « Sans dire avec Stuart Mill qu'il suffit d'être psychologue et logicien pour être en état de devenir sociologue, conclut en effet Tarde, on peut dire que la première chose à faire est d'analyser bien soigneusement l'état social quelconque où l'on se trouve pour y découvrir des hypothèses qui, vérifiées plus tard ou rectifiées par des comparaisons suffisamment étendues avec des sociétés étrangères, apparaîtront enfin comme les principes élémentaires de la sociologie[2]. » Le terrain de conciliation est donc pour eux la nécessité d'une science abstraite antérieure à toute sociologie concrète. Les économistes et Comte l'avaient déjà affirmé, reconnaît Tarde, mais ils ne s'y conformèrent pas toujours ou choisirent mal leurs principes directeurs. Montesquieu, qui néglige en somme la question du progrès, et qui, par sa méthode d'observation comparée[3], se maintient généralement sur le terrain théorique, devrait donc trouver grâce devant la critique de Tarde ; et en effet celui-ci appelle *Grandeur et décadence des Romains* « un chef-d'œuvre d'anticipation sociologique »[4]. Mais ce n'est, à son avis, qu'une poussière brillante d'aperçus sans lien général, et quand Montesquieu systématise, comme dans l'*Esprit des Lois*[5], Tarde juge ses hypothèses sans intérêt, comme toutes les systématisations

1. Cf. Stuart Mill, *Logique*, l. VI, ch. x, § 1 et *passim*.
2. *Études de psych. soc.*, p. 19.
3. Cf. Durkheim, *Quid Secundatus politicæ scientiæ instituendæ contulerit*, (th. Paris), Bordeaux 1892, ch. VIII, au début.
4. *Études de psych. soc.*, p. 20.
5. Cournot, plus équitable, admet que Montesquieu a bien recherché la raison fondamentale des choses, qu'il a donc fait véritablement la philosophie des lois. (Cf. *Essai sur les fond. de nos connaiss.*, § 22, t. I, pp. 34-35.)

prématurées et superficielles dont les « conquistadores » aventureux de la première heure encombrèrent la sociologie.

Tarde, en effet, s'attaque tout particulièrement aussi à la théorie du milieu, que Montesquieu a du moins pressentie et qu'il a formulée nettement en ce qui concerne le milieu physique, les climats. On ne peut aborder dès maintenant la discussion définitive de ce point particulier, car elle présuppose la connaissance détaillée de la position sociologique adoptée par Tarde ; mais on en peut du moins indiquer les bases essentielles, et par là même on aura l'occasion d'examiner d'abord sa critique générale de la doctrine de Spencer, puis les fondements métaphysiques de son propre système.

C'est probablement de Cournot que Tarde tenait sa méfiance à l'égard des hypothèses darwinistes : ce grand rationaliste, en effet, s'attaque aussi bien aux théories de Darwin qu'à celles d'Agassiz en ce qui concerne l'origine des espèces ; il repousse l'hypothèse de la sélection naturelle, et en général l'explication du supérieur par l'inférieur, qu'Auguste Comte reprochait déjà à Darwin[1]. Tarde, plutôt sociologue, réfutera surtout Spencer qui, lui, applique à la réalité universelle, et particulièrement à la vie sociale, les thèses biologiques de Lamarck et de Darwin. La doctrine de l'« organisme social », cette antique comparaison rajeunie par l'évolutionnisme, relève, suivant Tarde, de la phase symbolique par laquelle doit passer toute science naissante. Les théories de Spencer, de MM. de Lilienfeld et Worms, comme aussi celles de Comte, de Schaeffle, de MM. Novicow et de Greef, sont plus sérieuses, accorde-t-il, que les « excentricités théologico-astronomiques du P. Gratry, mais leur portée scientifique est la même »[2]. Toutefois, s'il est sévère pour cette analogie et s'il critique sans modération les points

1. Cf. Cournot, *Matérialisme, vitalisme, rationalisme*, pp. 163 sqq. — *Considérations sur la marche des idées*, t. II, pp. 177-191. — C'est là un des rares passages d'où l'on puisse conclure que Cournot connaissait dans ses détails l'œuvre d'Auguste Comte. Mais son approbation, empruntée d'ailleurs au célèbre rapport de M. Ravaisson, est entourée de telles restrictions, qu'il ne semble pas que Cournot ait apprécié à sa juste valeur le fondateur du positivisme.

2. Cf. *Lois sociales*, pp. 49-50. — V. également les articles sur le transformisme social selon M. de Greef, et l'idée de l'organisme social, reproduits dans les *Études de psychologie sociale*, pp. 95-135.

faibles de cette thèse qu'il appelle « le déguisement positiviste de l'esprit de chimère »[1], si enfin il se réjouit que le
Congrès international de sociologie de Paris (1897) ait porté
le coup de grâce à cette doctrine, son opinion, telle qu'elle est
exposée dans certains de ses ouvrages, reste assez confuse,
sinon contradictoire. Dans les *Études de psychologie sociale*
(1898), il déclare formellement que, si la méthode d'analogie
est admissible, du moins le terme de comparaison est mal
choisi, et que le pendant social de l'individu biologique, ce
n'est pas une nation, une société, mais bien une « œuvre »
quelconque[2]. Or, dans la *Logique sociale* (1895), fidèle encore
à la pensée de Cournot[3], il était beaucoup moins catégorique.
« Il y a, disait-il, quelque chose de profondément vrai pourtant dans la conception de l'organisme social aujourd'hui si
démodée. Nous verrons que la société, si elle n'est pas com-

---

1. Cf. *Études de psych. soc.*, p. 126. Le mot est dur pour Auguste
Comte, qui reprenait en somme et développait scientifiquement la com-
paraison où Pascal enferma le germe de la théorie du progrès. (Cf.
A. Comte, *Syst. de polit. posit.*, Paris 1851, p. 329 sq.).

2. Cf. *Études de psych. soc.*, p. 40.

3. Cournot, en effet, dans son premier ouvrage philosophique, admettait bien, non seulement contre les matérialistes un hiatus essentiel
entre le monde inorganique et le monde organique, mais aussi que le
monde ne peut être considéré absolument comme un être vivant (μεγα
ζῶον), ni l'homme comme un microcosme. (Cf. *Essai sur le fondement
de nos connaiss.*, §§ 131-133, t. I, pp. 2792-87). Cependant, dès le *Traité
sur l'enchaînement des idées fondamentales*, son opposition semble
moins absolue, car il spécifie que les sociétés peuvent être aisément et
utilement comparées à des organismes et même à des mécanismes,
sans qu'il y ait identité parfaite entre celles-là et ceux-ci, et il convient
d'ailleurs que le côté essentiel, substantiel, de la vie sociale est l'instinct,
l'élément vital, et non pas l'idée, l'élément psychique (Cf. *Traité*, §§ 330-
331, t. II, pp. 17-18). C'est en ce sens qu'il a étudié, dans l'opuscule ré-
sumant ses opinions philosophiques, le règne de l'homme considéré
dans son opposition au règne de la nature, et le mélange de vitalisme
et de rationalisme dans les faits humains. (Cf. *Matérialisme, vitalisme
et rationalisme*, 3ᵐᵉ sect., § I, pp. 183-188.)
Tarde lui aussi, cependant, applique bien à l'étude de la sociologie et
de la psychologie une méthode très spéciale, toute rationnelle comme
celle de Cournot, et nullement expérimentale bien qu'objective. « La
manière dont il étudie l'homme, dit ingénieusement M. Lionel Dauriac,
est assez semblable à celle dont l'homme étudie l'animal... C'est l'humanité, pourrait-on dire, que Tarde observe directement. » (*La philosophie de G. Tarde*, in *Année philosophique*, t. XVI, p. 164). Mais son irréductible psychologisme ne lui permettait pas de s'en tenir aux conclusions
modérées de Cournot.

parable à un organisme, l'est à un organe privilégié : le cerveau [1]. » Et en effet, de par sa doctrine où « la vie sociale est
l'exaltation extraordinaire de la vie cérébrale », « la société
est en somme, ou devient chaque jour, uniquement un grand
cerveau collectif dont les petits cerveaux individuels sont les
cellules », et à ce cerveau correspond un corps constitué par
l'ensemble des êtres et des choses utiles à la vie sociale [2].
En quoi donc la théorie organiciste sera-t-elle insuffisante?
En ce qu'elle ne peut indiquer le moi social, (somme des
désirs et des croyances individuels, dira Tarde); en ce que la
mort et la naissance sont moins nettes dans les sociétés que
chez les individus, (et que, par suite, il y a en elles moins
d'égoïsme, d'où la conception positiviste, l'Humanité Grand-
Être de Comte); en ce que la partie matérielle de ces préten-
dus organismes n'est pas un des éléments constitutifs de la
société; enfin en ce que celle-ci, contrairement à l'être
vivant, marche vers l'identité, vers l'égalité internes crois-
santes [3]. Malgré ces restrictions, la critique de Tarde est ici
beaucoup moins absolue que dans les *Études de psychologie
sociale*, et cette différence ne s'explique pas par une évolution
de sa pensée, car, dans ce dernier ouvrage, Tarde n'oppose
pas de nouvelles objections à la thèse de l'organicisme [4].
C'est plutôt là une des imprécisions de sa doctrine. Elle
apparaîtra d'autant plus frappante si l'on remarque un point
très particulier de son argumentation : il dit en effet que c'est
non seulement l'égalité qui caractérise de plus en plus les
sociétés modernes, mais aussi la *réciprocité* [5], elles s' « entr'u-
tilisent »; mais, ajoute-t-il, elles ne s' « entr'organisent » pas [6].
Est-ce à dire que la coopération ne présuppose pas l'organisation associative aussi bien qu'elle en conditionne à son tour
la durée et la solidité? De gré ou de force les coopérateurs
doivent s'organiser, comme le dit fort justement Spencer [7].
Ou bien, autre interprétation possible de l'objection de

1. Cf. *Logique soc.*, préf., p. VIII.
2. *Ibid.*, p. 127.
3. Cf. *Ibid.*, pp. 127-133 et préface, p. VIII.
4. Cf. *Études de psych. soc.*, p. 121 sqq.
5. Cf. *Logique soc.*, pp. 132-133.
6. Cf. *Études de psych. soc.*, p. 121.
7. Spencer, *Princ. de sociol.*, § 440.

Tarde, faut-il donc penser qu'à son avis l'organisation (et tout particulièrement l'organisation biologique) n'est pas précisément caractérisée par la réciprocité? N'y a-t-il pas dans chaque organisme un nécessaire et incessant échange de services entre les éléments constitutifs[1]? Une société d'abeilles, dit Tarde, voilà ce qui ressemble à un organisme. Mais si, d'après lui, c'est l'absence d'égalité qui différencie l'organisme de la société, comment se fait-il qu'en descendant jusqu'à l'atoll de corail, on constate entre les éléments coralliens la réciprocité et non plus la subordination[2]? Argumentation d'autant plus surprenante chez Tarde qu'il repousse énergiquement la conception sociologique basée sur l'échange de services[3] (et, l'admettant, il ne pourrait guère en effet, s'en tenir à son point de vue psychologique aussi distant de la thèse économique que de la biologique), et que, comme il en convient ailleurs, c'est plutôt, pour lui ainsi que pour les biologistes modernes, l'organisme qui constitue une véritable société de cellules[4].

1. Aristote dirait bien, avec Tarde, que la communion de pensées est la fonction essentielle de l'organisme social, et aussi que l'homme doit être étudié surtout dans sa psychologie sociale; mais d'autre part, plus conséquent avec ce point de vue sociomorphique, c'est bien sur la réciprocité des fonctions vitales qu'il fonderait l'unité organique entre les éléments distincts, c'est-à-dire l'assimilation de la société à l'être vivant. (Cf. *Politique*, I, ii, 4; III, i, 11 et vi, 4). — « L'avènement du règne de l'idée dans les sociétés humaines, dit aussi Cournot, n'y détruit pas les forces instinctives, pas plus que les fonctions vitales ne s'arrêtent chez l'homme entièrement absorbé par les travaux de l'esprit ou voué au culte d'une idée : mais l'idée régnante est comme une *forme*, qui, une fois bien arrêtée, s'assujettit de plus en plus les forces instinctives, en leur imposant le centre où doivent ultérieurement se déployer leur activité propre et leur vertu opérative. — Ce qui est pour l'individu acte réfléchi, délibéré, accompli en conformité d'une idée dont il a conscience, peut avoir le caractère d'un acte instinctif, quant à son influence sur la vie sociale de l'être complexe dont l'individu fait actuellement partie. » (*Traité de l'enchaîn. des idées fondam.*, t. II, pp. 17-18). Cournot, qui d'ailleurs fonde, avec Aristote, le fait social sur un instinct naturel de sociabilité, considère le milieu social comme une sorte d'intermédiaire entre l'organisme individuel et les facultés supérieures de l'individu, autrement dit entre l'ordre vital et l'ordre psychique; et il croit que la sociologie doit étudier dans les sociétés aussi bien ce qui relève que ce qui ne relève pas des lois générales de la vie. (Cf. *ibid.*, pp. 2 et 11-12).
2. Cf. Espinas, *Des soc. anim.*, 2me éd., pp. 243-248.
3. Cf. en particulier *Log. soc.*, pp. 312 sq. et préface, p. v.
4. Cf. *Études de psych. soc.*, p. 11.

Bien qu'il rende hommage à l'étude magistrale sur les sociétés animales, en regrettant qu'on n'ait pas distingué davantage entre les groupements biologiques et les véritables sociétés psychologiques[1], bien qu'il aime à se proclamer relativement d'accord avec M. Espinas[2], Tarde estime cependant que le vitalisme est une conception ou poétique ou mystique, et il ne craint pas d'exécuter brièvement la thèse mutualiste. Son argumentation n'est pas ici des plus probantes. Si, dit-il, la réciprocité des services, constituait le lien social essentiel, les sociétés animales seraient les sociétés par excellence[3]. Or la conséquence n'est pas nécessairement absurde, et Tarde s'abandonne ici à ce préjugé anthropocentrique qu'il combat souvent, mais assez mollement en sa qualité de spiritualiste[4]. De plus l'exactitude de son raisonnement est discutable, puisque la réciprocité de services peut se concevoir aussi dans un harmonieux développement de toutes les individualités, sans causes biologiques, morphologiques ou physiologiques particulières, en un mot dans une coordination d'éléments hétérogènes, très supérieure à l'homogénéité coordonnée de l'essaim d'abeilles. Mais Tarde reprend l'objection sous une autre forme : le rapport de maître à esclave serait donc, dit-il, le rapport social par excellence[5] ? Argument captieux, car la réciprocité n'est ici qu'apparente ; c'est encore soi-même que le maître « sert » en protégeant ou nourrissant l'esclave[6] : ce rapport est donc

1. Cf. *Études de psych. soc.*, pp. 9 et 13. — *Lois de l'imit.*, p. 66.
2. Cf. *Essais et mélanges sociol.*, p. 232.
3. Cf. *Lois de l'imitat.*, p. 67.
4. M. Espinas a beaucoup plus fortement insisté sur les inconvénients de ce préjugé dans les sciences sociales, quand il a reproché aux sociologues de négliger l'étude des sociétés animales, de ne pas chercher un principe général, un fait élémentaire commun expliquant l'analogie indéniable entre ces sociétés et les groupements humains. « C'est, dit-il, une tentative aussi vaine que fréquemment renouvelée que celle de découvrir les lois de la vie sociale dans l'homme indépendamment de toute comparaison avec les autres manifestations de la vie sociale dans le reste de la nature. » (*Des soc. anim.*, 2ᵉ édit., p. 8). Cournot a critiqué lui aussi non sans énergie le préjugé anthropocentrique, en rattachant d'ailleurs cette critique à celle de l'abus des causes finales, et il a montré comment la raison a pu vaincre cette tendance primitive. (Cf. *Essai sur les fond. de nos connaiss.*, §§ 67-68 et 90, t. I, pp. 133-138 et 179).
5. Cf. *Lois de l'imit.*, p. 68.
6. Spinoza distingue fort bien l'esclave, qui perd ses droits individuels

au contraire antisocial, et, plus généralement, le rapport
d'employeur à employé, impliquant une idée d'autorité non
déléguée, de subordination non indispensable, n'est pas très
élevé dans l'échelle des liens sociaux.

Tarde reconnaît implicitement le côté sophistique de son
argumentation en disant que c'est non pas la société, mais la
nation, qui constitue un organisme superorganique fondé sur
la réciprocité de services[1]. En effet, s'il affirme les distinguer
en ce que la société est plutôt fondée sur une sorte de ressemblance professionnelle, et en ce que la « dénationalisa-
tion » moderne coïncide avec une véritable « socialisation »,
ce n'est là pour lui qu'une erreur provisoire; il en vient bientôt à reconnaître qu'il y a seulement une différence de degré
entre la nation et la fédération internationale[2]; et, n'était son
point de vue psychologique et logique, il lui faudrait convenir
que, si la théorie de l'organisme social n'est qu'une vue analogique imparfaite, si « comparaison n'est pas raison », du
moins la nation, unie par la réciprocité de services, est bien
une des modalités, un des stades de l'évolution sociale[3]. Au
surplus, il repousse également le même point de vue sous
son aspect économique, encore plus vital que social à son
avis, et sous ses aspects juridique, politique et religieux, qui
tous lui semblent trop étroits[4].

Enfin Tarde, comme on l'a indiqué, en vient à se demander

---

pour le seul profit de son maître, du citoyen qui les abandonne pour le
bien de la communauté et, par conséquent, dans son propre intérêt.

1. Cf. *Lois de l'imitation*, pp. 72-74.

2. Cf. *Logique sociale*.

3. On peut remarquer à ce propos, que Tarde n'insiste jamais sur la
distinction entre la science sociale et la science politique. Cependant sa
faible discrimination entre la nation et la société ne le dispensait pas
d'une définition comparative de l'État et de la société. Dans les *Transformations du pouvoir* (pp. 19-20), au surplus, il définit l'État : le pouvoir
gouvernemental personnifié dans son chef, son représentant. Mais la
définition est au moins discutable ; c'est le mot célèbre d'un monarque
absolu, et rien de plus. Quoi qu'il en soit, la distinction précise entre
politique et sociologie ne remontait guère qu'à Stuart Mill et Aug. Comte.
Encore fut-elle souvent négligée, et Mill lui-même fait de la science sociale non seulement l'étude du « consensus » (statique sociale de
Comte ; cf. *Cours*, t. IV, pp. 235-238), mais aussi la science des conditions de la stabilité de l'état social (cf. St. Mill, *Logique*, l. VI, ch. v,
§ 5); d'où une fréquente confusion.

4. Cf. *Lois de l'imit.*, pp. 66-72.

si ce n'est pas plutôt l'organisme, comme toute chose d'ailleurs, qui est une société, et ceci se relie étroitement à sa position métaphysique. Il lui apparaît que toutes les grandes découvertes scientifiques modernes tendent à résoudre en une infinité d'éléments associés ce qui jadis était considéré comme une individualité irréductible [1]; en même temps, de savants naturalistes en viennent à conclure que l'association joue un rôle considérable, sinon exclusif, dans le développement graduel des organismes, et, d'autre part, la science assimile de plus en plus les organismes aux mécanismes, le monde vivant au monde inorganique. On aboutira donc à une sorte de socialisation universelle : d'ailleurs, comme l'a remarqué Cournot, les sociétés, à mesure qu'elles se civilisent, ne passent-elles pas d'une phase organique (la barbarie) à une phase physique et mécanique [2]? En résumé, « une molécule ne serait, comparée à un organisme et à un État, qu'une sorte de nation infiniment plus nombreuse et plus avancée, parvenue à cette période stationnaire que Stuart Mill appelle pour nous de tous ses vœux [3] ». Cette théorie très scientifique, et sur les avantages de laquelle on aura lieu de revenir, pourrait sembler assez contradictoire avec la critique de la comparaison de Spencer. Et, en effet, Tarde fournit lui-même des armes à son adversaire en démontrant à sa façon que la dyssymétrie et l'irrégularité des formes sociales n'infirment pas le rapprochement, et non plus la variabilité, car on retrouve celle-ci chez l'être vivant et surtout dans ses parties « qui ont le monopole des principales relations extrasociales ». Mais on verra bientôt que cette universalisation du point de vue sociologique n'entraîne pas, aux yeux de Tarde, les conséquences qu'on en pourrait déduire, car son monisme est purement psychologique, spiritualiste, et son hypothèse essentielle est, non pas le « sociomorphisme » que

1. Cf. *Essais et mélanges sociol.*, pp. 309-321.
2. M. Durkheim pense justement le contraire : il croit que la solidarité mécanique fondée sur les similitudes est le fait des sociétés inférieures, et la solidarité organique par division du travail, la caractéristique des sociétés supérieures. (Cf. *Division du travail social*, ch. III). Tarde semble d'ailleurs confondre ici « mécanique » avec « logique », si l'on tient compte de sa doctrine générale.
3. Cf. *Essais et mélanges sociol.*, pp. 338-340.

son argumentation semblait annoncer, mais bien un psychomorphisme universel. Et, comme s'il avait prévu par avance
l'objection fondamentale, dès les *Lois de l'imitation* il avouait
que la société, comme l'être vivant, s'organise en vue de la
conservation; mais, disait-il sans s'effrayer du paradoxe,
l'*organisation* n'est pour elle qu'un moyen, la *propagation*
constitue son but essentiel [1] : affirmation contradictoire,
comme on le verra aisément, avec sa théorie du progrès,
laquelle, malgré quelque imprécision, semble bien affirmer
l'évolution des sociétés vers l'hétérogénéité coordonnée, et
non pas du moins vers l'homogénéité, la similitude incohérente.

Pour en revenir à sa critique de l'évolutionnisme proprement dit, Tarde d'ailleurs n'a pas le tort, comme tant d'autres,
de juger la théorie de Spencer sur cette seule hypothèse discutable de l'organisme social [2]. Il comprend implicitement
que le fond de la question est peut-être le problème des origines : or c'est là, semble-t-il, un ordre d'hypothèses qu'il se
refuse tout particulièrement à aborder. Il ne se préoccupe pas
comme Spencer [3] du succès de la théorie contractuelle, cette
erreur de Platon rénovée par J.-J. Rousseau, ou du moins il
juge inutile d'en parler, puisque son système tranchera mieux,
à son avis, que la thèse biologique le différend entre le natu-
ralisme et l'artificialisme en matière sociologique. C'est évidemment pour la même raison qu'il néglige l'hypothèse de
M. Fouillée, malgré le rôle important qui y est attribué à
l'idée . « Ce qui caractérise essentiellement, selon nous, le
corps social, dit ce philosophe, c'est d'avoir pour principal
ressort une idée qui s'actualise par cela seul qu'elle est conçue. En d'autres termes, pour donner la caractérisque essentielle de la société *humaine*, nous la définirions volontiers :

1. Cf. *Lois de l'imit.*, pp. 81-82.
2. Spencer est d'ailleurs, ici-même, d'une extrême modération; tout
le premier, il signale des différences importantes, et il fonde seulement
l'analogie sur la communauté des principes fondamentaux d'organisation. (Cf. *Princ. de sociol.*, § 269).
3. « Du premier ministre au dernier laboureur il y a soit ignorance,
soit dédain de cette vérité que les nations acquièrent leur structure
vitale par des procédés naturels et non par des expédients artificiels. »
H. Spencer. *Les Instructions professionnelles*, conclusion, in *Revue des
Revues*, 15 avril 1896).

un organisme qui se réalise en se concevant et en se voulant lui-même. En effet, à quel moment un ensemble d'hommes devient-il une société au vrai sens du mot? C'est lorsque tous ces hommes conçoivent plus ou moins clairement un type d'organisme qu'ils pourraient former en s'unissant, et lorsqu'ils s'unissent effectivement sous l'influence déterminante de cette conception. On a alors un organisme qui existe parce qu'il a été pensé et voulu, un organisme né d'une idée; et puisque cette idée commune entraîne une commune volonté, on a, en définitive, un organisme contractuel. Sans doute ce mode d'association n'est jamais entièrement réalisé entre des hommes donnés ; mais il existe, plus ou moins ébauché, dans toute nation, et c'est vraiment là que la société, au lieu d'être purement végétale ou animale, devient humaine [1]. » Si, à cette conception (intimement liée à la théorie des *idées-forces*, il est vrai), on ajoute que M. Fouillée considérait bien la société comme un *microcosme* (comparaison favorable au sociomorphisme universel), la conscience sociale, malgré sa tendance organique à l'individuation, comme beaucoup plus collective, puisque contractuelle, que la conscience individuelle, et le « nous » social comme aussi peu fondu en un « moi » que les encéphales individuels en un seul cerveau [2]; enfin si l'on remarque que pour lui, au total, il y a bien « échange » de pensées, mais non unité de conscience, on ne verra d'autre différence essentielle entre son système et celui de Tarde que cette implicite spéculation préhistorique sur les origines que Tarde n'a jamais jugée intéressante [3].

---

1. Cf. Fouillée, *La science sociale contemporaine*, pp. 114-115.
2. Cf. Fouillée, *ibid.*, pp. 123, 209-245, 400-402.
3. Le seul passage où il y fasse allusion est peut-être la page v de la préface aux *Lois de l'imitation*, où il repousse également l'idée de contrat social et l'idée insuffisante de « service », pour cette raison que souvent l'hostilité, et non la réciprocité, règne entre les associés; donc, dit-il, l'association est de fait. Il néglige absolument la théorie de M. Fouillée considérant la société comme un organisme contractuel dont le contrat serait la cause finale. C'est qu'il n'admet guère la finalité que sous son aspect psychologique, dans sa logique du désir.
Et pourtant la question des origines se relie assez étroitement à celle du primat de l'individuel. Si en effet la société est un fait naturel, l'individu sera par là-même subordonné au social, et, inversement, si la société résulte d'un contrat, les lois et les institutions seront en quelque sorte les seules réalités supérieures aux individus. C'est pour-

C'est d'ailleurs sur une question théorique, non moins métaphysique et beaucoup plus fondamentale encore, qu'il va maintenant entreprendre Spencer. En effet, Stuart Mill, bien qu'il se contentât d'une autonomie relative de l'individu, limitée par le déterminisme psychologique et l'influence du milieu, reprochait cependant aux théories mécanicistes ou organicistes aussi bien leur hostilité à l'individualisme que leur haine pour la psychologie [1]. En ce sens, Tarde va beaucoup plus loin. Interpréter les faits sociaux par une thèse biologique ou mécanique, « c'était, dit-il, chercher à éclaircir le connu par l'inconnu », car en sociologie, et là seulement, on a sous la main « les causes véritables dont les faits sont faits » [2]. Il ne faut pas en effet s'illusionner sur cette dérivation particulière de la « superstition du général » ; en réalité, suivant Tarde, le divers, l'individuel, se manifeste et joue un rôle important, non seulement dans les sociétés humaines (comme le veulent les partisans du libre-arbitre), mais aussi dans le monde vivant et le monde physique. Par exemple, en astronomie, malgré la régularité des lois générales, chaque système a ses particularités distinctives [3]. De même les lois physiologiques uniformes aboutissent aux individus divers, « variations éphémères d'un type immortel », et les vibrations similaires du système nerveux ont des résultats très variés. Ainsi dans tout ordre de faits s'établit la distinction entre les choses qui s'y répètent et celles qui ne s'y répètent pas : « ainsi, à tous les étages de la réalité, les choses qui se répètent se montrent à nous comme les tiges dont les choses qui ne se répètent pas sont la floraison et l'épanouissement ». Mais il est faux que l'importance des choses non répétées aille croissant par rapport à celle des répétitions à mesure

quoi de Bonald n'hésite pas à dire que les individus sont plutôt encore résultats que causes de la société, « puisqu'ils n'existent que dans et pour elle » ; et il est plus conséquent avec le dogme socio-théologique ou même naturaliste que Joseph de Maistre, qui, malgré son hostilité aux théories de Rousseau, expliquerait avec Tarde le collectif par l'individuel, en disant que, par exemple, « un préjugé a toujours commencé par quelque jugement ». (Cf. Espinas. *Des soc. anim.*, 2ᵉ éd., introd., pp. 60-67).

1. Cf. St. Mill, *Logique*, l. VI, ch. VII, § 1.
2. Cf. *Lois de l'imitat.*, p. 1.
3. Cf. *Études de psych. soc.*, pp. 21 et 40. — *Lois sociales*, pp. 17-18.

qu'on s'élève dans l'échelle des réalités, affirme Tarde. Il est
inexact également que les originalités physiques soient d'origine et de nature plus accidentelles, soient moins profondes
que les originalités vivantes et psycho-sociales. C'est l'erreur
qui fait voir la similitude et l'ordre au fond, la diversité à la
surface du réel, et elle tient à ce que les lointains sont toujours
estompés[1]. En réalité, « l'hétérogène et non l'homogène est au
cœur des choses »[2]. L'opinion contraire n'est qu'un préjugé,
que Spencer a d'ailleurs magistralement formulé dans son
principe de l'*instabilité de l'homogène*, hypothèse visiblement
insuffisante puisqu'elle n'explique ni l'origine, ni la nature
du premier facteur de différenciation[3]. L'homogène est au
contraire fondé par l'hétérogène : « on ne naît pas, on devient
semblables »[4]. Les incohérences vont se coordonnant, et
c'est plutôt l'instabilité de l'hétérogène qui est le fait frappant
dans l'univers. Les choses qui ne se répètent pas aspirent
elles-mêmes à se répéter et les plus privilégiées y parviennent.
« Il importe, en tout ordre de faits, de définir nettement le
vrai rapport des variations et des répétitions, de l'individuel
et du général. On peut poser ce principe : tout ce qui est
individuel ne devient pas général, mais tout ce qui est général a commencé par être individuel »[5]. Ceci, selon Tarde, est
vrai même en physique, en chimie et en astronomie, mais
encore beaucoup plus évident en biologie. Agassiz, signalant entre les animaux et les plantes des rapports innombrables, et en apparence primitifs, ajoutait : « S'il en est
ainsi, il s'ensuit forcément que tous les animaux et les
plantes ont occupé, dès l'origine, ces circonscriptions naturelles dans lesquelles on les voit établis et entretenant les uns
avec les autres des rapports si profondément harmoniques.
Donc, du jour même de leur apparition, les pins ont été des
forêts ; les bruyères, des landes ; les abeilles, des essaims;
les buffles, des troupeaux; les hommes, des nations »[6].

1. Cf. *Études de psych. soc.*, pp. 25-27.
2. *Lois de l'imitation*, p. 79.
3. Cf. *Études de psych. soc.*, p. 27.
4. *Lois de l'imitation*, pp. 79-80.
5. *Études de psych. soc.*, pp. 29-30.
6. Agassiz, *De l'espèce et de la classification en zoologie*, trad. fr.,
Paris 1869, p. 59.

L'erreur est héroïque, dit Tarde[1]; mais, à son avis, il faut
toujours, pour expliquer la genèse des espèces, partir de
variétés individuelles, d'originalités vivantes et exception-
nelles, d'inventions de la vie[2], « incarnées primitivement dans
un être à part » : et c'est ainsi en effet qu'on crée artificiel-
lement des espèces nouvelles[3]. En résumé, Tarde croit
« que la prétendue loi de Spencer sur l'*instabilité de l'homogène* n'explique rien, et que, par suite, la seule manière d'expliquer la floraison des diversités exubérantes à la surface
des phénomènes est d'admettre au fond des choses une foule
tumultueuse d'éléments individuellement caractérisés ». A
la conception de l'univers homogène se différenciant, il oppo-
sera celle de la réalisation d'une multitude générale de virtualités élémentaires[4].

III

Ainsi l'on aborde ce qu'on pourrait appeler la métaphysique de Tarde, si ce n'était exagérer l'importance qu'il attribue
lui-même à ce développement, assez imprécis et aventureux
parfois, mais toujours original et brillant, d'une hypothèse
transcendantale adéquate à l'esprit de son système psycho-
sociologique. Cette théorie, Tarde l'avait laissé pressentir
dès son premier ouvrage[5], mais il ne se décida que plus
tard à l'exposer dans un article intitulé : *Monadologie et
Sociologie*[6].

C'est du plus moderne et du plus scientifique peut-être

---

1. Déjà signalée par Cournot, qui d'ailleurs proteste surtout au nom
de la physique rationnelle contre ce nuageux vitalisme. — (Cf. *Matérialisme, vitalisme, rationalisme*, p. 122. — *Considérat. sur la marche des
idées*, t. II, pp. 168-172).

2. Au sens de Tarde, cette formule ne serait pas en contradiction
absolue avec le vieux principe : *Natura non facit saltus.* En effet, on
verra que l'invention se ramène, suivant Tarde, à l'interférence de deux
rayonnements imitatifs (répétitions), de même que le hasard, chez Cournot, n'est que la rencontre fortuite de deux séries à l'évolution respectivement rationnelle. — Cf. *Lois de l'imitation*, pp. 28-32.

3. Cf. *Études de psych. soc.*, pp. 29-30. — *Essais et mél. soc.*, p. 316.

4. *Lois sociales*, pp. 20 et 162-163. — Cf. également, pour toute cette
argumentation, *Essais et mél. soc.*, pp. 350 sqq.

5. Cf. *La criminalité comparée*, pp. 130, note 1, et 144, note 1.

6. Publié dans la *Revue internationale de Sociologie*, 1893. Reproduit

des métaphysiciens que Tarde va s'inspirer ; aussi bien le criticiste Cournot lui-même, n'accordant guère qu'une valeur
symbolique à de telles spéculations, préférait-il du moins le
dynamisme à l'atomisme ou à toute autre hypothèse [1] ;
d'ailleurs, si Cournot aimait Leibniz, c'était surtout
parce que celui-ci fut, de tous les philosophes, le premier
à indiquer nettement le but essentiel de la recherche philosophique, « la conception des choses dans l'ordre suivant
lequel elles rendent raison les unes des autres, ordre qui ne
doit être confondu ni avec l'enchaînement des causes et des
effets, ni avec celui des prémisses et des conséquences logiques [2] ». Mais, dans la doctrine leibnizienne, ce n'est pas l'application du principe de raison suffisante ni la théorie dynamiste en elle-même que Tarde va considérer tout d'abord :
c'est uniquement la thèse de la multiplicité élémentaire. A
ce point de vue, les progrès de la science contemporaine lui
semblent avoir été favorables aux conceptions de Leibniz [3].
Son hypothèse suppose, en effet, « la discontinuité des éléments

dans les *Essais et mélanges soc.*, pp. 309-389, avec quelques développements nouveaux.

1. Cf. Cournot, *Essai sur les fond. de nos connaiss.*, t. I, pp. 216-261. —
Matér., vii., rationalisme, pp. 20-22 sqq.

2. Cf. Cournot, *Essai sur les fond. de nos connaiss.*, t. II, p. 360.

3. Tarde rajeunit et perfectionne ici, en s'inspirant sans doute des
nouvelles découvertes de la science, mais aussi grâce à la finesse et à
la précision de son analyse logique, un raisonnement de Leibniz lui-
même : « Les substances véritables, dit en effet celui-ci, étant autant
d'expressions de tout l'univers pris dans un certain sens, et autant de
réplications des œuvres divines, il est conforme à la grandeur et à la
beauté des ouvrages de Dieu, puisque ces substances ne s'entr'empêchent
pas, d'en faire dans cet univers autant qu'il se peut et autant que des
raisons supérieures permettent... La multitude des âmes (à qui je
n'attribue pas pour cela toujours la volupté et la douleur) ne doit pas
nous faire de peine, non plus que celle des atomes des gassendistes qui
sont aussi indestructibles que ces âmes. Au contraire c'est une perfection de la nature d'en avoir beaucoup, une âme, ou bien une substance
animée étant infiniment plus parfaite qu'un atome, qui est sans aucune
variété ou subdivision, au lieu que chaque chose animée contient un
monde de diversités dans une véritable unité. Or, l'expérience favorise
cette multitude de choses animées. On trouve qu'il y en a des quantités
prodigieuses dans une goutte d'eau imbue de poivre ; et on en peut faire
mourir des millions tout d'un coup. » (*Corresp.* avec Arnauld, *Œuvres
de Leibniz*, éd. Janet, t. I, p. 657.) On verra plus loin que Tarde, comme
Leibniz, complète par le psychomorphisme sa théorie sur la multiplicité élémentaire.

et l'homogénéité de leur être ». Or, d'une part, à force d'avoir
été sondé mille fois et jugé insondable, l'abîme séparatif du
mouvement et de la conscience, de l'objet et du sujet, de la
mécanique et de la logique, a fini par être révoqué en doute,
réputé apparent et enfin nié par les plus hardis qui ont trouvé
partout de l'écho. D'autre part, les progrès de la chimie nous
conduisent à l'affirmation de l'atome, à la négation de la continuité matérielle que le caratère continu des manifestations
physiques et vivantes de la matière, l'étendue, le mouvement,
la croissance, semblent superficiellement révéler. De même, en
physique, Newton, « résolvant la gravitation d'un corps céleste
en la somme des gravitations de toutes les masses dont il se
compose, brisait, pulvérisait l'individualité du corps céleste »;
et en biologie, la théorie cellulaire de Schwann, la théorie
microbienne de Pasteur, ramènent également à l'infinitésimal
les entités jadis admises. « De là peut-être, dit Tarde, l'importance croissante du calcul infinitésimal ; et par la même raison,
l'éclatant succès momentané de la doctrine de l'évolution ».
Car, pour cette doctrine, dirait un géomètre, le type spécifique
est l'intégrale d'innombrables différentielles, les variations
individuelles et cellulaires ; pour le transformisme comme
pour Leibniz, la raison du fini serait donc dans l'infiniment
petit, qui d'ailleurs en diffère par la nature et non pas seulement en degré [1].

Tarde ne se refuse pas à préciser davantage la nature de l'infinitésimal. La tendance générale de la spéculation contemporaine est, dit-il, le *monisme*, et on peut le concevoir de trois
manières : « soit en regardant le mouvement et la conscience,
la vibration d'une cellule cérébrale, par exemple, et l'état
d'esprit correspondant, comme deux faces d'un même fait » (et
c'est là l'hypothèse matérialiste que Tarde croit pouvoir exécuter sans procès en disant qu'« on se leurre soi-même par cette
réminiscence du Janus antique »); soit en admettant une source
suprême et inconnaissable, commune à la matière et à l'esprit

---

1. Cf. *Essais et mél. sociol.*, pp. 309-318. — Tarde croit justifier cette
dernière affirmation en observant que nous comprenons seulement les
évolutions par transition : mais sa pensée exigerait des éclaircissements, qu'il serait possible de trouver dans les remarques de Cournot
sur le continu et le discontinu, (Cf. *Essai sur les fond. de nos connaiss.*,
t. I, pp. 389-429).

ce qui substitue une trinité à une dualité ; soit enfin « en posant résolument que la matière est de l'esprit », qu'on admette l'idéalisme absolu ou l'hypothèse monadologique : autrement dit qu'on refuse toute existence à l'univers en dehors de l'âme qui le perçoit, ou bien qu'on le juge composé d'une infinité d'âmes semblables à celle-là. En résumé, le monisme achemine nécessairement au « psychomorphisme » et, de préférence à une monadologie[1]. Et, une fois de plus, l'hypothèse de Tarde semble lui avoir été suggérée par la lecture d'Augustin Cournot, puisque celui-ci, dans les pages consacrées par lui à la sociologie, a dit en parlant des « grands hommes », ces « accidents heureux », que, grâce à leurs facultés remarquables et à l'opportunité de leur apparition, ils devenaient aisément, parmi les obscures unités sociales, « *la monade dirigeante, l'archée ou le moi* »[2].

Seulement, poursuit Tarde en sa subtile spéculation, le monisme se démontre moins bien qu'il ne s'affirme, et ceci parce que l'un des deux termes à identifier est mal choisi. Comment assimiler les variations qualitatives de la sensation aux variations quantitatives du mouvement[3] ? Il faudrait donc chercher des états de l'âme quantitatifs, mesurables, et Tarde pense les trouver dans la *croyance* et le *désir*, ces deux forces d'où dérivent l'*affirmation* et la *volonté* ; toujours présents et se pénétrant mutuellement, « la croyance et le désir jouent dans le moi, à l'égard des sensations, précisément le rôle extérieur de l'espace et du temps à l'égard des éléments matériels ». Et Tarde, poussant à l'extrême son hypothèse, se demande si cette analogie ne recouvrirait pas une identité, si l'espace et le temps ne seraient point par hasard des notions primitives ou « quasi-sensations » continuelles et originales, traduisant à chaque monade, grâce à sa faculté de croire et de désirer, les croyances et désirs des autres monades[4] : ce qui pourrait

1. Cf. *Essais et mél. soc.*, pp. 321-322.
2. Cf. Cournot, *Traité de l'enchaîn. des idées fondam.*, t. II, p. 23.
3. On verra que Tarde fait, un peu brièvement, table rase de toute la psycho-physique, et prétend que, si parfois une de ces expériences réussit, elle ne porte que sur la désirabilité et le degré d'attention (désir d'accroissement de la croyance actuelle, et non sur la sensation elle-même. — Cf. *Essais et mél. sociol.*, (La croyance et le désir), pp. 236 sqq.
4. « Dans cette hypothèse les mouvements du corps ne seraient que

aider à la conciliation du monisme idéaliste et du matérialisme, à l'explication de l'inconscient (si contradictoire en
matière de sensation) et des phénomènes de mémoire [1].Essai
d'interprétation universelle qui, avoue Tarde lui-même, dériverait de l'hypothèse de Schopenhauer corrigée par Hartmann,
la « volonté » et « l'idée » devenant ici le désir et la croyance,
et l'objectivation de celle-ci, seul but du désir, étant pour la
première fois considérée comme la solution de l'énigme
universelle [2].

Les nombreuses découvertes de la science moderne sur le
« psychisme » des infiniment petits tendent, selon Tarde, à
ruiner le préjugé anthropocentrique qui pourrait faire obstacle à l'adoption de son hypothèse; dans cette rubrique vague
de « psychisme », il englobe en effet les phénomènes réflexes
ou mécaniques. Par contre, il ne mêle à son argumentation
aucune idée de finalité, soit métaphysique, soit positive [3], car
il ramène la première à la seconde, et ne croit pas que les
hommes, la nature en général soient utilitaires. Tarde n'admet guère la notion de progrès que dans le domaine psychologique et logique; c'est seulement au point de vue de la
croyance et du désir, de la crédibilité et de la désirabilité,
considérations quantitatives, qu'il pourra exister une hiérarchie dans les réalités physiques, vivantes, sociales, et non

des espèces de jugements ou de desseins formés par les monades. » On
verra en effet que, pour Tarde, l'action n'est que la poursuite d'une idée,
bien plutôt qu'une idée réalisée. (Cf. *Lois de l'imit.*, p. 83).

1. Cf. *Essais et mél. sociol.*, (Monadol. et sociol.), pp. 322-325.
2. Cf. *ibid.*, p. 326. — M. Alexis Bertrand, dans un article très clair et
très complet où sont méthodiquement exposées « les thèses monadolo-
giques de G. Tarde », a fort bien précisé le rapport entre notre philosophe et les métaphysiciens allemands. « Leibniz, dit-il, n'admettait
qu'une causalité immanente et non transitive de ses monades; mais
quand on a médité sur les attributs qu'il leur reconnaît, *appétition, perception, aperception*, il est difficile de ne pas reconnaître dans l'appétition, c'est-à-dire la tendance à passer d'une perception à une autre, le
désir, et dans l'aperception, c'est-à-dire l'effort qui amène une perception au seuil et à la lumière de la conscience, la volonté. Volonté, vou-
loir-vivre, c'est aussi le nom que Schopenhauer donne à son principe
d'explication universelle; en nous la volonté est une combinaison de la
foi et du désir. Cabanis avait dit : l'instinct universel, les moi partiels. »
(*Un essai de cosmologie sociale*, in *Arch. d'anthropol. crimin.*, juillet-
août 1904, pp. 642-643).
3. Cf. *Essais et mél. sociol.*, pp. 329-334.

dans les catégories qualitatives du sentir et de l'être où il n'y a qu'hétérogénéité, « incomparabilité ». D'ailleurs, c'est un désir de complément plutôt que de conservation, qui caracté-rise l'activité humaine ; donc l'hétérogénéité, le changement est l'éternelle pierre d'achoppement de la finalité, de l'har-monie : « durer c'est changer »[1]. En résumé, la vie sociale apparaît au psychologue comme apparaîtrait à l'historien la vie d'un peuple immense, d'une Chine plus populeuse et plus fermée encore, s'il ne la connaissait que par les données statis-tiques, sans aucune notion sur les individualités agissant effectivement : il arriverait par d'ingénieuses comparaisons des chiffres à expliquer tant bien que mal les anomalies con-statées, tout en reconnaissant qu'il néglige les vraies causes impénétrables ; pourtant il serait bon qu'il n'oubliât pas l'existence de celles-ci. De même l'hypothèse monadologique rappellera aux sciences la valeur purement symbolique des lois établies par elles[2].

Mais ici se présente la difficulté, l'objection que soulève toute hypothèse de ce genre : dans ce monde de monades ou d'atomes invisibles et innombrables, quel est donc le principe qui réalise l'accord universel ? Le mouvement éternel et le « clinamen » de l'atomisme, et non plus « l'harmonie prééta-blie » entre les monades closes de Leibniz, ce commandement mystique analogue aux lois matérialistes, n'apparaissent pas à Tarde comme des solutions satisfaisantes. Mais il pense résoudre le problème « en concevant des monades ouvertes

---

1. Cf. *Essais et mél. sociol.* (La variation universelle), pp. 392-409. — C'est là chez Tarde une hypothèse plutôt qu'une conclusion expérimen-tale, et s'il accorde ici au darwinisme ses deux postulats fondamentaux, l'évolution et le progrès, c'est parce que, malgré la divergence de vues sur l'état initial de la substance universelle, ils sont du moins con-formes à sa théorie complémentaire du primat final de l'hétérogène. On remarquera également l'opposition absolue dans les termes, entre la thèse de Tarde et les conclusions récentes de M. Quinton, expliquant l'évolution non par une loi de changement progressif (de l'hétérogène inférieur ou de l'homogène vers l'hétérogène supérieur), mais bien par une loi de constance, par les efforts de l'être pour se maintenir dans les conditions originelles de l'intensité vitale. Et cependant cette hypothèse nouvelle suppose, elle aussi, le principe illogique et anti-téléologique de Variation, si essentiel à la doctrine de Tarde, car lui seul peut expliquer la nécessité d'un effort pour maintenir le *statu quo* vital, les modifica-tions de l'univers n'étant plus motivées par une tendance au progrès.

2. Cf. *Essais et mél. sociol.*, (Monadol. et sociol.), pp. 334-335.

qui s'entre-pénétreraient réciproquement au lieu d'être extérieures les unes aux autres ». L'attraction newtonienne ne
démontre-t-elle pas cette pénétrabilité ? Ne fait-elle pas
de chaque point une sphère d'action indéfinie, pénétrant les
autres sphères et pénétrée par elles? Ainsi l'atome cesse d'être
un atome ; « il est un milieu universel, ou aspirant à le devenir,
un univers *à soi*, non pas seulement, comme le voulait Leibniz, un microcosme, mais le cosmos tout entier conquis et absorbé par un seul être ». Ainsi toute similitude s'expliquerait
par l'action prépondérante de certaines monades; ainsi les
lois universelles, « entités flottantes et fantastiques, » se
seraient constituées, comme les lois politiques, par le développement et la fixation de projets et de desseins individuels [1].

Il y a donc lieu d'admettre, suivant Tarde, un *sociomorphisme*
des monades, ce qui d'ailleurs était à prévoir, puisque de plus
en plus on constate que tout est société. Et Tarde ici ne craint
pas d'universaliser, ce qui revient à dire : systématiser.
« Soyons outranciers, dit-il, au risque de passer pour extra-
vagants. En cette matière spéciale la crainte du ridicule
serait le plus antiphilosophique des sentiments. » Aussi, ra-
mène-t-il à une interprétation monadologique l'incontestable
vérité que « toute activité psychologique est liée au fonctionnement d'un appareil corporel ». Il traduit, en son langage
psycho-sociologique : « nul individu ne peut agir socialement,
ne peut se révéler d'une façon quelconque, sans la collaboration d'un grand nombre d'autres individus, le plus souvent
ignorés du premier »; une monade livrée à elle-même ne
peut rien, et par suite il y a « tendance des monades à se
rassembler » : le moi est la monade prépondérante de cette
agglomération et « conscience veut dire *gloire cérébrale*, en
quelque sorte, de l'élément le plus influent et le plus puissant
du cerveau » [2]. Le moi est donc pour ainsi dire l'élément
privilégié ou vainqueur, « le pôle où convergent momenta-
nément toutes les ambitions et tous les égoïsmes cellulaires,
à peu près comme la gloire est la polarisation sociale des
espoirs et des orgueils individuels ». C'est ainsi, selon Tarde,
que le mécanisme social, tel qu'il le croit discerner, mélange

1. Cf. *Essais et mél. sociol.*, (*loc. cit.*), pp. 335-338.
2. Cf. *ibid.*, pp. 316-318.

de violence conquérante et de persuasion chez les éléments
dominateurs, de soumission et d'imitation admirative chez
les éléments subjugués, pénétrera la psychologie individuelle [1].

Or, c'est précisément cette notion du moi considéré au point
de vue social qui exige l'hypothèse monadologique, car « rien
ne se crée », et « tout rapport harmonieux, profond et intime
entre éléments naturels » ne devient pas, quoi qu'en pensent
certains sociologues, « *créateur* d'un élément nouveau et
supérieur, qui collabore à son tour à la création d'un élément
autre et plus élevé ». Le moi collectif, social, n'est lui-même
qu'une métaphore, non pas une réalité miraculeusement
apparue. Et pas plus que l'accord des consciences n'évoque
dans la société une véritable conscience nouvelle, il n'est
concevable que l'accord de cellules nerveuses inconscientes
ait « le don d'évoquer journellement une conscience dans un
cerveau d'embryon » [2].

Par suite, l'extension du point de vue social révèle également
que l'hétérogénéité est aussi bien à la base qu'à la surface des
choses. L'évolution universelle est plutôt encore une simplification qu'une complication, ou plus exactement il semble
qu'il y ait nivellement croissant dans l'espace, différenciation
croissante dans le temps. Et le fameux principe erroné de
Spencer tient surtout à ce que « nous avons un penchant inexplicable à imaginer homogène tout ce que nous ignorons ».
« Exister, dit résolument Tarde, c'est différer; la différence, à
vrai dire, est en un sens le côté substantiel des choses, ce
qu'elles ont à la fois de plus propre et de plus commun... Toutes
les similitudes, toutes les répétitions phénoménales ne me

1. Cournot, dans un passage qui évoque aussi les théories de Tarde sur
la suggestion sociale, signalait déjà cette hégémonie de l'un des éléments dans tout accord associatif. « Lorsque, dit-il, le *consensus* final
provient d'influences ou de réactions mutuelles, il n'y a pas ordinaire-
ment parité de rôles entre les diverses parties qui tendent à former un
système solidaire. L'une des parties joue le plus souvent, en raison de
sa masse ou pour tout autre cause, un rôle prépondérant, et il peut même
se faire qu'en soumettant les autres à son influence, elle ne subisse pas
à son tour des réactions appréciables. » (*Essai sur les fond. de nos con-
nais.*, § 65. t. I, p. 129). Ici comme en bien d'autres occasions, Tarde a
transposé la pensée de Cournot du domaine physique dans le domaine
psycho-métaphysique.
2. Cf. *ibid.*, pp. 348-350.

semblent être que les intermédiaires inévitables entre les
diversités élémentaires plus ou moins effacées et les diversités
transcendantes », supérieures aux conditions matérielles et
vitales. Les unités caractéristiques qui sont le dernier terme
de la série biologique seront le premier de la série sociale;
le protoplasma, premier terme de la série vitale, est le dernier
de la série chimique. Tout part de la diversité et y aboutit;
on la trouve au cœur de toute chose, et l'atome, puisqu'il
est tourbillon, est lui-même compliqué et non irréductible. [1]

En effet, comment expliquer la variation, comment la mort,
si vraiment l'univers est soumis à des lois immuables, et si
ces lois s'exercent sur une substance homogène? «Si tout
vient de l'identité et si tout y vise et y va, quelle est la source
de ce fleuve de variétés qui nous éblouit? Soyons-en certains,
le fond des choses n'est pas si pauvre, si terne, si décoloré
qu'on le suppose. Les types ne sont que des freins, les lois
ne sont que des digues vainement opposées au débordement
de différences révolutionnaires, intestines, où s'élaborent
en secret les lois et les types de demain, et qui, malgré la
superposition de leurs jougs multiples, malgré la discipline
chimique et vitale, malgré la raison, malgré la mécanique
céleste, finissent un jour, comme les hommes d'une nation,
par emporter toutes les barrières et par se faire de leurs
débris même un instrument de diversité supérieure ». A
chaque degré de l'échelle, seule la répétition est spécifique,
qu'elle s'appelle imitation sociale, génération biologique ou
saturation chimique, mais elle est conditionnée par les
diversités supérieures [2].

C'est donc le sociomorphisme universel, complétant le
psychomorphisme, qui nous fournit la clef de toutes choses
en nous expliquant la diversité élémentaire. « Il y a de la
morale partout, disait Leibniz, et jusque dans les mathématiques; pareillement, il y a du social partout, et jusque dans
l'astronomie et la chimie » [3]. Ainsi se fonde une véritable
cosmologie sociale.

Mais que nous révèle ce point de vue sur la nature intime

1. Cf. *ibid.*, pp. 350-362.
2. Cf. *ibid.*, pp. 362-369.
3. Cf. Bertrand, *art. cité*, p. 653.

de la monade. « Qu'est-ce que la société ? » se demande
Tarde. C'est, dit-il, « la possession réciproque, sous des
formes extrêmement variées, de tous par chacun ». « La
possession unilatérale de l'esclave par le maître, du fils par
le père ou de la femme par le mari dans le vieux droit n'est
qu'un premier pas vers le lien social. Grâce à la civilisation
croissante, le possédé devient de plus en plus possesseur, le
possesseur possédé, jusqu'à ce que, par l'égalité des droits,
par la souveraineté populaire, par l'échange équitable des
services, l'esclavage antique, mutualisé, universalisé, fasse
de chaque citoyen à la fois le maître et le serviteur de tous
les autres. En même temps, les manières de posséder ses
concitoyens, et d'être possédé par eux, sont chaque jour plus
nombreuses ». La philosophie s'est toujours bornée à poursuivre la définition de l'*Être* : c'est à l'*Avoir* qu'elle aurait dû
s'attacher. *Être*, d'ailleurs, signifie tantôt absolument *avoir*
(mon bras est chaud), tantôt *égaler* (un Français est un Européen), ce qui implique aussi l'idée de possession. « Au lieu
du fameux *cogito ergo sum*, je dirais volontiers : *Je désire, je
crois, donc j'ai.* » A l'opposition entre l'*Être* et l'*Avoir*, le *moi*
et le *mien*, se ramène celle entre la philosophie et la science,
celle-ci ayant pris pour guide la notion de *propriété*, non le
fantôme des *entités*. Encore n'a-t-on jamais songé à déterminer les différents modes de la possession, car, avec Darwin
et Spencer, on s'égarait dans les notions plus vagues de *correspondance* et d'*adaptation*. On distinguera d'abord les cas
de possession suivant la nature des êtres entre lesquels le
rapport s'établit, la possession typique étant le rapport de
l'homme à la société, c'est-à-dire d'un élément à un groupe
d'autres éléments individuellement caractérisés. Plus importante et moins subtile est la distinction à établir entre la
possession unilatérale et la réciproque, celle-ci étant supérieure, et la seule modalité sociale. C'est elle qui, s'ajoutant à
l'hypothèse monadologique, peut expliquer l'ordre universel
dans la division du travail, bien mieux que la substance
homogène de l'évolutionnisme et son inexpliquée loi de différenciation. Chaque monade aspire au plus haut degré de
possession, d'où leur concentration graduelle : mais l'avidité
de toutes limite l'ambition de chacune, et si toute monade

est une virtualité d'un certain genre, « l'idée cosmique » qu'elle incarne est rarement destinée à se réaliser effectivement, bien qu'elle y soit toujours appelée. Par cet amalgame entre la théorie des idées de Platon et l'atomisme d'Épicure ou d'Empédocle, Tarde prétend suppléer à la lacune du transformisme qui ne peut expliquer ni la force diversifiante d'où naissent les espèces, ni le but des variations spécifiques [1].

« Puisque l'être c'est l'avoir, il s'ensuit que toute chose doit être avide. Or, s'il y a un fait qui aurait dû frapper tous les yeux, c'est bien l'avidité, l'ambition immense qui d'un bout du monde à l'autre, de l'atome vibrant ou de l'animalcule prolifique au roi conquérant, remplit et meut tous les êtres. Toute possibilité tend à se réaliser, toute réalité à s'universaliser ». Ainsi s'expliquent les trois formes de la répétition universelle, l'ondulation, la génération, l'imitation ; et ce sont ces trois forces, ces « trois sortes d'invasion physique, vitale, sociale, le rayonnement vibratoire, l'expansion génératrice, la contagion de l'exemple », qui mènent le monde, et la mécanique sociale n'est qu'une confirmation de la mécanique universelle. Mais combien d'obstacles rencontrent ces ambitions innombrables, combien d'avortements pour un développement réussi, pour un projet réalisé! N'est-ce pas précisément dans cette réalisation d'un seul plan par la collectivité, au détriment d'innombrables desseins individuels, que réside le progrès de la civilisation? On doit donc admettre des *éléments-chefs*, foyer d'imitation, qui modèlent l'univers plus encore qu'ils ne le reflètent. Et leur activité, pourrait être considérée aussi bien comme propagande et dévouement que comme conquête et ambition, car, on le verra, Tarde, sans toujours se conformer à cette affirmation, estime que le fait social essentiel est persuasif, et non coercitif. La vie, pour lui, est donc bien plutôt une œuvre de salut, de rédemption des éléments « enchaînés par les liens étroits de la chimie », que l'antagonisme destructif systématisé par Darwin : quand elle conquiert, quand elle détruit, c'est en vue de sauver, d'élever, c'est peut-être par fanatisme, non par intérêt. D'autre part, la vie, pour la monade supérieure

1. Cf. Tarde, *op. cit.*, pp. 369-381.

et triomphante qui réalisa la conscience, c'est probablement la purgation d'un désir ambitieux ; ensuite de quoi, sans doute, la mort est une délivrance apaisante, un retour agréable à l'individualité élémentaire originelle, qui lui permet de savourer à loisir « l'état divin où la dernière seconde de la vie l'a plongée, l'exemption de tous maux et de tous désirs [1] ».

Tarde, s'il ne juge pas cette hypothèse métaphysique indispensable à son système, lui attribue du moins l'avantage de permettre un coup d'œil d'ensemble sur ces deux points de vue si différents : la science, caractérisée par la régularité croissante, et la réalité qui est en soi diversité croissante [2]. Tarde reproche donc en somme à l'évolutionnisme d'avoir transporté de l'ordre de la connaissance dans celui de la réalité, cette superstition de l'homogène, du général, qu'il n'admet, lui, et sous réserves, qu'en matière de méthode scientifique. Après l'exemple du criticisme kantien et du positivisme de Comte, celui de Tarde, si sceptique à l'entendre pour ce qui est des constructions spéculatives, montre bien la difficulté de rejeter absolument ce transrationnel, ce domaine du cœur, comme disait Cournot : et la sociologie de Tarde étant visiblement psychologique, ceci semblerait donc justifier la thèse de M. Lachelier, pour qui toute psychologie se ramène à une métaphysique.

Cette nouvelle monadologie se complète utilement par une théorie des possibles, se rattachant d'assez près, comme l'indique Tarde lui-même, à la théorie du hasard selon Cournot. En effet, comme on l'a vu, la possibilité est, dans le domaine objectif, la notion correspondante à celle, subjective, de probabilité. « Le réel, dit Tarde, n'est intelligible que comme un cas du possible », et il attribue une incontestable valeur positive à la notion de *possibles irréalisés*. « Qu'on rende compte des faits comme on voudra, par des propriétés comme Littré, par des caractères comme Taine, par les termes vulgaires de forces ou de facultés, il n'en faut pas moins toujours admettre que ces propriétés, ces forces, ces facultés, ces caractères, dont les rapports mutuels, isolés

1. Cf. *ibid.*, pp. 381-389. — On aura plus tard l'occasion de discuter cette interprétation de la mort.
2. Cf. *Lois sociales*, p. 164,

par l'abstraction, généralisés par nos formules, s'appellent lois, sont des sources d'existence non seulement réelles, mais conditionnelles [1] »; et aussi, par suite, que certaines de ces virtualités n'ont pu s'effectuer, faute de rencontre favorable. De tels raisonnements prouvent que, si Tarde s'est assimilé la *Monadologie*, en l'adaptant aux exigences de son point de vue, il n'était pas non plus sans avoir pratiqué la *Théodicée*, bien qu'il n'y fasse pas allusion.

Leibniz, comme on sait, dans sa controverse avec Bayle, et sa critique du panthéisme déterministe de Spinoza, affirme en effet, malgré les objections de l'auteur du *Dictionnaire* et d'Arnauld, malgré aussi les arguments contraires de Diodore, d'Abélard, de Hobbes et de Spinoza lui-même, l'existence d'un monde infini de possibles, pour concilier l'existence du mal avec la perfection et la liberté divines; encore faudra-t-il ne pas confondre « ce qui est nécessaire par une nécessité morale, c'est-à-dire par le principe de la sagesse et de la bonté, avec ce qui l'est par une nécessité métaphysique et brute, qui a lieu lorsque le contraire implique contradiction [2] ». Abstraction faite de la notion de créateur, que Tarde veut ici négliger, cette théorie de Leibniz ressemble beaucoup à celle proposée par son très indépendant disciple, puisque l'adversaire de Spinoza, comme le remarque M. Nolen [3], en vient à personnifier ces possibles, à les montrer dans des allégories platoniciennes, se disputant le droit à la vie, le choix divin. Or, nous savons que Tarde, à la conception de l'univers homogène et se différenciant, oppose celle de la réalisation d'une multitude de virtualités élémentaires, chacune caractérisée et ambitieuse, chacune portant en soi son univers distinct [4]. Seulement, c'est précisément en développant ce point de vue qu'il contredira à la doctrine de l'emboîtement des germes, soutenue par Leibniz, après Malebranche et avant Ch. Bonnet [5].

---

1. Cf. *Logique sociale*, pp. 159-160.
2. Leibniz, *Théodicée*, § 174. — Cf., pour le détail de la théorie des possibles, *ibid.*, §§ 169-174; — l'opuscule *De l'origine radicale des choses;* — la *Correspondance avec Arnauld*, *passim*.
3. *Éclaircissements*, en tête de son édition classique de la *Monadologie* 3ᵉ éd., p. 139.
4. Cf. *Lois sociales*, pp. 162-163.
5. Cf. *Théodicée*, préface.

La « préformation déjà tout organique dans les semences des corps qui naissent, contenues dans celles des corps dont ils sont nés, jusqu'aux semences premières », selon l'expression de Leibniz, est jugée par Tarde, comme d'ailleurs par la science contemporaine, une pure chimère. Par contre, dit-il, « l'emboîtement des possibles est une incontestable vérité », et, de là, il déduit que tout développement suppose de multiples avortements ; que cette loi universelle porte même sur le progrès de l'être individuel, car en se spécialisant il se mutile lui-même ; qu'enfin elle s'applique parfaitement à l'évolution des sociétés, car il. y a emboîtement des germes d'idées, et non hiérarchie nécessaire comme le voulait Cournot [1]. Ceci nous ramène à la critique de l'évolutionnisme unilinéaire : la loi de l'avortement nécessaire contredit en effet, selon Tarde, ce concept de l'évolution, qui, au surplus, impliquant en somme l'emboîtement des germes, est en contradiction avec l'attribution par Darwin d'une origine extérieure à toutes les transformations de l'espèce. Weissmann, dans sa critique de Nægeli, aurait même pu éviter ce principe de causalité externe trop exclusif, s'il eût reconnu un emboîtement des possibles, « conditionnellement nécessaire [2] ».

Il y a là chez Tarde une originale application de la doctrine conciliatrice de Leibniz sur la contingence et la nécessité. C'est ce que M. Lionel Dauriac a très judicieusement remarqué. La « contingence, dit ce critique, tranchons le mot, l'accident joue dans la philosophie de Tarde l'un des tout premiers rôles... L'inventeur imite le dieu de la théologie leibnizienne. Dans le champ des possibles il en choisit un pour l'appeler à l'existence. Et quand il l'a choisi, c'est tout un monde partiel de possibles qu'il entraîne à sa suite. Les possibles de Leibniz sont élus en raison de leur perfection plus grande. Les possibles de Tarde sont élus... dirai-je sans raison ? Je devrais certes dire sans raison néces-

1. Cf. *Logique soc.*, pp. 160-163. — A vrai dire, le point de vue de Tarde est ici comme toujours exclusivement psychologique sous l'étiquette sociologique. C'est aux « plans brisés près de se réaliser », aux « espoirs fauchés en herbe », à « la circulation de l'inexprimé et de l'irréalisé à travers tous les hommes d'une génération » qu'il veut faire allusion. (Cf. *ibid.*, pp. 161-162, note.)

2. Cf. *Logique soc.*, pp. 162 et 164-166.

saire ou même suffisante. Quand une mélodie s'improvise
dans l'imagination du musicien, elle est peut-être l'effet du
déterminisme, mais ce déterminisme peut n'avoir rien d'esthétique. Elle naît, non parce qu'elle est belle, mais parce
qu'elle n'a pu faire autrement que de naître. Elle naît par
l'effet d'un accident inévitable. Et il n'y est point de contradiction. Depuis Leibniz, la contingence et la nécessité ont
cessé de se contredire. Aussi peut-on affirmer avec Tarde, et
sans se proposer ici autre chose que de pénétrer sa pensée,
que la nécessité qui mène le monde a l'accident pour origine [1]. »

Enfin, il existe encore un point de contact entre l'argumentation leibnizienne et la métaphysique de Tarde, et ce n'est
rien moins que la question du libre arbitre. Leibniz chercha à
conserver, à exalter même au détriment de la liberté humaine,
la liberté divine par sa distinction entre la contingence « morale » et le déterminisme « métaphysique » (ou plus exactement
psychologique), et par sa théorie de la possibilité logique.
Tarde, certes, néglige trop la théodicée pour adopter une
hypothèse exactement dérivée de celle-ci; mais comme il
songe d'ailleurs à réduire l'opposition des partisans absolus
du libre arbitre à la science sociale, il cherche un moyen de
tourner la question, et, toujours en vertu du πάντως φιλοσόφητέον,
il en vient à la traiter au fond. Pour lui le déterminisme n'implique nullement l'évolution unilinéaire, qui n'est ni le seul,
ni le meilleur transformisme possible; et la multiplicité des
possibles contingents n'implique pas davantage l'intervention
d'un « libre caprice humain ou divin » : car il suffit d'admettre
l'autonomie initiale des éléments, et l'existence en eux de
virtualités inconnaissables d'où jailliront, même par un mécanisme déterminé, des nouveautés impossibles à prévoir [2]. Et

---

1. Cf. Dauriac, *La philos. de G. Tarde*, in *Année philosophique*,
t. XVI, Paris 1906, p. 165.
2. Cf. *Logique soc.*, p. 158. — C'est là, sous une forme plus développée,
la théorie brièvement exposée par Tarde dans son premier ouvrage : « Je
crois, disait-il, la liberté personnelle défendable métaphysiquement, en
tant qu'*aséité* [existence par soi] d'un élément éternel et *individuellement caractérisé* (comme tous les éléments, selon moi), qui aurait
joué le principal rôle dans la formation de notre être depuis l'ovule natal et qui, à ses produits les plus complexes, imprimerait toujours son

même, ajoute-t-il, en songeant à la théorie de Cournot sur le hasard, on pourrait encore, avec plus de circonspection, « fonder la distinction du nécessaire et de l'accidentel, du déterminisme nécessaire et du déterminisme accidentel, sur l'indépendance relative des séries causales régulières, dont la régularité s'interrompt quand elles se rencontrent et se heurtent ou s'embranchent, sauf à inaugurer ensuite le cours d'une série nouvelle. En ce sens aussi, il est vrai de dire que l'accidentel est la source ou le point de départ du nécessaire, et qu'il n'est pas de développement auquel n'aient collaboré des milliers d'accidents [1]. »

Nous trouvons donc dans cette page fondamentale un argument essentiel de Tarde contre Spencer; une nouvelle analogie avec Leibniz, qui rejette aussi le libre arbitre dans le domaine transcendantal; enfin les principales raisons qui font négliger à Tarde la question de la prévision, si importante dans la méthode de ses précurseurs en sociologie.

En effet, les partisans du libre arbitre pouvaient d'abord objecter à la science sociale ce dilemme relatif à la question des origines: ou bien la société est un fait naturel, et alors elle est objet de science, — thèse contradictoire si la société est composée d'individualités essentiellement libres; — ou bien elle est un fait d'origine artificielle, le résultat d'un contrat, et alors le libre arbitre est respecté, mais toute recherche scientifique, toute loi est impossible. Argumentation qui conserverait sa valeur et sa solidité apparente, si, comme Tarde, on prétendait négliger au moins provisoirement le problème des origines humaines et sociales : ou bien le déterminisme est le vrai, et les lois sociales ont alors la même réalité que les lois physiques, — mais le postulat est discuté —; ou bien l'homme social comme l'individu agit librement, et comment alors prévoir les résultats de son action collective, comment réduire à des formules scientifiques un ordre de faits contingents et fortuits? Telle est la difficulté que Spencer a trop superficiellement examinée dans son *Introduction à la Science sociale*, en protestant au

cachet propre, d'où la nécessité des variations individuelles. » (*Criminalité comparée*, p. 130, note 1. — Théorie de la responsabilité).

1. *Logique soc.*, p. 158 et note 1.

nóm de l'hérédité et de l'influence du milieu contre l'omnipo-
tence de la volonté, et en acceptant les grands nombres fournis par les statistiques comme une base de probabilité sociologique suffisante, ce qui postule du moins le principe de
causalité et le déterminisme psychologique. C'était déjà dans
quelque mesure l'argumentation de Stuart Mill, fondant
aussi la science sur la prévision, sur la causalité[1], mais distinguant Causalité de Fatalité : car, suivant lui, si les volontés
humaines dépendent des facteurs moraux et éducatifs, elles
sont néanmoins causes elles-mêmes, elles agissent sur les
agents physiques, et *a fortiori* sur les faits historiques et sociaux ; mais, dans son psychologisme, obligé de se rabattre
sur les « généralisations approximatives de l'empirisme »
qu'il croit préciser à l'aide de l'éthologie[2] et du point de vue
associationniste, Stuart Mill n'accorde en définitive que la
« prédiction conditionnelle », causale mais non quantitative,
à la science sociale, comme à l'histoire dont il la sépare assez
peu[3]. Théorie probabiliste aussi peu précise que celle de
Spencer, et dont Tarde, malgré son point de départ très différent, ne dépasse guère les conclusions, alors qu'il aurait pu
cependant s'inspirer ici plus expressément des considérations de Cournot sur la probabilité rationnelle ou philosophique.

La conception naturaliste des sociétés, dit Tarde, généralisation confuse, peu scientifique, et incompatible avec la
notion de personnalité morale, tranche trop absolument la
vexata quæstio du libre arbitre[4]. Mais, en dehors de sa théorie
des possibles qui tend à substituer la contingence au libre
arbitre[5], la pensée de Tarde, il faut en convenir reste un peu
flottante. Peut-être aurait-il pu se demander si l'idée de con-

1. Cf. St, Mill, *Logique*, l. VI, ch. iii, §§ 1 et 2; ch. xi, § 1. — Il semblerait que Mill songe à une science sociale pratique plutôt qu'interpré-
tative, si, ailleurs, il ne déclarait que même la « prévision après coup »
(c'est-à-dire une pure vérification de principe) est importante. (Cf. *ibid.*,
ch. ix, § 6).
2. D'où l'importance de cette science dans le système de Mill. (Cf. *ibid.*,
ch. ix, §§ 3 et 4).
3. Cf. St. Mill, *ibid.*, ch. iii, §§ 1 et 2; ch, v, §§ 2 et 3 ; ch. vi, §§ 1 et 2;
ch. x, *passim*; ch. xi, §§ 1, 2 et 4.
4. Cf. *Études de psych. soc.*, pp. 22-23.
5. Cf. *Logique soc.*, pp. 168 sqq. — *Oppos. univers.*, pp. 299-300.

dition n'implique pas aussi bien la liberté relative (contingence) que le déterminisme relatif (dépendance) et il y aurait ainsi une sorte de position intermédiaire, ce qui malheureusement ne veut pas dire un terrain de conciliation, entre déterministes et partisans du libre arbitre. Il est du moins surprenant que Tarde, dont le psychologisme est avoué et délibéré, ait dédaigné d'approfondir la question en ce sens. N'a-t-on pas dit aussi que le libre arbitre, loin d'être un obstacle à l'utilisation de la statistique ou même à la prévision, en est au contraire la condition, puisqu'il subordonne les actes humains à la raison, aux causes logiques? « Un peuple, dit Quételet, cet économiste si voisin parfois de Cournot, un peuple qui ne serait formé que de sages offrirait annuellement le retour le plus constant des mêmes faits [1]. » Par conséquent il n'y aurait rien de paradoxal à considérer que les phénomènes sociaux, dépendant du libre arbitre, sont néanmoins aussi réguliers que les phénomènes relevant de causes matérielles, mais fortuites ; on pourrait même avancer que, plus l'individu serait libre, c'est-à-dire non soumis nécessairement à des motifs même absurdes, plus la prévision serait possible. La solution est élégante, mais elle ne fait que préciser le déterminisme psychologique de Leibniz et confond en somme le discernement avec la liberté. Quoi qu'il en soit, c'est sans doute à une solution analogue que se rallierait Tarde, car lui aussi croit devoir se contenter en matière sociologique d'une probabilité croissante, et, par suite, d'une prévision relative [2]. La science, à son avis, n'exige d'ailleurs qu'une prévision conditionnelle, c'est-à-dire qui fasse abstraction des révolutions, des cataclysmes et des innovations, de tout ce qui relève de la variation universelle [3]. Ceci laisserait peu de réalité à la science, surtout si l'on remarque d'autre part, comme on le verra plus loin. que Tarde prétend encore tourner la question du libre arbitre en admettant que le fait social fondamental est persuasif et non coercitif; or, ou bien il s'agit d'une suggestion impérative, et l'argumentation disparaît, ou bien la liberté

1. Quételet, *Du système social et des lois qui le régissent*, 1848, p. 97.
2. *Lois de l'imitation*, pp. 154-155.
3. Cf. *Lois de l'imitat.*, p. 20·

de l'individu est sauvegardée, et l'on ne voit pas comment
Tarde conserve cette notion de loi, qui, depuis Montesquieu,
fut toujours la condition essentielle de la sociologie[1].

La vraie solution qu'il fournirait de cette difficulté serait sa
théorie générale de la science. On a vu qu'en distinguant, au
moins en principe, l'ordre scientifique de l'ordre historique.
Tarde indique que l'étude des similitudes, c'est-à-dire des
faits répétés, est le véritable objet de la science. La science,
c'est un ordre de phénomènes envisagés par le côté de leurs
répétitions. Il ne croit pas que la complexité de la vie sociale
soit véritablement un obstacle à la sociologie. Il n'y a pas
moins de complication en effet, d'irrégularité réelle et de
caprice apparent, dans le monde des météores ou dans l'intérieur d'une forêt vierge que dans le fouillis de l'histoire
humaine[2]. Et « considérées à ce point de vue, par ce même
détail essentiel, les sociétés ne présentent pas moins de répétitions précises, de séries régulières et identiques d'actes
et de faits, que le monde vivant ou le monde physique
même[3]. » Toute science s'est dégagée des obscurités, de l'in-
consistance du début, en découvrant des similitudes, des
répétitions de plus en plus réelles, de plus en plus précises,
élémentaires, innombrables et infinitésimales : ceci d'ailleurs
ne supprimant pas les originalités voyantes qui se dissolvent
également en originalités plus profondes[4], car la loi de
variation universelle, nous le savons, est antérieure et
supérieure à la loi de répétition universelle, et par
suite les systématisations étroites et unilinéaires des premiers sociologues sont nécessairement inadéquates aux données de l'expérience, et il n'est pas besoin pour les réfuter
de toucher à la question métaphysique. L'étude rationnelle
des similitudes ne peut que rendre plus saillantes les originalités des individus et même des éléments : la théorie cellulaire le démontre amplement en biologie[5]. C'est pourquoi

1. Cf. Auguste Comte, *Cours de philosophie positive*, 47ᵉ leçon.
2. Cf. *Lois sociales*, pp. 7-8.
3. Cf. *Études de psych. soc.*, p. 22.
4. Cf. *Lois sociales*, pp. 15-16. — *Études de psych. soc.*, p. 41. — C'est
là comme l'application dans l'ordre de la connaissance de la théorie
métaphysique de Tarde.
5. Cf. *Lois sociales*, p. 23.

Tarde ne considère pas qu'on réfute sa théorie de la science en indiquant que la différenciation, la détermination du type spécifique est également œuvre de science[1].

Par conséquent, ce n'est pas la prévision, le simple rapport de cause à effets particuliers qui, pour lui, est l'objet même de la recherche scientifique, — sans quoi, remarque-t-il, l'histoire pragmatique serait la science parfaite ; — mais c'est le rapport entre la cause générale et l'effet général, lequel est susceptible de répétition : et l'on voit combien son point de vue, malgré les différences de terminologie et la transposition systématique, se rapproche jusqu'à maintenant de celui de Stuart Mill. « Répétition, dit-il en effet, signifie production conservatrice, causation simple et élémentaire sans aucune création, car l'effet élémentairement reproduit la cause, comme le montre la transmission du mouvement d'un corps à un autre ou la communication de la vie d'un être vivant au bourgeon né de lui[2]. » Considérations dont on retrouvera le développement en établissant, d'après Tarde, quelle est la répétition sociale spécifique.

Fonder la légitimité de la science sur la découverte d'une répétition spécifique, et non sur la possibilité d'appliquer le principe de causalité, c'est peut-être déduire une conséquence méthodologique de la critique de Hume, mais c'est surtout tirer un corollaire pratique de la judicieuse distinction établie par Cournot entre l'idée de la *raison des choses* et l'idée pure et simple de *cause*[3]. Les causes, selon Cournot, ce sont les réalités, êtres, événements ou circonstances, qui ont agi fortuitement, aveuglément sur l'évolution de l'être ou du phénomène considéré ; tandis qu'il faut entendre par raison des choses ce qui, dans la constitution de l'être, dans les conditions d'ensemble de l'événement, dans les fins auxquelles ils tendent, peut expliquer les rapports et particularités qu'on y découvre. Le point de vue causal relève donc pour une bonne part de la chronologie et de l'histoire, tandis que le point de vue rationnel s'en affranchit et ne considère « que des résultats généraux dégagés de l'influence de ces causes

1. Cf. *ibid.*, p. 9.
2. Cf. *ibidem.*
3. Cf. Cournot, *Essai sur les fond. de nos connaiss.*, t. I, pp. 35-39.

accidentelles et de leur mode de succession chronologique,
ou les conditions d'un état final et stable pareillement indépendantes du temps [1] ». C'est pourquoi d'ailleurs les sciences
abstraites n'offrent évidemment aucun exemple de liaison
causale, quoique certaines de leurs démonstrations semblent
supérieures à d'autres également justes : car l'infériorité de
ces dernières ne tient pas à ce qu'elles s'appuient sur la causalité fortuite et non sur une interprétation rationnelle, mais
bien à ce qu'elles suivent simplement l'*ordre logique de la
connaissance*, de l'enchaînement des propositions, et non
l'*ordre rationnel de la réalité*, de l'enchaînement des idées
fondamentales. Il faut en effet bien distinguer entre l'ordre
de la connaissance, c'est-à-dire le rapport entre l'intelligence
humaine et la réalité, et l'ordre de la réalité en elle-même : et
c'est la raison pour quoi, rechercher le fondamental à l'aide
de la science, ce n'est pas prétendre témérairement à refaire
le plan de la nature. Au reste, cette distinction entre l'ordre
logique et l'ordre rationnel, si contraire aux indications de
l'étymologie, est encore caractérisée par Cournot en ce que le
complexus rationnel de la réalité ne possède nullement la
simplicité linéaire de la chaîne logique des effets et des causes,
laquelle dépend, suivant lui, du besoin d'ordre essentiel à la
raison et de la nécessité conséquente de suivre dans le discours
un ordre linéaire, de présenter en succession raisonnée les
séries de phénomènes s'accompagnant et se mêlant dans la
réalité. Tandis que l'ordre *rentrant* ou *circulaire* des géomètres
est, sous le nom d'ordre *périodique*, « l'une des formes les
plus remarquables et les plus fréquentes de la succession des
phénomènes naturels », la série logique, subjectivement établie, des causes et des effets ne saurait ainsi rentrer en elle-
même, et constitue une ligne qui se prolonge dans les deux
sens (cause et effet) « aussi loin que nos observations peuvent s'étendre [2] ». Cette nouvelle et importante distinction
a pu aussi contribuer pour une bonne part à l'éclosion de la
théorie de Tarde ; en particulier, le caractère complexe, multilinéaire, attribué par Cournot à la réalité devait conduire
Tarde à l'hypothèse monadologique, à la théorie du primat de

1. Cf. *Essai sur les fond. de nos connaiss.*, t. I, p. 38.
2. Cf. *Essai*, t. I, pp. 39-40 et 211-212; t. II, pp. 58-67 et 75-76.

l'individuel multiple sinon hétérogène; de même, Tarde a
parfois utilisé la distinction entre l'ordre de la réalité et
l'ordre de la connaissance, mais les applications qu'il en fait
sont secondaires et assez superficielles.

Quoiqu'il en soit, à ces distinctions se rattache encore évidemment celle, si nouvelle, établie par Cournot entre le
général et le *fondamental*. « Autre chose est, dit-il, la subordination des caractères, en tant que généraux et particuliers,
autre chose est leur subordination, en tant que fondamentaux
et secondaires. Sans doute, à persistance égale, nous sommes
avec raison portés à regarder comme plus fondamentale
la qualité commune à un plus grand nombre de corps, et à
plus forte raison celle qui appartiendrait à tous les corps
sans exception. Mais, si telle qualité persiste dans telle espèce de corps, et y résiste à toutes les altérations qu'ils peuvent d'ailleurs subir, nous devrons la regarder comme plus
fondamentale que celle qui est d'ailleurs commune à un plus
grand nombre de corps spécifiquement différents, quoiqu'elle
ait moins de persistance dans chacun d'eux en particulier[1]. »
La science qui, nous l'avons vu déjà, n'est pas spécialement
pour Cournot la recherche du général, s'attache beaucoup
plus étroitement à la détermination du fondamental : par delà
le logique, elle veut atteindre le rationnel, et découvrir derrière les causes immédiates plus ou moins fortuites la raison
profonde des choses. Or, les caractères spécifiques fondamentaux étant les plus permanents, c'est-à-dire les plus répétés, subjectivement parlant, il pourrait sembler que l'étude
des répétitions soit bien, pour Cournot comme pour Tarde,
l'objet de la science. Nous savons déjà en effet que, selon
Cournot, l'histoire, sous la forme de statistique, c'est-à-dire en
tant que recherche générale de répétitions et de similitudes,
pénètre toutes les sciences concrètes et y joue un rôle considérable. Il dit même ailleurs (et ceci précise encore les rapports entre son point de vue et celui de Tarde) que, « dans le
domaine des sciences qui ont trait à la nature morale de
l'homme et à l'organisation des sociétés humaines, la complication croissante des objets qu'elles embrassent oblige à

---

1. Cf. *Essai*, t. I, p. 245.

bien plus forte raison de recourir à des observations dont le grand nombre compense les anomalies du hasard, si l'on veut donner à ces sciences la confirmation de l'expérience et les appuyer sur des données positives ». « De là-même, ajoute-t-il, le nom de *statistique* qui, dans le sens propre et restreint est synonyme *d'arithmétique politique*, mais qu'on a souvent étendu et que nous-même, dans cet ouvrage, nous étendons par analogie à toutes les recherches qui ont pour objet de découvrir des faits particuliers en grand nombre, afin de démêler des influences ou des dispositions constantes à travers les effets de causes accidentelles et variables [1]. »

Ainsi se manifeste clairement le rapport étroit entre la critique de Cournot et la méthodologie de Tarde ; jusqu'à maintenant, celui-ci semble simplement accepter et systématiser les indications de celui-là ; mais on s'apercevra par la suite qu'il ne les interprète pas toujours sans arbitraire ni sans témérité.

IV

La définition de la science que fournit Gabriel Tarde se complète par l'intervention d'un nouvel élément, la quantification. Le nombre et la mesure sont, d'après lui, plus essentiels à la science que la prévision, car les causes et les fins existeraient encore dans un monde sans ressemblances et sans répétitions, et cependant ce monde ne serait pas objet de science ; la causalité doit donc passer après la quantité [2]. Il y a science, dit à peu près Tarde, pourvu que soient possibles des groupements de faits généraux et répétés, s'accroissant ou décroissant, donc susceptibles de nombre et de mesure ; ceci équivaut en effet à de véritables quantités, et une telle notion se réalise, quoiqu'il en semble, même ailleurs que dans les sciences physiques [3] (comme il le démontrera par sa théorie quantitative de la croyance et du désir). Aussi les économistes furent-ils les premiers à découvrir la véritable méthode so-

1. Cf. *Essai*, t. II, p. 218.
2. Cf. *Lois de l'imitat.*, pp. 4-5.
3. Cf. *Études de psych. soc.*, pp. 41-42.

ciologique [1]. « La première idée, ici, est née à Florence ou à Venise ; elle a consisté à soumettre les faits sociaux et d'abord une faible partie d'entre eux au nombre et à la mesure. Le premier sociologue sans le savoir et sans le vouloir a été le premier statisticien qui a donné l'exemple de regarder les sociétés à l'envers pour ainsi dire, par leur côté quantitatif et nombrable, non à l'endroit par leur côté qualitatif et incomparable. Une science en effet a pour objet essentiel des quantités, des choses semblables qui se répètent et les rapports répétés eux-mêmes de ces quantités dont les variations en plus ou en moins sont corrélatives [2]. » Or, ces précurseurs, ces premiers statisticiens furent les économistes qui, avec leurs empiétements sur la science politique (point de vue de la production), sur la science juridique (point de vue de la répartition) et sur la morale (point de vue de la consommation [3]), ont du moins dépassé les recherches d'ordre qualitatif où se cantonnent ces diverses sciences, ont reconnu des similitudes manifestes (marchandises, pièces de monnaies), et par suite établi une véritable quantité sociale, la *valeur*, pourvue d'un mètre spécial, la *monnaie* ; mais l'économie politique resta « une sorte de physique sociale étroite et précise », attachée à la notion insuffisante de « services mutuels », et considérant la société comme un système astronomique d'éléments librement enchaînés [4] : et, malheureusement, dit Tarde, « l'insuffisance de leur sociologie mutilée ne se faisait sentir à eux que par la protestation des socialistes, autres sociologues anticipés et nécessairement incomplets [5] ». Néanmoins, malgré les dissensions actuelles, les économistes furent les fondateurs de la sociologie et ses premiers défenseurs, surtout contre les juristes et les moralistes. L'économie politique est d'ailleurs comme la science comparée de l'industrie. Or, toutes les sciences comparées, toutes plus ou moins imparfaites, mais toutes en voie de progrès, ont contribué à créer la so-

1. Cf. *Logique sociale*, pp. 339 sqq.
2. *Études de psych. soc.*, pp. 2-3.
3. Cf. *Logique sociale*, pp. 339-341.
4. Ces quelques mots sont un des rares passages où Tarde se déclare implicitement l'adversaire de la théorie du contrat social, même sous une forme mitigée, et avoue le déterminisme sociologique.
5. Cf. *Études de psych. soc.*, pp. 3-4. — *Log. soc.*, pp. 339 et 342.

ciologie. Celle-ci doit compter autant de sources distinctes
dont elle est le fleuve qu'il y a eu de bonnes idées successives
par lesquelles d'heureux rapprochements ont été hasardés et
inaugurés entre des langues, entre des religions, entre des
corps de lois, entre des arts, entre des gouvernements considérés jusque-là comme hétérogènes [1]. Il faudra donc conden-
ser et synthétiser les lumières partielles des sciences
« comparées » et des sciences « sociales », les renseignements
fournis par les explorateurs et archéologues sur les nations
peu ou pas civilisées [2], mais non pas, naturellement, dans des
systématisations « précipitées » comme celles du xviiie
et du début du xixe siècle. Des grossières et trop visibles analogies, des répétitions extérieures, il faudra passer aux ressemblances de détail et essentielles [3].

On voit dans quelle mesure Tarde admet la quantification
en matière sociologique. Il ne s'agit nullement d'appliquer
la méthode mathématique à la sociologie. Les mathématiques
constituent bien la science prototype, car elles éliminent
absolument l'individuel, le caractérisé ; mais, précisément
pour cette raison, elles sont insuffisantes (et Descartes, Comte
et Cournot ont bien dû le reconnaître plus ou moins explicitement) pour les sciences dans lesquelles l'individualité
humaine entre en ligne de compte [4]. Stuart Mill avait émis
déjà des considérations analogues [5]. Mais Tarde, s'autorisant
d'ailleurs plus ou moins des tentatives similaires de Cournot
et Stanley Jevons pour l'économie politique, veut cependant
concilier le « matérialisme » mathématique avec son point
de vue psychologique et individualiste. Toutefois sa thèse est
modérée, et il trouve encore une objection dans le fait que
non seulement la science étudiera les *reproductions* (productions conservatrices) de phénomènes, mais aussi leurs *oppositions* (élément destructeur) et surtout leurs *adaptations*,
c'est-à-dire « leurs rapports de co-production vraiment
créatrice [6] ». Or, dit-il, les mathématiques négligent absolument

1. Cf. *Études de psych. soc.*, p. 5.
2. Cf. *ibid.*, pp. 5 et 20-21.
3. Cf. *Lois sociales*, p. 51.
4. Cf. *Lois sociales*, p. 11.
5. Cf. St. Mill, *Logique*, l. VI. ch. vi, § 2.
6. Cf. *Lois sociales*, p. 10.

les adaptations qui sont cependant le procédé le plus caractéristique en matière sociologique[1]. En somme, Tarde voudrait, comme dirait Renouvier, concilier le point de vue
poiologique avec le *posologique*, et, mieux que par la fictive
quantification du prédicat, ramener la logique, tradition-
nellement qualitative en somme, à la mathématique, quantitative par définition.

Cournot, lui aussi, semblait voir, en quelque mesure, dans
la notion de similitude un intermédiaire entre la qualité et la
quantité; mais il n'y voyait pas absolument la réduction de
l'une à l'autre, et, au contraire, ne se félicitait pas sans
restriction du « développement prodigieux, parfois maladroit
ou prématuré, de ce que l'on nomme la statistique, dans
toutes les branches des sciences naturelles et de l'économie
sociale »[2]. Tarde, dépassant ce point de vue et négligeant cette
critique, admet donc, en résumé, qu'une science existe
pourvu qu'elle découvre des quantités et répétitions spécifiques correspondant à l'objet qu'elle se propose d'étudier. Ce
n'est, dans toutes les branches scientifiques, que par la
découverte d'éléments spécifiques de ce genre que des sciences
se sont réunies en une science générale : il en doit être de
même pour les sciences sociales, et, après avoir débarrassé
la sociologie des conceptions erronées qui l'encombrent, on
devra indiquer, ici comme ailleurs, le fait élémentaire, toujours évident et si souvent méconnu[3]. En un mot, pour que
l'autonomie de la science sociale soit assurée, il lui faut
découvrir un mode de répétition bien à elle.

Est-ce à dire cependant qu'après avoir repoussé les points
de vue historique, positiviste, biologique, économique, et
toutes les systématisations anticipées, on doive admettre
sans restriction l'autonomie absolue de la sociologie? Tarde
ne le croit pas. Toute science nouvelle en voie de croissance
cherche, après s'être appuyée sur l'une ou l'autre de ses sœurs
déjà constituées, à voler de ses propres ailes. Tendance légi-

---

1. Cf. *ibid.*, p. 11.
2. Cf. Cournot, *Traité de l'enchaîn. des idées fondam.*, t. I, pp. 21-
22 sqq. — *Essai sur les fond. de nos connaiss.*, t. I, pp. 389-397 et
416-418.
3. Cf. *Lois sociales*, pp. 46-48.

time et utile, puisqu'elle est une condition de progrès, de division du travail scientifique ; mais Tarde juge qu'elle est souvent nuisible par excès, car c'est ainsi que sont nés le vitalisme en biologie et le spiritualisme en psychologie [1]. Que serait en somme la thèse autonomiste en sociologie, si l'on entend par là une théorie refusant à celle-ci toute solidarité avec l'une quelconque des autres sciences ? La biologie étant éliminée par Tarde, reste encore la psychologie : la sociologie autonome éliminera donc l'être pensant, l'individualité humaine. C'est en effet, suivant Tarde (et malgré les protestations de M. Durkheim), ce que se proposerait le représentant très autorisé de ce nouveau point de vue.

En vertu de sa thèse monadologique, autant et plus, quoi qu'il en dise, que par l'examen des réalités, Tarde ne peut admettre ce préjugé accrédité par la chimie et la biologie, l'idée qu'une combinaison peut différer entièrement de ses éléments, que de cellules inconscientes surgit un *moi*, que des individualités groupées se sépare un *nous*, une conscience collective [2]. Comment peut-on dire que, les individus écartés, il reste la société ? N'est-ce pas là du réalisme, de l'ontologie scolastique, la reconnaissance d'un principe social plus chimérique encore que le principe vital [3] ? M. Durkheim, suivant Tarde, semble graviter vers une théorie de l'émanation. Il admet en effet que le fait social est extérieur à l'individu, que sa réalité distincte et autonome se révèle dans la formule verbale ou scripturale, enfin que les faits individuels dits sociaux ne sont que des manifestations de ce fait social transcendantal, supérieur aux individus. Il en déduit naturellement que le fait social, s'imposant de l'extérieur à la conscience individuelle, est coercitif [4]. Or, dit Tarde, d'abord la coercition ne peut être la caractéristique du rapport social, car celui-ci serait alors parfait de vainqueur à vaincu, et très inférieur d'apôtre à néophyte. En outre, tout ce qui est dans la société existe à l'état de morcellement et de répétition dans les individus. Il n'y a même que la sociologie où l'on connaisse si bien le for

1. Cf. *Études de psych. soc.*, p. 63.
2. Cf. *Études de psych. soc.*, pp. 74-75.
3. Cf. *Log. soc.*, préface, pp. v-vi.
4. Cf. Durkheim, *Règles de la méthode sociol.*, pp. 5-19 et 120-137.

intérieur de l'élément. Puis l'expression verbale ne suffit pas à constituer une réalité. Enfin l'extériorité à l'individu est impossible : le fait social est bien extérieur à tel individu pris au hasard, mais non à tous ; s'il subsiste quand un individu disparaît, c'est dans la conscience des autres ; la « chose sociale » s'entretient et se perpétue par les consciences individuelles.

Sur cette question presque transcendantale, l'opinion de son maître Cournot est beaucoup moins absolue : il semble qu'entre les réalistes et les nominalistes modernes, dans cette transposition sociologique de la querelle des universaux, Cournot eût joué un rôle même moins intermédiaire que celui d'Abélard entre Guillaume de Champeaux et Roscelin. En effet, par une application de sa distinction entre l'ordre logique de la connaissance (causalité) et l'ordre rationnel de la réalité (raison des choses), il discerne, à côté des abstractions *artificielles* ou logiques, des abstractions pour ainsi dire *naturelles*, ou du moins rationnelles, dont l'existence lui semble réelle, objective, et non pas seulement idéale, subjective. « Les motifs, dit-il, qui nous portent à attribuer une valeur objective aux abstractions géométriques sont de même nature que ceux qui nous font croire à l'existence du monde extérieur, ou qui nous font attribuer une valeur objective aux idées fondamentales de l'espace et du temps. » Seulement, rien dans la nature ne s'oppose positivement aux négations du scepticisme en ce qui concerne la réalité des abstractions rationnelles non plus physiques, mais philosophiques : c'est que celles-ci, en effet, n'intéressent ni la vie pratique, ni même la science proprement dite. Il en est d'autant plus nécessaire pour le philosophe de bien mettre en relief la réalité objective de telles abstractions. N'y a-t-il pas des entités légitimes ? Par exemple, cette collection de gouttes d'eau qu'on nomme le Rhône n'est-elle pas une individualité susceptible d'être étudiée scientifiquement, aussi bien que la goutte d'eau douée de réalité substantielle ? C'est là, convient Cournot, « un objet qui change sans cesse » ; mais est-il vrai qu'on s'illusionne, « si, pour sauver l'unité historique, on le regarde comme un objet qui persiste, après que toutes les gouttes d'eau ont été remplacées par d'autres ». C'est la vieille question, toujours discutée, de savoir, comme dit

Aristote, si l'État reste le même à travers la succession des générations humaines qui le composent et si vraiment, selon l'aphorisme d'Héraclite, nous ne descendons jamais deux fois le même fleuve. Avec Jean de Salisbury, Cournot croit « que les espèces de choses demeurent les mêmes dans les individus passagers ». Si les *bassins* des fleuves, la personnification de la *fièvre*, le groupement fortuit et purement perceptif des étoiles en *constellations artificielles*, sont des entités logiques auxquelles il serait absurde d'attribuer une réalité objective, il en va tout autrement de ces véritables « êtres de raison », de ces réalités collectives, dont les éléments se renouvellent sans cesse (comme les cellules dans le corps humain, pourrait dire Cournot), mais qui, pour cela, n'en sont pas moins individuelles. Si elles sont des *quantités discrètes* ou *discontinues*, l'être vivant l'est aussi en quelque mesure, et du moins elles ne sont pas des *quotités* dépourvues de toute unité objective. Outre le Rhône, entité hydrologique, Cournot cite en exemples un courant, le Gulf-Stream, un vent, le mistral, et des affections morbides caractérisées comme le choléra ou la variole. «Ce sont là, dit-il, des entités, mais des entités rationnelles, qui ne tiennent pas à notre manière de concevoir et d'imaginer les choses, et qui ont au contraire leur fondement dans la nature des choses au même titre que l'idée de substance qui n'est elle-même qu'une entité». Tel est d'ailleurs le fondement de la distinction entre les classifications artificielles et les classifications naturelles ; tout se ramène donc en somme à la distinction fondamentale entre la cause et la raison des choses, entre l'ordre logique de la connaissance et l'ordre rationnel de la réalité. Et Cournot s'avoue plutôt réaliste qu'autre chose, si toutefois à la hiérarchie métaphysique (substances et essences) du vieux réalisme péripatéticien dont s'est imprégné le langage, et où s'égare encore Victor Cousin, on veut bien substituer, dans l'interprétation des termes génériques, l'idée d'une simple subordination de causes et de phénomènes, plus ou moins marquée suivant que le genre est plus ou moins naturel, interprétation que le conceptualisme d'Abélard entrevoyait déjà[2].

1. Cf. *Études de psych. soc.*, pp. 69-75.
2. Cf. Cournot, *Essai sur les fond. de nos connaiss.*, t. I, pp. 319-353 et 395.

Si ce n'est là du réalisme, c'est du moins de l'«objectivisme».
Tarde y pouvait trouver sans doute une critique de la notion
de substance et de l'idée de moi en général, mais non pas ce
mépris pour les entités collectives, cette négation de leur
réalité objective, qui le rend injuste pour la sociologie
autonome, et explique comment, après avoir placé la sociologie à la base de l'échelle des sciences, il veut donner une
place plus fondamentale encore à la psychologie (psychologie
cellulaire ou monadique, car l'homme n'est pas plus individu
que le groupement social), ce à quoi Cournot, si favorable
soit-il au dynamisme, n'aurait certainement pas souscrit.
Quand, en effet, le criticiste signale dans les sciences la substitution habituelle et utile d'une discontinuité artificielle à la
continuité inhérente aux choses, il est bien loin de nier l'existence de réalités collectives[1]. Mais il est vrai qu'en indiquant
par exemple, après Aristote, la supériorité de la justice et de
la raison collective sur l'individuelle, il l'explique par l'influence des réactions mutuelles[2]. Et cette explication physique du consensus, qui lui est coutumière, peut apparaître
comme un pressentiment de l'interpsychologie de Tarde.

Celui-ci, du moins, se refuse à croire que la psychologie
soit le mauvais génie de la sociologie, comme le dit à peu
près M. Durkheim à propos de certaines considérations d'Auguste Comte et Spencer[3]; et, suivant lui, l'affirmation que
« le simple rapport de plusieurs êtres peut devenir lui-même
un être nouveau supérieur aux autres » est un postulat « mystique ». Loin de vouloir introduire cette notion de postulat,
et, en général, la méthode des autres sciences dans la
sociologie, il songerait bien plutôt à les refondre elles-mêmes
sur le modèle de la sociologie[4]. Et ceci s'explique aisément
par son sociomorphisme métaphysique, qui, uni à l'hypothèse
monadologique, lui semble constituer une solution véritablement universelle de l'énigme cosmique.

C'est bien, en effet, à cette spéculation transrationnelle qu'il
faut rapporter son opinion sur la place de la sociologie, et

1. Cf. Cournot, *Essai sur les fond. de nos connaiss.*, t. I, pp. 429-430.
2. Cf. *ibid.*, t. II, pp. 139-140.
3. Cf. Durkheim, *op. cit.*, pp. 120-121.
4. Cf. *Études de psych. soc.*, p. 76.

d'ailleurs de la psychologie, dans l'échelle des sciences : car il ne faut pas oublier que le psychomorphisme est un des premiers corollaires de sa monadologie. « Supposons, dit-il (après avoir déclaré que la classification de Comte n'est pas intangible), que, à une certaine hauteur de cette stratification scientifique, il jaillisse des faits tout nouveaux, comparables à ces sources d'eau chaude des hautes montagnes qui, traversant toutes les couches placées en dessous, montent de plus bas que la plus basse des couches solides du sol. Admettez que l'apparition de la conscience, du moi, dans le monde vivant le plus élevé, soit une source merveilleuse de ce genre : est-ce que la science qui s'occupera de ce phénomène irréductible aux phénomènes environnants et précédents, et nullement engendrée, mais seulement conditionnée par eux, pourra être regardée, quoique la plus haute, comme ayant un objet plus complexe et plus spécial que celui de toutes les autres? Il se peut fort bien, au contraire, que révélant une réalité cachée, la plus simple peut-être et la plus grande de toutes, cette science, la psychologie, ait plus à apprendre à ses sœurs inférieures qu'elle n'a de lumière à attendre d'elles. Et ce serait précisément aussi le cas de la sociologie, si l'on avait des raisons de penser que le phénomène social, tout psychologique en ce qu'il a d'essentiel, est lui-même plus général qu'il n'en a l'air[1] ». Or nous savons que Tarde a des raisons assez spécieuses de penser ainsi. Aussi dit-il encore : « Il n'est peut-être pas de meilleur contrôle de la psychologie que la sociologie. Pour parler avec plus d'exactitude, la psychologie n'est rien, si ce n'est ce que la biologie et la sociologie, ont de commun. Elle a deux faces, la face psycho-physiologique et la face psycho-sociologique. » Et il s'étonne qu'on ait négligé la seconde, car la société est aussi bien un verre grossissant que l'hypnotisme[2]. Dès maintenant, on peut prévoir que son système sera exclusivement une psychologie considérée à travers les faits sociaux.

Mais, d'autre part, on remarquera combien cette théorie est fragile sans l'appui de l'hypothèse métaphysique de Tarde.

1. Cf. *Études de psych. soc.*, pp. 10-11.
2. Cf. *Oppos. univers.*, pp. 166. — *L'Interpsychologie*, in *Archives d'anthropol. criminelle*, juillet-août 1901, p. 537.

Si ses considérations ne se ramènent pas simplement à la
remarque peu nouvelle que science implique conscience (et
elles ont évidemment une tout autre signification), elles ne
tendent à rien moins qu'à pénétrer de monisme spiritualiste
toute l'échelle des sciences. Quels que soient les rapports
entre la sociologie et la psychologie, autre chose est généraliser le fait social (ce qui mérite considération et pourrait
bien être le plus grand principe philosophique qu'aient mis
en lumière les penseurs du XIXe siècle), autre chose universaliser l'importance et la réalité du fait de conscience. Il
semblerait même a priori que les deux affirmations fussent
assez contradictoires.

La dernière remarque de Tarde, qui supprime en somme
la psychologie proprement dite, pourrait laisser croire qu'il
est d'accord avec Auguste Comte; mais nous verrons que
cette théorie est bien plutôt empruntée à Cournot. Cependant il a justifié jusqu'à un certain point la classification
positiviste des sciences, puisqu'il a rattaché en somme la
psychologie « dynamique », qu'il jugeait seule intéressante, à
la sociologie. Aussi bien par son objet que par sa méthode,
la psychologie qu'il admet sera sociomorphique; et c'est pourquoi d'ailleurs elle sera la base de la science sociale. Mais
telle n'était pas la pensée de Comte, bien que ses expressions
fussent les mêmes : il se méfiait trop de la psychologie, toute
métaphysique en son temps, pour lui attribuer une place plus
fondamentale qu'à la sociologie : il voulait au contraire compléter et éclaircir le peu qu'il connaissait de psychologie
expérimentale par les résultats, plus certains à ses yeux, de
la sociologie. Cependant, comme il entendait par ce mot une
science vague, moins mélangée de pratique et de théories
morales que la vieille science politique, mais encore peu iso-
lée de la philosophie de l'histoire, cette affirmation serait
obscure et paradoxale si la conception psychologique de
Tarde n'était venue l'éclairer. « Cette psychologie, peut-on
dire avec M. Dauriac, a bien des chances d'être la « sociologie » sur laquelle Comte voulait appuyer toute psychologie
future... Avant Gabriel Tarde, on ne comprenait guère ce
que pourrait bien être une psychologie fondée sur la sociologie, ou plus précisément une psychologie de l'homme

individuel fondée sur celle de l'homme social. Depuis Gabriel Tarde on le comprend [1]. »

Mais peut-être cette dernière affirmation est-elle trop absolue, et sans doute Tarde ne s'est-il pas inspiré ici particulièrement d'Auguste Comte. C'est bien plutôt chez Cournot que Tarde a trouvé ces indications. Cournot, en effet, qui a entrevu dans les faits sociaux un élément psychologique, distinct et du biologique et de l'historique, croit que les sciences sociales pénètrent et dominent tellement les sciences noologiques, que la distinction entre celles-là et ces dernières est assez superficielle, et se fonde surtout sur la perfection supérieure des sciences psychologiques. Tarde n'accepterait sans doute pas sans réserve une telle argumentation ; mais c'est bien probablement en voyant Cournot développer des raisons « de faire passer l'étude psychologique des sociétés humaines avant celle de l'homme individuel » qu'il a songé au sociomorphisme universel. Et bien que Cournot eût sans doute repoussé le psychomorphisme ou du moins conservé en l'interprétant la notion du milieu social, encore pourrait-on trouver dans ses théories essentielles sur le fondamental et sur la science des indications conformes à la doctrine psycho-sociologique de Tarde [2]. Au contraire, il s'oppose plutôt au positivisme absolu, et il est bien en contradiction directe avec Littré, affirmant que « le groupe mal limité, mal défini, que l'on nomme psychologie » n'est utile à aucune science pas même à la sociologie [3]. Tarde, s'il a lui aussi la préoccupation du monisme, poursuit du moins cet idéal dans le sens psycho-sociologique, et non dans la voie matérialiste. Il estime avoir suffisamment sacrifié à l'idolâtrie de la science exacte en posant la nécessité d'une quantification sociale, et ne croit pas impossible de découvrir des quantités dans le domaine psychologique. Il sait d'ailleurs, que c'est Spencer lui-même qui a rétabli la psychologie dans la classification des sciences et, de plus, substitué à la soli-

---

1. Cf. Dauriac, *La philos. de G. Tarde*, in *Année philos.*, t. XVI, pp. 163-164.
2. Cournot, *Traité de l'enchaîn. des idées fondam.*, t. II, pp. 1-32. — *Matérial., vital., rational.*, pp. 188-195. — *Essai*, t. II, p. 277.
3. Cf. Littré, *Aug. Comte et St. Mill* in *Fragments de philo. posit.* p. 271.

darité rectilinéaire admise par Comte une sorte de solidarité rayonnante et non plus hiérarchique. Peut-être
aussi pourrait-il se demander si M. Durkheim, en reprochant
à Montesquieu d'avoir un peu trop nettement séparé les lois
politiques, « positives », des lois naturelles, psychologiques
et anté-sociales [1], n'a pas fourni lui-même un argument à la
critique de la sociologie autonome. Quoi qu'il en soit, Tarde
repousse aussi bien cette conception que la méthode biologique ou la méthode économique. Et si par hasard on lui
objecte que son système est encore de l'idéalisme, il l'accordera, mais avec la conviction que, du moins, il vaut mieux
« expliquer l'histoire par les idées de ses acteurs que par
celles de l'historien [2] ».

Il se défend d'ailleurs d'identifier psychologie et sociologie,
car il a vu, dit-il, que « la chose sociale est distincte des choses psychologiques, précisément parce qu'elle en est composée, parce qu'elle en est la synthèse non factice, l'union vraie,
le nombre objectif et l'agrégat logique [3] ». Ce qui ne l'empêche
pas cependant de considérer la sociologie comme « une psychologie en grand dans laquelle les lois de la psychologie se
reflètent étendues et complétées », d'y voir, en un mot, « le
microscope solaire de la psychologie [4] ». Sa position néanmoins
restera donc originale, puisqu'il ne se contentera pas des lois
psychologiques et éthologiques auxquelles Mill ramène sa
sociologie [5]. S'il croit en somme, avec lui, à la « composition
des causes » comme loi universelle en sociologie, il ne lui
accorde pas que « les êtres humains en société n'ont pas
d'autres propriétés que celles qui dérivent des lois naturelles
de l'individu » [6]. Toutefois, leurs points de vue sont trop
rapprochés pour qu'il n'y ait pas des points de contact, et le
plus général est peut-être celui-ci : tandis qu'Auguste Comte
dirait simplement que le système d'opinions (scientifiques ou
religieuses) régnant dans une société, en exprime l'état gé-

---

1. Cf. Durkheim, *th. lat. cit.*, ch. II, *sub fin.* — Montesquieu, *Esprit
des lois*, l. I, ch. II et III.
2. Cf. *Lois de l'imit.*, pp. 3-4.
3. *L'opposit. univers.*, p. 337.
4. Cf. Tarde, *La philos. pénale*, p. 118.
5. Cf. Mill, *Logique*, l. VI, ch. IX, § 1, ch. X, §§ 3 et 4.
6. Cf. *ibidem*, ch. VII, § 1.

néral[1], Mill dit qu'il le *détermine*[2], et Tarde y souscrirait
volontiers contre l'école de Marx attribuant tout au jeu des
intérêts, et contre la thèse « technologique » industrialiste
de M. Espinas. Encore n'attribuerait-il probablement à cette
influence qu'un caractère persuasif, et non pas coercitif,
sans quoi ce serait admettre un réalisme psychologique très
voisin du réalisme sociologique de M. Durkheim. Tarde
enfin, malgré toutes ces ressemblances, se sépare nettement
de Stuart Mill, en ce qu'il va s'adresser non pas à la psychologie individuelle, mais, dit-il, à une véritable psychologie
collective. Et pour bien comprendre ce qu'il entend par là,
il faut aborder maintenant l'étude de ses théories générales
en matière psychologique.

Telle est la partie méthodologique du système de Tarde.
Cet exposé critique en est malheureusement touffu, mais non
pas davantage que la pensée complexe de notre auteur, ou les
expressions multiples et plus ou moins concordantes qu'il en
fournit : peut-être ici serait-il dangereux de sacrifier la précision à la clarté. En résumé, la sociologie de Tarde ne sera ni une
histoire de l'évolution sociale, ni une philosophie de l'histoire cherchant à soumettre l'universelle variation des phénomènes à des lois vagues et inadéquates ; elle ne sera pas
non plus une « physique sociale », regardant le jeu des
réalités positives, comme le fut en partie la sociologie de
Comte, et surtout celle des économistes ; elle ne sera pas
davantage une biologie sociale, considérant, ainsi que la doctrine de Spencer, la société comme un organisme se différenciant de l'homogénéité confuse à l'hétérogénéité coordonnée,
ou bien ramenant, comme chez M. Espinas, le fait social à la
réciprocité de services ; enfin et surtout, dit Tarde, elle
ne sera pas une « idéologie sociale », une sociologie absolument autonome, admettant des réalités supra-individuelles et
coercitives, car c'est là, croit-il, « la pire notion qu'on puisse
se faire de notre science[3] ». Il s'en tient lui-même au spiritualisme moniste, ne craint pas d'admettre la spécificité du
fait de conscience individuel, et, par suite, des phénomènes

1. Cf. Comte, *Cours*, t. IV, p. 159.
2. Cf. St. Mill, *op. cit.*, ch. x, § 2.
3. Cf. *Études de psych. soc.*, p. 93.

MATAGRIN. 5

collectifs qui en sont composés : en effet, il ne reconnaît pas d'autre réalité que l'individuel, et se rallie par conséquent à l'hypothèse monadologique. Son point de vue sera donc psychologique ; mais, comme il croit pouvoir négliger le libre arbitre et, d'ailleurs, se contenter pour la sociologie d'une prévision conditionnelle, comme aussi, contrairement à Stuart Mill, il veut dépasser la psychologie et la logique individuelle et instituer une psychologie collective, comme enfin il croit trouver là des répétitions et des quantités spécifiques, il pense démontrer ainsi la légitimité de la sociologie et lui assurer un caractère suffisamment scientifique.

CHAPITRE II

LES ÉLÉMENTS DE LA VIE PSYCHIQUE
L'INTERPSYCHOLOGIE ET LE FAIT SOCIAL ÉLÉMENTAIRE

I

Tarde distingue trois éléments dans la vie psychique : 1° l'extramental, action du monde physique et vivant sur les esprits, 2° l'intramental, action de l'esprit sur soi-même ; 3° l'intermental, action des esprits les uns sur les autres [1]. Du moins l'ordre des trois termes s'établit ainsi à notre point de vue, tandis que Tarde indique l'intramental avant l'extramental. Sa distinction est, on le voit, particulièrement dynamiste ; on pourrait s'étonner toutefois que, dans l'extramental, dans le mécanisme de l'extra-psychologie, si l'on peut dire, Tarde ne semble attribuer qu'un rôle passif à l'esprit, si d'ailleurs, l'hypothèse monadologique ne comblait l'abîme entre le sujet et l'objet.

Telle est aussi, sans doute, la raison pour laquelle il juge superflu de s'arrêter longuement sur l'extramental ; si du reste, pour la constitution du bagage intramental, il n'attribue qu'un rôle secondaire à l'hérédité, par contre il croit capital celui des influences intermentales, c'est-à-dire de l'éducation et de l'exemple. Son psychologisme logique ne l'entraîne pas plus que Cournot à l'idéalisme absolu ; mais, bien loin de dire avec Stuart Mill : « Tous les phénomènes sociaux sont des

---

1. Cf. *Psychologie et sociologie*, in *Annales de l'Institut international de sociologie*, t. X, Paris, 1901.

phénomènes de la nature humaine produits par l'action des
circonstances extérieures sur les masses d'hommes », et d'en
conclure à des lois sociales immuables dérivant des lois naturelles [1], il rejettera dans le domaine biologique tout ce qui,
dans l'extramental, ne peut se ramener à l'intramental. C'est
qu'en effet le mot de besoin, par exemple, a pour lui un sens
tout particulier : il y a *besoin*, dit-il, quand l'accomplissement
d'un désir dépend de circonstances hors de notre pouvoir.
Et par suite besoin, s'opposant à « devoir », s'en rapproche
par là-même, puisque l'opposition, nous le verrons plus tard,
est encore une forme de ressemblance. « On peut dire que
la vie sociale est mue par le jeu alternatif de ces deux grandes
forces complémentaires : le Devoir et le Besoin. Tout n'y
est qu'activités professionnelles, productives, ou qu'activités
consommatrices, celles-ci se dissimulant sous celles-là, et
celles-là travaillant pour celles-ci. Mais ce qu'il faut observer,
c'est que le sentiment du besoin comme celui du devoir n'est
que la conclusion de syllogismes téléologiques conscients ou
non. [2] » Voilà comment, chez Tarde, une grande partie du
domaine extramental se ramène, par l'intermédiaire de la
téléologie(un des chapitres très essentiels de la logique, suivant lui), au psychisme intramental [3].

Celui-ci devait en effet fournir à Tarde un des principaux
rouages de son système; la théorie de la croyance et du
désir. Les cinq propositions suivantes, qu'il a souvent trans-
posées ou paraphrasées, résument assez bien sa doctrine sur
l'intramental :

1° « Au fond des phénomènes internes, quels qu'ils soient,
l'analyse poussée à bout ne découvre jamais que trois termes
irréductibles : la croyance, le désir et leur point d'application,
le sentir pur, extrait, par abstraction et par hypothèse, de
l'amas de propositions et de volitions où il se trouve engagé »;

2° « Les deux premiers termes sont les formes ou forces
innées et constitutives du sujet, les moules où il reçoit les
matériaux bruts de la sensation. Ce sont les deux seules
catégories auxquelles on n'ait pas songé, probablement

1. Cf. St. Mill, *Log.*, liv. VI, ch. vi, § 2, pp. 78-79.
2. Cf. *Logique sociale*, pp. 60-61,
3. Cf. *Lois de l'imitation*, p. 173, note 2.

parce qu'elles sautaient aux yeux, et les deux seules qui, je crois, méritent ce nom[1] »;

3° « A l'exception de quelques éléments premiers et irréductibles de la sensation pure, présents par hypothèses sous ces couches stratifiées de jugements sensitifs immédiats et *subconscients* que nous appelons indifféremment sensations ou perceptions, tous les phénomènes intimes, et, par suite, tous les phénomènes sociaux, se résolvent en croyances et en désirs »;

4° « La croyance et le désir sont de véritables quantités, dont les variations en plus et en moins, positives ou négatives, sont essentiellement, sinon pratiquement mesurables, soit dans leurs manifestations individuelles, soit plutôt et avec beaucoup plus de facilité dans leurs manifestations sociales. Non seulement, en effet, d'un état à un autre état d'un même individu, mais encore d'un individu à un autre, elles restent essentiellement semblables à elles-mêmes et peuvent, par suite, s'additionner légitimement par divers procédés indirects, *psychophysiques*, par exemple, dans le premier cas, statistiques dans le second »;

5° « Notons enfin que le désir a toujours une croyance pour objet et ne saurait se présenter séparé de la croyance, tandis que celle-ci peut être considérée à part du désir[2]. »

Telles sont donc les grandes lignes de cette étude complémentaire, si étroitement reliée à la monadologie «sociomorphique» de Tarde. A ce point de vue métaphysique, Schopenhauer avait déjà osé, avec l'assentiment de la science, résoudre toutes les forces motrices et fonctionnelles de la nature en désirs, sous le nom de Volonté; et, dit Tarde, il aurait aussi bien pu universaliser la croyance[3]. Par contre, les psychologues, ou bien ont négligé la croyance et le désir, ou bien les ont rejetés au second plan comme «vagues» et «flous»[4]. Ce côté essentiel et profond de la vie intramentale, ils le sacrifient aux sensations et aux images, côté différentiel de l'esprit, dictionnaire de sa langue[5]. Et cependant «on peut imaginer,

1. Cf. *Essais et mél. sociol.*, *(La croyance et le désir)*, pp. 240-241.
2. Cf. *Logique sociale*, pp. 122.
3. Cf. *Oppos. univers.* p. 165. — *Logique soc.*, pp. 12-13.
4. Cf. Binet, *Psychologie du raisonnement*, p. 134.
5. Cf. *Logique sociale*, pp. 2-3.

au fond des eaux, des zoophytes dépourvus de toutes nos sensations et doués en revanche de sens qui nous manquent (d'un
sens de l'électricité, si l'on veut); mais on aura beau faire, on
ne parviendra par nul effort d'esprit à concevoir un animal,
un organisme monocellulaire, qui étant sensible, ne serait
pas doué de connaissance et de désir, c'est-à-dire ne joindrait
pas et ne disjoindrait pas, ne retiendrait pas ou ne repousse-
rait pas, ses impressions, ses marques sensationnelles quelconques, avec plus ou moins d'intensité[1] ». Par conséquent,
la croyance et le désir sont indépendants de la sensation, et
s'ils sont enchevétrés avec des éléments affectifs, il n'en faut
pas moins discerner ces éléments simples, car c'est là une
condition aussi indispensable à la psychologie que l'isolement
de l'oxygène à la chimie[2]. En psychologie, comme en physique,
ce qu'il y a d'obscur, c'est le qualitatif, ici la matière, là la sensation, en ce qu'elles ont l'une et l'autre de « qualifié ». C'est
pourquoi, « il semble que si l'on parvenait à résoudre *entièrement* les sensations, le rouge, le vert, le rude, le sucré, etc. en
jugements, par exemple, ou bien en volitions, états de l'âme
choisis parmi les principales combinaisons, diversement opé-
rées, de la croyance et du désir, la science si opaque des psychologues deviendrait transparente jusqu'au fond. Il ne resterait plus pour réaliser le rêve de l'identité substantielle, assez
mal compris d'ailleurs par ceux qui ne regardent pas l'identité comme un simple cas singulier de la différence universelle, qu'à essayer de voir dans le mouvement et le jugement
(Wundt), ou bien dans le mouvement et la volonté (Schopenhauer), et non, comme on l'a tenté en vain, dans le mouvement et la sensation proprement dits deux aspects divers
d'une même réalité[3] ». Comme on l'a déjà indiqué, la psycho-
physique, suivant Tarde, se leurre en cherchant des quantités
psychologiques par la mesure des sensations; ce n'est certes
pas ainsi qu'on pourra quantifier l'âme, et l'inexactitude à
peu près complète de la loi de Fechner et d'autres formules
ingénieuses semble aujourd'hui démontrée. D'ailleurs, ou
bien cette méthode considère les sensations en tant qu'a-

1. Cf. *Essais et mél. soc.*, pp. 241-242.
2. Cf. *Oppos. univers.*, p. 163.
3. *Essais et mél. sociol.*, p. 243.

gréables ou pénibles, c'est-à-dire au point de vue de leur
« désirabilité », ou bien elle mesure l'attention qui n'est pas
autre chose que le « désir de préciser la sensation naissante ».
c'est-à-dire « le désir d'un accroissement de croyance actuelle ».
On en revient donc toujours à ces deux véritables catégories
mentales : croyance et désir. [1]

Quant à les définir avec précision, Tarde y renonce, comme
les plus sincères et Hume en particulier[2]. A son sens, la
croyance est bien l'adhésion de l'esprit à une idée quelconque[3],
et le désir un dérivé de l'appétition leibnizienne, bien plutôt
que la tendance, la passion fondamentale comme l'entend
Spinoza. Mais il tient à ne pas s'égarer sur ce terrain dangereux, alors qu'il s'agit d'établir une doctrine psychologique
positive, et il se contente de caractériser brièvement le désir
comme l'énergie de tendance psychique, d'avidité mentale,
et la croyance comme l'énergie de « saisissement » intellectuel,
d'adhésion et de constriction mentale[4]. Ce qu'il veut démontrer pour le moment, c'est que, « soit dans les opérations, soit
dans les œuvres de l'esprit, autrement dit, soit dans ses jugements et volontés, soit dans ses notions et ses sentiments,
nous ne pouvons voir que des transformations et des conso-

1. Cf. *ibid.*, pp. 235-239. — « Si Tarde, dit M. Dauriac, s'était préoccupé
de définir l'homme, peut-être, imitant la formule célèbre de Bonald —
l'imitant pour le contredire, — il l'eût défini une sensibilité servie par
une intelligence : puis s'avisant qu'une définition doit comprendre non
seulement le genre prochain, mais encore la différence spécifique, il eût
ajouté que grâce au perfectionnement de notre appareil nerveux, la sensibilité humaine est particulièrement et éminemment contagieuse. Autrement dit, l'homme est un vivant politique : ceci est d'Aristote. C'est
aussi de Gabriel Tarde, car si, comme il en a toujours été persuadé, un
être est d'autant plus sociable qu'il est plus suggestible, définir l'homme
une sensibilité contagieuse, c'est revenir, tout compte fait, à la vieille
formule aristotélique. — Qu'y a-t-il au fond de toute sensibilité humaine?
Du plaisir et de la douleur. — Soit. Remontons plus haut si possible.
Que trouve-t-on à la racine de ces deux contraires? Le désir. Le désir
sera donc l'essence de l'homme (ceci est de Spinoza, au moins à n'en
considérer que la forme). Et attendu que l'homme est doué d'intelligence,
le désir, pour se satisfaire, inventera des moyens, choisira, entre ces
moyens, celui qu'il croira préférable. Et c'est ainsi qu'en l'homme le
Désir et la Croyance presque toujours s'accompagnent. » (*La philos. de
G. Tarde*, in *Année philos.*, t. XVI, p. 150).

2. Cf. *Essais et mél. sociol.*, p. 239.

3. Cf. *Logique sociale*, p. 5, note 1.

4. Cf. *Lois sociales*, pp. 30-31.

lidations de la croyance et du désir[1].» Toutes choses sociales, dogmes, lois, coutumes, mœurs, sentiments et besoins, ne se ramènent-elles pas à ces deux éléments essentiels[2]? Comment, en effet, l'associationnisme peut-il songer à tout interpréter par la contiguïté et la ressemblance? Tout discernement n'implique-t-il pas une négation, comme toute croyance une affirmation? Or la force qui s'y manifeste est la même, comme en toute véritable opposition, et c'est la croyance; de même que, dans le plaisir et dans la douleur, c'est toujours le désir qui s'exprime[3]. Il est aisé de démontrer qu'au fond de toute opération mentale réside un jugement: le « déjà vu », autrement dit la reconnaissance, le fait de mémoire, image ou souvenir; « fait ultime » dit Stuart Mill[4], et inexplicable, en effet, si on ne l'interprète par la notion de cette force primordiale; la croyance. La croyance en la réalité du monde extérieur n'est pas simplement une « possibilité de sensation », comme le veut l'associationnisme, elle est une « nécessité conditionnelle », donc une certitude déjà réalisée. De même on a reconnu l'immanence universelle du désir en acceptant aisément la thèse incomplète de Schopenhauer, le primat de la Volonté[5].

En effet, qu'est-ce que la perception, le discernement des sens, sinon la résultante d'un accouplement ou d'une séparation de sensations par la croyance. « Exercée directement sur les images jugées telles, c'est-à-dire séparées, niées des sensations (affirmation et négation implicites et concomitantes), elle produit le souvenir. » Uni aux sensations, le désir devient plaisir ou douleur, car il n'y a pas de sensation agréable ou pénible en soi; de même que, par la perception extérieure, nous attribuons aux objets les qualités de nos sensations, qui sont essentiellement *nôtres*, « par la notion ordinaire du plaisir ou de la douleur et de la perception, nous objectivons en nous, en l'incorporant à ce qui est nôtre, ce qui est *nous*, la faculté de croire et de désirer ». Enfin, appliquée aux images,

---

1. Cf. *Logique sociale*, p. 9.
2. Cf. *Lois de l'imit.*, p. 27.
3. Cf. *Logique sociale*, pp. 2-6. — *Opposit. univers.*, p. 164.
4. Cf. *Essais et mél. sociol.*, p. 240.
5. Cf. *Logique sociale*, pp. 6-13.

la faculté de désirer devient le désir « vulgairement dit » et
l'aversion, l'amour et la haine, ou pour mieux dire l'ensemble
des passions. Toutefois la passion implique aussi jugement,
c'est-à-dire croyance, car, de l'image « comme niée être une
sensation », on désire passer à l'image « comme affirmée être
une sensation »; en termes plus simples, on désire passer de
l'idée à la réalité, et par conséquent la croyance intervient.
C'est d'ailleurs le fait mental le plus fréquent que cette combinaison du désir et de la croyance. Qu'est-ce que la volonté?
C'est « le désir mobilisé par le jugement ». Au fond de toute
volition et de tout acte, à travers les différents processus de
réalisation, seuls restent invariables les désirs et croyances
qui s'y manifestent. « Deux notions capitales, le vrai et le
bien, méritent une place à part, car on y voit la croyance et le
désir non seulement se combiner entre eux, mais se réfléchir
sur eux-mêmes. Le juste, le bon, le *désirable*, c'est tantôt ce
que l'on *croit désiré* par un nombre indéfini, pratiquement
infini, de personnes, tantôt ce dont le *désir*, soit en nous, soit
en autrui, n'étant pas éprouvé, est *désiré* par nous en vertu
d'un jugement d'identité, appelé ici jugement de finalité. Un
musulman pieux, mais sensuel, à l'époque du Râmadan, juge
bonne et juste la sobriété qu'il n'aime pas, et il la juge telle
parce qu'il désirerait l'aimer, comme propre à lui mériter le
paradis qu'il souhaite. Le vrai, le *croyable*, c'est tantôt ce que
l'on *croit cru* par l'immense majorité des hommes, tantôt ce
dont la croyance immédiate, la perception, soit en nous, soit
en autrui, est conditionnellement (c'est-à-dire, on le sait,
optativement, puisque toute hypothèse implique le désir plus
ou moins dissimulé d'une thèse) affirmée par nous, en vertu
d'un jugement d'identité proprement dit. » De même « les
notions, en apparence impénétrables, de la nécessité logique
et du devoir, si voisines des précédentes, s'expliquent pareillement ou peu s'en faut »; car, en ce sens, le vieux raisonnement syllogistique, trop raillé pour son infécondité[1], mérite
d'être réhabilité, non plus sous sa forme scolastique artificielle, mais en temps que *syllogisme naturel*. Ce ne sont pas

---

1. Ceci est une réponse à Cournot qui signalait combien étaient sur-
faites, dans l'ancienne logique, l'originalité et l'utilité du procédé syllogistique. (Cf. *Essai*, t. II, pp. 84-86).

deux affirmations ou deux négations que le syllogisme naturel rapproche pour en dégager une troisième; c'est une assertion et une volition, ou une perception immédiate et un jugement, ou une volition et une image, etc. La notion résultante est alors d'une espèce à part, et vraiment nouvelle[1]. Et pour bien comprendre toute la portée de ces remarques, il ne faut pas oublier de noter que, pour Tarde, l'idée n'est nullement une action avortée; bien au contraire, l'action n'est que « la poursuite d'une idée, une acquisition de foi stable ». « Le muscle ne travaille qu'à enrichir le nerf et le cerveau[2]. » C'est donc à la Logique (très précise, puisqu'elle étudie la croyance presque pure) et à la Téléologie (science moins adéquate à son objet, simple logique du désir)[3], qu'il appartient d'étudier cette « distribution changeante » d'une certaine somme de croyance et de désir, à quoi se ramène toute l'activité mentale, et, par suite, l'activité sociale de l'humanité, et surtout de rechercher la conciliation des croyances et des désirs, de diriger et de manier ces deux forces[4].

Pour résumer clairement sa pensée, Tarde recourt à cette comparaison dont on a déjà parlé à propos de son hypothèse métaphysique, entre les deux catégories perceptives, temps et espace, et les deux catégories essentielles, désir et croyance. « Sous bien des rapports, dit-il, la croyance et le désir sont aux sensations ce que l'étendue et la durée sont aux qualités chimiques de la matière. On a dit que le moi a fait l'atome à son image. Il est plus exact de dire qu'il s'est peint, comme croyant et désireux, dans l'espace et le temps. Tout ce qu'il a de clair, c'est sa propriété de croire et celle

1. Cf. *Essais et mél. sociol.*, pp. 243-249.
2. *Lois de l'imit.*, p. 83.
3. La chronométrie également, remarque Tarde, « ferait triste figure » à côté de la géométrie. (*Essais et mél. sociol.*, p. 250).
4. Cf. *Log. soc.*, pp. 15-24. — Peut-être, comme l'a dit avec raison M. Dauriac, la philosophie de Tarde ne respecte-t-elle pas suffisamment « la vieille différence du sensible et de l'intellectuel, si exacte malgré sa vieillesse », et si respectée de Cournot; peut-être fait-il « un excès d'honneur à ces jugements purement verbaux de la forme « je jouis » ou « je souffre », « je crains » ou « j'espère », sortes d'émotions traduites par la parole, quand ce ne sont pas des « interjections converties »; et peut-être, par conséquent, donne-t-il « au terme « logique » une extension imprudente ce qui impliquerait une compréhension vague ». (Cf. *La philos. de G. Tarde*, in *Année philos.*, t. XVI, p. 457, note 1).

de désirer, et leurs combinaisons ou réflexions sur elles-mêmes. Tout ce que la nature a de clair, c'est l'étendue ou la durée de ses êtres, et leur mouvement, sorte de synthèse originale de l'étendue et de la durée. C'est une tentative également vaine de ne voir dans l'étendue et la durée que de simples relations d'atomes, et, dans la croyance et le désir, que des rencontres répétées de sensations; tandis qu'on peut, avec une certaine vraisemblance, fausse pourtant, espérer de résoudre l'atome, la substance mystérieuse, en termes d'espace et de temps (c'est le fond de l'explication mécanique de l'Univers), et d'expliquer la formation des sensations les plus élémentaires, ainsi que des instincts les plus simples, par des amas et des legs accumulés de jugements ou d'efforts primitifs. Impossible d'ailleurs de ramener à l'unité la dualité de l'espace et du temps, de la croyance et du désir. » En effet, il dira ailleurs: « Par la croyance, par le saisissement attractif et assimilateur, l'être psychologique acquiert et s'accroît, par le désir, par l'expansion de soi, il s'extériorise et se dépense[1]. » Il y a donc bien distinction, quoique les domaines respectifs de la croyance (intelligence, langues, mythes, philosophie, sciences) et du désir (lois, mœurs, arts, institutions, industries) se pénètrent intimement[2]. « Pour Maine de Biran, l'intelligence n'est qu'un cas de la volonté, pour Wundt, et aussi pour Descartes, pour Spinoza, qui traitent les appétits et les passions comme autant d'idées, la volonté n'est qu'un cas de l'intelligence. Égale erreur; mais la dernière a ceci pour elle d'être l'expression erronée de cette vérité développée plus loin, que le désir a essentiellement la certitude pour objet[3]. » De même, en cinématique, le temps a pu être considéré comme une quatrième dimension de l'espace, tandis qu'on ne saurait regarder celui-ci comme un auxiliaire du temps. La croyance, comme l'espace, est, dans la dualité dont elle relève, le terme prépondérant. « C'est toujours sous la forme d'une proposition (où l'intervention cachée du désir est insignifiante) que se présente à nous le rapport du moyen à la fin,

1. Cf. Oppos. univ., p. 164.
2. Cf. Log. soc., pp. 13-15.
3. Cf. Essais et mél. soc., pp. 249-250.

de même que nous nous représentons sous la forme d'une ligne, d'une certaine étendue, le mouvement d'un corps [1]. »

Néanmoins ce dualisme reste irréductible, selon Tarde, et il s'y résigne; il lui suffit d'avoir mis en relief ces deux attributs psychologiques dont jusqu'alors on méconnaissait l'identité respective persistante à travers leurs divers degrés et composés, en s'attachant à l'état affectif (sensation ou émotion) qui s'y ajoute et qui les « qualifie [2] ». En effet, « ces deux quantités sont les seules choses identiques à elles-mêmes qu'il nous soit donné d'observer directement ou par une induction légitime, d'un bout à l'autre de l'échelle mentale, du plus bas degré de la psychologie animale ou infantile au plus haut degré de la psychologie humaine ou adulte », sous les différences sensorielles [3].

Voici enfin, le mot essentiel prononcé : crédulité et avidité, ces deux composantes de l'âme pure, ces deux facteurs de l'idée sociale fondamentale, la notion de *valeur*, sont « des quantités qui, servant de lien et de support à des qualités, les font participer à leur caractère quantificatif ; ce sont, en d'autres termes, des identités constantes, qui, loin d'empêcher l'hétérogénéité des choses noyées dans leur sein, les mettent en valeur, les pénètrent entièrement sans toutefois les constituer, les unissent sans les confondre et subsistent inaltérables au milieu d'elles malgré l'intimité étroite de cette union ». Et de même leurs succédanés immédiats, marques d'approbation ou de négation, « qui pour n'être que verbales, ne laissent pas d'être distinctes et susceptibles aussi de degré ». Ainsi la conscience individuelle ne sera plus autant le domaine du *sui generis* qu'on le dit, puisqu'on y trouve « deux réalités homogènes identiques à elles-mêmes, non seulement d'un état à un autre état du même esprit, mais d'un esprit à un autre. C'est par là... et par là seulement, que la psychologie peut s'extérioriser et se transformer en sociologie [4]. »

Comme on l'a dit, la sensation n'est pas quantitative en soi,

1. Cf. *ibid.*, pp. 250-251.
2. Cf. *Oppos. univ.*, pp. 164-165. La conviction « tactile » d'un géomètre aveugle n'est-elle pas la même, demande Tarde, que la conviction « visuelle » de ses élèves?
3. *Oppos. univers.*, pp. 163 et 165-166. — *Essais et mél.*, pp. 251-252.
4. Cf. *Études de psych. soc.* pp. 46-47.

et cela peut s'exprimer sous forme syllogistique : « Toute réalité quantitative à nous connue est susceptible essentiellement de valeurs positives et négatives, d'oppositions internes »; en effet, le volume, la vitesse, la densité, etc., qui n'ont pas de contraire, ne sont que des abstractions de quantités. « Or, la sensation qui est une réalité ne présente pas de valeurs négatives. » M. Delbœuf lui-même reproche à Fechner l'hypothèse de sensations négatives; quant aux contraires qualitatifs, blanc et noir, chaud et froid, pour ne citer que les seuls précis, « c'est seulement en raison de la connaissance que nous avons de ces accroissements ou décroissements de quantités extérieures exprimées par le blanc et le noir, par le chaud et le froid, que ces sensations nous paraissent opposées ». Par conséquent, la sensation en elle-même n'est point une quantité. La croyance et le désir, au contraire, comportent des oppositions : il y a toujours deux croyances opposées possibles, séparées par le « doute absolu », état neutre ou zéro de croyance, deux désirs opposés, séparés par « l'indifférence complète », qui est le zéro de désir[1]. Les sensations s'altèrent qualitativement par leurs augmentations ou diminutions (affirmation un peu trop catégorique, semble-t-il, et présentée d'ailleurs sans démonstration effective); au contraire, le désir et la croyance restent invariables en changeant de degré : du doute à la certitude il n'y a qu'une différence de degré, non de nature; mais souvent cette vérité nous échappe parce la sensation qualitative, toujours combinée avec la croyance et le désir, en dissimule le caractère quantitatif[2].

Cependant Tarde se rend compte qu'il y a lieu de préciser cette idée de quantification, un peu vague jusqu'à maintenant. « Toute quantité vraie, dit-il, toute chose susceptible de plus et de moins sans altérations, est conçue comme idéalement ou réellement divisible en unités égales, c'est-à-dire comme mesurable en droit et en fait. Fût-il prouvé que la croyance et le désir ne comportent aucune mesure effective, il n'en résulterait pas qu'ils ne comportent aucune mesure imaginable. Mais, est-il certain qu'aucun moyen ou instru-

---

1. Car telle est la trinité dont se compose toute opposition, comme on le verra plus loin (infra, ch. IV, § II).
2. Cf. Essais et mél. soc., pp. 252-259.

ment de mesure ne peut leur être appliqué ? Voilà une
seconde question qu'il s'agit d'examiner. Recherchons donc
s'il existe ou peut exister : 1º un mètre individuel, 2º un mètre
collectif de la croyance et du désir. »

La mesure individuelle est difficile, il en faut convenir,
mais « théoriquement concevable ». Voici en effet par quel
schème on peut se la représenter. « Je crois inégalement à la
théorie A, aux théories B, C, D, etc., toutes étrangères les
unes aux autres. Quel est le rapport mathématique de ma
croyance à chacune d'elles ? J'observe, que si A m'apparaît,
dans l'une de ses conséquences, en contradiction avec C, je
tombe dans le doute, et aussi bien quand C vient à contredire
D ou E, etc.; j'en conclus l'égalité des croyances afférentes à
B, C, D, E. Si maintenant une contradiction se présente entre
A et B, et que ma foi en A subsiste, quoique atteinte; si, après
avoir été contredite par B, la théorie A l'est encore par C,
puis par D, et qu'à ce troisième démenti seulement je me
mette à douter absolument de la vérité de A, n'ai-je pas le
droit de penser que ma croyance en A est égale à trois fois
ma croyance en B ou en C ou en D ? » Et le même raisonnement est valable pour la mesure du désir individuel. « Entre
deux projets dont je dois sacrifier l'un, je reste indécis, j'y
tiens donc également; si ayant à opter entre l'un de ces
deux et un troisième, je choisis celui-ci, mais qu'ayant à
opter entre les deux premiers à la fois et celui-ci, je demeure
irrésolu ou ne me décide qu'à contre-cœur et au hasard, certainement je tiens au dernier projet deux fois plus qu'à chacun des deux autres. » Mais ce procédé est fort peu pratique;
Tarde l'avoue, et, par la même occasion, il convient qu'en
fait il sera d'accord avec les psycho-physiciens pour « étudier de préférence des quantités impures et dérivées ». C'est
toujours du moins à la question de savoir s'il y a des unités
psychologiques qu'on en revient, « au postulat de la mesurabilité par soi de l'état intime ». Or, si le calcul des probabilités
a une base réelle (et Tarde veut le croire), il doit être subjectif comme l'a bien compris Bernouilli; autrement dit, il doit
porter sur la croyance : seulement, de même que le rapport
établi par la psycho-physique entre le degré de l'excitation et
le degré de l'impression est abusif, de même les raisons mathé-

matiques de croire sur lesquelles s'appuie (à défaut de la connaissance de toutes les causes) le calcul des probabilités, ou
crédibilités, ces raisons, ces « chances », tout en restant subjectives, n'ont pas sur la croyance une répercussion mathé-
matiquement proportionnelle. Par conséquent, « le calcul
des probabilités, sans base objective, s'applique à une quantité
subjective bien réelle, mais ne peut servir à la mesurer ».
Mais il démontre qu'elle est mesurable, car la probabilité ne
peut s'expliquer que par la mesure de la croyance, ou, si par
hasard il s'agissait d'une « tendance » objective à se réaliser,
par la mesure du désir [1].

Pour ce qui concerne celui-ci, Tarde est naturellement conduit à une critique de l'utilitarisme, de l'arithmétique morale
de Bentham. L'erreur de ce précurseur du « darwinisme
social » est démontrée, suivant lui, en ce que « les peines et
les plaisirs de diverses natures, sans commune mesure, se
refusent à rentrer comme des chiffres dans une addition » ;
mais il s'agissait d'une erreur relative, « puisque plaisir et
peine impliquent désir et contre-désir, ajoutons croyance
positive ou négative ». On sait que, pour des raisons logiques
et métaphysiques, et non pas morales, l'utilité, selon Tarde
(comme aussi selon Sumner Maine, disciple lointain et très
indépendant de Bentham), n'explique rien à elle seule, que
s'il admet la finalité pratique, c'est au nom de la logique, en
dehors de quoi règne seul le principe de variation universelle. C'est précisément, à son avis, une des conséquences de
ce principe, l'hétérogénéité des divers biens humains à
sacrifier les uns aux autres, écueil de toute théorie du progrès, qui a conduit Bentham à chercher vainement mais pas-
sionnément la *mesure commune*, l'*unité morale*. Cournot, lui
aussi, a senti l'habituelle difficulté du choix dans les conflits
moraux, bien qu'il en indique peu d'exemples [2], et il recon-

_____

1. Cf. *ibid.*, pp. 259-267. Tarde n'apporte, sur ce point, que des preuves
assez faibles, et, par exemple, il confond souvent ce qui est objet de
certitude logique, maximale dès le début, (comme la crédibilité en la loi
de Newton), avec ce qui est vraiment sujet à opinion probabiliste
(crainte d'une épidémie, chances de gain dans une loterie, etc.).
2. Tarde, pour son compte, cite, d'après Thiers, l'idée de Napoléon Ier
songeant, en 1814, à bombarder Paris, à détruire au besoin un tiers de
la ville et de ses habitants, pour exterminer l'armée alliée et, par suite,

naît l'utilité d'adopter un point de vue quantitatif, de réaliser une comparaison numérique. Mais en désignant la « valeur vénale » il cède à l'aveuglement des économistes qui n'ont pas su distinguer, au fond de la notion sociale essentielle de valeur, le désir et la croyance amalgamés à la notion de plaisir. Bentham s'illusionne également avec son addition majorative des plaisirs publics, qu'il propose comme but au législateur : les intérêts humains en effet sont égoïstes. L'objection d'ailleurs n'est pas absolue, car elle porterait aussi bien sur la théorie spiritualiste du devoir; pour qu'on se soumette au devoir il faut qu'on admette la supériorité de Dieu : de même on tiendra compte de l'intérêt d'autrui si l'on juge celui-ci supérieur, ou si l'on admet l'homogénéité des intérêts, fondement de leur totalisation. Or, tout est hétérogénéité en dehors du désir (et de la croyance); le souci du bonheur public que Bentham impose à l'homme d'État n'implique-t-il pas le désir universel du bonheur ? Par conséquent, il y a du vrai dans la théorie de Bentham, car « l'utilité générale, en ce qu'elle a de mesurable, se confond avec le désir général ». Quant à la croyance, bien que Bentham n'en ait pas parlé formellement, il y fait allusion dans ses remarques sur les *attentes*, qui « sont le lit dans lequel coulent les désirs », et Tarde croit en définitive que Bentham fut au moins un précurseur de sa doctrine psycho-sociale quantitative. [1]

Pour en revenir à la question de la mesurabilité en général, de la croyance et du désir individuel, il lui semble au total qu'un mètre approximatif « aurait bien fini par être imaginé, si le besoin s'en était fait sentir à la plupart des hommes autant que le besoin d'un mètre de l'opinion ou de l'inclination générales ». Seul le philosophe psychologue sait faire attention aux évolutions intramentales, individuelles, du désir et de la croyance. « L'homme pratique ne s'aperçoit de ces écroulements intimes que lorsqu'ils sont consommés, par la

assurer la suprématie de l'empire en Europe. Il se demande aussi à quels sacrifices de vies humaines la France ne consentirait pas pour récupérer l'Alsace-Lorraine et relever sa gloire militaire. « En pareil cas, dit-il ironiquement, je voudrais voir apporter les balances de Bentham. » (Cf. *ibid.*, pp. 285-286).

1. Cf. *Essais et mél. soc.*, (*La croyance et le désir*), pp. 280-290.

liberté d'agir qu'ils lui rendent. » Ainsi l'on affirme souvent par besoin de décision ce que l'on croit douteux, et cela arrive au médecin légiste lui-même. « C'est une trop rare marque de probité philosophique de chercher à rendre avec exactitude non seulement la nuance précise de sa pensée, mais le *taux* de sa confiance en elle. L'exemple de Cournot, de Renan, de Sainte-Beuve, sur ce point, n'a pas été contagieux. » Même en logique, on ne tient pas assez compte du degré de la croyance, de son caractère quantitatif; et c'est ainsi que l'abus du régime déductif, avec ce syllogisme établi sur des prémisses douteuses, conduit au scepticisme[1].

La mesurabilité de la croyance et du désir chez des « individus différents pris en masse » est une question moins complexe. Pour Tarde, elle se fonde en somme, semble-t-il, sur le mécanisme psychologique que certains psychologues ont appelé l'*éjet*. On considère, on admet que « l'acte de désirer ou de repousser, d'affirmer ou de nier, abstraction faite des objets, c'est-à-dire des sensations ou des souvenirs auxquels il s'applique, est le même, constamment le même, non seulement d'un moment à l'autre de la vie individuelle, mais d'un individu à l'autre. Ce n'est pas l'aperception immédiate, comme plus haut, qui prouve cette identité; mais c'est une induction irrésistible qui l'atteste ». On conçoit la relativité des sensations, le daltonisme et les phénomènes analogues; mais on ne peut « concevoir quelqu'un qui ne distinguerait pas entre le oui et le non », on ne peut « admettre deux manières d'écouter et de regarder », bien qu'il y en ait plusieurs d'« entendre » et de « voir ». « Par les croyances, par le désir seulement, nous collaborons, nous nous combattons : par là seulement donc, nous nous ressemblons. » Par conséquent, il sera légitime de totaliser les quantités de croyance ou de désir d'individus distincts, et d'ailleurs on l'a tenté « avec un plein succès et une approximation suffisante ». Les variations de la valeur vénale des choses ont en effet permis d'apprécier les vicissitudes du crédit, de la confiance nationale dans la situation financière de l'État ou de la confiance privée dans les compagnies, voire même, toutes choses

1. Cf. *ibid.*, pp. 265-271.

égales d'ailleurs, l'exaltation ou le déclin de la foi religieuse (d'après les sacrifices pécuniaires). De même, « la statistique, convenablement maniée, fournit aussi de curieuses mesures du désir général »; elle indique, par exemple, les proportions relatives du désir de se marier, du désir d'avoir des enfants, et surtout, au point de vue judiciaire, civil et criminel, « la croissance ou la décroissance des instincts processifs ou des passions violentes ». Enfin, reste encore une autre « balance » de ce genre, « 'a plus antique et la plus originale, sinon la plus rigoureuse », dit Tarde, mais aussi la moins remarquée en tant que telle : c'est la guerre. Elle résulte en effet d'une sorte de polarisation opposant diamétralement deux volontés; à ce point de vue, l'armée est comme un nombre où s'incarne « une somme déterminée à chaque instant de dogmatisme ou d'entêtement patriotique », et le combat devient comme une opération « d'arithmétique morale », une soustraction. D'ailleurs, pour « supputer exactement la quantité de désirs qui fait la force d'une armée », il faut compter les désirs *dépensés* à sa constitution, à son entretien, à son éducation, les *moyens d'action*, et non les désirs de vaincre éprouvés par les soldats et par la nation; de même que, au point de vue de la croyance, il ne faut tenir compte, dans l'appréciation de la force d'un système, que des actes de foi *dépensés* jadis, devenus notions élémentaires, *moyens de jugement*; car moyens d'action et moyens de jugement sont des groupements élémentaires qui peuvent collaborer à une même œuvre en s'organisant, tandis que les désirs ou croyances similaires ne peuvent que s'additionner [1]. Remarques se rattachant à l'hypothèse métaphysique de Tarde et à son opinion sur l'origine de ce qu'on appelle division du travail.

Mais, après tous ces développements, Tarde s'aperçoit qu'on pourrait lui contester, non pas que « toute notion ait commencé par être un jugement ou des jugements », que « tout moyen, tout talent, toute habitude dont nous nous servons ait commencé par être un but poursuivi pour lui-même », mais bien « que la notion soit l'équivalent des sommes de croyance, et l'habitude l'équivalent des sommes de désirs

---

1. Cf. *ibid.*, pp. 271-278.

dépensés à les produire, et que sous ces nouvelles formes ces quantités psychologiques se conservent sans perte comme la force motrice des physiciens ». Et en effet il convient que ceci ne peut s'expliquer clairement qu'à la lueur de sa monadologie, mais il croit cette hypothèse métaphysique non moins nécessaire, sous une forme plus matérialiste, au principe physique de la conservation de l'*énergie*, à moins d'admettre l'hétérogénéité de l'énergie potentielle et de l'énergie actuelle; et cette pseudo-justification lui semble suffisante [1].

Enfin, en dehors de ces questions où la croyance et le désir sont considérés parallèlement, on pourrait se demander quelles sont leurs proportions respectives, quel est leur rôle réciproque. Remarquons d'abord que le côté désir l'emporte de beaucoup dans ce qu'on appelle la « volonté » nationale; et il y aurait quelque danger, suivant Tarde, dans cette subordination du côté rationnel de l'homme au côté passionnel, si notre suffrage universel, très heureusement illogique, ne comptait pas simplement les volontés au lieu de les peser en même temps, du moins au point de vue du désir (car la pesée de la croyance, si versatile chez les sectaires, serait excellente). Cependant il n'y a pas antagonisme entre les deux éléments essentiels de l'intramental, car « la certitude, la croyance maxima est toujours l'objet du désir », et, par suite, « le désir, en vertu de sa propre nature, atteste ainsi la prééminence de la croyance ». Il est visible en effet que la croyance maximale, la certitude infinie, se manifeste à tout moment dans notre vie mentale, tandis que le désir fort et « actuel » est rare. Les informations certaines s'accumulent de siècle en siècle, mais par bonheur l'évolution de l'élément passionnel n'est nullement parallèle : « si la civilisation multiplie les besoins, elle ne fait que répartir entre eux un courant de désir égal et déclinant ». La civilisation « détruit» les haines, les férocités et les vices, elle « produit » les sciences et les droits. Et d'ailleurs, pour démontrer plus directement ce rapport entre croyance et désir qui sera la véritable théorie du progrès selon Tarde, celui-ci remarque

1. Cf. *ibid.*, pp. 278-280.

que nous désirons non pas l'agréable (c'est-à-dire le *désiré*, car c'est là pure tautologie), mais bien des réalités. Or, comme l'a démontré Stuart Mill, celles-ci ne sont que des possibilités (certitudes conditionnelles, dit Tarde) de sensations. Certes, il y a un élément affectif dans « cet amas de jugements inconscients », la certitude poursuivie est qualifiée : mais, si elle est choisie par nous, c'est précisément en faveur de sa compréhension, ce qui revient à dire au point de vue du maximum de foi [1].

Une des conséquences de cette opinion, c'est que l'art aussi se ramène à l'amour du savoir et peut s'interpréter par le désir et la croyance : « les arts sont des sciences qui créent leur objet », l'artiste ne travaille qu'en vue d'un jugement esthétique personnel, que « par soif de foi vive ». Ainsi l'on aboutit à ce principe essentiel « que les passions humaines se réduisent au fond à une seule, la curiosité » dans le sens le plus large du mot.

« Toutes nos passions tendent à connaître, même lorsqu'elles mettent obstacle à l'extension de notre savoir. Amour changeant, ambition instable, insatiable avidité, qu'est-ce après tout, que l'attrait du mystère irritant, de ces émotions inéprouvées ou de ces aspects étranges que les uns demandent à de plus hauts élans du cœur ou à de plus hautes cimes de la richesse et du pouvoir, les autres, tels que Spencer, à de plus colossales pyramides de sciences et de conjectures ? C'est peut-être la raison pour laquelle, seule entre toutes nos passions, la curiosité, qui les résume, n'a pas de contraire imaginable. » En effet, dit Tarde, l'aspiration au *nirvana*, c'est encore l'amour d'une certitude. Mais, en général, la certitude préférée sera la plus pleine et la plus riche, celle d'où l'on voit dériver une infinité de certitudes conditionnelles. Parmi celles-ci, les possibilités « non-miennes », les réalités, suscitent le « besoin de vérité », qui, à défaut d'une science parfaite, se satisfait provisoirement par des croyances religieuses : « Dieu est pour le chrétien une encyclopédie ineffable qu'il est assuré de lire un jour s'il fait son salut ». Mais les possibilités « miennes », mes « attentes » comme dit Bentham, mon

1. Cf. *ibid.*, pp. 294-300.

« besoin de sécurité », de puissance sans borne et de vie sans
fin, ne rencontrent qu'une certitude très précaire, et seule la
croyance à l'immortalité de l'âme peut lui assurer une satisfaction, illusoire dans l'absolu, mais effective dans la réalité
psychologique. Telle est donc la justification de ces deux antiques croyances ; « ceux qui vivent heureux sans elles les ont
remplacées, et par des illusions pareilles au fond, malgré leur
forme plus positive ». La quiétude d'un individu comme d'une
nation ne peut s'établir que sur une « immense conviction »
et une « immense espérance ». « Aussi, dès que commencent
à décliner chez un peuple les deux mystiques certitudes, il
n'y a pas à s'abuser sur l'impossibilité de l'apaiser véritablement, à moins d'ouvrir désormais à tous, en compensation,
et non sans péril, les horizons fuyants de la science, les pers-
pectives illimitées de l'ambition et de la richesse. » Mieux
vaut donc, pour Tarde, s'illusionner que poursuivre vainement le bonheur positif ; opinion pessimiste qui fonde en partie sa critique des doctrines socialistes. Sécurité et Certitude,
tel est par conséquent le double but de l'universel désir ; le
grand savant, le grand homme d'État, tels sont les maîtres,
les idoles de l'humanité moderne, comme le furent, pourrait
ajouter Tarde, les prêtres et les rois aux âges antiques. Cette
thèse du primat de la Croyance a, pour lui, ce suprême avantage de fonder un principe social qui lui est cher entre tous :
la liberté de penser, condition des « Credo personnels », ces
« fleurs terminales de la vie[1] ». On verra d'ailleurs que l'accord
logique est pour Tarde le fondement essentiel de la moralité,
chez les peuples comme chez les individus. Volontiers il dirait
avec Victor Hugo : « L'homme vit d'affirmation, plus encore
que de pain... La philosophie doit être une énergie ; la science
doit être un cordial ; l'absolu doit être pratique[2] ».

Si ingénieuse, si séduisante en son allure discursive, que
soit cette théorie, on doit reconnaître qu'elle est, en bien des
points, trop exclusive ou trop fragile. Tarde, lui-même, s'en
est bientôt aperçu, et sans l'ébranler dans ses bases essentielles, il l'a réduite à de plus justes propositions. « Je recon-
nais, dit-il dans les *Lois de l'imitation*, que j'ai peut-être un

1. Cf. *ibid.*, pp. 300-308.
2. V. Hugo, *Les Misérables*, II⁰ p., l. VII, § vi.

peu exagéré le rôle du croire et du désirer en psychologie individuelle, et je n'oserais plus affirmer avec tant d'assurance que ces deux aspects du moi sont les seules choses en nous, susceptibles de plus et de moins. Mais, en revanche, je leur attribue une importance toujours plus grande en psychologie sociale. Admettons qu'il y ait dans l'âme des autres quantités, concédons, par exemple, aux psycho-physiciens que l'intensité des sensations, considérée à part de l'adhésion judiciaire et de la force d'attention dont elles sont l'objet, change de degré sans changer de nature et se prête, par suite, aux mesures des expérimentateurs; il n'en est pas moins vrai que, au point de vue social, la croyance et le désir se signalent par un caractère unique, très propre à les distinguer de la simple sensation. Ce caractère consiste en ce que la contagion de l'exemple mutuel s'exerce socialement sur les croyances et les désirs similaires pour les renforcer, et sur les croyances et les désirs contraires pour les affaiblir ou les renforcer, suivant le cas, chez tous ceux qui les ressentent en même temps et ont conscience de les ressentir ensemble; tandis que la sensation visuelle ou auditive qu'on éprouve, au théâtre par exemple, au milieu d'une foule attentive au même spectacle ou au même concert, n'est nullement modifiée en soi par la simultanéité des impressions analogues ressenties par le public environnant[1] ». Il y a là, en effet, d'indispensables restrictions : la sensation n'est probablement pas moins mesurable que ces deux sentiments essentiels, le désir et la croyance; bien au contraire, puisqu'on en peut du moins mesurer les causes ou conditions extérieures; l'induction consécutive sur laquelle est fondée la psycho-physique n'est évidemment qu'hypothèse, mais il y a là du moins comme une mensuration relative, tandis que la croyance et le désir peuvent bien être comptés, additionnés en tant qu'unités de même nature, mais leur mensuration respective, leur quantification interne reste fort douteuse : les procédés qu'indique Tarde pour peser la croyance et le désir sont assez illusoires; ces deux phénomènes psychologiques sont bien des réalités spécifiques, mais qui n'ont pas d'*exposant* intramental. Leur

1. *Lois de l'imitation*, p. 163, note 1.

addition, dirait Cournot, est une *qualité* et non une *quantité* ; ce sont des réalités *nombrables* et non *mesurables*[1]. Et si la théorie de la probabilité a pu suggérer à Tarde les bases de son système, du moins Cournot n'eût-il sans doute pas approuvé cette prétendue quantification psychologique de son aventureux disciple. Si, en effet, il dit volontiers avec Bernouilli que les nombres régissent le monde, ce n'est d'abord qu'au point de vue des faits observables, des causes secondaires, où le hasard ne joue plus son rôle capital ; et de plus, pour ce qui concerne « les actes des êtres vivants, intelligents et moraux », il veut dire simplement par là, qu'à l'aide de la statistique, on leur peut appliquer le calcul des probabilités, et non pas qu'ils ont un côté géométrique ou mécanique vraiment mesurable[2]. Quand au rapprochement entre ces deux éléments psychologiques et les deux catégories Temps et Espace, Cournot ne l'accepterait certes pas, lui qui semble assez partisan de la théorie leibnizienne faisant du temps et de l'espace des phénomènes connus relativement[3], et qui d'ailleurs est peu porté, en général, aux interprétations psychomorphiques proprement dites. Au surplus, ce rapprochement est nécessairement forcé, et puisqu'on voit apparaître ici la question de l'objectif et du subjectif, on pourrait se demander, à ce propos, si ce qui est mesurable, ce n'est pas plutôt la vérité ou l'utilité, ces caractéristiques plus objectives que subjectives, plus positives que psychologiques : il semble bien que le subjectif en lui-même soit le domaine de la qualité. Quant au reste, on peut sans difficulté considérer, avec Tarde, le désir comme la force psychologique primordiale, et la croyance, la certitude, comme le but suprême, les sensations n'étant que des moyens dans lesquels la cause première et la cause finale se manifestent, par lesquels elles s'exercent ; c'est là le point intéressant, assez neuf dans sa forme systématique, de la doctrine psychologique de Tarde.

C'est sur cette théorie de la croyance et du désir qu'il greffe une assez brève théorie des *caractères* (manière de désirer) et des *natures d'esprit* (manière de croire) indivi-

1. Cf. Cournot, *Essai sur les fond. de nos connaiss.*, t. I, pp. 396-401.
2. Cf. *ibid.*, t. I, pp. 64-65, 388-397 et 413-415.
3. Cf. *ibid.*, t. I, pp. 307-316.

duels ou nationaux. Son point de vue n'est guère qu'une transposition de la classification, en caractères ou tempéraments actifs et passifs (ou « sensitifs », comme dit M. Fouillée, ou « affectifs », comme dit M. Th. Ribot). « La tendance, l'aptitude de l'individu à imprimer ses croyances et ses désirs sur ceux qui l'entourent ou à recevoir l'empreinte de leurs croyances et de leurs désirs, est un des traits de caractère les plus innés et les plus constitutifs; on naît meneur ou mené, professeur ou disciple, maître ou sujet. » Le groupe des menés est de beaucoup le plus considérable, mais celui des meneurs est plus intéressant : il est susceptible de nombreuses subdivisions, et l'on y pourra distinguer, par exemple, les ambitieux et les missionnaires, les conquérants et les apôtres, les dogmatiques et les persuasifs (Bossuet et Fénelon), les despotes et les diplomates (Napoléon Ier et Talleyrand), enfin, à un point de vue un peu différent, les grands convertisseurs momentanés et les convertisseurs obscurs plus profonds, les conducteurs de masses et les intrigants. Quant aux manières de sentir, dit Tarde, elles offrent peu d'intérêt, parce que « les affections, comme telles, ne sont plus communicables », sauf, ajoute-t-il prudemment, chez les artistes[1]. Ce sont là des remarques sur lesquelles on aura bientôt lieu de revenir.

II

Après avoir déterminé ainsi les éléments essentiels de l'intramental, on pourrait s'interroger sur son mécanisme. Puisque la croyance en est le but, ce mécanisme, ce sera nécessairement la logique individuelle, et ses trois opérations essentielles seront celles de la logique universelle, la répétition, l'opposition et l'adaptation, favorisées et contrariées à la fois, ou du moins dominées par ce principe d'universelle variation, qui est pour Tarde, l'explication dernière de toutes choses. Quant à son processus le plus général, ce sera toujours le syllogisme, qu'on s'efforcera de réformer

1. Cf. *Opposit. univers.*, pp. 274-284.

plus heureusement que Morgan et Hamilton, et conformément
à la théorie qu'on vient de développer : Tarde, en effet, veut
tenir compte, dans les prémisses, du degré de croyance, et,
sans toutefois bien s'expliquer sur ce point, de « la communication des croyances » ; il en vient ainsi à admettre les
quatre types suivants de syllogismes, où la croyance est
considérée dans les termes eux-mêmes et dans leur lien
logique :

1° jugements certains, jugés certainement liés ;

2° jugements probables, jugés certainement liés ;

3° jugements certains, jugés probablement liés ;

4° jugements probables, jugés probablement liés [1].

Cette quantification du prédicat, beaucoup moins illusoire
à son avis que la distinction entre le particulier et l'universel,
lui fournit l'occasion de développements très ingénieux,
mais dont la discussion nous entraînerait beaucoup trop
loin.

La distinction entre les répétitions, les oppositions et les
adaptations intramentales doit nous arrêter plus longuement.
Sur les répétitions individuelles, Tarde a fort peu insisté. Il
s'est contenté d'assimiler, pour les raisons que nous savons,
l'habitude à l'imitation, puisque l'habitude est la répétition
psychologique spécifique, et c'est naturellement, comme
toujours, en négligeant le point de vue de l'utilité ou de
l'agrément, qu'il peut arriver, dans les manifestations de
l'habitude, à considérer tout particulièrement l'aspect imitation, alors que celui-ci est vraiment sans intérêt. C'était là
soulever des questions graves plutôt qu'interpréter ; cette
application de son point de vue sociologique au domaine
psychique individuel, montrait en effet que l'imitation n'est
qu'une des causes possibles de la répétition, de la similitude ;
qu'elle n'est alors intéressante, que si elle est raisonnée,
volontaire ; qu'elle est rarement telle dans la psychologie individuelle, qu'elle y reste par suite peu importante, et qu'il
en devrait sans doute être de même dans la psychologie
sociale ; qu'enfin le sociomorphisme psycho-métaphysique de
Tarde devait plutôt le conduire à expliquer la vie intramentale

1. Cf. *Logique sociale*, pp. 32-53.

par des imitations, oppositions et adaptations entre les éléments constitutifs de l'individualité psychique, cellules
cérébrales ou monades. C'eût été là l'application logique de
son système au psychisme individuel, puisqu'il va désigner
l'imitation comme le fait social spécifique.

Mais ici, Tarde, qui reproche si fréquemment à certains
sociologues de tomber dans l'idéologie, raisonne lui-même en
véritable idéologue. Ne dit-il pas que dans toute opération
mentale on retrouve le duel de deux syllogismes contradictoires[1] ? Et c'est bien là le point de vue qu'il développe dans
son étude très étendue sur les oppositions psychologiques.
« Nulle part plus qu'en psychologie, dit-il, n'apparaissent
avec évidence, d'une part, la réalité et l'importance du rapport d'opposition, d'autre part, sa subordination à celui de
variation et d'originalité ». Les oppositions de série, qualitatives, lui semblent ici comme ailleurs peu importantes. Par
contre les oppositions de degré, ou quantitatives simples,
sont pour lui une nouvelle occasion de développer sa théorie
sur la mesurabilité de la croyance et du désir dans le domaine
intramental, et d'insister surtout sur le fait que, suivant lui,
la notion presque mixte d'intensité, par laquelle on prétend
ramener à la quantité la sensation qualitative, s'explique
elle-même par la crédibilité, par le nombre ou le poids des
jugements crus sur lesquels elle est fondée. Enfin les oppositions de sens, ou quantitatives dynamiques, les « polarisations », sont pour lui les plus importantes, si toutefois on en
élimine celles qui ne sont qu'apparentes, comme le froid et
le chaud, le blanc et le noir, simples oppositions de degré. Au
sujet des contrastes sensoriels, il remarque en particulier
l'importance des contraires olfactifs dans la formation de
certaines idées religieuses essentielles : ce sont le propre et
le sale qui deviennent les notions mystiques du pur et de
l'impur; de même que l'opposition générale du bon et du
mauvais est d'origine gustative. Les oppositions de sentiments seront plus importantes : le sentiment est en effet
complexe, selon Tarde; la volonté et le jugement sont à sa
base, et, pour le comprendre, il faut admettre des « attentes »

---

1. Cf. *Logique sociale*, pp. 47-49.

intimes. Ces oppositions sont rares mais fortes chez le sauvage et chez l'enfant, et c'est pourquoi ils sont misonéiques. Toute émotion est le réveil d'un désir et l'ébranlement d'une croyance : c'est le démenti d'une attente, un problème, une question posée, et une question à laquelle nous prenons un « intérêt personnel et poignant ». C'est l'instinct primitif que la civilisation, loin de le détruire, transforme en sentiment. On peut distinguer aussi bien des « instincts-désirs » (bien connus sous le nom d'instincts) et des « instincts-croyances » (inaperçus, quoique nombreux : l'anthropomorphisme, par exemple, ou les catégories kantiennes); que des « sentiments-désirs » (peur et colère, amour et haine, sentiment esthétique de l'artiste, etc.), et des « sentiments-croyances » (orgueil et humilité, émotion esthétique et religieuse, etc.). A propos des contrastes des sentiments-croyances, on peut remarquer qu'ils ne sont nullement symétriques : le contraire d'un orgueil, c'est un autre orgueil, et c'est pourquoi il n'y a pas d'humilité collective. Une réunion d'humilités devient fierté collective, plus grave même que l'orgueil individuel. Néanmoins, même au point de vue de l'orgueil, on peut admettre un progrès moral, car il y a « généralisation, aussi bien parmi les États que parmi les particuliers, d'une variété supérieure d'orgueil, non plus sauvage et venimeux, mais greffé et savoureux, étrangement adouci par la culture. Peut-être est-ce à l'élaborer que travaille à son insu notre régime démocratique, pente où l'évolution sociale semble aboutir partant de chemins ». Dans l'opposition entre l'espérance, toujours plus ou moins persistante, et le découragement complet, rare et peu important, le zéro, l'état neutre est constitué par le doute. Et Tarde distingue celui-ci de « l'attitude critique de l'intelligence », état neutre de l'opposition entre admiration et mépris, dont la généralisation serait désirable, mais est improbable. L'opposition entre le beau et le laid est également intéressante : la fascination par le beau est utile et féconde, dit Tarde, néanmoins une esthétique du laid est légitime, en tant qu'il est l'opposé du beau; ainsi le grotesque n'est que l'essence du sublime transportée du grandiose dans le petit, puisque toujours l'opposition se fonde sur l'identité même de nature; quand à l'état zéro entre le

beau et le laid, c'est la proportion normale humaine. Les sentiments-désirs présentent également des contrastes intéressants pour la psychologie sociale. Par exemple, la peur, source
néfaste des superstitions, du terrorisme, de l'esclavage, s'oppose à la colère, origine parfois légitime (indignation) des in-
surrections politiques et religieuses, des émancipations et des
conquêtes, et, comme jadis l'Eros à l'Anteros, l'amour à la
pudeur. Mais le plus important de ces contrastes est celui entre
la joie et la tristesse, qui implique les états neutres, admis en
particulier par Wundt et par Ribot, et qui (Tarde le remarque
sans doute parce qu'il y voit une critique de la psychologie
physiologique) ne correspond pas à une opposition entre les
phénomènes physiologiques concomitants, du moins dans le
détail, en dehors de l'excitation ou de la dépression indéterminées. Enfin, sans entrer davantage dans les considérations
assez subtiles que Tarde émet encore sur ces oppositions
psychologiques, on signalera cependant ses brèves remarques
sur les oppositions entre sentiments religieux (l'ascétisme né
de l'effroi, et le mysticisme dérivé de l'amour), sur celles
entre les jugements (oppositions logiques, entre croyances),
ou celles entre les desseins (oppositions téléologiques,
entre désirs), enfin sur les oppositions de notions, par
exemple les antinomies kantiennes, que le néocriticisme
repousse en tant que « luttes », mais que Tarde admet en
tant que rythmes, les notions de sujet et d'objet, d'infini et
d'infinitésimal [1]. Toute cette étude de Tarde sur l'opposition
intramentale est un de ces chapitres de fine analyse psychologique où l'on voudrait trouver sa pensée pénétrante
libérée de toute préoccupation systématique, car son point
de vue hybride, à la fois logique et sociologique, l'incline
trop souvent au paradoxe et transforme en un jeu déductif ce
qui pourrait être une intéressante contribution à l'étude de
la psychologie individuelle.

Tarde a beaucoup étudié également l'adaptation intramentale, mais cette étude en général et surtout la théorie de
l'invention se rattache trop intimement à la psychologie générale de la vie sociale pour qu'il soit possible de l'aborder

---

1. Cf. *Opposition universelle*, pp. 162-300.

dès maintenant. Et d'ailleurs, n'est-ce pas toute la psychologie
intramentale qui, dans son système, se confond plus ou
moins avec l'inter-psychologie?

Cette analogie entre la psychologie des personnes et celle
des sociétés est même l'objet d'une de ses démonstrations.
Il note qu'elles ont les mêmes voies de formation : à une
période de lutte stérile succède chez l'individu une « docilité », une « crédulité » relatives, un embryon de croyance
et de désir, et dans la société un embryon d'organisation politique et de foi religieuse. Dans tous les deux on retrouve
donc la bifurcation fondamentale de l'esprit selon Tarde.
D'ailleurs ils aboutissent également à des *catégories* corres-
pondantes, indispensables à leur vie mentale, savoir l'espace et
le temps chez l'individu, et le langage au double point de vue
communication et conservation dans la vie sociale. Ce sont
là des catégories logiques suggérées à l'esprit par sa propre
dualité : désir et croyance. De même la volonté crée deux
catégories téléologiques, le plaisir et la douleur. Or l'action
de la logique sociale est la même sur le chaos de sensations
et d'impulsions hétérogènes, d'idées et d'intérêts contradictoires. D'ailleurs les catégories (ou la catégorie) sociales ren-
forcent les catégories individuelles : le langage, en effet,
précède les notions de temps et d'espace, et c'est lui seul
qui en permet l'utilisation. Seulement, dans le domaine
social, où il s'agissait de concilier des pensées et des volontés, et non plus seulement des perceptions, un principe particulier prit une importance spéciale, et c'est le principe
religieux. Comme on le verra, l'accord individuel, qui correspond à un jugement ou à une décision catégoriques, se
heurte naturellement à des jugements et décisions contradictoires, et produit ou permet du moins le désaccord social.
Or l'unanimité reparaît dans la divinisation d'un fétiche ;
d'autre part l'autorité d'un individu régularisant les activités
crée les idées du Bien et du Mal, de dieux bons ou mauvais.
On peut se faire la même idée du Dieu et du chef : leur pouvoir tient à une suggestion prestigieuse éternisée. Il y a
pour ainsi dire équivalence entre le *déisme*, la foi aux mythes
des temps primitifs, au point de vue social, et le *réalisme* de la
même époque, la foi naïve en la réalité du monde extérieur,

au point de vue individuel. C'est ainsi qu'il faut expliquer
l'universalité de la religion, et non par la peur ou le despo-
tisme. « Il importe de reconnaître à la religion le mérite
d'être ou d'avoir été socialement une condition d'accord
logique, aussi fondamentale que l'objectivation l'est individuellement. » Thèse d'un idéalisme, d'un « intellectualisme »
paradoxal, qui conduit Tarde à soutenir même, après certains
orientalistes, que les langues ne sont que des résidus des
mythes. « La langue, dit-il à propos de cette « catégorie
sociale », est un arrangement logique préexistant, qui est
donné à l'homme social, comme l'espace et le temps sont
donnés à l'homme individuel... La langue est donc pour
ainsi dire *l'espace social* des idées. » C'est la langue en tant
qu'elle exprime des actions, c'est le Verbe qu'il rapproche
du temps. Mais il n'insiste guère sur ce rapport très fragile,
difficile à concilier d'ailleurs avec ses considérations métaphysiques sur l' « être » et l' « avoir ». Au total il considère
aussi bien l'espace et le temps que les langues comme des
« catalogues de signes nécessaires » ; et cette thèse, soit dit
en passant, n'est pas sans analogie avec la théorie de Lotze
sur les « signes locaux »[1].

Une autre analogie entre la psychologie individuelle et la
psychologie sociale, c'est, comme on l'a dit, celle entre leurs
divers phénomènes caractéristiques. La coutume correspon-
dra à l'habitude : leur formation est la même, suivant Tarde,
et leur rôle identique. La notion de devoir, elle aussi, fournit des rapprochements assez curieux. La *loi* en effet, n'est
pas autre chose qu'un devoir relatif à l'autorité, d'abord, puis
dans la suite, par l'habitude, s'établit la notion de droit. Le
droit est donc comme un devoir coutumier, fondant lui-même
de nouveaux devoirs ; ici comme toujours, le but est devenu
moyen. « L'origine du droit dans la société est comparable à
l'origine du devoir dans la conscience », c'est la même
subordination hiérarchique des désirs. Et l'aboulie sociale
équivaut à l'égoïsme radical. De même on peut comparer les
révolutions aux maladies de l'habitude, à l'incoordination
musculaire. Et ici l'on voit clairement une fois de plus en

1. Cf. *Logique sociale*, pp. 87-108.

quoi Tarde se rapproche de la thèse de l'organisme social,
en quoi il s'en éloigne : il la transpose en somme, la rénove
sous une forme spiritualiste, à moins que ce ne soit (car
certains de ses textes pourraient permettre cette hypothèse)
sous une forme « neurologique ». Il remarque encore que,
sur cette similitude de l'intramental avec l'intermental, certains ont fondé l'espoir chimérique d'une conciliation universelle spontanée, comme par exemple l'utilitarisme et les
écoles révolutionnaires ; mais, dit Tarde, cette similitude de
mécanisme n'empêche nullement l'opposition entre les
deux logiques, l'individuelle et la sociale, et surtout les
deux téléologies. Et, à ce propos, Tarde rapproche encore
la « gloire » sociale (conciliation des orgueils individuels par
admiration d'un seul être supérieur) de la « conscience »
cérébrale ; il remarque d'ailleurs que l' « inglorieux » n'est
pas moins utile socialement que l'inconscient psychologiquement, et, comme du subconscient à la mémoire il n'y a
qu'un pas, il conclut que, si cette dernière est la condition
de la conscience, la condition de la gloire n'est pas autre
chose que cette mémoire sociale qu'on appelle l'imitation ;
par là s'expliquent les accumulations harmonieuses dans
l'ordre psychique et l'ordre social, malgré l'action du principe de variation, diversifiant et bouleversant sans cesse la
série des états de conscience comme celle des faits sociaux[1].

Mais avant d'aborder cette discrimination du fait social
élémentaire et spécifique, il faut encore déterminer ce que
Tarde entend par l'intermental.

III

Tarde, on l'a vu, semble admettre, et non sans raison, que
la psychologie, en tant que science de l'individu, n'est guère
qu'une abstraction plus ou moins abusive, « Le moi, dit-il,
est un point d'intersection entre deux grandes fractions de
la vie universelle. A lui viennent aboutir, comme à leur point
de convergence, les multiples élaborations de la vie physio-

1. Cf. *Logique sociale*, pp. 108-127.

logique, les raffinements du système nerveux, en rapport avec toutes les forces de la nature et, en même temps qu'il est par ce côté biologique et physique une gare d'arrivée, il est, par un autre aspect, par l'aspect social, une gare de départ. De lui, partent et rayonnent les multiples créations de la vie sociale qui, à leur tour, contribuent si fort à le nourrir, à le déployer, à l'épanouir dans sa plénitude. » Le moi relèvera donc à la fois de la *psychologie physiologique* et de la *psychologie sociale* ou *collective*. Tarde ne songe pas à aborder la première, et semble d'ailleurs la juger assez stérile ou secondaire quand on lui applique les méthodes actuellement en usage. Quant à la seconde, dont l'épithète « sociale » ou « collective » ne lui plait guère, peu s'en faut qu'il ne lui attribue la responsabilité des doctrines « ontologiques » du moi et du milieu sociaux, doctrines connexes qui, nous le savons, sont profondément antipathiques à Tarde. Suivant lui, avant d'atteindre aux rapports sociaux proprement dits, à la psychologie sociale, chaque être, comme l'a bien compris M. Baldwin, est passé par une « psychologie à deux, puis à trois, à quatre, à cinq », etc., qu'il s'agisse de rapports familiaux ou extra-familiaux. Ceci est aussi vrai sans doute de l'évolution des peuples que de celle des individus ; et, dit Tarde, concentrant selon sa coutume sa pensée générale dans une comparaison saisissante, « c'est par cet âpre sentier de montagnes où le guide aide à monter, l'un après l'autre, chaque voyageur, que l'humanité est parvenue d'étape en étape jusqu'aux larges plateaux de nos nations modernes où d'immenses foules se coudoient et se pressent, où les rayonnements d'exemples mutuellement échangés s'entre-croisent plus multiples et plus variés que les vibrations lumineuses dans le firmament ». C'est pourquoi Tarde veut recourir à une science « à la fois plus générale et plus précise » que la psychologie dite sociale ou collective, à une psychologie de l'intermental, qu'il appellera, pour plus de brièveté, l'*inter-psychologie* [1].

Il y a peut-être, ici encore, chez Tarde une application et un développement de la critique de Cournot. Celui-ci en effet semble tout d'abord assez hostile à la psychologie tradition-

---

1. Cf. *L'Inter-psychologie*, in *Arch. d'Anthropologie criminelle*, juillet-août 1904, pp. 537-539.

nelle. Il n'hésite point à lui contester une valeur scientifique effective, et, en premier lieu, il distingue soigneusement entre la psychologie, « connaissance empirique des faits intellectuels dans leurs rapports naturels avec l'organisation et la constitution du sujet pensant », et la logique, « qui traite des rapports entre les idées tels qu'ils résultent (comme la raison le fait voir) de la nature des idées mêmes, indépendamment de leur mode d'élaboration et d'apparition dans l'esprit humain ». « C'est, dit-il, toujours la même distinction qui revient entre le sujet qui connaît et l'objet de la connaissance [1] ». Mais, comme on le voit, ce n'est pas encore l'ancienne psychologie, avec sa méthode introspective, que Cournot oppose ainsi à la logique. L'imprécision du langage de cette prétendue science montre, suivant lui, qu'elle n'a pu connaître l'essence des phénomènes psychologiques, ni découvrir en eux un ordre de succession rationnel. « Quand nous voyons dit-il, la langue de la psychologie toujours refaite et toujours dans l'enfance, le sens des termes varier d'un auteur à l'autre ou plutôt chaque auteur faire de vains efforts pour maintenir l'identité de l'idée sous l'identité du mot, provoquer ainsi de la part des critiques des distinctions et des contradictions sans fin, nous devons en induire que l'indécision du langage est le contre-coup et la marque de l'indécision des idées. Nous ne devons plus nous étonner que les psychologues, en partant d'origines obscures, n'aient pu parvenir à donner à leur langue et à leurs systèmes la précision, la vigueur et l'enchaînement vraiment scientifiques [2]. » L'introspection lui semble d'ailleurs une méthode assez vaine. « Aussi, dit-il, voyons-nous que les observations les plus utiles sur la nature intellectuelle et morale de l'homme, recueillies, non par des philosophes enclins aux théories et aux systèmes, mais par des hommes vraiment doués de l'esprit d'observation et portés à saisir le côté pratique des choses, par des moralistes des historiens, des hommes d'État, des législateurs, des instituteurs de la jeunesse, n'ont pas été en général le fruit d'une contemplation solitaire et d'une étude intérieure des faits de

1. Cf. Cournot, *Essai sur les fond. de nos connaiss.*, t. II, pp. 322-325. — *Matérial., vital., rationalisme*, pp. 252-255 (Réponse à V. Cousin).
2. Cf. *Essai*, t. II, p. 289.

conscience, mais bien plutôt le résultat d'une étude attentive
de la conduite des hommes placés dans des situations variées,
soumis à des passions et à des influences de toutes sortes,
dont l'observation a grand besoin de s'affranchir autant que
possible ; de manière qu'ici comme ailleurs l'observation directe porte principalement sur des faits sensibles que le témoignage de notre conscience nous apprend, il est vrai, à rattacher à des affections intérieures qui échappent aux sens. En
cela les observations dont nous parlons ressemblent à celles
du physiologiste, qui juge de la sensibilité de certains tissus
d'un animal par les mouvements convulsifs que l'animal exé-
cute quand on lèse ce tissu. Elles ont une ressemblance, quoique plus éloignée avec les observations du physicien, qui juge
les vitesses relatives du mouvement vibratoire de deux corps
sonores par l'intervalle musical de deux sons produits[1] ».
C'est là évidemment proclamer la supériorité d'une psychologie objective et même expérimentale. Les hypothèses psychologiques devront être fondées sur l'observation externe,
car, dit-il après Cicéron, la conscience du psychologue est un
œil qui voit les objets hors de lui, mais ne peut se voir lui-
même. De plus l'hypothèse doit se vérifier par l'expérience, et
celle-ci doit rester externe pour n'être pas entachée de relativisme. Si, en effet, Cournot reconnaît la difficulté de l'expérimentation psychologique, il ne la croit pas moins possible
et indispensable. D'autre part, il insiste sur le rapport étroit
entre le mental et le physique. « Ce qui frappe d'abord, dit-
il, dans le passage de la physiologie à la psychologie, et des
phénomènes de la vie animale aux phénomènes de la vie intellectuelle, c'est l'impossibilité d'assigner avec précision le
point d'insertion d'une vie sur l'autre, ou l'origine fixe de la
série des phénomènes psychologiques. » La sensation, qu'on
prend comme premier terme de cette série, n'est pas un fait
primitif, elle est déjà le terme d'une évolution progressive
de l'insensibilité à la sensibilité, de même que le jugement
ne succède pas sans transition au phénomène sensoriel.
Enfin Cournot préconise explicitement l'étude de l'influence
immédiate de l'organisme sur la production des phénomènes

1. Cf. *Essai*, t. II, pp. 318-319.

psychologiques, ce qui revient à proclamer l'utilité et le caractère scientifique de la psycho-physiologie[1].

Mais cette science était d'abord trop peu développée vers le milieu du XIXᵉ siècle pour qu'il fût possible à Cournot d'en bien apprécier la portée et d'en prévoir l'avenir. Cependant il indique fort judicieusement les applications scientifiques qu'on pourra réaliser de la théorie empirique et superficielle de Gall, et peut-être connaît-il les principes élémentaires de la psycho-physique. « Tout ce qu'on a pu faire, dit-il en considérant l'état actuel de ces recherches, ç'a été de tâcher de constater les liaisons de certains caractères organiques avec certaines aptitudes intellectuelles ou morales, sans pénétrer nullement dans le pourquoi de ces liaisons ; tandis que, pour les sensations animales, on entrevoit des rapports entre la construction de l'appareil sensible et, sinon la nature, du moins l'ordre et l'intensité des sensations produites ». Mais le rationalisme de Cournot ne va certes pas jusqu'à ramener toute la psychologie au psychisme inférieur, organique : bien au contraire, en critiquant l'hypothèse de Condillac, il distingue essentiellement entre l'étage organique et l'étage supérieur dans la série des phénomènes psychologiques, et, bien que sa critique d'une interprétation matérialiste repose, pour une part sur l'incertitude de l'anatomie et de la physiologie nerveuses à son époque, il n'est pas douteux qu'aujourd'hui encore, malgré le perfectionnement considérable de ces sciences, il se refuserait, en s'appuyant sur des motifs plus profonds et plus absolus, à réduire le psychisme supérieur à l'inférieur ; suivant lui, en effet, « la pensée humaine, sans pouvoir jamais s'affranchir des liens de l'organisme, tend de plus en plus à se gouverner dans son évolution progressive d'après les lois qui lui sont propres, et qui n'ont avec les dispositions organiques que des rapports de plus en plus indirects ». Il croit d'ailleurs que la psycho-physiologie, bien qu'elle diffère de la physiologie, se rattache aux sciences biologiques, et ceci parce qu'elle considère l'âme sensitive, qu'il distinguerait volontiers, avec Pythagore, Platon, saint Augustin, Abélard, Bossuet, et contre Descartes, de

1. Cf. *Essai*, t. II, pp. 278-281 et 315-323. — V. aussi *Matérial., vital. rationalisme*, 3ᵉ section, §§ 1, 2 et 9.

l'âme rationnelle : cette étude, loin d'être le chapitre essentiel de la psychologie objective, ne serait guère que la contribution de la biologie à l'établissement de cette science.
Mais Cournot ne devra-t-il pas convenir que la psychologie
même objective, quand elle étudie le psychisme supérieur,
perd quelque chose de son caractère scientifique, puisque
l'expérimentation est sans doute irréalisable en ce domaine ?
Non pas, car, s'il s'agit dans cette psychologie empirique
d'étudier l'influence des phénomènes psychologiques les uns
sur les autres, « une suite d'observations statistiques, convenablement dirigées », suppléera fort bien au procédé expérimental, applicable d'ailleurs en pédagogie et dans d'autres
régions particulières du domaine psychique proprement
dit [1].

Voilà donc, une fois de plus, indiqués par avance chez
Cournot les principes essentiels du système de Tarde. Celui-
ci n'a plus qu'à compléter la critique cicéronienne : « *Ut
oculus, sic animus, se non videns, alia cernit* » [2], par cette idée
ingénieuse que l'homme est pour l'homme comme un miroir
où il retrouve sa propre image, et à tourner à son profit les
découvertes récentes de la psycho-physiologie sur les phénomènes de suggestion (non sans manifester d'ailleurs envers
cette science une méfiance beaucoup plus excessive et injustifiée que celle de son prédécesseur), il n'a plus en un mot
qu'à appliquer ces considérations au domaine social, comme
le suggérait le mot de statistique, pour transformer la psychologie empirique de Cournot en sa curieuse inter-psychologie, plus pénétrante en principe sinon en fait. Si donc,
comme l'a bien dit M. Dauriac, Tarde n'était probablement
pas, malgré certains points de contact, le psychologue qu'at-
tendait Auguste Comte (si exigeant d'ailleurs à l'égard de ses
disciples) [3], du moins Cournot aurait-il pu le considérer
comme son élève pour la psychologie, sinon pour l'ensemble
de la doctrine sociologique.

La connaissance, la perception du *moi d'autrui* semble à
Tarde non moins intéressante en somme et non moins spéci-

1. Cf. *Essai*, t. I, pp. 270-273; t. II, pp. 276, 280-282, 296-309.
2. Cicéron, *Tusculanes*, I, 28.
3. Cf. Dauriac, *La philos. de G. Tarde*, in *Année philos.*, t. XVI, p. 161.

fique surtout, que cette connaissance du *moi personnel*, si
singulière même en ce qui concerne le corps, ainsi que l'a
montré Maine de Biran. L'idée neuve [1] et fondamentale de
Tarde est donc de ne pas confondre les autres personnes
humaines, ni même, dit-il, les animaux supérieurs, avec le
reste du monde extérieur à l'individu, du domaine extramental. La sphère intermentale, où se trouve ainsi réalisée
l'identité de nature entre l'objet et le sujet, est pour lui cet
inconcussum quid tant cherché par Descartes dans le moi
individuel [2]. Et c'est pourquoi, s'appuyant en particulier sur
certaines remarques de M. Höfding, il croit cette connaissance d'autrui antérieure à celle du moi, et, dans une certaine
mesure, condition de celle-ci, beaucoup plus que ne l'est la
connaissance du monde extérieur non humain. « On peut dire
que le moi reste enveloppé et embryonnaire aussi longtemps
qu'il n'est pas entré en contact avec d'autres moi... Les personnes, comme l'a très bien dit Giddings, s'aiguisent en se
frottant, comme les couteaux. Quand l'enfant, par hasard,
est seul dans son berceau, au milieu du plus beau paysage
du monde, il tourne son regard à droite, à gauche, lentement,
et tout cela ne semble pas lui dire grand'chose ; mais si,
parmi tous ces objets inanimés qui remplissent le champ de
sa vision, un visage connu lui apparaît, ce petit point brillant lui éclipse aussitôt tout le reste ; il a rencontré là sa
rime vivante, son résonnateur psychique, qui renforce sa
pauvre petite personnalité, la précise et l'agrandit en la reflé-
tant. C'est par ses rapports intermittents avec les deux ou
trois personnes qui l'entourent, et aussi avec quelques animaux domestiques, bien plus que par ses rapports conti-
nuels avec les agents physiques, que l'esprit de l'enfant, peu
à peu, s'épanouit ». Et cela implique que l'action intermentale n'est pas seulement psychologique et logique, mais également physique ou, si l'on veut, inter-physiologique. « C'est,

---

1. M. Fouillée cependant, en expliquant, dans l'organisation sociale
comme dans l'organisation cellulaire, le passage de l'égoïsme à la sympathie par un stade intermédiaire d'*égoïsme à plusieurs*, indiquait déjà
le rôle du « plaisir de la ressemblance », en le motivant, comme Spinoza
et M. Espinas, par la facilité plus grande de la représentation mutuelle.
(Cf. *La science sociale contemporaine*, Paris 1880, pp. 100-102).

2. Cf. *Lois sociales*, pp. 28-31.

je crois, dit Tarde, parce que le visage humain est infiniment
plus frappant pour le primitif, comme pour l'enfant, que
tous les spectacles naturels, c'est parce que les rapports
d'esprit à esprit, *en conséquence*, lui paraissent seuls dignes
d'attention, que le primitif est irrésistiblement porté à peu-
pler d'âmes fictives la nature ». Par conséquent l'animisme,
et aussi le mysticisme, sorte de conversation interne avec le
Dieu supposé, pourraient constituer deux chapitres importants d'une interpsychologie imaginaire, intéressante et
utile pour l'intelligence du passé, mais à laquelle on ne peut
que faire allusion. Il serait également possible, remarque
Tarde, de concevoir, à côté de la physiologie, une « inter-
physiologie », ou « inter-biologie », bien que l' « intervital »
se réduise à deux faits très généraux, mais peu diversifiés,
le fait de se manger réciproquement (ou plutôt encore le
parasitisme), et celui de s'accoupler. Mais il n'insiste pas sur
cette hypothèse comparative, plutôt dangereuse en effet, et
il aborde plus à fond la question de l'intermental[1].

C'est non seulement la similitude entre l'objet et le sujet
qui caractérise très fortement le phénomène interpsychologique, mais encore la notion de la « symétrie psychique »,
donnant, comme le parallélisme de deux miroirs, l'illusion
réciproque d'une profondeur infinie. Nous savons, en effet,
que celui que nous percevons nous perçoit, que celui que
nous observons nous observe, que celui « que nous vou-
lons posséder, maîtriser », s'efforce « de nous asservir, de
nous employer à ses fins ». Suivant Tarde, « le scepticisme
idéaliste s'arrête ici, c'est son écueil; car je ne puis nier
la réalité de cet objet-sujet, qui me ressemble si étrangement, *de ce non-moi qui est un autre moi*, sans me nier moi-
même. Et, d'autre part, un redoublement de la conscience
de moi-même, accompagne nécessairement une foi irrésistible en la réalité de cette autre conscience ». C'est la seule
perception où nous ne puissions nous oublier, nous perdre
dans l'objectivation. Au contraire, on se préoccupe de soi-
même à propos des autres. « N'avoir plus à se réfléchir ainsi
soi-même, c'est un des soulagements d'esprit qu'on savoure

---

1. Cf. *L'interpsychologie, loc. cit.*, pp. 511-517.

à la campagne après plusieurs mois passés à la ville »[1]. Remarque très juste sur l'agrément relatif, l'action apaisante de la solitude, et qui évoque Gabriel Tarde, dans ses dernières années, se reposant de son surmenage mental et intermental de Paris au château natal de la Roque-Gajac, sur les bords pittoresques et calmes de la Dordogne.

D'autre part, l'action produite dans le phénomène interpsychologique est très différente de la perception extérieure en général : il n'y a pas production d'un effet hétérogène comme dans la sensation perceptive, mais causalité originale, *reproduction* exacte ou renversée de la cause, en d'autres termes imitation ou opposition. De plus cette action, d'abord unilatérale, devient bientôt réciproque. Ce sont là d'ailleurs des phénomènes que les psychologues ont déjà étudiés sous leur aspect pathologique (hypnose, et folie ou suicide ou crime à deux). « Mais l'anormal en tout ordre de faits ne se comprend bien que si on le rattache au normal ». On ne saurait donc s'en tenir à cette interpsychologie morbide, négative, et il y a lieu d'établir une interpsychologie positive, normale[2]. Son objet pourrait se résumer ainsi, suivant Tarde : « Au point de vue génétique, elle débute par l'étude du nouveau-né dès ses premières relations mentales avec les personnes de son entourage, et l'évolution de cette interpsychologie infantile à celle des adultes est du plus haut intérêt social. A un point de vue théorique et plus général, il y a lieu d'envisager abstraitement, séparément, l'action des sensibilités sur les sensibilités, des volontés sur des volontés, des intelligences sur les intelligences »[3].

Par suite une question préalable se pose. Quels sont les éléments psychiques inter-communicables ? En particulier, y a-t-il réellement une action des sensibilités sur les sensibilités ? On pourrait croire que la réponse soit absolument négative, puisque, on l'a vu, la sensation n'est pas quantitative ; c'est une qualité, un élément subjectif, dont la dissemblance peut être profonde d'un individu à un autre comme le prouvent le daltonisme et aussi la distinction possible entre

---

1. Cf. *L'interpsychologie, loc. cit.*, pp. 547. — *Lois sociales,* pp. 29-30.
2. Cf. *L'interpsychologie*, pp. 547-548.
3. Cf. *ibid.*, pp. 548-550.

divers « types » sensoriels. Mais ceci n'empêche pas qu'il n'y ait une interpsychologie affective ; seulement ce ne sont pas les sensations, ce sont les *émotions* qui sont facilement communicables d'homme à homme, parce que, dans la formation de la plupart des émotions, des *sentiments*, il entre beaucoup de jugements et de desseins implicites, d'idées et de fins communiquées par autrui ; par exemple dans l'émotion du *rire* et dans celle du *scandale*. Dans un groupe, on rit ou on se scandalise très sincèrement de beaucoup de choses dont on ne rirait ni ne se scandaliserait le moins du monde si l'on était seul. Les *sentiments* sont donc à l'inter-psychologie ce que sont les *sensations* à la psychologie solitaire. On voit ainsi que les phénomènes psychologiques les plus élevés sont aussi les plus contagieux, les plus socialisables, jusqu'à un certain point cependant, car ce que chacun de nous élabore de plus exquis en fait de sentiment et même d'intuition est inexprimable, *ineffaçable*, et n'est jamais jeté dans la circulation sociale. C'est là la raison profonde de cet individualisme supérieur qui éclôt de la vie sociale même, et qui se dresse pour lui résister quand elle menace de l'engloutir [1].

Guyau avait déjà beaucoup insisté sur le caractère communicatif et vraiment social des émotions ; seulement il partait d'un point de vue bien différent, et très intéressant d'ailleurs, car il semble assez favorable à la thèse générale de Tarde, bien qu'il soit très opposé à certains détails de son argumentation. Selon Guyau, en effet, c'est bien aussi un phénomène de suggestion qui constitue l'action interpsychologique, qui « socialise deux systèmes nerveux, deux consciences, deux vies ». Mais ce n'est là pour lui que le développement d'un phénomène simple et fondamental qu'il formule ainsi : « Dans toute sensation de mouvement, on peut voir une imitation plus ou moins élémentaire du mouvement perçu. » Par conséquent, si, pour lui, l'imitation joue un rôle dans la vie sociale, du moins l'explication dernière en est-elle surtout physiologique, car « tout le perfectionnement de la nature humaine ne fait qu'augmenter la primitive solidarité des systèmes nerveux [2] ».

1. Cf. *L'interpsychologie*, pp. 550-551. — *Lois sociales*, pp. 30-32.
2. Cf. Guyau, *L'art au point de vue sociologique*, pp. 2-7. — *Ibid.*, introd. par M. Fouillée, p. xxxvii.

Tarde n'a jamais envisagé là question exclusivement sous cet
angle, et l'on sait que la psycho-physiologie lui semble moins
intéressante et féconde que son point de vue interpsychologique[1]. S'il attribue aux sentiments la caractéristique de sociabilité, c'est qu'il y retrouve sous l'élément affectif une forte
dose de croyance et de désir, ces seuls éléments psychiques
quantitatifs et vraiment communicables, à son dire. Ce sont
là, suivant Tarde, les seules données de la psychologie intra-
cérébrale qui conditionnent véritablement la psychologie
inter-cérébrale ; car c'est, nous le savons, par leur identité
essentielle respective, que les « moi » peuvent devenir un
« nous »[2] ; la distinction du *oui* et du *non* est la même pour
tous, comme le désir et son contraire restent identiques d'un
bout à l'autre de l'évolution psychologique et de l'échelle animale, « depuis l'appétit du ver de terre jusqu'à l'ambition du
conquérant ». D'ailleurs, « par le contact des individus entre
eux, les sensations sont infiniment moins renforcées ou adou-
cies, infiniment moins modifiées que ne le sont leurs idées
et leurs volontés, leurs convictions et leurs passions. Il y a
beaucoup moins d'hallucinations, c'est-à-dire de sensations
suggérées, que de conversions[3]. » Et en effet, toutes les suggestions sensorielles, qui d'ailleurs sont rares, comme le dit
Tarde, peuvent s'interpréter par des suggestions de désir ou de
croyance, bien qu'il y ait quelque subtilité à admettre qu'elles
sont suggérées en tant qu'« affirmées » et « voulues », et non
en tant que « senties ». Le peintre et le poète ne créent pas
la sensation dans le public, mais ils dirigent son attention sur
l'objet sensoriel de leurs œuvres. Or les sentiments, nous
le savons déjà, participent encore beaucoup plus du désir et
de la croyance. Et Tarde, ici, repousse formellement l'interprétation matérialiste. « Sans doute, dit-il, nos émotions sont
liées à des états organiques, à des troubles de la circulation
ou de l'innervation ; mais elles n'en procèdent pas, elles procèdent de changements apportés ou prévus dans nos relations
avec nos semblables. » Les sentiments sont donc des produits de l'intermental : par suite leur caractère contagieux

1. Cf. *Opposit. universelle*, p. 164.
2. Cf. *Études de psych. soc.*, pp. 47-48.
3 . Cf. *L'interpsychologie*, pp. 551-552.

s'explique aisément : « ils se socialisent d'autant plus aisément qu'ils sont sociaux de naissance ». Socialement, notre
sentiment (sympathie ou antipathie, « conscience d'espèce »,
dit M. Giddings,) nous avertit de ce que nous devons fuir ou rechercher, comme, physiologiquement, la sensation, et il a
lui aussi une tendance à s'objectiver, à attribuer formellement
aux réalités les qualités qu'il exprime subjectivement. Comme
la sensation enfin, il est exaltant ou déprimant, nous pousse et
nous refrène, et ce n'est pas là son moindre rôle au point de
vue social [1]. Quant au désir et à la croyance en eux-mêmes,
généralement dissimulés, d'ailleurs, derrière ces éléments
affectifs, ils nous sont déjà suffisamment connus.

Si enfin l'on se place au point de vue de l'étendue et de la
disposition du groupement social, l'interpsychologie pourrait
étudier : « 1º l'action d'un individu sur un individu ; 2º celle
d'un individu sur une foule ou sur un rassemblement
quelconque ; 3º celle d'un rassemblement sur un individu ;
4º celle d'un individu sur un *public*, foule dispersée ; 5º celle
d'un public sur un individu [2]. »

IV

Qu'est-ce donc que l'action intermentale en général ? Pas
autre chose évidemment qu'un phénomène de suggestion à
l'état de veille. Dès son premier ouvrage, *La criminalité comparée*, Tarde avait déjà tenté cette application des découvertes
de la pathologie mentale et nerveuse à la sociologie. Il
reconnaissait qu'il y a dans le crime une part de suggestion
atavique, c'est-à-dire de « suggestion posthume exercée sur les
vivants par nos ancêtres préhistoriques ». Et, rappelant les
nombreux cas de suggestion hypnotique déjà étudiés à cette
époque, il déclarait que ces singularités pathologiques peuvent
servir d'abord à nous apprendre que le mobile conscient de
nos actes n'en est presque jamais le mobile vrai. Bien souvent,
chez l'individu à l'état normal, comme chez l'hypnotisé et le

1. Cf. *L'interpsychologie*, pp. 552-558.
2. Cf. *ibid.*, pp. 558-560.

fou, les motifs indiqués sont fictifs : ce sont des excuses.
Ceci, on le remarquera, ne tend à rien moins qu'à pénétrer de
logique morbide l'activité mentale normale, et c'est une
conséquence que Tarde acceptera volontiers, par sa théorie
des raisons extra-logiques ou paralogiques de l'imitation.
Mais il en avoue l'aspect paradoxal. On étonnerait fort l'homme,
dit-il, si on lui démontrait qu'il a telle ou telle opinion, « non
en vertu des excellentes raisons qu'il allègue, mais par suite
d'influences de famille ou de camaraderie, de prestiges personnels, en somme, qui ont agi, sur lui, il est vrai, dans la
mesure de sa crédulité et de sa docilité natives, effets de
son organisation cérébrale [1] ». Ainsi, bien qu'il ne faille pas
confondre le normal avec le pathologique, de l'un à l'autre
le phénomène ne change pas de nature, et l'homme le plus
sain d'esprit obéit évidemment, à l'état de veille, à de multiples suggestions : la seule différence est que chez lui elles sont
plus nombreuses, moins « extérieures » aussi que chez le malade ou l'hypnotisé ; chez ce dernier, d'ailleurs, M. Beaunis a
constaté l'existence de « suggestions coexistantes » et aussi
d'une sorte de « suggestion indéterminée », relativement
libre. De plus, comme la suggestion normale est souvent
à échéance fort reculée, elle devient ainsi moins étrangère à
l'exécutant, autrement dit, elle tourne à l' « auto-suggestion »,
qui sans doute, selon Tarde, pourrait bien n'être pas autre
chose que la Volonté. Il n'y a donc pas de distinction absolue
en dehors de la différence de degré. Et c'est là surtout ce qui
résulte des innombrables observations de MM. Richet, Binet,
Féré, Beaunis, Bernheim et Delbœuf, pour n'en pas citer
davantage. M. Beaunis a encore montré, en particulier, que
l'influence de la parole (suggestion verbale) ou de l'exemple
est similaire : par conséquent la prédominance des exemples
chez l'homme normal ne serait pas une objection à l'identification ; et de même M. Delbœuf a assimilé les phénomènes
hypnotiques aux rêves non pathologiques [2]. Et comme « n'avoir
que des idées suggérées et les croire spontanées, telle est l'illusion propre au somnambule et aussi bien à l'homme social, »
Tarde croit pouvoir regarder « l'homme social comme un

1. Cf. *Criminalité comparée*, pp. 134-136.
2. *Ibid.*, pp. 136-169.

véritable somnambule [1] ». Cette théorie a l'avantage de signaler le caractère inconscient des actes ou des « motifs » sociaux les plus importants peut-être ; mais c'est là un caractère
qu'on pourrait sans doute, quoi qu'en dise Tarde, interpréter
aussi bien par l'habitude ancestrale et l'hérédité, ou bien encore
par une sorte d'automatisme, logique et téléologique si l'on
veut, que par l'imitation proprement-dite. En effet, M. Espinas,
s'il admet bien que le consensus social n'a pas besoin d'être
voulu, et que son inconscience même prouve le caractère
naturel de la société, croit d'autre part que cette collaboration
est spontanée et le devient de plus en plus à mesure qu'on
s'élève dans l'échelle des sociétés [2]. Or, M. Pierre Janet,
en insistant sur l'automatisme des primitifs, permet d'entrevoir qu'il faut distinguer entre l'imitation inconsciente et la
spontanéité proprement dite [3]. Le savant psycho-physiologiste
n'accepte d'ailleurs pas la théorie qui, assimilant la suggestion
à l'automatisme normal, la considère comme un fait primitif
et naturel ; pour lui, la suggestion est toujours un phénomène plus ou moins pathologique, puisqu'il s'accompagne
d'amnésie et de distraction anormales, de rétrécissement du
champ de la conscience, en un mot de troubles de la personnalité [4].

Tarde, cependant, approuve M. Beaunis d'avoir indiqué la
suggestion hypnotique comme la seule expérimentation
psychologique effective et utilisable. Mais, ajoute-t-il, c'est
aussi l'expérimentation sociologique par excellence : « par la
relation unique et singulière de l'hypnotisé avec son hypnotiseur, elle met à nu l'élément même de la vie sociale ». Par
suite, il y a deux causes dans tout acte : la cause psychologique (état mental du suggestionné) et la cause sociale (le
suggéreur) ; plus la première sera importante, plus la suggestion s'intériorisera, plus l'individu sera responsable [5].

Telle est la clef de voûte du système psycho-sociologique

---

1. Cf. *Lois de l'imitation*, pp. 84-85.
2. Cf. Espinas, *Des soc. anim.*, 2ᵉ éd., pp. 367-68.
3. L'imitation inconsciente, contrairement à la spontanéité, est considérable chez le sauvage, selon Spencer (*Princ. de sociol.*, § 42).
4. Cf. P. Janet, *L'automatisme psychologique*, introd. et I, III.
5. Cf. *Criminalité comparée*, pp. 139-141.

de Tarde. Jusqu'ici la théorie est intéressante et juste, malgré une certaine exagération dans l'expression : la confusion entre le normal et le pathologique y est en effet poussée à l'extrême, et, par exemple, quand il s'agit de comparer les diverses fonctions physiologiques au point de vue de leur transmissibilité par l'exemple[1], elle entraine l'auteur à confondre l'alcoolisme avec la soif, la gourmandise avec la faim, les convulsions hystériques avec les gestes normaux, ce qui n'est pas très favorable à la précision de l'analyse psychologique. Toutefois, dans sa généralité, et au point de vue interpsychologique, la thèse est très intéressante, et confirmée d'ailleurs par les théories psycho-physiologiques et sociologiques de MM. Sergi, Lombroso et Sighele[2]. Mais il s'agit de s'entendre sur le mot *suggestion*, sur les causes et les résultats de ce phénomène.

Comme l'a fort bien indiqué M. Binet, le mot de suggestion est vague, et c'est pourquoi, d'ailleurs, Tarde y peut ramener de nombreux phénomènes d'une importance sociale évidente, mais assez hétérogènes, au moins en apparence. En se maintenant sur le terrain pathologique, M. Binet distinguait déjà entre les suggestions par commandement explicite, et celles par éveil d'images : il constatait d'ailleurs que souvent on n'obtient que la répétition verbale du commandement et non pas la réalisation de l'ordre, et se demandait à ce propos si l'imitation ne serait pas la fonction intellectuelle la plus élémentaire, qui se réduirait à un automatisme d'images. C'est d'ailleurs en raison de ce fait d'observation que M. Fouillée croit pouvoir appliquer à la sociologie sa théorie des « idées-forces ». « La représentation d'une chose, dit-il, est déjà la chose commencée, l'image du mouvement est un mouvement à l'état naissant, l'idée de la société est la société naissante... ; partout le moteur est une pensée commune à plusieurs individus... ; chacune de ces pensées est un point de contact entre des têtes humaines et un centre d'où rayonnent des

---

1. Cf. *Lois de l'imitation*, pp. 220-222.
2. Cf. Sergi, *Psicosi epidemica*, Milan 1889, p. 4. — Du même, *La suggestione nella veglia e nello stato ipnotico*, in *Rivista esperimentale di medicina legale*, Reggio 1888. — Lombroso et Laschi, le *Crime politique*, t. I, pp. 160-161. — Sighele, *La foule criminelle*, ch. III.

mouvements similaires dans des cerveaux divers[1] ». Enfin une autre remarque non moins intéressante de M. Binet, c'est que, dans les cas d'altération de la personnalité par suggestion, certains sujets ne sont pas dupes, obéissent simplement à l'ordre, tandis que d'autres sont véritablement victimes d'une illusion[2]. Mais au point de vue normal, on pouvait se poser au sujet de la suggestion des questions beaucoup plus nombreuses encore : l'élément suggestif est-il dans l'idée, ou dans l'acte, ou bien dans l'individu suggéreur qui « pense » cette idée, qui accomplit cet acte ou en veut l'accomplissement? S'il réside dans l'individu, est-il surtout physique ou surtout psychologique? Est-ce la crainte ou la sympathie qui fonde la suggestion ?

Si en effet l'imitation est le résultat habituel de la suggestion (et c'est, comme on le verra, l'avis de Tarde), on peut remarquer tout d'abord qu'il existe une forme d'imitation qui n'est pas autre chose qu'un réflexe. Et, sans recourir à la notion un peu vague de « sympathie » pour expliquer ces « réflexes d'émotion[3] », on pourrait se demander, conformément à une remarque de Guyau précédemment indiquée, si la perception d'un acte n'en est pas déjà comme une demi-réalisation, si, quoi qu'en pense Tarde, les idées ne sont pas comme des actes avortés, si enfin l'extramental n'est pas aussi important que l'intramental dans la suggestion. Ou bien encore, ne pourrait-on pas accepter la thèse de M. Fouillée, et placer la force suggestive dans l'idée elle-même ? Mais ce sont là des considérations auxquelles Tarde ne s'arrête pas; la suggestion est pour lui essentiellement interpsychologique, et c'est comme telle qu'il l'étudiera.

En quoi donc réside le prestige de l'individu ? La classification des caractères par Tarde nous a déjà fait pressentir que la caractéristique psychologique du suggéreur serait

1. Cf. Fouillée, *La science sociale contemporaine*, pp. 118-119.
2. Cf. Binet, *Les altérations de la personnalité*, Paris 1892, pp. 95-98, 133 et 234.
3. Cf. Richet, *Les réflexes psychiques*, § IV, in *Revue philosophique*, t. XXV. M. Pierre Janet, qui d'ailleurs rapproche l'imitation de la répétition, et même de la simple continuation dans les phénomènes cataleptiques, semble du moins la considérer, lui aussi, comme un phénomène surtout réflexe. (Cf. *L'automatisme psychol.*, I, i).

assez complexe. Et cependant le psychologue ne saurait se contenter d'une définition nuageuse à la manière de Victor Hugo :

> Les esprits conducteurs des êtres
> Portent un signe sombre et doux...[1]

Il semble bien, du moins, que Tarde admette le rôle important des facteurs physiques dans la suggestion; ne note-t-il pas, en particulier, la suggestion négative qu'exerce généralement la physionomie du criminel[2] ? N'a-t-il pas fondé surtout sur l'aspect des visages humains la distinction établie par l'enfant entre les personnes et le reste du monde extérieur, entre l'intermental et l'extramental? D''ailleurs on verra combien il tient compte de l'influence du langage dans la vie sociale. Mais ici, il y avait lieu de distinguer doublement : est-ce l'individu par lui-même, sa forme extérieure et ses gestes, qui exercent le plus d'influence, ou bien son langage ? Et pour le langage, l'influence suggestive réside-t-elle dans la voix, son élément physique, ou dans le style, l'éloquence, l'art de persuader par le choix des mots, aspect plutôt psychique, mais non pas totalement, puisque sir John Lubbock a pu dire que la conversation est un art où les esprits les mieux nourris ne réussissent pas le mieux[3] ? Tarde n'a pas abordé ces questions, assez spécieuses ; pour lui, d'ailleurs, la suggestion du moins ne s'explique pas uniquement par le langage, puisqu'elle fut au contraire la condition nécessaire de son apparition. « L'invention du langage, dit-il, a étrangement facilité, mais elle n'a pas créé pour la première fois l'inoculation des idées et des volontés d'un esprit dans un autre esprit, et par suite la marche de l'imitation *ab interioribus ad exteriora*, car, sans cette marche préexistante, la production du langage est inconcevable. » Il croit voir dans la première suggestion du sens d'un mot « un tour de force hypnotique », et dans l'intelligence réciproque des signes entre animaux ou hommes primitifs une « sorte d'électrisation psychique par influence.[4] » Comparaisons assez matérialistes, que Tarde

1. *Les Mages*, in *Contemplations*.
2. Cf. *Criminalité comparée*, p. 1.
3. Cf. sir John Lubbock (lord Avebury), *L'emploi de la vie*, trad. Hovelacque, Paris 1897, p. 22.
4. Cf. *Lois de l'imitation*, pp. 230-232.

réédite souvent à propos de la suggestion, et qui, sans éclaircir beaucoup la théorie, se concilient assez mal avec le reste
de son système. Il admet d'ailleurs que cette véritable suggestion intercérébrale a beaucoup diminué depuis les temps
primitifs; elle a été régularisée, et suppléée, pourrait-on dire,
par le langage et l'habitude. Du moins, comme Tarde songe
assez peu aux idées-forces, et qu'il attribue au livre et au
journal, à la lecture, un rôle presque égal à celui de la
conversation, on peut admettre qu'il reconnaît implicitement
le rôle du langage en lui-même. « Le style, dit fort bien Guyau,
c'est la parole, organe de la sociabilité, devenue de plus en
plus expressive, acquérant un pouvoir à la fois *significatif* et
suggestif qui en fait l'instrument d'une sympathie universelle.[1] »

Tarde, enfin, semble fort bien s'accommoder de ce qu'il y a
de vague dans ce terme de suggestion qui peut signifier aussi
bien, d'un côté injonction que séduction, de l'autre obéissance
que dévouement. Il dit en effet que le plus « éloquent » ou le
plus « autoritaire » exercera cette action suggestive[2]. De même,
après avoir indiqué combien ont varié les conditions physiques
de la suggestion à travers les siècles, nié, à propos de ses conditions physiologiques, l'influence de la race (tant exagérée par
Gobineau) et noté la prédominance de la *suggestibilité* chez
l'enfant et le vieillard, de la *suggestivité* chez l'adulte, — et avant
d'indiquer parmi ses conditions sociales la communauté de
langage, de religion, d'éducation, de parti, et, au contraire la
différence de « classe », — il formule des conditions psychologiques de suggestivité assez analogues aux précédentes :
« On peut dire, vaguement, qu'un orgueil profond, une volonté
de fer, une foi absolue en soi, une imagination de visionnaire,
une passion intense, au service d'une idée fixe ou d'un but fixe,
font le *magnétiseur* des foules[3]. » Et une fois de plus Tarde
renonce à préciser sur la nature intime du pouvoir « magnétique ». D'autre part on verra qu'il confond très volontiers
l'obéissance avec l'imitation. Cependant le principe d'au-

1. Guyau, *L'Art au point de vue sociologique*, p. 292.
2. Cf. Tarde, *L'accident et le rationnel, d'après Cournot* (*Revue de Métaphysique*, mai 1905), p. 340.
3. Cf. *L'interpsychologie*, loc. cit., pp. 560-564.

torité ne pouvait dominer sa théorie de la suggestion, puisqu'il ne peut croire que le fait social élémentaire soit coercitif
(comme il l'est toujours, selon M. Durkheim, comme il le fut
jadis dans les sociétés de type militariste, selon Spencer[1]),
et que d'autre part il veut éviter la question du libre arbitre
(ce qui, au surplus, lui interdit d'admettre l'automatisme psychologique de M. Pierre Janet, et son interprétation de la
suggestion). Il ne restait donc plus à Tarde qu'un point de vue
possible, la suggestion persuasive par *sympathie*, puisque
d'ailleurs l'idée de solidarité chère à M. Fouillée[2] ne l'intéresse
guère plus sous son aspect moral que sous son aspect utilitaire. Tarde ne dira pas avec le poète :

> Nul ne peut se vanter de se passer des hommes,

mais bien :

> Quelque chose de l'homme a traversé mon âme,
> Et j'ai tous les soucis de la fraternité[3].

Il sera avec Adam Smith contre Bentham, avec Platon contre
Socrate, et lui, l'intellectuel irréductible, cédera très volontiers à la nécessité d'admettre une cause suprême de la suggestion « pré et supra-scientifique », trop négligée, à son avis, par
les « pédantocrates »[4]. Il pouvait d'ailleurs invoquer l'appui
d'un moraliste peu philosophe, mais assez positif. La Bruyère
n'a-t-il pas en effet indiqué l'importance sociale de la sympathie, en disant : « L'on est plus sociable et d'un meilleur
commerce par le cœur que par l'esprit. Oserai-je dire que le
cœur concilie seul les choses contraires, et admet les incom-
patibles ? » Mais surtout ce rôle de la sympathie en matière
sociale avait été déjà profondément étudié par M. Espinas ;

1. Cf. Durkheim, *Règles de la méth. sociol.*, *passim.* — Spencer, *Princ.
de sociol.*, § 259. — Il y a lieu de distinguer toutefois entre la nécessité
surtout morale, logique et téléologique peut-être, à laquelle fait allusion
M. Durkheim, et la contrainte toute physique dont veut parler Spencer.
2. « L'idée de solidarité exprime cette vérité que les hommes, en
poursuivant leurs fins propres, ne peuvent pas ne pas tenir compte les
uns des autres et doivent en tenir compte. » (Fouillée, *Revue des Deux-
Mondes*, 15 juillet 1901, p. 391).
3. Sully-Prudhomme, *Un rêve* et *Homo sum.*
4. Cf. *Études de psychologie sociale*, pp. 158-161.

cette influence sentimentale est même, suivant celui-ci, beaucoup plus importante et plus primitive que celle de l'instinct
de conservation dans les sociétés qui s'établissent non acci-
dentellement entre individus quelconques, mais entre individus de la même espèce. Le même auteur a également soutenu, non sans habileté, que la sympathie dérive (*ex nihilo nihil*)
de l'égoïsme, sans doute par l'intermédiaire de la notion d'intérêt général. Et ceci n'est pas éloigné de l'opinion de Spencer,
suivant qui la collaboration forcée des sociétés guerrières a
été un stade nécessaire de l'évolution qui devait aboutir à la
coopération volontaire des sociétés industrielles, c'est-à-dire
civilisées [1].

Pour Tarde, la société est plus encore « un entrelacement de
sentiments sympathiques » qu'un tissu d'intérêts surtout so-
lidaires et un faisceau de croyances. Certes la dialectique et
la téléologie sociales interviennent elles-mêmes dans le développement de la sympathie : c'est même là leur fin suprême.
Mais, au total, si les sympathies familiales ont d'abord fondé
les haines intranationales, si les sympathies nationales ont
ensuite fondé les haines internationales, de même que tout
accord est le principe d'un désaccord supérieur, il n'en est
pas moins vrai que, « si les États se sont agrandis, au fond,
c'est grâce à l'action incessante de cette cause majeure, la sympathie de l'homme, dont l'imitation, fait social constant et universel, est l'expression objective ». C'est pourquoi d'ailleurs,
comme l'a bien démontré Fustel de Coulange, les idées religieuses influent plus sur le développement des sentiments
collectifs que le souci de la commune défense et de l'agres-
sion commune. Et c'est par ce rôle prépondérant de l'amour
que s'explique l'importance sociale de l'amitié, de l'amour
proprement dit, de la coquetterie elle-même qui, selon Tarde,
« est un des procédés les plus répandus d'accord logique et
téléologique, purement subjectif à la vérité, mais non moins
réel pour cela », enfin de la politesse, cette « diplomatie »
universelle qui concilie les orgueils, non moins irréductibles
et exclusifs que les opinions et les intérêts [2]. Dès maintenant,

---

1. Cf. Espinas, *Des soc. anim.*, p. 173, note 1, pp. 423-424 et *passim*. —
Spencer, *Princ. de sociol.*, § 482.
2. Cf. *Log. soc.*, pp. 289-337.

il est donc à prévoir que la logique sociale de Tarde ne sera
ni étroite ni absolue, puisque le cœur reprend ses droits,
et qu'il a, comme chacun sait, des raisons que la raison
ignore [1]. A un autre point de vue, Tarde indique lui-même
une conséquence de son système assez conforme aux données
de l'expérience : la suggestion, dit-il, est souvent absolument
contraire à la logique et à la téléologie individuelles ; seulement elle soulage l'individu en lui donnant une certitude, une
satisfaction au moins momentanée, et elle reste socialement
logique et téléologique. Néanmoins, il doit avouer que son
système, poussé ainsi à ses extrêmes conséquences, peut faire
considérer la vie sociale, si l'on songe surtout à l'excessive
confiance en soi des inventeurs, comme l'œuvre de « fous
guidant des somnambules » : et ceci pouvait l'amener à reconnaître l'exagération de sa théorie de l'imitation, conformément
à certaines idées de Malebranche sur lesquelles on aura l'oc-

1. Spinoza avait déjà, non sans impartialité, reconnu le rôle social des
cérémonies religieuses. « La société, dit-il à ce propos, n'est pas seulement utile aux hommes pour la sécurité de la vie ; elle a pour eux beaucoup d'autres avantages, elle leur est nécessaire à beaucoup d'autres
titres. » Mais il fondait la société aussi bien sur l'intérêt que sur la sympathie. « Si, dit-il en effet, les hommes ne se prêtaient mutuellement
secours, l'art et le temps leur manqueraient à la fois pour sustenter
leur existence. Tous, en effet, ne sont pas également propres à toutes
choses, et aucun homme n'est capable de suffire à tous les besoins auxquels un seul homme est asservi... Aussi voyons-nous les hommes qui
vivent dans la barbarie traîner une existence misérable et presque brutale ; et encore le peu de ressources dont ils disposent, si grossières
qu'elles soient, ils ne les auraient pas s'ils ne se prêtaient pas mutuellement le secours de leur industrie. » Mais il ajoute encore : « Maintenant, il est clair que si les hommes avaient été ainsi organisés par la
nature que leurs désirs fussent toujours réglés par la raison, la société
n'aurait pas besoin de lois ; il suffirait d'enseigner aux hommes les vrais
préceptes de la morale pour qu'ils fissent spontanément, sans contrainte
et sans effort, tout ce qu'il serait véritablement utile de faire. Mais la
nature humaine n'est pas ainsi constituée. Chacun sans doute cherche
son intérêt, mais ce n'est point la raison qui règle nos désirs ; ce n'est
point elle qui prononce sur l'utilité des choses, c'est le plus souvent la
passion et les affections aveugles de l'âme, lesquelles nous attachent au
présent et à leur objet propre. Que résulte-t-il de là ? qu'aucune société
ne peut subsister sans une autorité, sans une force, et par conséquent
sans des lois qui gouvernent et contiennent l'emportement effréné des
passions humaines. » (Cf. *Traité théologico-politique*, ch. v, *Œuvres de
Spinoza*, éd. Saisset, t. II, pp. 93-94). Voilà sans doute en quelle mesure
Spinoza, qui d'ailleurs semble ne pas même concevoir le point de vue
intermédiaire de l'intérêt général, juge la sympathie insuffisante pour
fonder l'ordre social.

casion de revenir. Pour lui, il se contente d'affirmer que, si déraisonnable soit l'action de la suggestion, au point de vue de la logique individuelle, elle n'en contribue pas moins toujours à la réalisation de l'idéal logique social [1].

On peut enfin remarquer encore que ce rôle de la sympathie dans l'intramental était déjà signalé par Cabanis en des termes assez précis. Après avoir rappelé les théories d'Hutcheson et surtout d'Adam Smith sur la sympathie morale, il indiquait déjà son caractère suggestif dans la définition suivante : « La sympathie morale consiste dans la faculté de partager ses idées et les affections des autres ; dans le désir de leur faire partager ses propres idées et ses affections ; dans le besoin d'agir sur leur volonté. » Ceci, dit-il, se rapproche de l'« éjet » en général. « Il y a seulement quelque chose de plus dans cette opération de la sympathie morale; c'est que déjà la faculté d'imitation qui caractérise toute nature sensible, et particulièrement la nature humaine, commence à s'y faire remarquer. » Dans la sympathie, en effet, il y a imitation des opérations intellectuelles qui ont provoqué le sentiment d'autrui : les gens imitateurs sont ceux qui sympathisent le plus, qui dépeignent le mieux les passions et même la nature. C'est d'ailleurs là, ajoute Cabanis, la même faculté d'imiter que celle par laquelle on répète un mouvement. Elle se ramène à la faculté de s'imiter soi-même, à l'habitude. Cabanis semble croire que la perception, comme la première action, diminuerait les obstacles, et paraît aussi pressentir la suggestion proprement dite, puisqu'il admet une influence organique. Enfin il voit déjà l'intérêt sociologique de la question, car il remarque que l'imitation est très utile à l'éducation, et même à celle des sociétés [2]. Il est assez surprenant de trouver Cabanis, ce grand précurseur du matérialisme moderne, d'accord sur des questions aussi fondamentales avec la doctrine spiritualiste, sinon idéaliste, de Tarde. Ce n'est en effet qu'en rejetant dans le transrationnel, dans l'inconnaissable, la théorie de la sympathie, que Tarde peut expliquer la suggestion, fait inter-psychologique essentiel, par le

1. Cf. *Logique sociale*, pp. 76-77.
2. Cf. Cabanis, *Rapports du physique et du moral*, X^e mémoire, §§ VI et VII. (*De la sympathie*), éd. Peisse, Paris 1844, pp. 549-552.

sentiment, sans se trouver en contradiction avec le reste de son système.

V

Mais la psychologie sociale se confond-elle absolument avec l'interpsychologie, ou bien n'en est-elle qu'un chapitre ? Tarde est assez bref sur ce point. Toutefois, s'il croit le terme d'*interpsychologie* plus général que celui de *psychologie sociale*, c'est que, par définition, cette nouvelle science embrasserait « non seulement tous les rapports sociaux, envisagés du côté subjectif, (abstraction faite des rapports-intercorporels), mais encore bien des relations inter-cérébrales qui n'ont rien de social ». C'est dire que tous les rapports interpsychiques ne sont pas des faits sociaux. Il faut, pour être sociaux, que ces rapports soient ou impliquent des *actions* d'un moi sur un autre ou sur d'autres. Chercher à deviner les pensées ou les intentions d'un autre individu en observant ses actes, c'est là un rapport mental avec d'autres esprits, mais qui n'a rien de social. Il semblerait donc jusqu'ici que, parmi l'intermental, ce soit l'influence suggestive seule qui caractérise le fait social. Mais encore Tarde veut-il préciser davantage, et ne pas considérer, à proprement parler, comme sociaux les phénomènes d'action intermentale qui suscitent plutôt des obstacles au fait social, comme « par exemple la suggestion de la haine, ou de l'appétit cannibale, ou de la peur, ou d'une expérience scientifique ou politique cruelle à faire *in anima vili* ». Ce sont les suggestions de sympathie, de confiance et d'obéissance qui l'intéressent. Il y aurait donc lien social « quand un être animé, par sa seule présence, en fascine, en apprivoise un autre, même d'une espèce différente ». Par suite, comme, avant que la parole existât, la *crédulité* ne pouvait se manifester, les pensées d'autrui étant ignorées (argument assez discutable, puisque ce n'est pas là le seul moyen d'expression), seule la *docilité* pouvait manifester la sympathie sociale, et le premier rapport social fut donc l'obéissance, qui se ramène à l'imitation des désirs, comme la crédulité à l'imitation des croyances [1].

1. Cf. *L'interpsychologie*, pp. 539-540.

L'imitation, en effet, suivant Tarde, va du dedans au dehors, on adopte la pensée avant d'exécuter l'acte. L'hypnotisé est crédule et docile au plus haut point; il est d'ailleurs par essence un excellent comédien et représente à merveille la personnalité qui lui est attribuée. De même Tarde croit retrouver dans les sociétés primitives cette obéissance et cette crédulité se manifestant dans l'imitation. « Le père, à l'origine surtout, est l'infaillible oracle et le souverain roi de l'enfant; par cette raison il est son modèle suprême [1] ». Il résulte de là que la psychologie sociale n'est qu'une partie, très importante il est vrai, de l'interpsychologie, la partie « sympathique », si l'on peut dire, et imitative. Quant à la sociologie, elle sera « le développement et le complément sous forme objective » de cette psychologie sociale [2]. Formule assez vague, il faut en convenir, qui indique bien l'aspect psychologique, psychomorphique, que prendront toutes les sciences particulières chez Tarde, mais qui serait singulièrement étroite, si l'on acceptait comme définition du fait social spécifique la caractéristique de suggestion sympathique causant la foi ou l'obéissance.

Mais le point de vue de Tarde est, à vrai dire, beaucoup plus compréhensif. Nous savons que les éléments spécifiques sur lesquels peut se fonder une science nouvelle, ce sont les répétitions, suivant Tarde. Or la loi de répétition universelle se manifeste, à son avis, sous trois formes : c'est, dans le monde physique, l'ondulation, dans le monde vivant, la génération, dans le monde social, l'imitation. Dans toutes trois, la science doit considérer le point de vue Répétition avant l'aspect Causalité. Or, l'histoire, au lieu de s'épuiser à la tâche vaine d'expliquer la succession éternelle des variations, aurait pu remarquer d'énormes similitudes; et, dit Tarde (mais seulement en vertu de sa thèse métaphysique), toutes les similitudes sont dues à des répétitions. Les trois formes de la répétition sont des contagions rayonnant par progression géométrique, et ceci est surtout évident de l'imitation, qui constitue, dans le milieu social, comme une génération

---

1. Cf. *Lois de l'imitation*, pp. 223-224 et p. 224, note 1.
2. Cf. *L'interpsychologie*, pp. 540-541.

à distance [1]. On peut donc, suivant lui, définir la société :
« Une collection d'êtres en tant qu'ils sont en train de s'imiter entre eux ou en tant que, sans s'imiter, ils se ressemblent et que leurs traits communs sont les copies anciennes d'un même modèle [2]. » Par conséquent la « socialité » (comme dit M. de Roberty) se ramènerait à « l'imitativité ».

Dans une société, il se produit des actions, des phénomènes autres que sociaux, soit physiologiques, soit psychologiques. « Mais parler à quelqu'un, prier une idole, tisser un vêtement, scier un arbre, donner un coup de couteau à un ennemi, sculpter une pierre, ce sont là des actes sociaux, car il n'y a que l'homme en société qui agisse de la sorte, et, sans l'exemple des autres hommes qu'il a copiés volontairement ou involontairement depuis le berceau, il n'agirait pas ainsi. [3] » La formule reste donc assez large, d'autant plus que tout acte purement vital ou mental deviendra « social » s'il devient imitatif, ce qui, on ne saurait le nier, pousse la théorie jusqu'au paradoxe. Et d'autre part, la force et l'étendue du lien social sont, pour Tarde, en rapport avec le nombre des inventions et des imitations même néfastes. C'est là une conséquence logique, puisque le lien social sera uniquement l'imitation réciproque, même entre animaux, ou encore entre l'homme et les animaux supérieurs. Les réfractaires à l'imitation personnelle resteraient liés à la société par les imitations ancestrales et habituelles, et à ce propos Tarde avoue l'importance de ce lien considérable, mais « indirect » : l'hérédité. « La parenté sociale, dit-il en rapprochant à nouveau imitation et génération, consiste à avoir des modèles communs, comme la parenté vitale à avoir des générateurs communs. Enfin il croit éviter l'automatisme individuel des autres doctrines en expliquant la non-imitation obstinée par l'attrait d'un modèle contraire, ce qui n'est peut-être pas très logique [4].

On peut bien accorder à Tarde qu'il est impossible d'expulser la psychologie de la science sociale. Mais il ajoute : de

[1]. Cf. *Lois de l'imitation*, pp. 8-26.
[2]. Cf. *ibid.*, pp. 75-77.
[3]. Cf. *L'interpsychologie*, p. 539. — *Études de psych. soc.*, p. 65.
[4]. Cf. *Études de psych. soc.*, pp. 50-53.

même que le fait mécanique élémentaire n'est pas le mouvement, mais la communication ou la modification de mouvement, de même le fait social élémentaire n'est pas la conscience, mais la communication ou la modification d'un état
de conscience par l'action d'un être conscient sur un autre ;
« la conscience est le postulat de la sociologie, comme le
mouvement est le postulat de la mécanique » [1]. Or, dans les
diverses relations sociales, dans les rapports linguistiques,
religieux, scientifiques, politiques, juridiques, moraux et esthétiques, on rencontre toujours une dualité, un être actif et
un être passif, toujours l'action d'un homme sur un autre, ou
à un point de vue plus objectif l'imitation d'un homme par
un autre. C'est qu'en effet, dans tout rapport social élémentaire, il y a essai de transmission d'une croyance ou d'un désir. Toute parole tend à conseiller ou à persuader, à enseigner ou à commander : et de même tout livre, tout travail
producteur, tout étalage commercial, enfin et surtout tout
travail artistique. Le désir et la croyance, quantités intimes,
se spécifient chez l'individu avant d'être « colportées de con-
cience en conscience par l'imitation ». Tarde définit celle-ci
une « empreinte mentale donnée ou reçue », et il est par
conséquent bien entendu qu'il s'agit d'action inter-psychique
et non pas d'une répétition automatique. En résumé, l'assistance mutuelle unilatérale, sans réciprocité, ce qui revient à
dire sans imitation, et même entre hommes, ne serait donc
pas un rapport social : seuls, dans une société, peuvent être
qualifiés tels les rapports imitatifs ou imitativement formés [2].

Ce n'est pas encore le moment d'aborder au fond la discussion de cette théorie qui, au point de vue sociologique,
est la partie essentielle de la doctrine de Tarde. On lui
accordera donc provisoirement, et pour ainsi dire à titre de
postulat, que l'imitation est le fait social spécifique. Encore
ne faut-il pas oublier que le principe de répétition n'est pas
le seul réactif subordonné au principe de variation universelle : il peut y avoir également opposition, et en fait elle se
produit toujours ; puis, au moins le plus souvent, entre la
thèse et l'antithèse se réalise une synthèse ou adaptation, qui

1. Cf. *Études de psych. soc.*, pp. 49 et 64.
2. Cf. *ibid.*, pp. 45-50.

est la condition d'oppositions, puis d'adaptations supérieures, et aussi, naturellement, de répétitions imitatives. Enfin il va de soi que l'imitation présuppose l'invention, le fait premier; mais, comme on le verra, celui-ci, pour Tarde, se ramène à l'adaptation, sinon purement et simplement à une interférence heureuse de rayonnements imitatifs. L'invention sera une exception; on échappera, pour ainsi dire, un moment à la société, puisque l'imitation est le lien social; l'invention, qui ne se commande ni ne se suggère, sera supra-sociale [1]. Théorie assez contradictoire, qui reconnaît fort justement que l'invention n'est qu'une combinaison géniale du hasard, et ne s'aperçoit pas que l'imitation n'est jamais absolue; qu'elle est toujours adaptation et pour une part invention; que, par exemple, l'acteur représentant un personnage de tragédie invente à un moindre degré que le poète, mais invente cependant.

On peut d'ailleurs entreprendre Tarde dès maintenant sur un autre point de cette théorie. « La société, dit-il en résumé, c'est l'imitation, et l'imitation c'est une espèce de somnambulisme ». On en revient donc à l'idée de suggestion, et toute vie sociale n'est plus qu'un hypnotisme complexe. Et il faut convenir que ceci pouvait même s'appliquer au sociomorphisme biologique, puisque Maudsley admet dans le système nerveux une tendance à l'imitation, et que surtout Taine suppose pour expliquer l'inconscient une sorte de répétition imitative dans les cellules cérébrales. [2] Mais c'étaient là des confirmations lointaines et très relatives : Tarde aurait pu remarquer, en effet, qu'il s'agissait de s'entendre sur le mot imitation. Il dit quelque part que peu importe le mobile de la répétition sociale, sympathie, curiosité ou calcul, car le fait objectif, abstraction de cet élément subjectif, reste le même. [3] En ce sens, imitation équivaudra à répétition, et l'emploi de ce mot qui semble indiquer une intention spéciale sera déjà abusif, abstraction faite de la réalité du phénomène. Si dans les faits sociaux on veut considérer un aspect objectif, ce n'est évidemment pas le point de vue répétition-imitation qui est le plus

1. Cf. *Lois de l'imitation*, pp. 97-98.
2. Cf. *ibid.*, pp. 82-84 et 98.
3. Cf. *Études de psych. soc.*, p. 66.

intéressant. Mais au fond ce n'est pas là l'opinion dernière
de Tarde, sa pensée profonde. Surtout aux origines, les deux
résultats imitatifs de la suggestion, ce fut, suivant lui, l'obéissance et la foi; et s'il se sépare des autres sociologues,
c'est seulement en ce qu'il explique cette obéissance par
une cause persuasive et non coercitive. Il est douteux, à son
avis, que les premiers chefs aient régné par la terreur ou l'im-
posture, leur pouvoir tint plutôt au prestige. Le prestige
diffère par le degré seulement du don du magnétiseur, et l'intimidation, sorte de magnétisation incomplète, constitue,
suivant Tarde, un «état social *naissant*». Mais il y a toujours
quelque hésitation dans son raisonnement, et l'on ne sait pas
en définitive, si la suggestion est surtout charme, ou surtout
intimidation. Il est vrai que les deux phénomènes se pénètrent
un peu. Toutefois, prestige et sympathie ne sont nullement
en rapport direct l'un à l'autre, et telle est sans doute l'erreur
irréductible de Tarde : si, en effet, «nul n'est prophète en son
pays», c'est par manque de prestige, ce qui ne diminue en
rien la sympathie : bien au contraire celle-ci est parfois assez
considérable pour suppléer au prestige. Il y a donc une bonne
part de paradoxe à l'identifier, comme le fait Tarde, avec le
prestige «mutualisé» par lequel il explique la vie sociale,
qui différera donc de l'hypnotisme seulement par la réciprocité de la fascination. Plus juste sans doute est sa remarque
que l'imitation s'explique d'ailleurs par une sorte de paresse
naturelle. «Penser spontanément est toujours plus fatigant
que penser par autrui»; il y a là comme un «sommeil dogmatique», une «magnétisation coutume», fréquents chez l'enfant et le primitif : c'est ainsi qu'on s'engourdit, qu'on s'abandonne, qu'on devient somnambule. [1] Mais, si telle est bien
la cause profonde de l'imitation, son explication subjective,
comment peut-on voir dans cette universelle «veulerie» un
des principaux facteurs de l'évolution sociale? N'est-elle pas
simplement la source de la routine, de ce qu'il y a d'irrationnel, de contraire au progrès, dans la coutume?

1. Cf. *Lois de l'imitation*, pp. 86-95. — *Lois sociales*, p. 53.

CHAPITRE III

LES PHÉNOMÈNES GÉNÉRAUX DE LA PSYCHOLOGIE SOCIALE :

I. — L'IMITATION ET SES LOIS

I

Il résulte de la théorie psychologique développée au chapitre précédent que le schème général des phénomènes sociaux s'établirait pour Tarde de la façon suivante :

$$\text{Invention} - \text{Suggestion} - \text{d'où} \left\{ \begin{array}{l} \textit{Imitations} \\ \textit{Oppositions} \end{array} \right\} - \text{d'où} \ \textit{Adaptations}$$

Invention — Suggestion — d'où { Imitations / Oppositions } — d'où Adaptations
(individuelle) (interpsy- (et par suite
chologique inventions
et rayon- nouvelles.)
nante)

En effet, Tarde croit avoir démontré, dans sa critique de la sociologie autonome, que tout ce qui est commun aux hommes aujourd'hui fut d'abord singulier et individuel, qu'il s'agisse de meubles, de rites ou de racines verbales, et il est facile de le vérifier pour les inventions modernes de tout ordre, depuis le mot d'argot jusqu'aux idées politiques et aux lois scientifiques. La négation de ce principe est, selon lui, un pur paradoxe, qui s'explique, sans se justifier, par l'obscurité des origines humaines. Et il insiste sur ce point, peu contestable en lui-même : « Dans dix mille ou dans cent mille ans, dit-il, il pourra se trouver des archéologues qui, découvrant partout les mêmes débris métalliques de rails, de locomotives, de télégraphes, comme nous découvrons partout les mêmes vestiges de l'âge du bronze ou de la pierre polie, jugeront philosophique d'expliquer ces similitudes par un concours d'agents inconscients, par une action spontanée de l'âme des foules, du milieu social, ou de tout autre entité, et relègueront parmi les mythes la légende d'un Papin, d'un Watt, d'un Ampère, d'un Édison, simple personnification de facteurs collectifs et impersonnels, conceptions enfantines d'un individualisme étroit [1]. » Et Tarde songe certainement ici aux discussions relatives à la personnalité d'Homère [2] ; on sait en effet qu'après avoir penché fortement vers l'hypothèse de plusieurs poètes contribuant successivement à la rédaction de l'Iliade et de l'Odyssée, on semble revenir maintenant à une hypothèse unitaire, plus large et vraisemblable toutefois que la légende traditionnelle. Mais autre chose est l'invention d'une œuvre d'imagination, artistique ou littéraire, autre chose l'invention d'un ustensile de cuisine par exemple, ou bien encore d'un système de gouvernement. La première est nécessairement individuelle ; son caractère social est secondaire, il serait discutable même, si Guyau n'avait démontré la puissance de l'art comme élément de sociabilité. Les deux dernières, dans des sphères différentes, sont en rapport plus étroit avec la vie sociale ; leur origine individuelle et leur propagation imitative n'est pas évidente, et la meilleure preuve en est qu'on a parfois trouvé entre des nations sans contact antérieur, sans transmission interpsychologique possible, des similitudes sociales de ce genre. La théorie de la suggestion imitation, qui déjà nous a semblé peu spécifique en matière sociologique, de l'aveu de Tarde, puisqu'il y a des phénomènes interpsychologiques non sociaux, aurait-elle donc en outre l'inconvénient de ne pas expliquer tout ce qui est chose sociale ? Elle n'était pas condition suffisante de la caractéristique sociologique, n'en serait-elle pas non plus condition nécessaire ?

C'est là une objection sérieuse qui n'a pas échappé à Tarde. Il l'a prévue, et très franchement il reconnaît qu'il y a des similitudes sociales qui ne viennent pas de l'imitation, comme il y a des similitudes vivantes qui ne viennent pas de

1. Études de psych. soc., pp. 31-32.
2. Cf. Lois de l'imitation, p. 41.

la génération[1]. Il indique, en effet, de nombreux faits de ce
genre ; c'est ainsi que les conquistadors et les grands voya-
geurs ont signalé de curieuses similitudes sociales entre des
peuples lointains récemment découverts et des nations bien
connues ; or il est évident que les ressemblances entre les
Aztecs de Cortez et les anciens Égyptiens ou les Chinois,
entre les Néo-Zélandais de Cook et les Highlanders ne pouvaient guère s'expliquer par l'imitation. Si l'on songe en
outre que Clémence Royer a pu généraliser à bon droit ces
remarques, et constater combien est généralement uniforme
la marche de la civilisation, on sera tenté d'expliquer toutes
les similitudes par l'unité fondamentale de la nature humaine
et l'identité de ses besoins généraux à travers le temps et
l'espace[2].

Mais, répond d'abord Tarde, peut-être faut-il, en sociologie
comme en anatomie comparée, distinguer entre les *analogies*,
fonctionnelles et fortuites, que les naturalistes eux-mêmes
négligent, et les *homologies* « anatomiques », c'est-à-dire
constitutives et essentielles, qui s'expliquent logiquement
par dérivation[3]. Réponse spécieuse et de faible portée, car
si l'imitation était l'origine des formes sociales, nécessairement les fonctions sociales seraient d'essence imitative ; de
plus il n'est certes pas démontré que le point de vue fonc-
tionnel soit moins important, même en biologie, que le
point de vue anatomique ; enfin, abstraction faite de la comparaison, Tarde aurait à démontrer que les similitudes sociales
en question sont véritablement secondaires. Il s'aperçoit
lui-même de l'insuffisance de cette solution, et il ajoute que,
si en effet il y a bien de telles similitudes importantes, elles
sont d'ordre biologique de par leur cause (qui serait une
condition vitale essentielle), et non d'ordre sociologique[4].
Mais il n'est pas démontré que les conditions vitales n'interviennent pas dans tout fait social, que l'existence de la société
en elle-même n'en dépende pas par certains côtés, enfin que

1. Il y fait allusion en effet dans son article sur « Les foules et les sectes
criminelles » (*Revue des Deux-Mondes*, déc. 1893), reproduit dans les *Essais
et mél. sociol.*, et dans *l'Opinion et la foule* (cf. ici, pp. 162-63).
2. Cf. *Lois de l'imitation*, pp. 42-44.
3. Cf. *ibid.*, pp. 44-45.
4. Cf. *ibid.*, p. 46.

les ressemblances en question soient d'ordre plus particulièrement biologique : en effet, n'a-t-on pas trouvé, par exemple,
entre l'art des habitants primitifs du Mexique et l'art assyrien
des homologies très caractéristiques ? Tarde prétend bien quelque part que les similitudes entre l'art grec et celui de l'ancienne Égypte ont des motifs utilitaires, et il semble admettre
ici que ce point de vue est beaucoup moins social que l'ordre
esthétique [1]. Mais, sans entrer dans l'ample discussion que
pourrait soulever ce raisonnement, on peut affirmer que
les ressemblances dont on parlait entre l'art mexicain et l'art
assyrien sont spécialement esthétiques ; elles résident en
une certaine simplification, une certaine traduction des lignes
de la forme humaine, enfin elles n'ont aucun rapport avec
les conditions d'existence, ce qui au surplus ne justifierait
encore pas la ressemblance, puisque l'empire des Incas
différait singulièrement, comme climat, faune, flore, oro-
graphie, productions agricoles, etc., de l'empire d'Assurba-
nipal. Mais Tarde ne craint pas le paradoxe. Il se refuse à
voir « dans la similitude si frappante des haches, des pointes
de flèches et des autres armes ou instruments en silex découverts en Amérique et dans l'ancien continent, l'effet d'une
simple coïncidence que l'identité des besoins humains de
guerre, de chasse, de vêtement, etc., suffirait à expliquer ».
Il s'appuie sur ce qu'on a découvert au Mexique des objets
polis, des armes ou même des idoles, en jadéite ou en néphrite
« roches absolument inconnues (actuellement) sur tout le
territoire américain ». « N'est-ce pas une preuve, dit-il, que
dès l'âge de la pierre, les germes de la civilisation avaient
été importés de l'ancien dans le nouveau monde [2] ? » Mais,
au lieu de cette hypothèse, qui rappelle inévitablement la
question de la plus ou moins fabuleuse Atlantide, ne serait-
il pas plus simple de supposer une révolution ou évolution
géologique, ou de se rappeler que les innombrables grottes
creusées ou aménagées dans le sol par les primitifs mexicains
n'ont pas été toutes explorées, et que certaines peuvent avoir
recélé par exception les pierres précieuses dont il s'agit à
l'état naturel ? Ce nouvel argument est donc des plus fragiles,

---

1. Cf. *Lois de l'imitation*, pp. 62-65.
2. Cf. *ibid.*, pp. 107-108.

et Tarde semble, d'ailleurs, avoir senti la faiblesse de tous ces
raisonnements, car en définitive il en revient à sa thèse fondamentale, sans plus de démonstration, et en ajoutant que, du
moins, si, dans ces pays divers sans communication admissible, le génie humain a « parcouru la carrière en question »,
c'est-à-dire a évolué séparément et parallèlement cependant,
c'est toujours qu'une invention l'a « arraché à sa torpeur
première[1] ». Ceci, n'est même plus une réponse, mais bien
plutôt une échappatoire; pourquoi, en effet, y a-t-il eu
invention similaire? Du moins le rôle de l'imitation est
désormais toujours contestable. L'hypothèse d'une propagation imitative préhistorique, si hasardeuse soit-elle, semble
bien être au fond pour lui le dernier mot, l'unique solution
possible de la difficulté; il expliquerait même ainsi (alors
qu'il pouvait se rabattre sur sa distinction entre le vital et le
social) l'existence identique de cités lacustres dans la Suisse
préhistorique et en Nouvelle-Guinée[2]. C'est pousser un peu
loin le paradoxe par haine des théories sur l'influence du
milieu et sur l'homogénéité primitive de la race humaine ou
de ses tendances essentielles. Et malgré tout, il est bien obligé
de reconnaître que l'imitation elle-même présuppose une
certaine analogie mentale, qu'« une certaine orientation
logique de l'homme pré-social n'est pas niable »; mais,
ajoute-t-il (ce qui n'est pas une objection), ce besoin de coordination est variable « selon l'influence du milieu social »,
au sens où il l'entend, c'est-à-dire l'influence des individus
avec lesquels chacun se trouve en rapport. Tarde ne croit
donc pas en somme à l'importance des similitudes naturelles (religion, lois, etc.); ces similitudes spontanées entre
sociétés séparées, dans tous les ordres d'idées, lui semblent
minimes et imprécises, moins irréductibles qu'on ne le croit,
et non scientifiques[3]. A son avis, en effet, les primitifs ont
peu d'imagination, peu de facultés d'invention, ils sont
traditionalistes et même plus imitateurs du dehors qu'on ne
le croirait[4].

1. Cf. *Lois de l'imit.*, pp. 47-48.
2. Cf. *ibid.*, pp. 52-53.
3. Cf. *ibid.*, pp. 55-56.
4. Cf. *ibid.*, pp. 107-108.

Spencer lui aussi croit à la nature particulièrement imitative de l'homme primitif : pour lui, en effet, le sauvage est
impulsif et variable à l'excès ; il ne sait pas calculer, ordon-
ner ses impressions et ne peut que tirer un parti rapide et
simple de ses perceptions ; c'est pourquoi il imite beaucoup.
De même que le milieu physique, le milieu humain exerce-
rait donc une influence considérable sur les premières phases
du développement social. Mais Spencer réduit à sa juste
valeur cette faculté d'imitation. « Ce caractère, dit-il, qu'on
retrouve chez toutes les races humaines inférieures, c'est-à-
dire cette tendance à singer autrui, suivant le nom expressif
que nous lui donnons, est le signe que ces races ne s'écartent
que faiblement du type d'esprit des bêtes [1] ». Et, par avance,
il critique Tarde non moins justement, quand il indique,
comme le fera aussi M. Bagehot, que cette tendance, puissante dans les races inférieures, diminue dans les civilisations supérieures. On voit encore là, suivant sa judicieuse
remarque, l'antagonisme entre l'activité perceptive et l'activité réfléchie [2]. Pour Tarde cependant, qui n'admet pas cette
dernière distinction, l'influence de l'exemple augmente à
mesure que la civilisation se développe. « Tout phénomène
naturel, explique-t-il, est vu à travers les prismes et les lunettes
coloriées de la langue maternelle, de la religion nationale,
d'une préoccupation dominante, d'une thèse scientifique
régnante, dont l'observation la plus libre et la plus froide ne
saurait se dépouiller sans s'anéantir ; et tout besoin organique
est ressenti sous une forme caractéristique, consacrée par
l'exemple ambiant, et par laquelle le milieu social, en le précisant, en l'actualisant, à vrai dire, se l'approprie [3]. » Traduisons :
au degré supérieur de l'échelle humaine et sociale, l'influence
de l'hérédité combinée avec celle, prépondérante, du milieu actuel, se manifeste de plus en plus dans les opinions et
volitions, et même dans les sensations et impulsions individuelles. Et sous cette forme l'affirmation de Tarde serait plus
soutenable que celle de Spencer, quoiqu'il semble bien que

1. Cf. Spencer, *Princ. de sociol.*, §§ 21 et 33-35.
2. Cf. Spencer, *Princ. de sociol.*, §§ 39-42. — Bagehot, *Lois scientifiques
du développement des nations*, Paris, F. Alcan, p. 115.
3. *Lois de l'imit.*, p. 49.

seule l'imitation-mode [1] soit plus développée dans les sociétés civilisées, tandis que la tradition domine chez les primitifs; ce que Spencer accorde, puisqu'il dit que la mode, contrairement au cérémonial, est liée au régime de coopération volontaire [2]. On pourrait aussi se demander d'ailleurs si, *en ce qu'elle a d'important au point de vue social*, l'imitation (mode ou coutume) ne devient pas surtout plus réfléchie, moins imitative, si l'on peut dire, au fur et à mesure des progrès de la civilisation.

Mais pour en revenir à notre interprétation de cette dernière remarque de Tarde, il faut encore avouer que très probablement il n'a pas voulu parler du milieu ni de l'hérédité, ou du moins n'admettrait-il pas l'emploi absolu de ces mots qui, suivant lui, doivent s'expliquer par la notion d'imitation.

C'est elle, on l'a déjà indiqué à propos de sa nouvelle monadologie, qui se substituera à l'hypothèse de l'harmonie préétablie au sens le plus large du mot, c'est-à-dire non pas en tant qu'harmonie du corps et de l'âme, mais en tant qu'activité harmonieuse d'un univers de monades distinctes et respectivement closes. Toute harmonie de ce genre est rare, dit Tarde, si tant est que sa réalité ne puisse être révoquée en doute [3]. A son avis, tout se réduit à une analogie originelle relative et surtout à la suggestion inter-individuelle. S'il existe des similitudes psycho-sociales, des répétitions de désir ou de croyance portant sur un même objet, une même idée ou action, et par conséquent additionnables, ceci ne saurait venir ni d'une harmonie préétablie, ni de l'influence de l'hérédité organique, ni de celle du milieu physique ou psy-

---

1. En effet, il ajoute quelques mots dont on peut conclure qu'il a voulu parler de la seule imitation coutume. Une « opinion régnante » est-elle donc plutôt coutume que mode? Où finit la mode, où commence la coutume? La question méritera examen.

2. Cf. Spencer, *Princ. de sociol.*, § 426.

3. Cf. *Lois de l'imitation*, p. 34. — Cournot, lui aussi, n'admet guère que l'harmonie se réalisant par actions et réactions mutuelles, avec prépondérance de l'une des parties dans l'établissement du consensus final; du moins il préfère cette explication à celle qu'on pourrait aussi donner de l'harmonie par l'épuisement des combinaisons fortuites; mais ces considérations sont surtout chez Cournot une critique du transformisme. (Cf. *Essai sur les fond. de nos connaiss.*, t. I, pp. 103-129.)

chique, mais vient de la suggestion-imitation propageant des inventions individuelles [1].

Tarde, dans son premier ouvrage, avait cependant défendu la notion d'hérédité contre de Candolle, dont il semble avoir beaucoup pratiqué l'*Histoire des sciences*. Celui-ci, à propos de la vocation professionnelle, repoussait la notion d'innéité et croyait compatible la liberté de l'individu avec le principe d'hérédité, lequel n'aurait alors qu'une portée très générale. « Peut-être, dit Tarde, M. de Candolle s'exagère-t-il ici l'indétermination des innéités. Il semble oublier que parmi tous les modes d'activité expérimentés ou observés par nous, il en est toujours un, et presque toujours un seul, où se fixe notre préférence... Il y a toujours, et presque toujours, à chaque instant de l'histoire, une carrière précise, une seule, naturellement correspondante à chaque variété individuelle, et l'attirant exclusivement si rien ne s'oppose à ce choix [2]. » C'était là accorder à l'hérédité (sinon à une sorte d'harmonie préétablie) une grande part de ce qui semble bien revenir plutôt au milieu de développement physique et intellectuel, et surtout à l'éducation ; et, par conséquent, Tarde négligeait beaucoup ici le point de vue imitation. Mais c'est qu'il s'agissait alors pour lui de conformer sa théorie du criminel « type professionnel » à ce qu'il y a de juste dans la doctrine de Lombroso sur le criminel-né ; aussi jamais ailleurs ne sera-t-il si favorable à l'hérédité psychologique. Il indiquera encore, cependant, que l'hérédité de l'écriture a été souvent signalée, ce qui dément la thèse de Weissmann, puisqu'il s'agit d'une formation acquise [3]. Mais, bien qu'il déclare la graphologie une branche inférieure de la psychologie appliquée [4], il semble considérer l'écriture comme une fonction surtout organique.

Suivant lui, il y a deux éléments dans ce qu'on appelle l'hérédité : le lien du sang et la transmission psychologique supposée. Or, il affirme, en critiquant le « transformisme social » de M. de Greef, que c'est par tradition orale et scrip-

1. Cf. *Lois sociales*, p. 35.
2. *Criminalité comparée*, pp. 57-58.
3. Cf. *Études de psych. soc.*, (La graphologie), p. 277.
4. Cf. *ibid.*, p. 239.

turale que se transmettent les inventions, et non par hérédité physique, ou même psychologique [1]. Cette prétendue hérédité ne sera donc plus qu'une forme de l'imitation-coutume, la tradition, c'est-à-dire l'imitation des actes des ancêtres, enseignés par eux-mêmes ou par des intermédiaires, et à l'aide des témoignages oraux ou écrits. C'est peut-être là trancher un peu vivement, sous prétexte de l'esquiver, la question des rapports du physique et du moral. Certes la notion d'hérédité est, à tout point de vue, fort discutée aujourd'hui : ici comme partout, la science contemporaine semble obéir au rythme d'affirmation et de négation qui paralyse l'étude de toutes les questions fondamentales, surtout quand cette éternelle inconnue, la conscience, y joue son rôle. L'influence de l'hérédité organique a été considérablement restreinte par les travaux les plus récents, et celle de l'hérédité psychologique reste très contestée; or, surtout avec la théorie de Tarde, l'élément psychologique est prépondérant dans la notion d'hérédité en matière sociale [2]. Il ne nie pas le fait en lui-même, mais, en se basant sur une argumentation assez faible et toujours systématique, en prétendant par exemple que seule l'imitation explique comment les minorités passées deviennent des majorités présentes (comme si l'hérédité excluait absolument l'influence des documents nouveaux, des circonstances contemporaines, du milieu sur l'individu, l'introduction de conclusions nouvelles dans les cadres héréditaires), il croit ramener la notion d'hérédité psychologique à la pure et simple tradition. Il ne peut admettre, en effet, qu'on imite, intérieurement, pour ainsi dire, sans cause déterminante extérieure, l'acte, l'idée, la volition, bref le désir ou la croyance des ancêtres ; car ceci, loin d'expliquer l'hérédité, l'impliquerait au contraire. Ce qu'il lui faut affirmer, en poussant ainsi sa théorie générale jusqu'à ses extrêmes conséquences, c'est que l'hérédité sociologique n'est pas l'imitation d'une formule verbale ou scripturale.

Mais en ce cas, ce qui est doublement inconcevable, l'hérédité organique, la similitude physique entre les ancêtres et

---

1. Cf. *Études de psych. soc.*, pp. 118-119.
2. Sur l'hérédité sociologique, cf. St. Mill, *Log.*, l. VI, ch. x, § 4; — Aug. Comte, *Cours de philosophie positive*, t. IV, p. 345.

leurs descendants n'aura donc aucune influence sur leur similitude psychique, aucun rapport avec elle — thèse séparatiste
que le spiritualisme lui-même n'implique pas, — et le lien
interpsychique sera donc plus faible entre nous et ceux de
nos ancêtres immédiats que nous n'avons pas connus, et dont
nous ignorons l'opinion, qu'entre nous et nos contemporains ?
En effet, l'inventeur ancestral n'est plus là pour contribuer
« physiquement » à la suggestion intermentale, comme le
peut faire l'inventeur ou simplement le « transmetteur », le
« propagateur » contemporain. Enfin, autre conséquence fort
discutable, il suffirait pour éviter aux enfants des criminels
les dangers de l'hérédité psychologique, qu'ils fussent toujours éloignés de leurs parents, et laissés dans l'ignorance des
tendances, des idées, des actes de ceux-ci : mais ne sait-on
pas que, malgré la réalisation de cet isolement parfait chez
des enfants adoptés en bas-âge, l'éducation (procédé imitatif,
comme le veut Tarde,) ne lutte en général que très difficilement contre l'influence de ces regrettables antécédents héréditaires, qu'ils n'ont cependant pu connaître d'aucune manière.

Abstraction faite de ces objections directes, on peut remarquer aussi qu'en attribuant une telle importance à la formule
verbale ou scripturale, Tarde se rapprochait d'un des points
essentiels de la théorie de M. Durkheim. Celui-ci dit en effet :
« L'habitude collective n'existe pas seulement à l'état d'immanence dans les actes successifs qu'elle détermine, mais, par
un privilège dont nous ne trouvons pas d'exemple dans le
règne biologique, elle s'exprime une fois pour toutes dans une
formule qui se répète de bouche en bouche, qui se transmet
par l'éducation, qui se fixe même par écrit. » Tarde croit que
c'est donc surtout en la formule que son contradicteur caractérise la réalité extra-individuelle du fait social. « Aucune
d'elle, dit en effet M. Durkheim des formules, ne se retrouve
tout entière dans les applications qui en sont faites par les
particuliers. » Et Tarde prétend voir là néanmoins une confirmation de son point de vue, parce que l'idée de répétition est
impliquée. Mais, comme M. Durkheim ajoute que la réalité du
fait social subsisterait, amoindrie seulement, s'il n'était pas
« appliqué », imité au sens de Tarde, celui-ci, attribuant à la

pensée de son adversaire une signification qu'elle n'a peut-
être pas, se demande quelle sorte de réalité subsistera, sinon
un réalisme idéologique à la manière de Platon, quand la
formule n'existera plus qu'à l'état d'inscription incomprise [1].
Or cette critique pourrait, semble-t-il, se retourner contre
sa propre interprétation de la notion d'hérédité.

C'est aussi, pour une part, contre M. Durkheim qu'est dirigée sa critique de la théorie du milieu, puisque, suivant le
fondateur de la sociologie autonome, « la cause déterminante d'un fait social doit être cherchée parmi les faits sociaux
antécédents, et non parmi les états de la conscience individuelle », « la fonction d'un fait social doit toujours être
recherchée dans le rapport qu'il soutient avec quelque fin
sociale », enfin « l'origine première de tout processus social
de quelque importance doit être recherchée dans la constitution du milieu social interne » [2]. M. Durkheim croit en effet
que toute explication sociologique directement psychologique
est inadmissible, parce qu'elle crée la solution de continuité
entre les éléments dont on veut expliquer la solidarité, parce
qu'il y a, suivant lui, un abîme entre la sociologie et la
psychologie, comme entre la biologie et les sciences physico-
chimiques [3]. Mais, sans contester ce dernier point, Tarde
répète que l'on comprend mal sa doctrine, que l'abîme en
question est comblé si l'on fait de la psychologie et de la logique collectives. Quant au milieu, c'est pour lui, un *deus ex
machina*, une formule vague à toutes fins (épithète imprudente
chez le défenseur du trop élastique principe de l'imitation), un
milieu fantôme s'il n'est pas une collection, une somme d'individualités comme il l'entend lui-même [4].

L'influence, en effet, c'est-à-dire à son sens la suggestion
imitative, est toujours d'individu à individu. Admettons sché-
matiquement que le fait premier fut l'imitation par un enfant
d'un certain adulte : cette imitation rayonnant et se multipliant, il en résulta l'illusion d'une suggestion collective.

---

1. Cf. Durkheim, *Règles de la méthode sociologique*, pp. 12-13. —
Tarde, *Études de psychologie sociale*, pp. 68-69.
2. Cf. Durkheim, *op. cit.*, pp. 135-136 et 138.
3. Cf. *ibid.*, p. 128.
4. Cf. *Études de psych. soc.*, pp. 77-79.

Chacun a cru imiter *on* ; mais cet être multiple et impersonnel n'est rien s'il n'est pas la réunion d'*ils* ou *elles* (groupés par imitations et adaptations), qu'on imite respectivement plus ou moins[1]. Ces conclusions de Tarde sur le point de vue psychologique de la question étaient à prévoir ; et, conformément à sa position métaphysique, il va même plus loin, et entreprend de réduire à son système, à la logique universelle, la notion de milieu physique. En effet, à propos des statistiques et de la fixité seulement momentanée des lois naturelles comme des influences sociales, il esquisse une nouvelle application de son principe de variation universelle[2] ; il analyse par exemple le climat, et montre qu'on doit entendre par là « une entité nominale » où s'exprime le groupement des réalités suivantes : le soleil, le vent, l'altitude, la latitude, la nature du sol et la flore, toutes réalités se limitant respectivement (ce qui est reconnaître l'essentiel de la notion de milieu) : le climat sera la résultante de ces concours ou concurrences. « En somme, dit Tarde, physiques ou vivantes, toutes les réalités extérieures nous donnent le même spectacle d'ambitions infinies, irréalisées et irréalisables, qui s'aiguillonnent et se paralysent réciproquement. Ce qu'on nomme en elles fixité, immutabilité des lois de la nature, réalité par excellence, n'est au fond que leur impuissance d'aller plus loin dans leur voie vraiment naturelle et de se réaliser plus pleinement[3]. » Ceci naturellement devait encourager Tarde à n'attribuer, même sur les actes humains pris en masse, qu'une influence relative à ces prétendues lois de la nature[4]. Mais si la relativité de ces lois est un argument contre la probabilité des prévisions sociologiques, le dédain de Tarde pour l'influence du milieu physique, et plus généralement pour le rôle de l'extramental en matière psychologique et sociale, n'en sont pas moins très contestables, beaucoup plus certainement que sa critique du milieu psycho-social. Une fois de plus, d'ailleurs, sa pensée n'est pas exempte d'imprécision, puisque parfois il dit que, par exemple, l'influence du

1. Cf. *Lois sociales*, pp. 39-40.
2. Ce qui est une nouvelle critique du milieu au sens psycho-social.
3. *Lois de l'imit.*, pp. 131-138.
4. Cf. *ibid.*, p. 131.

climat et de la race peut s'opposer à la propagation imitative. [1]

Rien peut-être ne montre mieux la fragilité de l'argumentation de Tarde en ce qui concerne la question de l'innéité
psychologique et du rôle de l'extramental que cette affirmation par lui émise quelque part : la science n'est pas innée,
n'est pas latente chez le sauvage, et ne se manifeste chez lui
que par imitation [2]. Si, en effet, un individu d'une race actuellement sauvage, est amené en pays civilisé et convenablement
instruit, on ne peut dire que les connaissances scientifiques
qu'il s'est acquises existaient précédemment à l'état de notions
inconscientes, comme par exemple des souvenirs, dans son
esprit ; mais il n'en possédait pas moins, conscients ou
inconscients et du moins à l'état de virtualités, les principes
logiques essentiels à la constitution de ces sciences. Et l'on
peut concevoir ce sauvage ou son peuple, placés simplement
dans de meilleures conditions de vie physique ou sociale
(car on ne saurait nier l'influence des conditions extérieures
sur le développement général de la civilisation), et *créant* à
nouveau, progressivement, sans influence suggestive ou
éducative étrangère, la science en question, de même que
Pascal enfant reconstituait par lui-même les premières
propositions de la géométrie d'Euclide.

Tarde, cependant, croit avoir repoussé toutes les objections
préalables que pouvait soulever la théorie générale de l'imitation en matière sociale. Il restera donc fidèle, en somme, à
la formule schématique que nous avons précédemment proposée ; et, comme selon lui la science doit chercher avant tout
les lois de la reproduction, de l'opposition et de l'adaptation,
la sociologie étudiera d'abord ces trois phénomènes généraux
en se guidant sur cette triple indication : que l'opposition
n'est pas le phénomène prépondérant, comme l'ont cru
Darwin et Malthus en particulier ; que l'imitation est « le grand
passe-partout » de la psychologie sociale ; enfin que l'adaptation « plus fine », est la clef pour parvenir aux « trésors les plus
cachés et les plus précieux » [3]. Mais il y aura lieu d'étudier

1. Cf. *Lois sociales*, p. 54.
2. Cf. *ibid.*, p. 147.
3. Cf. *ibid.*, pp. 11-12.

aussi le phénomène de l'invention, qui, tout individuel soit-il en apparence dans la doctrine de Tarde, doit être considéré surtout dans ses rapports avec l'adaptation. Et par suite on sera conduit à effleurer tout au moins les questions connexes du génie et du progrès.

II

Tarde reconnait que les phénomènes d'imitation, de reproduction n'ont pas été tout à fait négligés par les sociologues précurseurs ou contemporains ; et ceci naturellement si l'on identifie répétition et imitation. La théorie de l'année cyclique, « cette chimère platonicienne », est déjà une systématisation basée sur le principe de répétition universelle: les *ricorsi* de Vico, dans le même ordre d'idées, ne sont qu'une hypothèse plus vraisemblable. Aristote de son côté, grâce à la méthode analytique, lui semble avoir indiqué certaines répétitions de détail très réelles. Enfin la théorie des climats de Montesquieu et les idées directrices de Chateaubriand dans son *Essai sur les révolutions* lui apparaissent tout au moins comme des pressentiments de ce même principe[1]. Seulement, Tarde juge bien superficielles ces systématisations anticipées. Et ici, il aurait pu remarquer que, si leur valeur explicative est faible, c'est précisément parce qu'elles considèrent l'imitation sous son aspect le moins intéressant au point de vue social la répétition, fondement des statistiques. Sinon, en effet, et en dehors de cette interprétation, que propose donc Tarde aux sociologues ? Est-ce simplement d'illustrer et paraphraser la banale maxime de La Rochefoucauld : « Rien n'est plus contagieux que l'exemple, et nous ne faisons jamais de grands biens ni de grands maux qui n'en produisent de semblables ? » C'est du moins à quoi tend sa critique. Mais n'oublions pas que son but déclaré est de substituer les interprétations psychologiques aux pseudo-interprétations ontologiques. Il s'élève, en effet, contre le déterminisme, l'automatisme de ces deux principes très différents, mais d'une même portée sociologique, la triade hégélienne (que cependant il transpose plutôt

1. Cf. *ibid.*, pp. 24-25.

qu'il ne la remplace [1]), et la loi de l'évolution. « Cette prétention, dit-il, d'enfermer les fait sociaux dans des formules de développement, qui les contraindraient à se répéter en masse avec d'insignifiantes variations, a été jusqu'ici le leurre de la sociologie [2]. » On sait en effet qu'il ne veut pas négliger le principe de variation, et que pour lui il peut bien y avoir régularité, ressemblances de mécanisme dans la vie sociale, mais non unité et pour ainsi dire continuité matérielle.

L'école biologique, d'autre part, n'avait pas non plus négligé les phénomènes d'imitation. Mais Tarde ne voudrait certes pas désigner comme un précurseur Spencer qui, nous l'avons vu, limite avec raison la portée de la caractéristique imitative, et distingue entre cette répétition, fondée sur l'activité purement perceptive, perfectionnement élémentaire du réflexe, et la répétition dépendant de l'activité réfléchie. Il n'accepterait pas davantage les théories de M. Espinas ; cet auteur fournit bien des arguments en faveur du sociomorphisme universel, mais ceci en signalant la précocité du fait social dans l'échelle animale et dans l'évolution individuelle de l'être humain [3] ; de même, il donne bien à la sociologie une place indépendante au-dessus de la biologie et aussi de la psychologie, mais entend simplement dire par là que l'individu est l'œuvre plutôt que l'auteur de la société, et que parfois même l'élément social pur (comme par exemple le sexe neutre ouvrier dans les fourmilières) est vitalement plus important que le biologique [4] ; enfin M. Espinas signale également le rapport entre les théories dynamistes et le psychisme social, et note en passant que la différenciation doit s'accompagner d'association pour constituer un progrès et non une déchéance, mais ceci sans repousser la notion de milieu ni celle de conscience sociale [5]. C'est bien

1. Il prononce même le mot de division tripartite (Lois de l'imitation, p. 279) à propos de son système personnel. « C'est ainsi, dit à ce sujet M. Dauriac, qu'hégélianisait avec esprit, avec pénétration, non point toujours avec assez de force, mais souvent avec profondeur, ce philosophe qui connaissait Hegel pour l'avoir simplement feuilleté. » (Art. cité, Année philosophique, t. XVI, p. 176).

2. Lois sociales, p. 25.

3. Cf. Espinas, Des soc. anim., p. 228.

4. Cf. ibid., pp. 418, 540-542 et 371.

5. Cf. ibid., pp. 532, 246-247 et passim.

rapprocher la génération de l'imitation que dire, avec le
même : « Comment la naissance d'un groupe de phénomènes
serait-elle d'autre sorte que sa croissance dont elle est la première phase [1] ? » Mais ce n'est nullement attribuer au terme
« imitation » l'extension abusive que lui donne Tarde, ni
surtout y ramener l'habitude, l'hérédité, ni tout fait social
essentiel, que dire, encore avec M. Espinas : « La seule vue d'un
acte entraîne un commencement d'exécution de cet acte,
parce que nous ne pouvons nous le représenter sans le
refaire, pour ainsi dire, en nous-mêmes. De là l'inévitable
extension au sein d'un groupe quelconque d'êtres humains,
du mode d'action inauguré par l'initiative inconsciente d'un
individu. Et si plusieurs l'imitent chacun d'eux sera entraîné
par l'impulsion signalée tout à l'heure, c'est-à-dire par
l'attente vague d'un avantage inconnu, à le varier de mille
manières, jusqu'à ce que l'activité ainsi dépensée soit mieux
adaptée aux circonstances où elle se développe [2]. »

C'est bien loin de ces biologistes, irrespectueux pour le
phénomène de la répétition imitative, que Tarde va chercher des précurseurs selon ses idées. Les économistes et les
premiers statisticiens, avoue-t-il cependant, n'ont pas su
découvrir le fait imitatif sous les similitudes sociales qu'ils
indiquaient. On trouve des lois de détail déjà plus solides
chez les linguistes et les mythologues, car leurs sciences sont
comparatives, et elles contribuent largement à la synthèse
sociologique. Néanmoins, là comme chez les précédents, le
fait social élémentaire, s'il est aperçu, n'est du moins pas
encore mis en relief ; et toutes ces systématisations restent
prématurées et d'ailleurs partielles. Ce sont en somme
les archéologues que Tarde désigne comme les véritables
précurseurs de la sociologie telle qu'il l'entend ; ils sont les
premiers qui aient eu le mérite d'induire des similitudes
l'imitation et d'insister sur celle-ci ; mais encore ont-ils eu le
tort, cédant au préjugé naturaliste contemporain, de conclure
de l'imitation à la parenté. Si donc leurs recherches sont fort
utiles à la sociologie, c'est de leur part une contribution
assez involontaire. Néanmoins, c'est en se plaçant à leur

1. *Ibid.*, p. 318.
2. *Ibid.*, pp. 201-202.

point de vue que l'histoire devient une science, et ne s'oppose plus absolument à ce qui est d'ordre théorique [1]. Et il en est de même pour la statistique [2]. Le statisticien en effet s'occupe également des inventions et des *éditions imitatives* qu'on en a fait; seulement, selon Tarde, la statistique étudie plutôt les imitations, l'archéologie plutôt les inventions [3]. Même telle qu'elle est entendue aujourd'hui, la statistique est beaucoup plus intéressante que le tableau synchronique, car elle exprime « les destinées d'une croyance ou d'un désir importés et copiés » [4] : et telle devait être en effet la théorie définitive de Tarde, si l'on se souvient de sa doctrine générale sur l'interpsychologie et les éléments psychologiques communicables et quantitatifs. C'est la plus utile des histoires, la plus compréhensive, que l'ensemble des statistiques. Mais si ce procédé de recherche scientifique peut devenir la « méthode sociologique par excellence », il n'est encore qu'un « pis-aller », car il faudrait instituer une « statistique psychologique » qui déterminât avec plus de précision l'évolution des désirs et des croyances, en un mot il faudrait *peser* et non pas seulement *compter*. Remarque fort juste, car c'est bien l'interprétation trop étroite, trop mathématique des données de la statistique qui souvent a fait contester l'utilité de cette méthode ; comme le dit Tarde, et comme on l'a déjà indiqué, une proportion croissante ou stationnaire du nombre des entrées dans les églises, par exemple, ou bien encore des votes favorables à un ministère, n'implique pas nécessairement le progrès ou la stabilité de la croyance religieuse correspondante ou de la confiance en ce gouvernement ; d'autres facteurs, c'est-à-dire des croyances ou désirs différents, peuvent avoir exercé sur ce phénomène une influence prépondérante [5]. Mais si l'idée est juste, ne voit-on pas aussi qu'elle réintroduit dans la science sociale ce point de vue qualitatif si violemment critiqué naguère par Tarde ?

1. Cf. *Lois de l'imit.*, ch. IV, §§ 1 et 2 (pp. 99-114).
2. Cf. *ibid.*, § 3, pp. 114 sqq.
3. Ici encore la pensée de Tarde est flottante, car tantôt il restreint beaucoup la fréquence des inventions humaines, tantôt il semble avouer que toute adaptation est une invention.
4. Cf. *Lois de l'imit.*, pp. 116.
5. *Ibid.*, pp. 118-119.

Sa quantification sociologique nous apparaît de plus en plus
fictive. Et il va d'ailleurs s'éloigner beaucoup plus encore de
l'idéal purement scientifique en déclarant que la statistique
sociologique, dans le dénombrement des faits similaires,
devrait se proposer ce double but : « 1° Déterminer la puissance imitative propre à chaque invention dans un temps et
un pays donnés; 2° montrer les effets favorables ou nuisibles
produits par chacune d'elles, et, par suite, influer, chez
ceux qui auront connaissance de ces résultats numériques,
sur le penchant qu'ils auraient à suivre ou à ne pas suivre
tels ou tels exemples [1]. » Il est, somme toute, assez surprenant de voir Tarde introduire dans une question de méthode
scientifique ce second point de vue, moral ou utilitaire, du
moins pratique. Quant au premier, il permettra, selon Tarde,
de constater la tendance des idées et des besoins à l'expansion en progression géométrique, la marche progressive,
d'abord lente, puis rapide et uniformément accélérée, enfin
de plus en plus ralentie, des inventions (désir ou croyance) à
travers les sociétés [2]. Il repousse donc la thèse de Quételet et
de son école, d'après qui les « plateaux » des statistiques prouveraient la régularité des lois naturelles; ceci, en effet, con-
tredirait tout le système de Tarde, son principe de variation
universelle, sa critique de l'évolutionnisme, son hypothèse
monadologique. Aussi s'empresse-t-il de répondre que ces
témoignages de similitude, de stationnement, n'expriment
jamais des états primitifs; ils succèdent toujours à une
ligne ascendante ou descendante, car les diverses tendances,
qui, pour lui, constituent la matière même de l'échange, de
la propagation interpsychologique, et par conséquent de la
vie sociale, passent d'abord par une période de concours
et de lutte, d'activité coopérative ou contradictoire avant d'atteindre au status durable [3] : et c'est bien là, semble-t-il, le
corollaire de toute hypothèse dynamiste.

En résumé, de même que les perceptions visuelles ou
auditives nous renseignent synthétiquement sur les diverses
phases du vol d'un oiseau, de l'émission d'un son, de même

1. *Lois de l'imit.*, pp. 123-124.
2. Cf. *ibid.*, pp. 229 sqq. et 138-148.
3. Cf. *ibid.*, pp. 128-135.

la statistique bien comprise nous renseignera sur toutes les
particularités intéressantes de la vie actuelle, et sur celles de
la vie passée, si on lui adjoint l'archéologie [1]. Ainsi donc,
c'est au point de vue de l'importance de l'individu, de l'élément psychologique, et non pas au point de vue du libre
arbitre, négligeable à son sens, que Tarde précise son opinion
sur la statistique dans ses rapports avec la sociologie.
Cependant il arrive aux mêmes conclusions que Mill ; celui-ci,
en effet, croit que la statistique, comme toute loi sociologique,
permet seulement la prévision des effets résultant des causes
générales ; leur valeur reste donc également relative et nulle en
ce qui concerne les effets particuliers [2]. De même, selon Tarde,
par la statistique on obtiendra seulement cette prévision
probabiliste dont il croit, avec Cournot, devoir se contenter ;
et, par conséquent, l'histoire, d'abord suspectée par Tarde,
retrouvera une valeur scientifique, et, dans cette mesure,
jouera un rôle important en matière sociologique, puisqu'elle
étudiera « le destin des imitations les plus réussies » [3].

Tel sera donc le moyen de découvrir et cataloguer les
répétitions sociales, les imitations. Mais si, d'autre part,
nous savons déjà ce qu'est cette imitation en elle-même, il
nous reste à indiquer quelles sont ses formes particulières et
quelles sont ses lois.

Il pourrait sembler que Tarde s'est assez peu clairement
expliqué sur les modalités de l'imitation. C'est que pour lui,
au fond, tout phénomène sociologique ou, plus généralement,
psychologique, est d'essence imitative, même dans une
certaine mesure l'invention, sorte d'interférence de rayonnements imitatifs. L'homme, dit-il, est beaucoup moins original
qu'il ne le croit ou ne le laisse croire. C'est pourquoi on
pourrait distinguer « imitation-mode ou imitation-coutume,
imitation-sympathie ou imitation-obéissance, imitation-ins-
truction ou imitation-éducation, imitation-native ou imita-
tion-réfléchie, etc. » [4]. C'est là une classification causale dont
les trois derniers groupes sont à éliminer, car la dernière

1. Cf. *Lois de l'imit.*, pp. 148-154.
2. Cf. Mill, *op. cit.*, ch. xi, §§ 1 et 21.
3. Cf. *Lois de l'imit.*, pp. 154-155.
4. *Ibid.*, p. 15.

distinction (et c'est en quoi il se trompe) lui semble de peu
d'importance : on notera cependant qu'elle pénètre et domine
toutes les autres. Instruction et éducation ne présentent
rien de particulier, si ce n'est la question de réflexion ou
d'impulsion native et de sympathie ou d'obéissance. Enfin, on
a eu l'occasion d'examiner cette troisième distinction à
propos de la suggestion.

Restent donc ces deux modalités importantes de l'imitation : la mode et la coutume. Par *mode*, Tarde entend tout ce
qui n'est pas coutume, et par conséquent il ne donne pas à ce
mot le sens légèrement péjoratif qui le rapproche souvent,
dans le langage moderne, de l'imitation irréfléchie et illogique ; c'est pour lui, en somme, le goût de la nouveauté, des
innovations contemporaines, mais il en élargit singulièrement
le sens, puisqu'il l'identifie souvent à prosélytisme, et coutume à exclusivisme. Il semble croire en effet au parallélisme
du désir ou du refus d'imiter l'étranger avec le désir ou le
refus d'être imité par lui. Quant à l'imitation-*coutume*, ce
sera pour lui le goût collectif de s'imiter soi-même et d'imiter les ancêtres, l'attachement aux habitudes personnelles,
ou familiales, ou ancestrales [1]. La distinction n'est donc pas
des plus tranchées, et l'on ne voit pas bien l'avantage qu'il
peut y avoir à remplacer le concept d'habitude individuelle,
ou héréditaire collective ou non, par celui d'imitation. Spencer, s'il reconnaissait bien que la mode est essentiellement
imitative, et aussi que cette imitation peut être soit compétitive, soit révérentielle, considérait plutôt la coutume sous
son aspect répétition pure et simple, et c'est elle sans doute
qu'il appelait la résistance du type héréditaire dans les phénomènes de métamorphose sociale [2].

Cependant, voici comment Tarde prétend spécifier mieux
cette distinction. « Chacune des trois grandes formes de la
Répétition universelle, l'ondulation, la génération, et l'imitation, se présente d'abord comme liée et assujettie à la forme
antécédente d'où elle procède, mais tend bientôt à s'en
affranchir, puis à se la subordonner ». Ainsi, dans l'échelle

1. D'Holbach (*Système de la nature*, I° p., ch. IX) insistait déjà sur les
rapports entre l'habitude et la tradition.
2. Cf. Spencer, *Princ. de Sociol.*, §§ 423-425 et 265.

des espèces animales, la génération (fonction de reproduction) se libère peu à peu de l'influence de l'ondulation (saison)[1]. De même l'imitation dépendait d'abord de la géné ration, « on imite le père parce qu'il est générateur »; mais progressivement elle s'en dégage, et c'est ainsi qu'on passe de l'imitation-coutume à l'imitation-mode. Bien plus celle-ci, ou plus exactement la coutume élargie qui lui succède, introduit dans les mœurs le malthusianisme pratique, et limite, conditionne par conséquent elle-même la génération [2]. En un mot, « la coutume primitive obéit et la coutume finale commande à la génération. L'une est l'exploitation d'une forme sociale par une forme vivante, l'autre exploitation d'une forme vivante par une forme sociale[3] ». Théorie un peu subtile, plus descriptive qu'explicative, et qui ne précise pas encore beaucoup la distinction entre mode et coutume, toujours confondues dans la vague caractéristique imitative.

A un autre point de vue, l'imitation-coutume s'expliquerait par l'attrait de ce qui est homogène et éloigné dans le temps, l'imitation-mode par l'attrait de l'hétérogène rapproché dans le temps[4]. Mais ceci se rattache à la question des lois d'imitation, car l'éloignement dans le temps est une sorte de prestige, l'hétérogénéité en est une autre (et Spencer ne l'a pas négligée), et l'homogénéité, la parenté, est source de sympathie, autre facteur de l'imitation.

La distinction entre mode et coutume évoque nécessairement celle de Lombroso entre le *misonéisme* et le *philonéisme*[5]. C'est un peu la même pensée sous une forme différente. Sans doute le misonéisme de Lombroso porterait plutôt sur la perception, puisqu'il « naît de la difficulté et de la répulsion que nous éprouvons quand nous devons substituer une sensation nouvelle à une ancienne »[6], tandis que Tarde se place surtout au point de vue de l'action. Et peut-être y aurait-il là l'élément d'une discussion assez subtile : quel est le rapport

1. Cf. *Lois de l'imitation*, pp. 272-273.
2. Cf. *ibid.*, pp. 273-275.
3. Cf. *ibid.*, p. 277.
4. Cf. *ibid.*, p. 261.
5. Lombroso et Laschi, *Le crime politique et les révolutions*, trad. fr., Paris 1892, t. II, ch. II, §§ 2 et 3.
6. *Ibid.*, p. 8.

entre la coutume ou l'habitude active et l'habitude perceptive, celle-ci est-elle l'unique fondement de celle-là? Sont-
elles parallèles, ou même identiques? Quoi qu'il en soit,
Tarde et Lombroso se rencontreraient du moins dans le domaine des idées, celles-ci rentrant dans le point de vue du
célèbre anthropologiste, et n'étant d'autre part, selon Tarde,
que des actions avortées. Cependant leur désaccord est considérable, au moins en apparence. D'après Lombroso, en
effet, le misonéisme est primitif et fondamental, il existe non
seulement chez le sauvage, chez l'enfant, chez l'esprit faible
ou affaibli, mais aussi, quand il s'agit d'innovations radicales
et importantes, chez la grande majorité des humains [1]. Seules,
comme le dit M. Max Nordau, les « nouveautés » relatives et
d'importance secondaire sont acceptées aisément et donnent
l'illusion du philonéisme. Remarque assez conforme à la critique de Nietzsche: « Le peuple comprend mal tout ce qui est
grand, c'est-à-dire tout ce qui crée. Mais il a un sens pour
tous les représentants, pour tous les comédiens des grandes
choses [2]. » Cette théorie, MM. Lombroso et Nordau sont d'accord pour l'appuyer sur la doctrine évolutionniste, et pour
conclure que la multitude est traditionaliste, conservatrice,
« parce qu'elle agit suivant les instincts héréditaires de l'espèce et non selon les concepts nouveaux et individuels, et
qu'elle ne sait pas s'orienter au milieu de situations nouvelles, ne se sentant à l'aise que dans le milieu ordinaire et
connu ». Et ceci est en rapport au moins indirect avec la théorie
d'après laquelle l'homme de génie, l'inventeur est toujours un
anormal. Enfin Lombroso, admettant l'action parallèle, coopérative pour ainsi dire, malgré la contradiction apparente, d'une
loi d'inertie et d'une loi de progrès (misonéisme et philonéisme), accepte le principe de l'instabilité de l'homogène [3].

1. Cf. Lombroso, *ibid.*, pp. 12-35. — Lucrèce disait déjà (l. V, 1409-
1410) : « Ce qui est à notre portée, quand nous n'avons rien connu
de plus agréable, nous plait avant tout, et nous semble solidement
établi ». Montaigne signalait aussi la force de la coutume, et conformément à un quatrain de Pibrac, jugeait utile de s'y conformer (*Essais*,
l. I, ch. xxii, et l. II, ch. ix). Enfin l'encyclopédiste Dumarsais, dans son
Essai sur les préjugés (*OEuvres*, t. VI, Paris, 1797, p. 128) notait combien les innovateurs sont généralement mal accueillis.

2. Nietzsche. *Ainsi parlait Zarathustra*, trad. H. Albert, 1901, p. 71.

3. Cf. Lombroso, *op. cit.*, pp. 1-8 et 12.

C'étaient là des données fondamentales tout à fait antipathiques à Tarde : aussi s'attache-t-il à démontrer que la *néo-
philie* est encore plus importante que le misonéisme. « En
chacun de nous, dit-il, à côté de l'habitude, sorte de misonéisme psychologique, existe le caprice, à côté du penchant
à se répéter, le penchant à innover. Le premier de ces deux
besoins est fondamental, mais le second est l'essentiel, la raison d'être de l'autre [1]. » Il y a peut-être ici quelque confusion
dans les termes. L'opposition établie par Lombroso est moins
entre l'imitation et l'invention qu'entre la coutume et l'imitation d'autrui. De plus, si l'on pousse à ses conséquences
extrêmes l'objection de Tarde, on rencontrera cette formule
évidemment absurde, à moins qu'on ne la rapporte à son
hypothèse métaphysique : l'esprit d'aventure est la raison
d'être du traditionalisme. Et si telle n'est peut-être pas sa
pensée, s'il entend surtout distinguer entre l'imitation de
l'étranger et l'imitation de soi-même, on en revient à la distinction première entre mode et coutume ; or, ainsi exprimée,
elle est assez discutable : il y a en effet, comme l'indiquent
Haeckel et Lombroso [2], une très grande part de coutume, de
misonéisme dans le rythme des modes, et, en ce qui concerne
par exemple le vêtement, aussi bien dans les modes mascu-
lines que dans les féminines, dont Tarde signale l'illogisme [3].

Mais peut-être, entre nos deux auteurs, y a-t-il plutôt un
malentendu qu'un désaccord, puisque Tarde dira lui aussi :
« L'imitation engagée dans les courants de la mode n'est qu'un
bien faible torrent à côté du grand fleuve de la coutume. »
Et fort probablement si, sur ce point, il analysait le fait en
dehors de toute considération systématique, il souscrirait [4] à

1. Cf. *ibid.*, p. 36.
2. Cf. *ibid.*, p. 26.
3. Cf. Tarde, *Lois de l'imit.*, pp. 365-418. — *Opposit. univers.*, p. 301.
4. Cf. *Essais et mélanges sociologiques* (*La croyance et le désir*, p. 307).
« La vraie raison de respecter les *attentes*, de ménager les droits acquis,
même en poursuivant l'exécution d'un programme individuel très vaste
et très précis, c'est que, par une trop grande brusquerie de procédés, on
irait contre le but même des novateurs... Exécuter, du soir au lende-
main, un programme radical, si beau, si séduisant qu'il soit, c'est tarir
la source qu'on veut dévier, le courant de foi et de crédit dont on a
besoin pour l'établissement de l'état rêvé, c'est briser son verre avant
d'y boire. »

ce que dit Lombroso : que le goût de l'innovation contient
en lui-même le principe de sa ruine, en vertu de la loi
du mouvement accéléré et de la loi d'inertie[1]; de là, en effet,
on peut conclure que la coutume est un substratum ou plutôt encore un frein nécessaire même au progrès social. Et ceci
est tout à fait conforme à l'opinion de Tarde en ce qui concerne ce point de vue dynamique, puisque, suivant lui, les sociétés, après avoir passé par la période d'imitation-coutume
restreinte (stade familial) s'en émancipent par suite de la
croissance et du développement de la vie urbaine, se perfec-
tionnent grâce à l'imitation-mode (stade de réunion, d'agglomération prosélytique), et se consolident ensuite par imitation-
coutume élargie, compréhensive (stade « nationaliste » si l'on
peut dire)[2]. Or, si malheureusement les États-Unis d'Europe,
par exemple, sont encore aujourd'hui, comme à l'heure où
Victor Hugo les évoquait à la dernière page de son *Histoire
d'un crime*, un rêve de réalisation incertaine, du moins cet
élargissement de l'agglomération par suite d'un nouveau
prosélytisme encore plus compréhensif n'est-il pas inconcevable, et peut-être en observe-t-on déjà les premiers symp-
tômes. En résumé, selon Tarde, l'homme échappe toujours
incomplètement au joug de la coutume, et ce n'est que pour
y retomber bientôt, c'est-à-dire pour fixer et consolider en y
retombant les conquêtes dues à son émancipation temporaire.
Quand il a beaucoup de vitalité et de génie, il en sort à nouveau et conquiert encore, mais de nouveau se repose, et ainsi
de suite[3].

Sur ce terrain, il n'y a donc pas désaccord essentiel entre les
interprétations de Tarde et de Lombroso. Ils ne s'opposent pas
non plus en tant que Lombroso admet des lois universelles,
car, en somme, Tarde ne méprise la systématisation que chez
ses adversaires, et recourt sans cesse lui-même à ses lois de
répétition, d'opposition, d'adaptation et surtout de variations
universelles. On pourrait se demander en particulier, si ces
deux principes relativement compensateurs de répétition et

1. Lombroso, *op. cit.*, pp. 16-17.
2. Cf. *Lois de l'imitation.* ch. VII, pp. 267-279 et *passim* (exemples
particuliers).
3. Cf. *Lois de l'imit.*, p. 271.

de variation ne sont pas, sous d'autres vocables, le principe
d'inertie et le principe de progrès, d'activité libre dont parle
Lombroso. Tarde n'en convient-il pas implicitement, d'ailleurs, quand il dit que rien n'est mystérieux dans la loi d'imitation, dans la tendance d'un exemple à se propager géomé-
triquement dans un groupe social homogène, car, l'activité
humaine latente rencontrant une occasion de se manifester,
la paresse naturelle l'incite plutôt à imiter qu'à inventer [1]?
Qu'est-ce que cette loi du moindre effort, sinon la reconnaissance synthétique de la loi d'inertie et de la loi d'activité ou
de tendance au progrès.

On ne sait pas trop jusqu'à quel degré Tarde juge les deux
formes de l'imitation conscientes ou inconscientes, ce qui revient à dire, puisqu'il prétend négliger la question du libre
arbitre, volontaires ou involontaires. Il déclare en effet que
la différenciation entre imitation « consciente ou inconsciente, spontanée ou réfléchie, volontaire ou involontaire »,
lui semble sans intérêt, et qu'au surplus il croit l'imitation
généralement consciente au début, sauf dans les nombreux
cas d'obéissance spontanée [2].

Pour ce qui est de la coutume, il pourrait sembler qu'il la
juge consciente, en vertu même de sa négation de l'hérédité
psychologique. Cependant il distingue entre « la conscience
ou la volonté d'imiter quelqu'un quand on pense ou agit d'une
certaine façon et la conscience de concevoir cette pensée ou
de faire cet acte ». Celle-ci serait un fait constant, universel,
invariable à travers l'évolution sociale, tandis que celle-là
diminuerait en somme, quoiqu'il en semble, avec les progrès
de la civilisation, car cette prétendue volonté consciente est

---

1. Cf. *Lois sociales*, pp. 52-53.
2. Cf. *Lois de l'imitation*, p. 217. — Il déclare également, et de même
sans insister, que l'imitation est d'abord vague chez les primitifs, que
son exactitude, sa précision vont croissant, car, dit-il, « l'imitation est
si bien l'âme de la vie sociale que, chez l'homme civilisé, l'aptitude et
l'habileté à imiter croissent plus vite encore que le nombre et la complexité des inventions ». Aussi ne croit-il pas avec Spencer que les institutions cérémonielles diminuent dans les civilisations de date ancienne :
le cérémonial et la procédure y deviennent encore plus formalistes; ils
portent seulement davantage sur l'imitation-mode (grands couturiers,
journalistes, etc.) que sur l'imitation-coutume (maîtres des cérémonies,
etc.); mais le ridicule reste le même. (Cf. *Lois de l'imitat.*, pp. 213-217).

elle-même d'origine suggestive et imitative [1]. Autant vaut
dire alors que toute imitation est pure suggestion à laquelle
on obéit par sympathie ou soumission. Et c'est bien là ce qui
ressortait de sa théorie de la suggestion. Ceci s'appliquerait
donc également à l'imitation-mode. Mais, on peut bien accorder à Tarde, en thèse générale, que l'élément inconscient ou
subconscient, la multitude des répétitions obscures, joue un
rôle capital dans la coutume frénatrice et conservatrice, sans
admettre cependant le rôle prépondérant des mêmes éléments
dans l'imitation-mode. Celle-ci du moins n'est un facteur de
progrès que si elle est consciente, réfléchie, et c'est là en
somme le principe du doute cartésien [2]. « Dans la connaissance des choses humaines, dit Mme de Sablé, notre esprit
ne doit jamais se rendre esclave en s'assujettissant aux fantaisies d'autrui. Il faut étendre la liberté de son jugement
et ne rien mettre dans sa tête par aucune autorité purement
humaine. » En effet, M. Pierre Janet a pu rattacher l'aboulie,
ce stigmate psychique de dégénérescence, au misonéisme,
et en expliquer l'existence chez le psychasthénique par un
besoin de stabilité du milieu physique, psychique et social
pour le maintien d'un équilibre mental particulièrement fra-

1. Cf. *ibid.*, p. 218. C'est ici la même confusion que celle, dont on aura
l'occasion de reparler, entre l'opinion rationnelle devenue croyance
acquise grâce à l'habitude, et le préjugé. Cette affirmation conduit à soutenir que la routine, l'habitude machinale est le meilleur guide, puisque
la vérité elle-même ne s'impose que sous cette forme. Mais ce sont là
de dangereux paradoxes. On ne saurait, *a priori*, préférer l'instinct à
la raison; car, s'il y a bien parmi ces instincts des lois, primitivement rationnelles, dont les motifs sont devenus inconscients, grâce, dit
M. Fouillée, à une dispersion de la conscience hors de la partie direc-
trice dans les parties dirigées, il s'y trouve aussi, et en vertu du même
phénomène, des idées fausses généralisées précisément par imitation-
coutume, par habitude machinale. C'est au principe directeur, la raison,
de les éliminer. Et une vie sociale où l'imitation proprement dite, surtout l'imitation-coutume, serait prépondérante, risquerait fort d'être
caractérisée par le règne du préjugé. (Cf. Fouillée, *La science sociale
contemporaine*, pp. 19-20 et 205).

2. Si Tarde ne repoussait sous sa forme classique la question de responsabilité, on pourrait se demander également si la condition du progrès
social peut être cette double forme d'imitation irréfléchie. En effet,
l'imitation laisserait alors toute responsabilité à l'invention. Ne vaut-il
pas mieux dire, avec Montaigne : « Si les inventeurs sont plus domma-
geables, les imitateurs sont plus vicieux de se jeter en des exemples
dont ils ont senti et puni l'horreur et le péché? » (*Essais*, l. I,
ch. XXII).

gile. Mais le philonéisme inconscient n'est pas un fait moins fréquent chez l'enfant, le sauvage ou le débile. La vérité est que, chez l'adulte normal, l'imitation-mode, en ce qu'elle a d'important socialement, est non seulement consciente, mais même réfléchie; par suite ses motifs rationnels ont plus d'intérêt que son caractère imitatif, interpsychologique en lui-même, et elle n'est pas d'origine aussi exclusivement suggestive que Tarde le prétend. Mais il serait prématuré d'insister ici sur cette critique générale de son système, et la discussion s'en rattache d'ailleurs aussi bien à la question des lois de l'imitation qu'à la théorie de la suggestion imitative. Ce sont en un mot les causes immédiates de la suggestion et de l'imitation qui sont intéressantes si, avec Tarde, on néglige tout à fait le point de vue du libre arbitre. Si peu analytique soit-elle, la remarque de Guyau suivant laquelle « le conventionnel, qui se ramène au volontaire (et s'oppose au naturel), est un des signes du progrès social », nous semblerait, aussi bien que la thèse de Lombroso, mériter davantage l'attention des sociologues que la distinction établie, sans beaucoup de précision, par Tarde, entre l'imitation-mode et l'imitation-coutume. Elles indiqueraient mieux la signification de certains faits absurdes d'imitation-mode ou coutume, qui détruisent l'harmonie du raisonnement de Tarde ou du moins ne sont pas suffisamment expliqués par sa théorie des causes extra-logiques ou paralogiques de l'imitation.

III

La logique sociale, selon Tarde, est constituée plus spécialement par la théorie de l'invention, ce premier moteur de son système sociologique. Cependant on pourrait considérer les lois de l'imitation comme un premier stade, une forme élémentaire inférieure de ce mécanisme logique, puisqu'en fait, sinon en principe, l'imitation, cette « mémoire sociale », est la condition de l'invention, en tant que l'imagination créatrice utilise les données de l'imagination reproductrice. D'autre part, si certaines des causes de l'imitation ne sont pas vraiment rationnelles, Tarde a peut-être tort de les appeler extra-logiques, car l'induction erronée et le sophisme relèvent encore de la mécanique du raisonnement, en vertu même, comme on le verra, de sa théorie de l'opposition. Il serait encore moins difficile d'isoler de la psychologie sociale la question des lois de l'invention que celle des lois de l'imitation, car celle-ci est en rapport étroit avec le problème de la suggestion intermentale, et les considérations de Tarde y prennent très souvent une valeur explicative en ce qui concerne les fondements essentiels de sa doctrine.

En dehors de la loi précédemment formulée sur le rapport d'alternance entre l'imitation-mode et l'imitation-coutume, et des lois logiques que Tarde juge sans doute bien connues et d'ailleurs, comme on l'a vu, très secondaires [1], il admet en somme quatre lois « extra-logiques » ou « paralogiques » importantes de l'imitation.

La première est que *l'inférieur imite toujours le supérieur*, et la seconde qu'*il y a bientôt réciprocité d'imitation de la part du supérieur*. Ces deux lois doivent être réunies, car la seconde limite déjà la première. Tarde, en effet, avoue que celle-ci souffre des exceptions ou du moins des restrictions : l'action neutralisante des lois logiques, l'utilité ou la vérité d'une invention peuvent intervenir dans la délibération plus ou moins consciente de l'imitateur [2]. Cependant on ne saurait nier la réalité de l'imitation du supérieur réel ou présumé par l'inférieur, si les inventions sur lesquelles porte le choix imitatif sont de valeur logique ou téléologique égale [3]. Les aris-

---

1. On pourra indiquer seulement que Tarde, à côté du duel logique, sur lequel on reviendra à propos de l'opposition, admet l'accouplement, l'hymen logique, qui renforce l'action des motifs entre lesquels il s'établit. Il y a d'abord accumulation d'éléments non contradictoires, puis une période de fixation, de régularisation, enfin une phase d'accumulation confirmative : ceci s'applique au vocabulaire et à la grammaire, aux mythes et aux dogmes, etc. Au point de vue pratique, Tarde croit que le grand défaut du siècle présent est d'accumuler trop de découvertes (sciences de faits, coutumes, règlements administratifs, industries, etc.), en négligeant les côtés non indéfiniment extensibles de la pensée et de la conduite sociale (théories, principes de droit, stratégie et science politiques, esthétique et morale). On aboutit ainsi, croit-il, à un chaos social analogue à celui du xvie siècle. (Cf. *Lois de l'imit.*, pp. 195-205).

2. Cf. *Lois de l'imit.*, pp. 239-241.

3. Cf. *ibid.*, p. 219. — Voir de nombreux exemples, pp. 242-247.

tocraties ne sont-elles pas partout le modèle des classes inférieures? C'est même en cela qu'est la véritable justification
de leur existence : si elles ne sont pas seules inventives, du
moins c'est par elles seules qu'une invention pourra se propager imitativement [1]. Celui qui exercera la suggestion imitative maximale, ce sera le plus supérieur parmi les moins distants (au sens social du mot, c'est-à-dire parmi ceux avec qui
l'analogie nécessaire à l'imitation existera, avec qui les relations seront fréquentes et multiples) [2]. Par conséquent, la supériorité sociale consiste en caractères internes ou externes, qui
favorisent l'imitation à un moment donné. Et, en effet, un peuple agile, robuste, donc essentiellement chasseur, devait suc-
comber à l'époque pastorale, de même que, « dans une cité
industrielle, un tempérament de poète et d'artiste » [3]. Le progrès égalitaire lui-même s'explique, selon Tarde, par l'imitation du supérieur : en France, par exemple, la noblesse s'est
égalisée intérieurement avant la bourgeoisie [4], (ce qui est
peut-être confondre l'harmonisation intérieure d'une classe
avec l'égalisation entre les diverses classes). Ici d'ailleurs la
critique de Tarde est un peu superficielle ; il y aurait lieu de
distinguer, avec Spencer [5], entre l'imitation révérentielle, due
au prestige du supérieur, et l'imitation compétitive due plutôt
à l'envie, toutes deux visant d'ailleurs sous des aspects divers
à l'égalisation et y aboutissant proportionnellement. Mais il
faudrait se demander également si l'accroissement de la compétition au détriment du respect ne s'explique pas par une cause
extra-psychologique, par le développement de l'industrialisme
coopératif, se substituant pour des raisons surtout utilitaires
au régime autoritaire et hiérarchique que Spencer appelle
militarisme. Quoi qu'il en soit, Tarde ne dépasse pas l'argumentation précédemment développée, et croit seulement que

---

1. Cf. *Lois de l'imitation*, pp. 247-248. Justification relative, car Tarde
admet qu'une invention vraie ou utile serait toujours acceptée tôt ou
tard : n'est-ce pas souvent, en effet, la mode la plus ridicule, la plus
futile, que la masse emprunte à l'aristocratie. Mais Tarde songe surtout,
probablement, à l'élite intellectuelle.
2. Cf. *Lois de l'imit.*, pp. 251-252.
3. Cf. *ibid.*, pp. 259-266.
4. Cf. *ibid.*, pp. 257-258.
5. Cf. Spencer, *Principes de sociologie*, §§ 423-425.

dans nos sociétés démocratiques « soi-disant égalitaires », le rôle de l'aristocratie est joué par les grandes villes et les capitales, qui d'ailleurs attirent toute l'élite active, intellectuelle, inventive[1]. Quant au prestige des majorités, signalé par Tocqueville, il n'est, suivant Tarde, qu'une illusion verbale, car la majorité s'explique par les imitations individuelles des plus prestigieux d'entre ses membres par les autres[2] ; et bien que ceci soit conforme à sa thèse générale, on voit qu'ici il ne cherche pas précisément à substituer les explications quantitatives aux principes qualitatifs.

Cette loi, enfin, d'après lui, montre que, si la guerre est civilisatrice en tant qu'elle permet de nouveaux rayonnements imitatifs, elle l'est bien plus pour le vaincu que pour le vainqueur, car celui-ci ne daigne pas se mettre à l'école de celui-là, qui, lui, subissant l'ascendant de la victoire, « emprunte à l'ennemi nombre d'idées fécondes et en ajoute à son fonds national »[3]. Par exemple, « si la noblesse gauloise, après la conquête, a commencé à adopter la langue et les usages romains, c'est qu'elle a pour la première fois alors senti la supériorité de Rome. Pourquoi les Indiens d'Amérique ne se sont-ils jamais civilisés à l'européenne ? Parce que leur immense orgueil les empêchait de se juger inférieurs aux Anglo-Américains. Au contraire, les nègres d'Amérique, habitués à reconnaître la suprématie des blancs, même après l'abolition de l'esclavage, ont un penchant très vif et très remarqué à copier en tout leurs maîtres ou leurs anciens maîtres[4]. » Tarde avoue, il est vrai, que souvent les conquérants ont pris exemple sur les vaincus, et par exemple les Francs en G...e, les Normands en Angleterre, les Warègues en Russie, et qu'il y avait là plus qu'une simple réciprocité. « Mais, dit-il, c'est que dans ce cas le conquérant sentait la supériorité sociale du vaincu. Et plus cette supériorité était réelle et sentie, plus le vaincu était fidèlement reflété par le vainqueur[5]. » Cependant, si, de l'invasion franque, il résulta surtout une conciliation

1. Cf. *Lois de l'imit.*, pp. 252-256.
2. Cf. *ibid.*, pp. 256-257.
3. Cf *ibid.*, p. 399.
4. Cf. *ibid.*, p. 246, note 1.
5. *Ibid.*, p. 248, note 2.

entre les talents militaires des barbares et la civilisation gallo-romaine, peut-on dire qu'il en fut de même en Italie? Non, certes. Les Goths adoptèrent plus ou moins la langue et les usages de l'empire romain, mais au total leur invasion en acheva la décadence sans y substituer une nouvelle civilisation qui utilisât les résultats acquis par les vaincus. La réponse de Tarde à l'objection possible de l'imitation des peuples conquis par leurs conquérants n'a donc pas une portée univer-selle, et il lui resterait à expliquer pourquoi ce sont tantôt les raisons logiques, tantôt les extra-logiques, toutes proportions égales d'ailleurs, qui déterminent l'imitation.

Plus intéressantes sont les considérations relatives au passage de l'unilatéral au réciproque en matière d'imitation [1]. Le fait, que Tarde compare à la loi de rayonnement de la chaleur, a souvent été signalé, mais à un point de vue moins étroitement psychologique [2]. Ce n'est pas autre chose en effet que Spencer entend, suivant Tarde, par les mots de « milita-risme » et d' « industrialisme », ce qui ne serait pas tout à fait exact, puisque Spencer attribue la coercition au militarisme et la libre coopération à l'industrialisme, si Tarde lui-même, dans le domaine social, ne ramenait l'unilatéral au monopole et le réciproque au libre exercice. Tarde croit que l'industrialisme s'explique par l'imitation, utilisant ce « nécessaire accident », l'invention. Ce n'est pas en effet, à ses yeux, la suppression de l'obéissance servile primitive, la tendance à s'en libérer, mais plutôt son universalisation sous forme de réciprocité. Si l'esclave producteur n'aspirait qu'à la liberté, dès qu'il aurait réussi, « grâce à la restriction graduelle du pouvoir de ses maîtres », à se constituer un pécule suffisant pour l'achat de son affranchissement, « il s'em-presserait d'en jouir isolément *en se servant tout seul* ». « Mais non, il copie les besoins de ses anciens maîtres; il veut être servi par aut.., comme eux, pour la satisfaction de ses besoins; et, c.. me cette prétention se généralise, un moment arrive où tous ces anciens esclaves affranchis, qui tous pré-tendent avoir des esclaves, s'asservissent alternativement, mutuellement. De là, la division du travail et la coopération

1. Voir, pour les exemples, *Lois de l'imit.*, pp. 402-407.
2. Cf. *ibid.*, p. 241.

industrielle [1] ». Plutôt qu'une application méthodique de sa
théorie, peut-être faut-il voir là un de ces paradoxes ironiques
que Tarde, hostile au socialisme et intellectuel avant tout,
aime à développer en matière politique et économique. Du
moins il serait resté plus près des faits en constatant, dans
l'industrialisme, une tendance des anciens esclaves à se
grouper (car c'est bien là le fait social spécifique par définition) pour commander au maître à leur tour, d'où il résultera,
pour les besoins de la production, une conciliation plus ou
moins parfaite, plus ou moins rapide, plus ou moins amiable
entre ces deux forces opposées. Mais sans doute ramènerait-
il encore ceci à l'imitation, par une multitude d'imitateurs,
de la révolte d'un seul. C'est toujours grâce à ce « passe-
partout » trop commode de l'imitation qu'il peut écarter les
objections importantes. En elle-même d'ailleurs, et abstraction faite de son interprétation sans doute abusive, sa loi
de réciprocité dans l'imitation entre supérieur et inférieur est
aussi juste qu'elle est, semble-t-il, d'importance secondaire.
On remarquera, en effet, que, si l'explorateur en propageant
la civilisation chez les peuples sauvages leur emprunte également, la réciprocité est ici très faible, et porte seulement sur
des habitudes utiles (costume, nourriture, etc.), que sans
doute la logique aurait suffi à lui indiquer. L'imitation de
l'inférieur par le supérieur est donc ici fort relative, et du
moins elle n'a trait qu'à l'adaptation au milieu, qui est alors
le côté important du phénomène de réciprocité et d'imitation ;
une fois de plus, l'extramental d'une part, et d'autre part la
logique intramentale reprennent leurs droits, un peu trop
sacrifiés par Tarde aux facteurs interpsychologiques.

La troisième loi extralogique posée par Tarde est que l'i
tation va du dedans au dehors. Ceci, avoue-t-il, semble con
dit par les faits. « Il semble à première vue qu'un peuple o
une classe qui en imite une autre commence par copier son
luxe et ses beaux arts, avant de se pénétrer de ses goûts et
de sa littérature, de ses idées et de ses desseins, de son es-

1. *Lois de l'imit.*, pp. 407-409. — Ainsi, dira Tarde, le salut n'est pas
seulement une survivance affaiblie du prosternement primitif, mais
aussi une forme mutualisée (cf. *ibid.*, pp. 410-411). — Mais l'imitation
est-elle l'aspect le plus intéressant de la mutualisation ?

prit en un mot, mais c'est précisément le contraire[1]. » Et
Tarde le prouve par de nombreux exemples historiques. Or il
semble bien qu'on puisse le lui accorder en fait, ou, comme
le dit M. Worms, « en thèse générale » [2]. Mais on peut aussi
contester le principe qui est chez lui le fondement de cette
loi, à savoir la confusion qu'il établit entre l'obéissance,
« imitation de volition », et l'imitation proprement dite. C'est
là, si l'on ose dire, le côté sophistique de son système ; on a
eu l'occasion de le signaler à propos de la suggestion et on
aura lieu d'y revenir. Si, à un certain point de vue, « l'obéissance est sœur de la foi », si de tout temps les classes dominantes ont été ou *ont commencé par être les classes modèles*[3],
ceci n'entraîne pas nécessairement l'identification entre l'imitation consciente ou inconsciente, réfléchie ou irréfléchie, et
l'abdication de la volonté personnelle devant celle d'autrui. Il
n'est peut-être pas d'autre angle sous lequel on aperçoive
mieux la fragilité du système si développé, si complexe de
Tarde, en ses bases essentielles. En effet, l'imitation, si tant
est qu'on veuille comprendre sous ce vocable l'imitation réfléchie, l'imitation « non pour imiter », a des causes logiques
ou téléologiques qui, en général, font défaut à l'obéissance,
et par conséquent Tarde à tort de baser sa définition, et en
général sa psychologie sociale, sur ces tendances très secondaires, très inférieures qu'il appelle l'extra-logique. Si le pa-
ralogisme a pu contribuer au progrès social en qualité d'ad-
juvant, du moins s'y est-il souvent opposé en patronnant les
erreurs et les futilités ; à plus forte raison son rôle n'est-il
pas primordial. Or, précisément il y a peut-être, dans l'acceptation d'une idée (croyance ou désir), à la fois de l'obéissance et de l'imitation, et non pas identité parfaite avec l'imitation d'un acte. Aussi ne faut-il attribuer qu'une importance

1. *Lois de l'imitation*, p. 225.
2. « Le matériel de la société se renouvelle moins vite que le mental, ne
fût-ce que parce que son rajeunissement exige plus de frais. Les cadres
rigides se déforment donc moins aisément que les lignes flexibles des
concepts. Et de la sorte l'esprit public est plutôt accessible aux innovations que l'organisation collective ». (Worms, *La philos. de G. Tarde*,
in *Rev. philos.*, août 1904, p. 133). M. Worms avait précédemment indiqué des exceptions à cette loi dans sa *Philosophie des sciences sociales*,
t. II, ch. iv.
3. Cf. *Lois de l'imit.*, pp. 223-224.

relative à la troisième loi de l'imitation, selon Tarde, et retenir seulement quelques points particuliers de son argumentation, qui conservent leur valeur, abstraction faite des rapprochements systématiques. Par exemple, ce fait qu'il cite à l'appui du processus *per interiora ad exteriora* par lui attribué à l'imitation : « Dans les rapports des diverses classes l'envie ne précède jamais l'obéissance et la confiance, mais au contraire est toujours le signe et la suite d'une obéissance et d'une confiance antérieures... L'obéissance engendre l'envie comme la cause l'effet[1]. » Remarque assez juste, mais qu'on pourrait traduire ainsi : entre la période de militarisme (obéissance) et celle d'industrialisme au sens idéalisé où l'entend Spencer (accord et coopération), il existe une période confuse de révolte de ceux qui obéissaient jadis et de résistance de la part de leurs anciens maîtres ; ce qui au surplus est aisément compréhensible, et pourrait bien être la caractéristique de notre époque. Si ce n'était pour fortifier sa théorie sur le passage de l'obéissance à l'imitation, on comprendrait moins pourquoi Tarde prétend contre Spencer qu'à l'origine des sociétés l'amour fut un facteur plus important que la crainte. Ils sont d'ailleurs à peu près d'accord en ce qui concerne le rôle capital de l'admiration, qui, en tant que traduction émotionnelle de l'idée de supériorité, est évidemment une source d'imitation. Or, si l'on songe à ce qu'il y a de vrai dans l'idée de Schopenhauer fondant les sentiments altruistes sur la mutuelle « pitié », on peut se demander si l'admiration n'est pas en rapport plus étroit avec la crainte qu'avec l'amour. Celui-ci n'est pas, quoiqu'en dise Tarde[2], la cause première du prestige du roi-dieu, lequel sans doute fut roi (pouvoir effectif) avant d'être dieu (pouvoir surnaturel). L'affection, le loyalisme n'est ici qu'un sentiment dérivé, s'expliquant par l'attrait de la coutume, par la notion des services rendus par le chef, et puis aussi peut-être parce qu'on s'attache à ceux à qui, par occasion, on fut serviable et utile, car on aime en eux ce qu'on leur a donné de soi-même. Tarde semblerait donc pencher vers l'idéal d'un âge d'or, du moins en ce qui concerne l'évolution des sentiments humains ; et son argu-

1. Cf. *Lois de l'imit.*, p. 227.
2. Cf. *ibid.*, pp. 227-231.

ment, que même chez l'enfant l'obéissance, le besoin d'écouter, précède le besoin d'agir librement, de parler [1], montre encore mieux combien son hypothèse est discutable ; n'est-ce pas le plus souvent la crainte, évoquée par la menace directe ou simplement par la fermeté de la voix, qui suggestionne l'enfant en dernier ressort ? Enfin, s'il est vrai de dire qu'on adopte les théories, les idées, avant les rites et les modes d'expression, les buts et les principes d'action avant les moyens et les procédés, et que ceci explique en partie ce qu'on appelle les survivances, il n'est pas démontré que Tarde soit en droit de traduire ces vérités par cette double formule : l'*imitation* des idées précède celle de leur expression, l'*imitation* des buts celle des moyens. [2]

Quant aux obstacles à l'imitation, il semblerait qu'on dût les déduire très logiquement de ses lois. Mais, en réalité, la question n'est pas aussi simple. En effet, Tarde dit quelque part qu'on repousse les idées nouvelles, non pour des raisons de temps et de lieu, mais au nom des croyances précédemment établies [3], abstraction faite sans doute des cas où le prestige d'une autre invention nouvelle est prépondérante ; ainsi son point de vue psychologique deviendrait absolu, la question du milieu physique serait écartée, celle du milieu social ramenée à l'imitation individuelle qui serait décidément l'universelle explication. C'était bien là le fondement de sa théorie du « duel logique », d'après laquelle tout se ramènerait dans la vie sociale et dans la vie psychologique à des conflits syllogistiques entre inventions, soit qu'elles se trouvent en concurrence directe pour la satisfaction d'un même besoin, soit qu'elles aient trait à des besoins contradictoires [4] ; et nous savons que, pour Tarde, l'extramental n'entre pas en ligne de compte dans l'idée de besoin. Cependant il n'a pu se refuser à admettre des lois logiques et téléologiques de l'imitation et ce n'est qu'à la condition de sombrer dans l'idéalisme absolu que le psychologue pourra négliger la face objective dans les caractéristiques de vérité et d'utilité. La

1. Cf. *ibid.*, pp. 231-232.
2. Cf. *ibid.*, p. 233.
3. *Études de psych. soc.*, p. 38.
4. *Lois de l'imit.*, pp. 175-180.

vérité, en effet, n'est-elle pas elle-même d'autant plus relative au temps et à l'espace qu'elle est plus subjective ?

Tarde s'est probablement rendu compte de cette difficulté, et dans un ouvrage ultérieur il a corrigé son insoutenable affirmation en reconnaissant brièvement que, parmi les obstacles à la propagation imitative, il faut admettre, à côté des imitations autres et de la coutume, l'influence de la race et du climat : et c'est seulement entre deux innovations que le choix s'expliquera par des raisons logiques ou extra-logiques[1]. Considérations dont il sera bon de se souvenir dans l'étude des oppositions sociales.

IV

Mais avant de quitter cette question de l'imitation, il convient d'indiquer que Tarde eut sur ce point un précurseur dont, sans doute, il ne s'inspira d'ailleurs pas : c'est Malebranche. Cabanis, comme on l'a vu précédemment, a rapproché la sympathie morale de l'imitation, il en a implicitement reconnu le caractère suggestif, et même signalé l'importance sociale ; mais son analyse était fort peu poussée, et n'annonçait que de très loin la doctrine de Tarde. Il n'en est pas de même chez Malebranche. Lui aussi, en signalant « la communication contagieuse des imaginations fortes », la tendance à imiter dans les imaginations faibles[2], rapproche ce phénomène de la sympathie, de la « compassion dans les corps » et « dans les esprits »[3], et il y voit des liens naturels indispensables à la société, car ils intéressent le primordial « amour-propre » et subsisteront à défaut de la charité[4]. « Il y a certainement dans notre cerveau des ressorts qui nous poussent à l'imitation, *car cela est nécessaire à la société civile*[5]. » Mais en outre il reconnaît deux causes principales

1. Cf. *Lois sociales*, pp. 53-54.
2. Cf. Malebranche, *Recherche de la vérité*, l. II. De l'imagination, IIIᵉ partie, ch. I, éd. Ollé-Laprune, Paris 1893, pp. 163 sqq.
3. Cf. *ibid.*, Iʳᵉ partie, ch. VII, pp. 89-92.
4. Cf. *ibid.*, IIIᵉ partie, ch. I, § 1, p. 164.
5. Cf. *ibid.*, Iʳᵉ partie, ch. VII, p. 92.

qui entretiennent et augmentent la tendance à imiter. « La
première, dit-il, consiste principalement dans l'inclination
qu'ont tous les hommes pour la grandeur et pour l'élévation,
pour obtenir dans l'esprit des autres une place honorable.
Car c'est cette inclination qui nous excite secrètement à parler, à marcher, à nous habiller[1] et à prendre l'air des personnes de qualité[2]. » Qu'est-ce là, sinon la constatation de la
première loi de Tarde : l'imitation du supérieur par l'inférieur? Il ne s'agit donc pas d'une analogie lointaine. Il y a
même dans ces considérations intéressantes un point qui
pourrait être favorable à la doctrine de Tarde; si, en effet,
(ce qui est peu discutable, d'ailleurs), l'imitation est surtout
fonction, non seulement de l'égoïsme, mais aussi de l'orgueil,
elle jouera dans l'accord, dans la conciliation sociale au
moins le rôle d'un moyen, sans cependant posséder en soi
une valeur explicative. L'analogie entre les deux doctrines
n'est pas moins prononcée en ce qui concerne la seconde
cause favorable, selon Malebranche, au développement de la
tendance à l'imitation ; elle consiste, dit-il, « dans une certaine impression que les personnes d'une imagination forte
font sur les esprits faibles et les cerveaux tendres et délicats »[3]. Malebranche insiste particulièrement sur cette
seconde cause, après l'avoir interprétée conformément à sa
théorie des esprits animaux, si voisine de l'idée du fluide
magnétique, et il étudie surtout l'art de plaire et de persuader chez les imaginations fortes, leur « rhétorique »[4]; ce qui, à
un point de vue plus restreint, rappelle l'analyse par Tarde
des facteurs immédiats de la suggestion.

Seulement Malebranche n'est pas tendre pour cette suggestion intermentale, malgré l'utilité sociale qu'il lui attribue.
Le besoin d'élévation n'est guère, pour lui, que « la source
des modes nouvelles, de l'instabilité des langues vivantes, et
même de certaines corruptions générales des mœurs. Enfin,
c'est la principale origine de toutes les nouveautés extrava-
gantes et bizarres, qui ne sont point appuyées sur la raison,

1. Comme des personnes de qualité, corrige M. Ollé-Laprune.
2. Cf. ibid., IIIᵉ partie, ch. i, § 2, p. 65.
3. Cf. ibidem.
4. Cf. ibid., Iʳᵉ partie, ch. i, §§ 3 et 4, p. 166 et § 6, pp. 172-174.

mais seulement sur la fantaisie des hommes [1]. » Et il y avait
là, pour Tarde, matière à réflexion, car l'imitation rationnelle
n'est plus imitation au sens propre du mot, mais bien plutôt
adaptation logique ou téléologique. De même, les considérations psycho-physiologiques de Malebranche se ramènent à
ceci : les imaginations fortes sont toujours erronées [2], il s'agit
toujours d'aliénés ou de déséquilibrés, et leur prestige sert
surtout à répandre de dangereuses divagations. Cette théorie,
malgré l'exagération de son rationalisme, contient plus
qu'une âme de vérité, et Tarde, s'il l'eût connue, y eût
trouvé un sujet d'utiles méditations. Peut-être alors aurait-il
compris que seule, en matière sociologique, l'imitation-mode
raisonnée, c'est-à-dire l'adaptation sociale, et l'habitude
héréditaire qui en résulte (imitation-coutume rationnelle)
sont intéressantes, et qu'il faut au moins distinguer parmi
les innovateurs obscurs ou célèbres : en effet, ceux dont les
inventions sont originellement adaptées au milieu social, ou
bien encore ces « créateurs de valeurs », dont parle
Nietzsche, assez puissants pour « s'adapter » le milieu, en
un mot ceux dont on répète l'acte pour lui-même et ceux
auxquels on obéit logiquement (seul cas important au point
de vue social, et précisément parce qu'il n'y a pas à vrai dire
imitation), doivent être différenciés des maniaques créateurs
de mode, que la foule imite par un reste d'instinct simiesque
et certes sans profit pour la civilisation, et des paranoïaques
inventeurs, que parfois on doit interner pour le plus grand
bien de la société.

Enfin, Augustin Cournot, lui aussi, est évidemment un précurseur plus immédiat de Tarde, même sur cette théorie en

---

1. Cf. *ibid.*, § 2, p. 165.
2. Spinoza exprime à peu près la même opinion : « Les prophètes,
dit-il, n'eurent pas en partage une âme plus parfaite que celle des autres
hommes, mais seulement une puissance d'imagination plus forte. C'est
aussi ce que nous enseignent les récits de l'Écriture... Tout ceci est parfaitement d'accord avec l'expérience et la raison. Ce sont en effet les
hommes qui ont l'imagination forte qui sont les moins propres aux
fonctions de l'entendement pur, et réciproquement les hommes éminents
par l'intelligence ont une puissance d'imagination plus tempérée, plus
maîtresse d'elle-même, et ils ont soin de la tenir en bride afin qu'elle ne
se mêle pas avec les opérations de l'entendement. » (*Traité théologico-
politique*, ch. 1, *Œuvres de Spinoza*, éd. Saisset, t. II, p. 31).

apparence si spéciale et si originale de l'imitation. Et peut-
être la comparaison est-elle ici beaucoup plus légitime,
beaucoup plus significative surtout, qu'entre Tarde et Malebranche, car elle porte non plus sur l'aspect extérieur de
l'hypothèse, mais bien sur ses fondements rationnels les plus
intimes.

Par sa théorie du hasard, par sa distinction entre la science
et l'histoire, entre l'élément théorique et l'élément fortuit,
enfin par ses idées générales sur la philosophie de l'histoire,
Cournot avait enseigné à Tarde qu'il faut négliger le libre
arbitre d'abord, et ensuite moins tenir compte de la notion
vague de causalité que de la répétition où transparaît la raison des choses ; que toute science, cherchant la continuité à
travers le discontinu, doit en expliquer la réalisation progressive et la nature essentielle ; et enfin que la probabilité à
laquelle peut-être doit aspirer toute philosophie, et en particulier cette critique spéculative de l'histoire universelle qu'on
a si souvent mal comprise et maladroitement engagée dans
des voies sans issues, doit se fonder sur la statistique, c'est
à-dire sur l'étude des répétitions. C'était là, pour Tarde, des
indications bien précises ; et il n'a même pas eu à franchir
seul le pas entre la notion de répétition et celle d'imitation,
puisque Cournot, en indiquant comment le fortuit peut prendre par la répétition un aspect essentiel, a signalé lui-même
le rôle de la propagation imitative extralogique, sans toutefois nommer expressément la tendance dont il décrivait le
mécanisme et les résultats. « Il est clair, dit-il, que plus une
institution (arbitraire, frêle et circonscrite à son origine) a
duré et s'est propagée, plus il y a de raisons pour qu'elle dure
et se propage encore davantage, et que même, toutes les
causes initiales ayant disparu, les raisons de son existence
et de sa durée ne se tirent plus maintenant que de l'existence
et de la durée antérieures. C'est ainsi, en quelque sorte,
qu'une variété individuelle, due originairement à un concours fortuit de causes extérieures, a pu se fortifier en se
transmettant d'une génération à l'autre, devenir un caractère de race ou peut-être même acquérir la valeur d'un caractère spécifique, et se perpétuer indépendamment de
l'influence des causes extérieures, ou même en vertu d'une

force propre qui résiste à l'action des forces extérieures [1]. »

Toutefois, en ce passage même, Cournot n'attribue-t-il pas un rôle assez secondaire à l'imitation, et au contraire un rôle très important, primordial, à la répétition logique et téléologique ? Au surplus il indique ailleurs que la transmission traditionnelle, dans le domaine des idées morales par exemple, s'explique par le caractère fondamental de l'invention, par son rapport à « la constitution naturelle de l'espèce [2] »; n'est-ce pas là une explication rationaliste assez satisfaisante de l'hérédité mentale, beaucoup moins vague que la théorie de l'imitation-coutume traditionnelle de Tarde, et plus acceptable si l'on veut, avec ce dernier, repousser toute interprétation psycho-physiologique de la transmission héréditaire. On ne saurait d'ailleurs s'étonner que Cournot ne soit pas à proprement parler responsable de la confusion gratuitement établie par Tarde entre l'idée de répétition et celle d'imitation. Ce criticiste, à la pensée simple et claire, à l'analyse impeccable, n'a-t-il pas été le premier à signaler une différence essentielle entre la notion de *général* et celle de *fondamental*, c'est-à-dire entre les pures similitudes, objets de la statistique, et les répétitions significatives, liées à la raison des choses, et sur lesquelles seulement la science s'appuiera pour établir des lois; ces similitudes, objets de la science, peuvent être plus ou moins *particulières*, peu importe ; mais elles sont d'autant moins scientifiques qu'elles sont plus *secondaires*, si généralisées soient-elles. C'est là une distinction qu'on ne saurait négliger : et, bien que Tarde regrette que la statistique ne soit pas plus scientifique, qu'elle ne pèse pas en même temps qu'elle compte, il ne semble pas s'être aperçu que son principe vague d'imitation ne distinguait nullement entre les similitudes quelconques et les répétitions essentielles. Si, comme il s'en félicite, le fétichisme du général en matière scientifique lui est aussi étranger à lui qu'à Cournot, grâce à sa théorie sur le rôle de l'accidentel dans l'univers, du moins a-t-il la superstition du rayonnement imitatif, c'est-à-dire du mécanisme irrationnel par lequel se réalise le général, quand il résulte de la répétition.

1. Cf. Cournot, *Essai sur les fond. de nos conn.*, t. II, p. 199.
2. Cf. *ibid.*, t. I, p. 366.

CHAPITRE IV

LES PHÉNOMÈNES GÉNÉRAUX DE LA PSYCHOLOGIE SOCIALE:

II. — L'OPPOSITION. L'ADAPTATION ET L'INVENTION. LE PROGRÈS.

I

C'est une véritable « théorie des contraires » que Tarde prétend esquisser dans son ouvrage sur *l'Opposition universelle*, et certes le sujet est trop vaste, et trop subtil d'ailleurs, pour qu'il rentre dans notre plan d'en entreprendre une analyse critique et détaillée. On ne trouvera donc ici que le résumé succinct de la doctrine fondamentale qui s'y développe, sauf naturellement en ce qui concerne les oppositions sociales, puisqu'elles rentrent dans le cadre de nos recherches.

« Deux choses opposées, inverses, contraires, dit Tarde, ont pour caractère propre de présenter une différence, qui consiste dans leur similitude même, ou, si l'on aime mieux, de présenter une ressemblance qui consiste à différer le plus possible. » Telle est, pour Tarde, la véritable opposition, plus précise que les simples différences qu'Aristote indiquait probablement dans son *Traité des contraires* malheureusement disparu, et que Hegel admettait trop souvent dans ses triades. Un simple examen superficiel de l'univers révélait l'existence de la loi d'opposition universelle, aussi bien que celle de la répétition universelle ; mais encore ne fallait-il pas confondre : parmi les réalités, seuls les phénomènes, les actions, et non les virtualités ni les termes négatifs, ont des contraires, et la source unique de toutes les oppositions phénoménales est la possibilité d'une neutralisation réciproque d'actions semblables. En effet, toutes les oppositions, même statiques, sont d'origine dynamique (contrariétés de force et de tendance), ce qui est parfaitement conforme à l'hypothèse monadologique de Tarde, et d'autre part il y a toujours un « état zéro » entre les deux extrêmes. « Nous définirons donc ainsi l'opposition : Quand deux termes variables sont tels que l'un ne peut-être conçu comme devenant l'autre qu'à la condition de parcourir une série de variations qui aboutissent à un état zéro, et de remonter ensuite cette même série de variations précédemment descendue, ces deux termes sont opposés. » Ces considérations plus particulièrement logiques n'intéresseraient pas immédiatement la sociologie, si Tarde n'ajoutait deux remarques importantes. La nécessité d'un état zéro démontre, dit-il, que le néant et l'infini sont des notions de valeur relative, puisque (de par son point de vue dynamiste) chaque chose a son néant, sa neutralisation, son état zéro ; ainsi « le rôle essentiellement conservateur plutôt que destructeur, nullement créateur, de l'opposition apparaît ici » ; ce qui est à retenir pour l'examen de ses considérations sur le rapport entre l'imitation et l'opposition, et sur les oppositions-luttes. D'autre part, il croit que le type normal sera simplement le « zéro de monstruosité » et non l'opposé, le contraire réel du monstre : définition à retenir également, car il revient assez souvent sur la distinction entre le normal et l'anormal [1].

Les oppositions peuvent être classées :

1° Au point de vue de la *forme* [2], en :

Oppositions statiques			(symétries).
Oppositions dynamiques successives			(rythmes).
Oppos. dynam. simultanées	rayonnantes	centripètes (gravitation),	
		centrifuges (rayonnement),	
	linéaires	(polarité).	

(La polarité, suivant Tarde, est particulièrement intéressante en matière sociologique. On constatera, par exemple, que, dans les polarisations mentales et sociales, l'orthodoxie cons-

1. *Opposition univ.*, pp. 7, 19, 22 et 25.
2. Cf. *ibid,*. pp. 32-40.

titue l'état neutre, le zéro. Toutes les sociétés sont en somme plus ou moins polarisées ; toutefois la polarisation esthétique ou religieuse s'est beaucoup affaiblie, tandis qu'en matière politique elle augmentait plutôt : tendance regrettable, et dont la Presse est responsable pour la plus grande part[1].)

On peut en outre classer les oppositions :

2° Au point de vue de la *matière* [2], en :
Oppositions qualitatives ou de série,
Oppositions quantitatives {ou de force,
ou de degré { mécaniques,
logiques.

(Ces dernières sont aussi appelées : oppositions de sens, positif ou négatif, ou, absolument, oppositions dynamiques).

Resterait enfin une troisième classification, au point de vue de l'ordre de phénomènes pour ainsi dire, en :

Oppositions *mathématiques* [3],
—   *physiques* [4],
—   *vivantes* [5],
—   *psychologiques*,
—   *sociales*.

Seuls les deux derniers genres nous intéressent directement, et d'ailleurs on a déjà parlé des oppositions psychologiques. On se contentera de rechercher, dans l'étude de Tarde sur les trois autres genres d'opposition, ce qui pourrait se rapporter d'un peu près à sa doctrine générale et à son système sociologique.

« Les mathématiques, dit-il par exemple, considérées dans leur ensemble, ont pour caractère essentiel de nous mirer l'univers sous le seul aspect de ses répétitions et de ses oppositions, abstraction faite le plus qu'il se peut de ses variations. » Et, en effet, la variation universelle reste toujours le grand obstacle à la science exacte, et l'on voit de nouveau pourquoi Tarde s'est efforcé de trouver un élément psycholo-

---

1. Cf. *Opposition univ.*, pp. 40-45.
2. Cf. *ibid.*, pp. 45-51.
3. Cf. *ibid.*, pp. 60-75.
4. Cf. *ibid.*, pp. 76-105.
5. Cf. *ibid.*, p. 106-119. — Les symétries de la vie pp. 120-161.

gique quantitatif. Il croit d'ailleurs que « le monde social, à
mesure qu'il se régularise et s'organise, fournit des applications plus nombreuses au calcul et spécialement à celui des
quantités positives et négatives. » La statistique pourra donc
bien devenir une véritable « arithmétique morale ». Beaucoup
plus hasardeux est son raisonnement, quand il indique dans
les opérations mathématiques (rapports entre les nombres)
le schème des relations diverses qui existent entre les individualités vivantes : l'addition représenterait l'accouplement,
la soustraction l'amputation, la multiplication la possession,
c'est-à-dire le rapport de sujet à attribut. Ce sont là de ces
jeux logiques, ou analogiques, auxquels Tarde s'arrête trop
souvent en chemin, et dont le côté paradoxal est plutôt nuisible à la vraisemblance de son système, si originale et ingénieuse qu'en soit l'illustration.

L'opposition physique essentielle est le postulat fondamental de la mécanique : « toute action est accompagnée d'une
réaction égale et contraire ». Sur ce terrain, on glisse assez
facilement vers les inévitables considérations métaphysiques
dont Cournot a reconnu lui-même la nécessité, et Tarde croit
qu'ainsi on est conduit à « voir au fond de toutes ces actions
(physiques) analogues une sorte d'ambition universelle inhérente à chaque réalité et qui la pousse non seulement à per-
sévérer dans son être, mais à répandre son être au dehors, à
le diversifier en le répétant, et le multipliant, et à l'employer
en le déployant ». Il y a là une sorte de Mécanique supérieure
ou de « Logique cachée », déjà indiquée par Leibniz et par
Cournot dont Tarde s'inspire une fois de plus et très ouvertement. C'est l'opposition-rythme, par conséquent, qui joue un
rôle immense dans le monde physique, et aussi dans le
monde vivant, car « les superficielles et apparentes oppositions simultanées présentées par les faits de masse se résolvent en réelles et profondes oppositions rythmiques qui se
déroulent dans le sein des cellules ou des organes, des consciences individuelles ou des groupes élémentaires ». Le travail
lui-même, « imitation, répétition sociale », est aussi un
« rythme périodique », car il consiste à défaire et à refaire.

1. Cf. *Opposition univ.*, pp. 61 et 73-74.

Seulement il n'y a pas, dans toutes ces oppositions, réversibilité, car il faut tenir compte du « frottement », de la « résistance du milieu », qui entraîne non pas dissipation, mais transformation d'énergie ; ainsi sous l'éternel rythme d'opposition se constitue un courant profond, supérieur, et pour ainsi dire cause finale par le fait même qu'il est irréversible. L'opposition rythmique universelle ne signifie donc nullement symétrie ; et c'est là le point essentiel de l'argumentation de Tarde contre l'évolutionnisme unilinéaire, opposant dissolution à évolution, régression à progression. L'évolution en effet, dit-il, « la période de formation, concentre en elle tout l'intérêt de l'existence, et la période de déformation, beaucoup plus rapide d'ordinaire, est jugée infiniment moins importante ». C'est du moins la caractéristique de notre univers. Et, d'après Tarde, c'est là sans doute la raison pour quoi Spencer a été si bref en ce qui concerne la dissolution [1].

C'est à la lumière de cette même théorie générale qu'il faut déterminer et interpréter les oppositions vivantes, et ne plus s'arrêter, comme on l'a souvent fait, à des apparences frappantes mais superficielles [2]. Il ne semble pas à Tarde qu'il y ait véritablement une opposition entre nutrition et reproduction ; il y voit plutôt deux modes de répétitions, répétition en soi-même ou au dehors, centripète ou centrifuge, et par suite, ici comme ailleurs, il croit le côté répétition prépondérant. D'autre part, on s'est exagéré, croit-il, le nombre et l'importance des symétries de la vie. En réalité, la vie tend seulement à la symétrie des formes de l'individu et des variétés inverses de l'espèce, et ceci parce qu'elle vise à « posséder tout ou totalement quelque chose ». « La vie est prodigieusement ambitieuse et révolutionnaire : voilà pourquoi elle est extrêmement symétrique et régulière dans ses procédés. Ses oppositions, comme ses répétitions, sont des instruments de rénovation et de conquête. » Or, tous les conquérants, et de même tous les métaphysiciens, recherchent la symétrie ; ils sont pareillement organisateurs, ils ont la passion de la coordination systématique. Schopenhauer a signalé ce penchant comme une cause d'erreur chez Kant ; Cournot le

1. Cf. *Opposition univ.*, pp. 75-79 et 82-97.
2. Cf. *ibid.*, pp. 106 sqq. — *Lois sociales*, pp. 63-66.

reproche aussi à Pascal et à Kant, et ne l'évite pas lui-même ;
on le retrouve également sous forme dichotomique chez Descartes, unitaire chez Spinoza, tripartite chez Hegel, enfin
chez Bichat en biologie, chez Victor Hugo en littérature, pour
n'en pas citer davantage : tous cherchent à rendre l'univers
« portatif » par la symétrie. Et ces remarques, qui à première vue pourraient sembler banales ou stériles, deviennent
particulièrement intéressantes, parce que Tarde en déduit
une nouvelle théorie de l'*adaptation*. La vie, dit-il, est domi-
natrice, intolérante. « L'être vivant tend à s'approprier le
monde et non à s'approprier au monde. » Toute son activité
depuis la simple sensation est une véritable conquête. On voit
aisément combien ce point de vue est conforme au dynamisme
qui domine la psychologie de Tarde, à son hypothèse métaphysique suivant laquelle dans toute réalité, dans toute monade, se manifeste « une avidité infinie dont la curiosité
humaine ne serait que la traduction mentale »[1]. Et, en effet,
on peut du moins lui accorder que, sans cette interprétation
des oppositions statiques, la notion d'opposition n'aurait
qu'un très faible intérêt en matière scientifique et surtout
sociologique, tandis qu'en fait l'idée de lutte occupera, même
dans la science sociale de Tarde si hostile aux thèses darwi-
niennes, une place considérable.

On s'explique moins comment il assimile l'inévitable mort
à l'état d'équilibre parfait, et ceci est sans doute pour donner
à réfléchir aux adorateurs du progrès. Cependant, c'est d'accord avec Spencer qu'il voit « dans la roideur cadavérique,
et non, comme un esprit superficiel eût pu le penser, dans
l'état adulte, la consommation suprême du développement
individuel, son illusoire couronnement »[2]. L'état adulte n'est
qu'un équilibre mobile, donc une marche vers l'équilibre
parfait, le repos. « Qu'appelle-t-on parfait ? Un être à qui rien
ne manque, dit Bossuet. On n'imagine pas de meilleure définition du cadavre que cette définition de Dieu, et il y aurait
là, si l'on y réfléchit, de quoi justifier l'adoration instinctive
et superstitieuse de tous les peuples primitifs pour les corps
morts. Vivre, c'est avoir besoin, c'est manquer de tout ce

1. Cf. *Oppos. univ.*, pp. 106-111.
2. Cf. *ibid.*, p. 115.

dont on a besoin ; c'est poursuivre vainement, comme une proie toujours dévorée et toujours renaissante, la satisfaction des désirs qui se multiplient à mesure qu'ils se détruisent. Mais la mort met fin à ce cauchemar, elle nous apaise et nous achève, et, au sortir de cet étroit défilé d'étouffements et d'avortements, nous rend à la pleine vitalité de notre nature prévitale, à l'Être Éternel auquel je ne donne point de nom propre, parce que l'idée de propriété, qui supposerait celle de privation, de besoin et de manque, est indigne de lui, et qu'il ne peut rien *avoir* dès lors qu'il *est* tout[1]. » Belle méditation pessimiste, à laquelle souscriraient sans peine Schopenhauer et Hartmann, mais qui, logiquement parlant, est comme un tissu paradoxal de comparaisons analogiques au moins douteuses[2]. Tarde, en effet, doit d'abord avouer qu'il interprète à sa façon la pensée de Spencer. Celui-ci semble dire simplement que la roideur cadavérique constitue l'état dernier de l'évolution individuelle, et, surtout dans ce domaine, il ne paraît attribuer aucune supériorité au repos ou équilibre complet sur l'équilibre mobile. Quoi qu'il en soit, ce ne serait pas sur un des points les plus solides de la théorie évolutionniste que Tarde se trouverait d'accord avec Spencer, car on ne voit pas trop comment la mort peut être l'état d'équilibre parfait en matière d'organisation biologique, quand cet état, en matière sociologique, est constitué, selon Spencer lui-même, par l'harmonie complète entre les désirs humains et la conduite imposée par les conditions du milieu[3], et puisque enfin, — Tarde ne semble pas l'avoir nettement compris, — dès l'équilibre mobile de l'âge adulte, la faculté d'adaptation diminue progressivement[4].

1. Cf. *Oppos. univ.*, p. 146.
2. On peut voir en effet ses considérations sur la « mort » des États (tyrannie parfaite), des langues (consolidation parfaite), des religions, etc., (*ibid.*, pp. 144-150), où l'idée de mort n'entraîne nullement celle d'inutilité, et non plus celle de résurrection impossible.
3. Tarde a dit lui-même que, s'il est possible qu'il y ait une mort naturelle pour les individus, elle est au moins exceptionnelle pour les sociétés, et il rattache ceci à ce qu'il n'y a pas réversibilité, régression sociale, symétrie du progrès, mais bien, à travers les rythmes, progrès incessant (Cf. *Oppos. univ.*, p. 350). La vie humaine individuelle ne serait-elle pas le rythme biologique ?
4. Spencer, *Premiers princ.*, §§ 172-174 et § 182. — *Princ. de biol.*, § 69.

De plus, n'est-il pas évident que la roideur cadavérique est un état essentiellement instable, et peut être considérée, du moins suivant la différenciation actuelle entre les domaines scientifiques, comme la première phase de la décomposition organique, du retour à l'état physico-chimique inférieur ou élémentaire. Au risque de passer, pour un esprit superficiel, comme dit Tarde, loin de regarder la mort, ce combat cessant faute de combattants, et d'ailleurs cette transformation d'énergie, comme le véritable idéal biologique, on cherchera plutôt celui-ci dans le maximum de la coordination vitale, dans l'état de santé chez l'adulte. Il semble au surplus que la notion d'équilibre parfait soit contradictoire avec la thèse dynamiste; et c'est là sans doute l'explication profonde du paradoxe de Tarde.

On arrive ainsi aux oppositions psychologiques, dont l'intérêt social est assez considérable, mais qu'on a déjà étudiées précédemment. Il ne reste donc plus qu'à entreprendre, en se remémorant ces considérations générales, l'étude plus détaillée des oppositions sociales.

II

Dans ce chapitre de la science sociale, comme partout ailleurs, le progrès scientifique se réalisera par la découverte d'oppositions nombreuses, subtiles et intérieures, qui remplaceront avantageusement les oppositions rares, grossières et extérieures sur lesquelles se sont fondées les systématisations prématurées. Ici, comme dans tous les domaines qu'on vient d'étudier, aux vagues oppositions qualitatives, on substituera des oppositions quantitatives, précises, et on tiendra compte de la notion de polarité. De même qu'on n'attache plus d'importance, par exemple, aux oppositions apparentes de nouvelle et vieille lune, de jours fastes et néfastes, à celles irréelles de jeunesse et vieillesse, de respiration végétale et respiration animale, toutes idées qui ont cédé la place à des notions quantitatives (loi de l'attraction, loi d'action contraire et égale à la réaction, oxydation et désoxydation), de même on néglige en sociologie la lutte mythologique des poètes anciens, les antinomies des métaphysiciens depuis Platon jusqu'à Hegel et Victor Cousin, et l'on négligera enfin l'idée moins absolue, mais également forcée, de concurrence universelle et essentielle, telle que l'entend l'évolutionnisme [1].

Quelle est donc, selon Tarde, la véritable opposition sociale? C'est, dit-il, l'opposition entre les croyances et entre les désirs ; et elle doit être cherchée « au sein même de chaque individu social », dans ses « hésitations » [2]. Pour bien comprendre ce point de vue, il faut ne pas oublier la définition précédemment donnée de l'opposition : en matière sociologique comme ailleurs, l'opposition est non pas un maximum de différence, mais « une forme très régulière de répétition, celle de deux choses semblables qui sont propres à s'entre-détruire en vertu de leur similitude même ». Autrement dit, les contraires sont toujours des couples et des dualités, non en tant qu'*états*, mais en tant que *tendances* ou *forces* ; les oppositions sont essentiellement dynamiques. Par suite on doit éliminer les pseudo-contrariétés de nature, admises par les mythologues et les « philosophes de l'histoire », et n'y voir que de simples contrastes accidentels [3]. Ce qui revient à dire que le mode essentiel d'opposition sociale est le *duel logique ou téléologique*.

Il y a peut-être lieu d'indiquer ici les différences entre le duel logique individuel et le social. Si l'opposition est réalisée « dans un même être (une même molécule, un même organisme, un même moi), il y a toujours destruction et perte de force » [4]. L'opposition, ici, est toujours successive, à moins qu'elle ne porte sur le « sens » (positif ou négatif). Si au contraire l'opposition est dans deux êtres différents (deux molécules ou deux masses, deux organismes, deux consciences humaines), il n'y a pas de perte de force, l'oppo-

1. Cf. *Lois sociales*, pp. 57-68.
2. Cf. *ibid.*, pp. 68-69.
3. Cf. *ibid.*, pp. 70-71.
4. La loi de conservation de l'énergie n'indiquerait-elle pas plutôt que la force antagoniste vaincue se transforme diamétralement? Tarde semble ici placer la force plutôt dans l'idée réalisée que dans la conscience subjective.

sition est soit simultanée (lutte), soit successive (rythme)[1].

Les oppositions internes permettent seules les oppositions externes, surtout s'il s'agit d'oppositions de signe. Cependant il importe de les bien distinguer. En effet, « c'est seulement quand le duel individuel (c'est-à-dire intramental), a cessé que le duel social (c'est-à-dire extramental), commence », car « tout acte d'imitation est précédé d'une hésitation de l'individu », et c'est seulement lorsque celui-ci a pris une décision, lorsqu'il imite en dedans, dirait sans doute Tarde, qu'il va passer à l'imitation en dehors, et que pourra se produire le conflit social[2]. Par conséquent, en matière de pensées et de volontés, c'est l'accord individuel, intramental, qui, en précisant, en choisissant un des termes proposés, cause le désaccord social[3]. Et ceci se rattache évidemment de très près à la troisième loi de l'imitation indiquée par Tarde. Voilà pourquoi les inconséquences de logique individuelle n'ont souvent qu'une importance relative au point de vue de la logique sociale. Il n'y avait pas illogisme social dans la civilisation florentine au XIII° siècle, bien que l'intolérance religieuse et philosophique y fût alliée à la licence des mœurs : la logique sociale n'exige que le « conformisme », universel et total ; elle est antérieure et indifférente aux conflits de logique individuelle persistants[4].

En somme, l'opposition psychologique diffère de l'opposition sociale par sa cause (la première — cas assez rare — ayant à choisir entre deux jugements, deux désirs contraires, la seconde étant l'interférence de deux « rayonnements imitatatifs »), et surtout par ses effets (la première étant inefficace ou n'ayant d'autre conséquence que le scepticisme, tandis que la seconde n'est jamais interminable). Dans l'opposition intramentale : ou bien l'individu adopte sans lutte la pensée ou le vouloir d'autrui ; ou bien, si l'opposition est durable, il y a doute, et la force d'affirmation ou d'action est entravée ; ou bien enfin il y a nettement résistance, et la lutte intime devient tonifiante. Mais, si on analyse de plus près, on re-

1. Cf. *Lois sociales*, pp. 74-76.
2. Cf. *Lois de l'imit.*, pp. 186-188.
3. Cf. *Logique sociale*, pp. 77-79 et 97.
4. Cf. *Ibid.*, p. 77.

marque que le scepticisme énervé, ou le dogmatisme violent, c'est-à-dire la juxtaposition individuelle de termes opposés, devient sociale si elle est répandue imitativement, ce qui est le plus fréquent[1]. Donc tout procède socialement de l'opposition psychologique, bien qu'il y ait lieu d'en distinguer l'opposition sociale.

Pour en revenir à celle-ci, dans la vie des sociétés, comme dans celle des individus, suivant Tarde, presque tout se présente par couples contradictoires, sous forme de duels syllogistiques. On peut dire que toute l'histoire se réduit à des duels et à des accouplements d'inventions[2] ; mais, à un autre point de vue, il faut remarquer que tout événement est comme une question, comme un problème qui exige une solution : celle-ci peut être affirmative ou négative, et cette opposition polarisée, à laquelle toujours se ramènent les diverses tendances, constitue même un double duel, car chaque opinion adverse aura son aspect positif et son aspect négatif. Le premier le côté négatif, critique, domine d'abord, en général, comme on peut s'en apercevoir dans l'industrie, les beaux-arts, la linguistique ; mais d'ailleurs presque toujours, à un certain moment, les rôles finissent par se renverser[3]. « Il est telle époque, où une philosophie, une secte naissante, religieuse ou politique, doivent toute leur vogue à l'appui que trouvent en elles les contradicteurs de la théorie admise, du dogme, ou les dénigreurs du gouvernement ; et plus tard, quand cette philosophie ou cette secte ont grandi, on s'aperçoit un jour que toute la force de l'Église nationale, de la philosophie officielle ou du gouvernement traditionnel, qui résistent encore, est de servir de refuge aux objections, aux doutes, aux alarmes soulevés par des idées ou les prétentions des novateurs, devenues séduisantes par elles-mêmes[4]. » Quant à l'aboutissement de ces duels, aussi bien dans la logique ou téléologie sociale que dans l'individuelle, Tarde l'entrevoit sous l'aspect d'une triple possibilité : ou bien l'un des termes opposés disparaîtra par usure progressive, et l'autre s'élèvera

1. Cf. *Lois sociales*, pp. 78-85.
2. Cf. *Logique soc.*, pp. 48-49. — *Lois de l'imitation*, pp. 174-175.
3. Cf. *Lois de l'imit.*, pp. 175-176, et 184-186.
4. Cf. *ibid.*, p. 185.

parallèlement; ou bien la lutte armée causera la disparition rapide et brutale de l'un des contraires; ou bien enfin il se produira une réconciliation ou plutôt encore substitution d'un nouvel adversaire à l'un des deux. A un autre point de vue, qui est un peu celui de Spencer, il semble à Tarde que, dans les oppositions entre inventions industrielles, le dénouement est pour ainsi dire « comique », le vaincu devient suranné, ridicule; tandis que dans les oppositions d'ordre militaire, il est anéanti, et par conséquent le dénouement est « tragique »[1].

Voyons enfin quelles sont les modalités de l'opposition sociale. On en distinguera trois sortes: les oppositions de *série*, celles de *degré* et celles de *signe*.

Les oppositions de série, qualitatives, relatives à des phases hétérogènes, comme par exemple l'évolution et la contre-évolution, ont été le leurre de la plupart des doctrines sociologiques et de l'évolutionnisme en particulier[2]. Elles ne soulèvent qu'une question intéressante, mais surtout théorique, celle du rôle de l'irréversible en histoire. L'irréversible, dit Tarde, est beaucoup plus important dans le domaine social que le réversible. Il semble d'ailleurs en général que la réversion répugne à la nature des choses, là même où elle serait naturelle et concevable, comme par exemple dans l'ordre des lettres de l'alphabet ou l'ordre grammatical des mots. Au contraire, l'irréversibilité caractérise des faits sociaux d'une importance capitale, comme la série des connaissances scientifiques, et sa conséquence, le développement industriel[3].

Pas plus en matière sociologique (évolution des langues, des religions, des constitutions, des arts, etc.) qu'en matière biologique (évolution organique), comme on l'a vu, le dépérissement et la mort ne sont l'inverse de la naissance et de la croissance. Même en matière économique, quoi qu'en dise M. Gide, il y a irréversibilité essentielle; car la vraie mesure de l'ordre des transformations économiques, c'est l'ordre d'apparition, « à la fois rationnel et accidentel », des inven-

1. Cf. *Lois de l'imit.*, pp. 191-195.
2. Cf. *Lois sociales*, pp. 71-72.
3. Cf. *Opposition univ.*, pp. 301-307.

tions et des découvertes[1]. Une fois de plus, ici, Tarde
ramène donc tout à son psychologisme, grâce à la confusion
entre l'ordre logique et le téléologique. Seul, dit-il, ce qui est
illogique est réversible, et c'est par exemple le cas des modes
féminines[2]. Tout ceci se relie d'ailleurs étroitement à ses
théories sur l'invention, sur le rôle des hommes de génie,
sur le progrès social : en effet, c'est, comme on le verra, par
l'irréversibilité à peu près universelle, et qui porte tout
particulièrement sur l'ordre d'apparition des inventions, que
peut s'expliquer le progrès.

Les oppositions de degré sont déjà plus intéressantes : elles
sont en effet quantitatives, susceptibles de plus et de moins,
parce que relatives à des phases homogènes, et d'ailleurs
mises en relief de plus en plus par la statistique[3]. Les *quantités sociales*, dit Tarde, sont en somme distinctes des quantités psychologiques ; elles pourraient exister en dehors de
celles-ci. En effet, elles supposent simplement un nombre
quelconque de similitudes imitatives, spirituelles, fussent-
elles simplement qualitatives, entre individus. Les quantités
sociales proprement dites, ce sont la *vérité* et la *valeur*, c'est-
à-dire la crédibilité générale des idées et la désirabilité générale des produits ; et c'est là par conséquent la transposition des éléments psychologiques désir et croyance dans
le domaine social. Or on a reconnu depuis longtemps l'importance de la notion de valeur en sociologie ; on l'a même
beaucoup exagérée, précisément parce qu'on négligeait la
notion de vérité. Celle-ci cependant joue un rôle encore plus
considérable et intéressant, parce que son action sociologique est pour ainsi dire libérale : il n'y a pas de monnaie
spirituelle qui lui corresponde, et en effet il n'est pas besoin
d'une mesure commune des connaissances, car celles-ci
s'échangent sans sacrifices[4]. Considérations qui se rattachent
évidemment de très près à l'opinion de Tarde sur le caractère persuasif du fait social. Mais peut-être l'exagération de
son point de vue exclusivement logique et psychologique

1. Cf. *Oppos. univ.*, pp. 308-321.
2. Cf. *Ibid.*, p. 304.
3. Cf. *Lois sociales*, p. 72.
4. Cf. *Oppos. univers.*, pp. 332-342.

apparaît-elle aussi de plus en plus nettement : la notion de
vérité sera certes plus importante que celle de valeur dans la
constitution des publics, si finement analysée par Tarde ;
mais le rapport ne sera-t-il pas inverse en ce qui concerne
la formation des états, des nations, et, en général, des nombreux types sociaux qui ont pour raison d'être les intérêts
positifs de leurs éléments constitutifs ?

Quoi qu'il en soit, on trouve là encore une confirmation
de ce qu'a dit Tarde sur la nécessité de réformer la statistique, laquelle devrait tenir compte également des deux quantités sociales [1]. Enfin, et l'on touche ici encore à la question
du progrès, les accroissements et décroissements de quantités sociales ne sont pas symétriques ; leur progression est la
règle, leur régression l'accident, en effet la statistique constate
des alternances irrégulières de progression et de régression,
lentes ou rapides, mais où la progression domine [2]. Or c'est
là, pratiquement parlant, une considération réconfortante: on
peut ainsi prévoir que, « probablement », la dépopulation,
cette régression momentanée dont souffre la France, s'arrê-
tera un jour ou l'autre ; et de même pour ce qu'il y a de
régressif, d'inquiétant dans la concurrence acharnée et le
machinisme modernes. Tout doit progresser, en particulier
le taux des salaires ; et, dans cette opposition entre « opu-
lence » et « indigence », où le terme neutre est l' « aisance »,
il semble que l'évolution sociale doit tendre à réaliser, par
la progression vers le premier terme, l'extinction du pau-
périsme [3].

Les oppositions de signe ou de sens se rapprochent des
précédentes. On peut aussi les appeler « diamétrales » ou
« dynamiques proprement dites », car elles ont trait aux polarisations sociales, à l'opposition entre le positif et le négatif
et entre le plus et le moins aussi, mais en fonction des deux
sens contraires. On en peut citer comme exemples fondamentaux, au point de vue de la croyance, l'affirmation et la
négation, au point de vue du désir, la concurrence [4].

1. Cf. *Oppos. univers.*, pp. 312-311.
2. Cf. *ibid.*, pp. 316-348 et 351-355.
3. Cf. *ibid.*, pp. 348-349 et 355-360.
4. Cf. *Lois sociales*, pp. 72-74.

Ce genre d'oppositions a souvent été au moins indiqué par les premiers sociologues. La conception gnostique de l'histoire admettait le duel entre la matière et l'esprit. De même la sociologie latente chez les grands révolutionnaires brode sur le thème des oppositions entre Iniquité et Justice et, peut-on dire, entre « états sataniques » et « états divins » : conception qui se retrouve à peu de chose près chez Hegel, Renan et M. Ferrari. Mais Bossuet déjà, puis, entre autres, Auguste Comte et Taine, ont su, avec les économistes (dont la sociologie prématurée et inconsciente laisse trop de place à la concurrence), choisir le côté processif, et voir l'orientation, l'irréversibilité dans l'histoire. Enfin le succès du darwinisme est venu exalter le militarisme, la lutte pour la vie. Mais, du moins, les oppositions de sens étaient nettement reconnues, avec leur caractère dynamique [1].

Or il est aisé de voir qu'elles ne sont pas autre chose que l'expression parfaite de ce duel logique et téléologique [2] qui, on l'a dit, se retrouve au fond de toutes les oppositions. Constituant la forme essentielle de l'opposition, elles seront particulièrement intéressantes en matière sociologique.

Tarde en reconnaît en somme trois sortes : la *discussion*, qu'on peut étudier la première puisqu'elle se rapproche le plus du duel logique pur; la *concurrence*, surtout économique; et la *guerre*, synthèse de toutes les oppositions sociales.

La discussion verbale [3] naît quand la discussion intramentale est terminée. Elle est l'opposition-lutte dans le domaine de la conversation, laquelle, en un autre sens, est comme un accouplement en vue de l'échange d'idées (information), cette dernière forme se développant progressivement aux dépens de la première [4]. Ici comme toujours, en effet, le progrès se manifeste par l'élargissement de l'opposition, c'est-à-dire des groupes opposés : il y a d'abord discussion entre individus ou petites agglomérations, puis accord et discus-

---

1. Cf. *Oppos. univ.*, pp. 360-363.
2. Cf. *Ibid.*, pp. 365-372.
3. Mieux vaudrait dire absolument « sociale », car le langage intérieur est également indispensable au conflit logique ou téléologique individuel.
4. Cf. *L'opinion et la foule*, p. 88.

sion avec d'autres groupements résultant d'un accord dans
le sens opposé, et ainsi de suite. Les exemples sont nombreux en matière religieuse, politique, linguistique, juridique
et scientifique. On pourra remarquer tout particulièrement
que, malgré les apparences, et nonobstant l'influence du
développement de l'industrialisme et des relations sociales en
général, la discussion judiciaire, le procès civil ou commercial va aussi s'élargissant et s'adoucissant dans ses procédés;
en effet, aux « coutumes » locales ont succédé les « coutumes » provinciales, puis les lois nationales; de même, les
discussions de première instance et d'appel aboutissent à
l'arrêt définitif de la cour suprême. Si enfin l'on objecte que les
civilisés discutent plus, on répondra que ceci tient à ce qu'ils
parlent et pensent plus. Seules d'ailleurs les discussions
publiques progressent, et cela démontre précisément l'élargissement graduel des oppositions de même que celui des
groupements [1]. Enfin Tarde admet qu'en somme la discussion
est relativement stérile; ici comme partout, l'accouplement
logique est plus fécond, plus favorable au progrès, que l'opposition, laquelle n'aboutit guère qu'à des substitutions [2].

La concurrence pourrait être envisagée, au sens large du
mot, sous l'aspect d'un concours aussi bien que sous l'aspect
d'une lutte, mais c'est naturellement de la concurrence-lutte
qu'il s'agit ici. Il ne faut pas la prendre non plus au sens de
concurrence vitale; Tarde en effet la définit bien « le choc des
intérêts » [3], mais c'est toujours l'opposition économique qu'il
envisage de préférence, et l'on connaît d'ailleurs son aversion
pour la loi de sélection darwiniste. La concurrence en ce
sens restreint et à l'égard d'un même article, peut d'après
lui, être considérée sous trois aspects différents : 1° concurrence entre producteurs; 2° concurrence entre consommateurs; 3° concurrence entre producteurs et consommateurs.
Dans ce dernier genre, la conciliation est toujours possible :
l'opposition, ici, va se calmant; elle s'élargit en grands mar-
chandages, elle s'annihile dans les coopératives de consommation. Entre acheteurs, l'accord est également possible,

1. Cf. *Lois sociales*, pp. 99-104.
2. Cf. *Oppos. univ.*, pp. 370-372.
3. Cf. *Ibid.*, p. 373.

sauf s'il s'agit d'objets de première nécessité ou au contraire
de grand luxe : mais toujours l'opposition s'élargit, et les
trusts et kartells en sont la meilleure preuve. Enfin la concurrence entre producteurs, inévitable dans notre civilisation et,
en apparence, de plus en plus vive, devient elle aussi en réalité
plus large et moins douloureuse. Et, malgré M. Paul Leroy-
Beaulieu, Tarde applique ceci tout particulièrement à la
suprématie actuelle des grands magasins : il y a entre eux,
dit-il, comme une répartition tacitement acceptée de monopoles partiels; chacun, parmi la multitude de ses articles, a
sa spécialité consacrée, et cette forme atténuée vaut mieux
que la concurrence aiguë entre petits magasins. C'est déjà là
comme une tendance à l'accord au sein des monopoles et des
associations opposés. Tarde voit même, dans cette marche
vers des associations géantes qui ne pourront que s'associer
entre elles, la véritable justification de la concurrence [1]. Par
conséquent, Bastiat s'est trompé, qui affirmait l'indestructi-
bilité, l'utilité de la concurrence en elle-même, et lui faisait
expliquer, en somme, l'imitation des inventions [2]. En réalité,
la concurrence n'est pas source du progrès; et pas davantage
les grèves, qui en sont une forme collective [3]. C'est l'alliance
qui en est la condition, l'accord qui en résulte, qui sont favorables. La concurrence n'est d'ailleurs qu'une lutte hybride
qui présuppose « convivance ». De plus elle s'adoucit progressivement; en tous pays se réalise « l'ordre juridique,
terme et idéal de la liberté économique », et « il est curieux
et admirable qu'au milieu d'une nature anarchique où tous
les êtres se sont hostiles, l'homme ait conçu l'harmonie préétablie de ces propriétés supérieures qu'il appelle ses droits ».
Les fonctions publiques comme les métiers, qui à leur tour
tendent à devenir fonctions publiques, ont commencé par un

1. Cf. *Lois sociales*, pp. 91-99.
2. Cependant, si l'on attache de l'importance au phénomène imitation,
on doit, semble-t-il, reconnaître l'intérêt relatif de cette pensée de
Bastiat : n'est-ce pas l'aiguillon de la concurrence aussi bien que les
autres raisons logiques ou téléologiques, qui encourage à la contre-
façon, cette imitation caractérisée?
3. Si la grève n'est pas un facteur de progrès industriel, n'en est-elle
pas un de progrès social, en tant qu'elle peut faire monter le taux des
salaires?

état d'anarchique concurrence, et c'est grâce au syndicat, à l'association que l'utilité publique des métiers apparaît nettement aux ouvriers, et que (en principe) la concurrence s'apaise, l'ordre s'établit [1].

La guerre, « confluent et consommation de toutes les oppositions sociales poussées à bout », et s'exprimant par toutes les oppositions physiques, n'est ni moins irréductible ni moins inutile, selon Tarde, que la concurrence. Toutes les contradictions ou contrariétés de desseins aboutissent et se résolvent là. Mais, naturellement, ces « aberrations collectives », comme dit M. Novicow [2], éclatent quand les conflits intramentaux logiques ou téléologiques ont cédé la place aux conflits entre individus, puis aux conflits de masses. Par suite, le rôle de la Presse, qui impose à la masse les sujets de conflit, est ici très considérable. Mais le développement du journalisme n'entraine pas la nécessité permanente des guerres. Si la Presse et les chemins de fer les favorisent, plus souvent encore ils « magnifient l'*hymen logique* », le convertissent en association de tout genre, en alliance, en fédération. On se bat surtout par coutume, parce qu'on s'est battu. « La guerre est une survivance comme le duel [3]. » Mais la folie, l'aberration logique et téléologique de la guerre a grandi avec les proportions de celle-ci, et c'est pourquoi, aujourd'hui, trois thèses, et non pas seulement deux, restent en présence : 1° la guerre fut toujours inutile au progrès humain ; 2° la guerre fut utile jadis, aujourd'hui elle est remplaçable par d'autres luttes ou par des alliances ; 3° la guerre a toujours été et sera toujours nécessaire. La seconde thèse, qui est celle de M. Novicow (et en somme de Spencer), plaît aux modérés, elle concilie les deux autres opinions ; la troisième, qui a été soutenue en particulier par Joseph de Maistre, Proudhon et

---

1. Cf. *Opposition univ.*, pp. 373-382.
2. Le mot est très conforme au système de Tarde. Diderot, en appelant la guerre : une maladie convulsive et violente du corps politique (*Encyclop.*, art. Paix), semblerait plutôt d'accord avec l'organicisme ; mais si l'on ne voit dans cette comparaison qu'une allusion analogique au caractère conciliatoire, coopératif, harmonique du fait social, comme on devrait le faire sans doute pour la doctrine de Spencer, la définition sera exacte, sinon explicative.
3. Cf. *Oppos. univ.*, pp. 385-390.

le D[r] Le Bon, est celle des esprits radicaux, et son meilleur appui fut le pur darwinisme. La première, enfin, ne plaît presqu'à personne, et c'est cependant cette opinion « ingénue », difficile à soutenir en beauté, à rendre populaire, que Tarde adoptera [1]. Pour lui, les guerres et les révolutions sont des méthodes tragiques et non nécessaires de l'éternelle dialectique sociale [2]. Il ne croit pas d'ailleurs que la guerre soit l'unique école du devoir, du dévouement, de l'honneur, et elle n'est pas non plus le seul « beau risque » sur lequel Guyau, lointain « écho de Platon », pouvait fonder sa morale idéale. Elle n'est pas le seul théâtre où pouvaient se « déployer fortement », avant d'être « employés utilement », « le courage, l'esprit de protection domestique ou de solidarité civique ». Que si elle est un succédané de la chasse, « la suite fatale de la nécessité pour certains vivants de manger (ou simplement détruire) d'autres vivants pour vivre », encore cette nécessité était-elle relative, car on a démontré qu'un régime exclusivement herbivore n'eût arrêté l'évolution d'aucune espèce animale. Tarde envisage l'existence de toutes les espèces carnivores comme une aberration délirante ou criminelle de la nature; et, par suite, il se demande si « l'apparition de l'homme et auparavant de toutes les espèces sociales » ne serait pas « l'indice d'un séculaire effort de la vie pour se relever de sa chute, après une longue suite d'expiations douloureuses, par l'établissement lent de cet ordre social et universellement pacifique où tend l'humanité [3] ». Hypothèse idéaliste, en rapport manifeste avec ses théories sur la suprématie sociale de l'amour, puis aussi avec sa critique des idées criminologiques de MM. Lombroso ou Durkheim, mais dont la portée scientifique est évidemment contestable. Seulement Tarde ne peut se résoudre à croire que

1. Cf. *Opposit. univ.*, pp. 390-392.
2. Cf. *Logique sociale*, pp. 197-200. — Il cite par exemple l'invasion des Barbares, qui, si peut-être elle a infusé un nouveau sang à l'Europe, a du moins arrêté la civilisation pendant un siècle; puis la Réforme, qui a surtout transformé en fanatisme aigu « le délicieux catholicisme d'avant Luther ». Quant à la Révolution française, « attendons, dit-il, pour la juger qu'elle soit finie »; et ceci est encore de Cournot. (Cf. *Considérations sur la marche des idées*, t. II, pp. 416-422 : La Révolution est-elle finie?)
3. Cf. *Opposit. univ.*, pp. 392-396.

jamais l'anéantissement d'une individualité ait été impliqué
dans une nécessité sociale quelconque; ou du moins on peut
expliquer ainsi son opinion, en se remémorant quelle
importance considérable il attribue à l'individu. En effet, la
croyance erronée à l'action salutaire du militarisme, Tarde
la rattache aux deux doctrines qui lui sont éminemment
antipathiques, la thèse organiciste de Spencer et la thèse
« ontologique » (c'est-à-dire la sociologie autonome de
M. Durkheim [1]), qui accordent plus de réalité à la totalité collective qu'à l'individu [2]. C'est là sans doute pourquoi il juge
que deux voies possibles s'offraient à l'humanité naissante :
la voie religieuse (harmonie) et la voie belliqueuse (lutte).
L'homme ne sut pas choisir la première, et l'usage des sacrifices fut comme un néfaste compromis entre les deux
solutions, tandis que la tendance religieuse, non militarisée,
eût été excellente en tant que principe d'union [3].

On ne doit rien à la guerre, elle a produit non pas la paix
humaine, mais *l'équilibre européen*, c'est-à-dire un accord
monstrueux, immoral et brutal, basé sur la paix armée. Cette
paix armée existe d'ailleurs aussi bien entre les classes qu'entre les nations, et peut-être, à ce point de vue, un recul de la
civilisation est-il possible [4]. Cependant il est certain que la
guerre s'élargit, et naturellement cette évolution est irréversible; en ce sens, la continuation de la guerre, c'est en somme
l'extension graduelle du champ de la paix. La politique mon-
diale d'aujourd'hui est une des formes de cette expansion de
la civilisation, qui, de fluviatile devenue méditerranéenne,
tend à devenir «planétaire» [5]. La justice et la morale évoluent
d'ailleurs vers le principe coopératif, vers la substitution du
désir d'action au désir de possession [6]. L'inévitable progrès

1. Cependant Tarde reconnait ailleurs (*Études de psych. soc.*, pp. 178-
186, *Sympathie et synthèse*, extrait de la *Revue française d'Edimbourg*)
que M. Durkheim a le mérite de ne pas attribuer trop d'importance au
« struggle for life », et d'admettre implicitement le rôle de la synergie
sociale.

2. Cf. *Oppos. univ.*, pp. 401-402.

3. Cf. *Ibid.*, 399-401.

4. Cf. *Ibid.*, pp. 402-406. — *Les transformations du pouvoir*, pp. 176-
181.

5. Cf. *Lois sociales*, pp. 88-91.

6. Cf. *Opposit. univ.*, pp. 406-415.

se dessine donc vers la paix universelle, vers l'universelle harmonie. « N'y a-t-il pas là, s'écrie Tarde, de quoi électriser tous les cœurs[1] ? »

La profonde originalité de Tarde est ici de s'être maintenu strictement sur le terrain théorique ; d'avoir stigmatisé l'absurdité de la guerre sans recourir à la banalité des peintures réalistes, des protestations larmoyantes, et sans non plus argumenter trop sèchement sur les principes moraux et métaphysiques du droit individuel. Dans une certaine mesure, il reconnaît bien avec Lombroso que la guerre dérive du misonéisme, de l'attachement à une coutume, même néfaste. Mais son point de vue personnel a d'ailleurs des avantages particuliers[2]. Grâce à sa théorie de l'apaisement universel par l'élargissement des conflits, il semblerait même éviter la question de savoir si un contrat synallagmatique entre toutes les nations est possible, et si c'est par un tel moyen que se réalisera l'union[3]. Cependant sa pensée reste assez indécise, bien qu'en vertu même de son argumentation il semble fonder sur l'hypothèse d'une conquête colossale, après conflagration généralisée et définitive, et non sur celle d'une alliance sans lutte sanglante préalable, sans subordination ultérieure, son espoir en la paix universelle[4].

Son opinion sur le rôle de l'opposition-lutte en général n'est pas non plus très précise. Avec ses alternances et son apaisement final progressif, elle ne lui semble jouer, dans la société comme ailleurs, qu'un rôle secondaire. L'opposition, d'ailleurs, comme l'adaptation, procède de la répétition : tout s'explique par des interférences imitatives fécondes ou contradictoires. « Ce sont là les trois termes d'une série circulaire, susceptible de tourner sans fin. Mais tandis que la propagation imitative de l'harmonie la multiplie sans cesse, la pro-

---

1. Cf. *Lois sociales*, p. 91.

2. Le grand théoricien de l'imitation semble seulement oublier (ce qui d'ailleurs pour nous n'est nullement une justification de la guerre) qu'elle fut souvent une occasion de rayonnements imitatifs utiles, et que, par exemple, les croisades, si criminelles parfois et si inutiles au point de vue belliqueux, eurent pour conséquence sociale l'établissement de rapports imitatifs réciproques entre l'Orient et l'Occident.

3. Voir, par exemple, sur les obstacles à une fédération européenne, Renouvier, *Science de la morale*, t. II, p. 472.

4. Cf. *Lois de l'imit.*, pp. 210-212.

pagation imitative de la lutte l'use fatalement. Par conséquent
le second terme (l'opposition) n'est pas d'importance primordiale et sert seulement à provoquer l'invention, à susciter le
genre inventif dans tous les domaines [1]. »

Par ce dernier aveu, Tarde du moins évite l'erreur de Stuart
Mill [2] donnant pour objet à la statique sociale le *consensus* :
celui-ci ne serait pour Tarde qu'un idéal qui tend à se réaliser, à travers les oppositions sans cesse renaissantes, par des
réadaptations continuelles [3]. Et il ne pouvait en effet mécon-
naitre le rôle utile des dangers et des obstacles pour le développement des sociétés et des États [4], cette utilité des ennemis
qui est devenue un lieu commun moral et politique, et dont
l'exactitude ne sera contestable que le jour lointain, hypothétique sans doute, où se réalisera l'idéal de perfection individuelle ou collective.

Cependant on peut se demander si la remarque est suffisante, si cette lutte pour la vie, que certes le roman réaliste, à
la suite du matérialisme, a par trop exaltée [5], n'a pas cependant un rôle plus effectif que ne le dit Tarde. On notera
d'ailleurs que sa définition de l'opposition, lui attribuant un
rôle essentiellement conservateur basé sur la nécessité de
l'état zéro, faisait en somme de l'opposition la collaboratrice
de l'imitation-coutume ; il est malaisé à comprendre, au
surplus, comment cette caractéristique se concilie avec le
rôle qu'il lui reconnaissait tout à l'heure de susciter les
inventions. D'autre part, si la guerre n'est pas autre chose
qu'une opposition, est-elle donc conservatrice ? Mais c'est
peut-être l'imprécision de ce qualificatif qui embrume la
doctrine de Tarde. L'opposition constitue sans doute pour
lui un mécanisme conservateur pour ce qui est de la matière
de l'évolution sociale, mais un réactif à l'égard du mouvement évolutionnel lui-même [6]. « L'opposition, cette contre-

---

1. Cf. *Lois sociales*, pp. 104-108. — *Logique sociale*, p. 136.
2. Cf. St. Mill, *Logique*, l. VI, ch. x, § 2, et note de M. Belot, p. 141.
3. Cf. en particulier *Logique soc.*, p. 68.
4. La Mothe le Vayer (*Dialogues d'Oratius Tubero*, Francfort, 1716,
t. II, pp. 272-273) cite à ce sujet Aristote et Sénèque, et rapproche cette
idée d'un aphorisme d'Hippocrate sur la santé humaine.
5. Cf. Guyau, *L'Art au point de vue sociologique*, 2ᵉ éd., p. 155.
6. Sur ce point M. Espinas est d'accord avec Tarde contre le darwi-

répétition, cette répétition renversée, dit-il en effet, n'est comme la répétition elle-même qu'un instrument et une condition de la vie universelle, mais le véritable agent de transformation est quelque chose à la fois de plus vague et de plus profond qui se mêle à tout le reste, imprime un cachet divers à tout objet réel, différencie le similaire, et s'appelle la variation [1]. »

On sait en effet quel rôle joue la variation dans l'hypothèse sociologique de Tarde : l'hétérogène comme l'infinitésimal est aussi bien au fond qu'à la surface des choses; par crainte « du gouffre de la substance identique et monotone où Herbert Spencer nous plonge et nous abîme [2] », Tarde dogmatise l'universelle variation qui est une sorte de dynamisme, le changement par soi et pour soi. Seulement, nous savons que pour lui toutes les oppositions sont dynamiques, et c'est par là peut-être que sa distinction entre l'opposition et la variation n'est pas des plus tranchées. Suivant lui, par exemple, s'il faut renoncer à l'ancienne philosophie de l'histoire, torturant les faits pour les adapter aux conceptions imaginaires de *génie* d'un peuple ou d'une race, d'une langue ou d'une religion, comme le faisaient encore Taine et Renan, c'est surtout parce qu'il y a lieu d'approfondir ces notions et non de les rejeter absolument [3]. On concevra le génie collectif d'un peuple comme la synthèse des originalités personnelles, seules efficaces et agissantes; il en est fonction et non facteur, et le pittoresque social n'y perdra rien, au contraire, car découvrir

nisme. « Loin, dit-il, que la lutte pour l'existence, loin que l'écrasement de l'individu soit le trait caractéristique de la vie dans les limites d'un même corps et d'une même société, c'est la coalition pour mieux soutenir cette lutte, c'est le respect de l'individu qui en est la première condition et le caractère dominant. » (*Des soc. anim.*, 2ᵉ éd., p. 153), Mais cette opinion est ici beaucoup plus soutenable, puisque l'auteur admet au moins implicitement la réalité des individualités collectives.

1. *Oppos. univ.*, p. 10. Tarde refuse également tout rôle important au « choc » ce qui est une autre expression du même point de vue (cf. *ibid.*, pp. 100-102); et c'est aussi une réminiscence de Cournot, qui note qu'on n'admet plus, et avec raison, dans le domaine de la physique, des changements brusques. (Cf. *Traité de l'enchaîn. des idées fondam.*, t. I, p. 195).

2. *Essais et mél. sociolog.*, (*La variation universelle*), p. 422.

3. Sur le caractère des nations, cf. St. Mill, *Log.*, l. VI, ch. v, p. 62.

ainsi des différences et similitudes nombreuses, vraies et précises, non plus grossières et fausses, ce sera tout profit pour l'artiste comme pour le savant et aussi pour le chercheur qui en est la synthèse: le philosophe[1]. Autrement dit, « à la surface est cette couche d'idées apprises ou d'habitudes acquises plus ou moins récemment et qui forment ce qu'on appelle *l'opinion* et les *goûts* d'un peuple ou d'un homme. Au-dessous repose un ensemble de convictions et de passions plus longuement élaborées, et plus cohérentes entre elles, quoique, d'ailleurs, elles puissent être en contradiction avec les éléments de la couche supérieure : à savoir la *tradition* et la *coutume* quand il s'agit d'une société, l'esprit et le cœur quand il s'agit d'un individu. Mais plus profondément encore il y a ce tissu de principes et de mobiles inconscients et incommutables qui se nomme le *génie* et le *caractère*, soit national, soit individuel[2]. » Quelle est donc l'impression totale qui se dégage de ces deux définitions, un peu différentes, du « caractère » collectif? Est-ce la variation ou bien l'opposition qui en est la source? C'est, dit Tarde, par les oppositions psychologiques intramentales que s'accentue l'originalité de l'individu, son « génie » qui ne s'oppose à rien, élément incomparable, dont la grandeur d'un peuple est comme l'expression collective[3]. Mais, en réalité, n'est-ce pas par ses oppositions avec les autres génies ou caractères nationaux que celui-ci se caractérise, se personnifie, qu'il existe en un mot? Et cette opposition est-elle autre chose qu'une espèce particulière de variation? D'ailleurs, on pourrait se demander s'il n'y a, dans le caractère national, que des oppositions et non des imitations influencées par des circonstances différentes, autrement dit des adaptations? Toutes questions obscures et que le système de Tarde ne contribue guère à éclaircir. On en doit conclure que, si le principe d'opposition et celui de variation peuvent être à la rigueur différenciés métaphysiquement, dans leur nature essentielle, il semble bien qu'en fait, dans leurs résultats, il n'y a guère plus de différence entre eux qu'entre l'imitation et l'adaptation,

1. Cf. *Lois soc.*, pp. 43-45.
2. *Logique sociale*, p. 125.
3. Cf. *Lois sociales*, p. 69.

considérées au point de vue de Tarde, c'est-à-dire en tant qu'hymen logique. Et la confusion s'accroîtra singulièrement si l'on constate que, suivant Tarde, la variation se ramènerait à l'adaptation, « n'étant qu'une petite adaptation greffée sur la grande, et révélant la possibilité d'une grande harmonie nouvelle si la voie nouvelle indiquée par elle était poussée à bout ». « Une variation n'est qu'une *réadaptation*[1] ». En ces formules Tarde confond plus ou moins volontairement le tout avec la partie, l'ensemble ou le principe dominant du phénomène avec l'une ou l'autre de ses phases.

Pour en revenir à l'opposition et à son rôle, on remarquera que Tarde insiste fort peu sur les oppositions-rythmes sociales[2] : il ne les a guère envisagées qu'au point de vue économique, en leur rattachant en particulier les *crises* économiques, commerciales ou financières[3]. C'est que, pour lui, le rythme est encore moins important que la lutte (et d'ailleurs les deux modalités se pénètrent). Sous le rythme, en effet, se manifeste le courant irréversible qui fonde le progrès et qui seul est efficace.

Quant au rôle de l'opposition en général, Tarde, si tant est qu'il s'en soit fait une idée précise, semble l'avoir un peu méconnu. On peut lui accorder que les deux principales sources du progrès, ou plutôt l'idéal du progrès et son moyen de réalisation immédiat soient la sympathie et la synthèse, l'amour et le génie, c'est-à-dire leurs effets : l'imitation et l'invention[4], en un mot tout ce qui est « synergie sociale », comme dit M. Henri Mazel. Mais encore devait-il approfondir ce qu'il dit quelque part de l'antinomie entre la sympathie et l'universelle ambition, absurdité cosmique telle que Hegel est un peu excusable de l'avoir systématiquement formulée[5]. Tarde aurait dû distinguer entre les deux sens qu'il attribue

1. Cf. *Psychologie économique*, t. I, p. 8.
2. Les rythmes individuels, dit-il, par exemple, s'élargissent en antinomies nationales, et s'apaisent en s'élargissant, puisque, « considérée sous n'importe quel aspect, la vie sociale, en se prolongeant, aboutit fatalement à la formation d'une étiquette, c'est-à-dire au triomphe le plus complet du conformisme sur la fantaisie individuelle ». (*Oppos. univ.*, p. 83. — Cf. *Lois de l'imitation*, p. 214).
3. Cf. *Oppos. univ.*, pp. 382-385.
4. Cf. *Études de psych. soc.*, pp. 278-286.
5. Cf. *Oppos. univ.*, pp. 397-399.

en somme au mot « opposition ». La lutte, qui entraîne mutilation, est par là même nuisible, elle n'est du moins jamais
créatrice[1]; mais, en tant que réactif, l'opposition est source
de coordination et d'harmonie. Comment, après avoir attribué
aux monades une ambition individuelle, une « appétition »
sans limite, Tarde peut-il croire à la fréquence de l'accord
immédiat et sympathique? On sait en effet qu'il universalise
le point de vue sociologique, le sociomorphisme comme
aussi le psychomorphisme : il ne saurait donc attribuer au
domaine « humain » un processus évolutionnel différent de
ceux par lesquels se réalise l'évolution dans les autres
domaines; l'hymen logique immédiat, primitif, se manifeste
fréquemment entre certaines monades, mais encore serait-il
paradoxal d'attribuer cette supériorité organisatrice aux
individualités humaines, aux monades qui les constituent.
Plus que tout autre groupement, toute autre synthèse, les
sociétés laissent entrevoir l'anarchisme essentiel. L'affinité
est une tendance chimique dont la sympathie humaine
n'est que le pâle reflet. Bien plus, ce serait nier la variation
universelle, élémentaire et finale, que d'admettre un accord
primitif par « amour », sans lutte et sans mutilation.
Toute union est conciliation et coordination : seuls deux
termes « complémentaires » s'uniraient sans conflit préalable;
et comment expliquer cette détermination synthétique originelle, sinon par l'harmonie préétablie et par l'homogénéité
primitive que Tarde repousse avec une égale énergie ? Tout
accord inter-individuel entraîne comme une mutilation des
croyances ou désirs personnels, une abdication respective,
totale ou proportionnelle, de tendances opposées. La Synthèse universelle est sans doute l'idéal vers lequel tend la
société, l'Amour en est une réalisation partielle : ils sont le
but de l'évolution sociale, mais n'en sont pas le point de
départ ni le principe moteur.

---

1. Le progrès militaire lui-même, remarque Tarde, vient d'une invention pacifique et non de la guerre (*Oppos. univ.*, pp. 369-372). Mais c'est
un peu trop négliger la cause finale.

III

En ce qui concerne l'adaptation, Tarde veut aussi que la science évolue du grand au petit, du superficiel et vague au profond et au précis, du faux au vrai. On a primitivement indiqué quelques harmonies d'ensemble indéterminées et extérieures, infinitésimales, dont la netteté et l'indéniable réalité seront fécondes en corollaires importants. De même les dysharmonies apparentes et grossières signalées par l'ancienne sociologie se résoudront en inadaptations essentielles et inaperçues jusqu'ici.

Les théoriciens de la finalité, les « finalistes », ont, suivant lui, discrédité la notion d'adaptation par leurs exagérations. Néanmoins c'est grâce à cette doctrine erronée ou avec elle que la science est née. Toute science en effet dérive d'une de ces primitives conceptions d'adaptation à un but dernier. Puis on a cherché des adaptations plus vraies et plus fines : ainsi se sont réalisés les progrès de l'astronomie, ainsi la biologie est passée à une notion déjà plus exacte de l'adaptation, quoique le préjugé anthropocentrique ait persisté dans la théorie paléontologique de l'ascension directe au type de l'homme. Ce n'est d'ailleurs pas précisément par l'excès que la théorie des « cause-finaliers » s'est discréditée, mais par l'abus, par l'erreur proprement dite. En effet, il n'y a pas qu'une fin dans la nature, il y en a des multitudes, et qui cherchent à s'utiliser mutuellement comme des moyens [1]. Tarde insiste peu ici, mais c'est évidemment comme un rappel de sa thèse monadologique, comme une annonce de sa théorie sur la nature intime du progrès : chaque monade est à elle-même sa propre fin, qui cherche à se réaliser par le moyen des autres. Enfin, dit Tarde, en ce qui concerne le monde social, les théologiens, Bossuet en particulier, furent les véritables précurseurs de cette théorie moderne de l'adaptation, et naturellement ils ont tout rapporté à la religion. Après eux sont venus les « philosophes de l'histoire », avec

---

1. Cf. *Lois sociales*, pp. 118-123.

leur exclusivisme non moins absurde, comme par exemple
Thierry et Guizot, rapportant tout à la monarchie de juillet,
et Comte (le meilleur d'entre eux seulement), admettant
encore une évolution unique vers un unique dénouement.
Spencer semblerait déjà plus près de la vérité, car, avec sa
formule d'évolution, il admet une série de « drames sociaux » ;
mais ce n'est en réalité que la même erreur multipliée : il
quitte le détail irrégulier pour rechercher une vaste vue d'ensemble, un fait général d'où dériverait toute coordination
sociale ; par suite l'homme ne serait plus qu'un automate
s'agitant suivant la loi d'évolution qui le mène. Or, dit Tarde,
il faut, au contraire, partir des multiples ruisseaux pour arriver au grand courant dans lequel ils se fusionnent, par
exemples des génies individuels au grand courant scientifique
et industriel. En effet, la logique et la solidarité diminuent
plutôt à mesure qu'on passe du restreint, de l'individuel, au
collectif, au général ; à moins cependant « qu'une individualité
puissante ne soit intervenue pour réglementer et discipliner
les faits d'ensemble ». Auquel cas les agrégats les plus volumi-
neux sont les plus harmonieux, comme par exemple l'administration de Napoléon Ier, ou bien encore les systèmes philosophiques de Kant, de Hegel ou de Spencer. Mais ceci
montre toujours « dans le génie individuel la source de toute
harmonie sociale »[1]. On retrouvera tout à l'heure cette thèse
individualiste : pour le moment, il s'agit de déterminer ce
que Tarde entend par adaptation.

L'idée d'adaptation est à son avis plus précise dans le monde
social que partout ailleurs. « Quand une interférence harmonieuse se produit dans deux rayonnements imitatifs, elle est
toujours transparente à notre raison[2]. » Cependant on en retrouve l'application dans les autres domaines scientifiques.
L'être vivant est un circuit d'actions adaptées, mais réciproques et non unilatérales comme dans le monde physique, car
si l'organe sert à l'accomplissement de la fonction, la fonction sert à l'entretien de l'organe. Un agrégat quelconque se
compose d'êtres adaptés mutuellement, ou à une fonction
commune. On peut distinguer des adaptations du premier

1. Cf. Lois sociales, pp. 123-128.
2. Cf. Ibid, pp. 136-137.

degré entre éléments d'un même système, puis du second
degré entre les systèmes différents (ou, en exprimant l'idée
par un mot vague, adaptation au « milieu »)[1].

On voit ici combien est toujours relative et limitée l'opposition de Tarde à la théorie organiciste des sociétés, dans
les termes du moins, puisqu'il identifie lui-même, une fois
de plus, l'adaptation qui fonde tout être vivant à celle qui réalise le groupement social. D'autre part on voit aussi plus clairement ici qu'ailleurs ce qu'il y a de faible dans sa critique de
l'idée de *milieu*, dans sa négation que le milieu soit autre
chose que la collectivité additionnée des individus ou groupements qui le constituent. En effet, si le milieu est l'ensemble
des systèmes environnants, qui ont eu à un certain moment
un caractère individuel comme celui qui nouvellement se
trouve en rapport avec eux, n'est-ce pas par une adaptation
qu'ils se sont ainsi groupés? Or l'adaptation, la coordination,
l'accord synthétique, comme nous l'avons dit tout à l'heure, et
comme Tarde le dira lui-même, constitue un état neuf : en
quoi, il ne l'explique pas très nettement ; mais ne peut-on
décidément nous accorder que toute harmonisation entraîne
une mutilation corrélative des forces opposées, autrement dit
des concessions mutuelles? Ainsi la synthèse des individualités n'est pas absolument leur somme: peut-être est-elle plus
en un certain sens, peut-être y-a-t-il multiplication des forces
harmonieuses ; mais du moins il est certain qu'il y a quelque
chose de moins que dans une simultanéité contradictoire, car
les tendances inconciliables sont éliminées, ou plutôt la force
qui se manifestait en elles est transformée. Or ceci peut s'appliquer même aux conditions physiques d'existence, car
l'homme les subjugue en partie, et d'autre part se soumet
partiellement à leurs exigences, et de même ce milieu est la
résultante de forces naturelles souvent opposées dans leur
diversité. C'est pourquoi le *milieu*, en tous les sens du mot,
n'est pas une notion absurde ou inutile, et la théorie de Tarde
contribuait elle-même à le démontrer. Il croit aussi, on l'a vu
et l'on connaît les fondements métaphysiques de cette opinion,
que la véritable « adaptation », c'est la conquête par coordi-

1. Cf. *Lois sociales*, pp. 113-117.

nation systématique. « Toute sa vie l'individu vivant s'adapte ou plutôt adapte à sa fin propre le milieu extérieur, c'est-à-dire l'ensemble des circonstances de sol, de climat, de faune et de flore avec lesquelles le hasard l'a mis en contact. » Mais on notera qu'ici Tarde accorde beaucoup à la lutte (à moins qu'il ne s'agisse de conquête par persuasion, ce qui est douteux et serait discutable dans les termes) : or la coordination est bien une conquête mentale quand elle est purement logique; mais, socialement, elle est plutôt une double et respective soumission, de proportion différente suivant les forces de chacun des deux éléments opposés[1]; l'homme ne s'adapte pas plus l'extérieur physique ou vivant qu'il ne s'y adapte : ils équilibrent leurs tendances. Et si l'on objectait que Tarde a eu le mérite d'indiquer la part active de l'homme dans cette double action et réaction, peut-être pourrait-on se demander si les « théoriciens du milieu » n'ont pas simplement sous-entendu cette considération moins importante, l'adaptation à l'individu. Quoi qu'il en soit, la théorie de Tarde, envisageant exclusivement cet aspect de la réciprocité, est plus pénétrante, mais non moins abusive que la leur.

Cependant, quel est pour Tarde le rapport entre l'opposition et l'adaptation? Il existe, dit-il, un mot ambigu dans lequel elles se confondent, c'est celui de *corrélation* ou *correspondance*; car en général cela signifie adaptation entre deux complémentaires, mais parfois aussi, très rarement d'ailleurs, opposition entre deux contraires. Et méditant sur cette remarque, Tarde en vient à se demander si l'adaptation serait par hasard un intermédiaire entre l'addition et la destruc-

---

1. Ce sont les « différents inutilisés », lesquels, suivant Tarde, n'existeraient pas dans la logique individuelle, qui représentent les variations, but dernier des oppositions et adaptations : ils sont cette « exubérance luxueuse de vie » à laquelle se rattachent l'amour de la liberté pour elle-même, l'amour de la nature, le goût de l'éparpillement, de l'anarchie paisible. (Cf. *Logique sociale*, pp. 204-206. — *Opposit. univers.*, pp. 429-430.) Mais ne peut-on remarquer que les représentants sociaux de ces « différents inutilisés » sont les irréguliers de toutes familles et nations, qui, selon Tarde, constitueraient les véritables hordes primitives. Et au point de vue moderne la floraison anarchiste internationale serait donc le résultat de cette variation, fin suprême de l'évolution sociale.

tion, et absolument ni l'une ni l'autre (c'est-à-dire, sans doute, un équilibre) ; il conclut, conformément à sa thèse, que toute opposition est en ce cas une adaptation ; mais, se hâte-t-il d'ajouter, toute adaptation n'est pas une opposition [1]. Raisonnement qui peut se justifier dans l'absolu, mais qui ne laisse guère de cohérence positive à la doctrine de Tarde sur l'opposition : qu'est-ce donc, en effet, que ce conflit qui sera une des espèces de sa solution ? C'est un peu jouer sur les mots, et ce sont là des principes bien inconsistants chez un critique si sévère des sociologues métaphysiciens ou scientistes Car, en réalité, Tarde considère bien l'adaptation comme l'issue de la forme essentielle d'opposition, du duel logique ou téléologique [2]. Seulement il y a encore ici quelque obscurité. Qu'il s'agisse de synthèse théorique ou pratique, dit-il en effet au sujet de l'adaptation, « le procédé élémentaire qui l'a formée est toujours ce qu'on peut appeler un accouplement logique » ; car la marche de l'esprit est toujours d'une idée à une autre ; par l'habitude les deux termes se soudent, et ainsi se constitue le réflexe individuel, la coutume ou tradition sociale. C'est là le procédé invariable à tous les degrés de l'échelle de l'entendement, et par lequel s'est constitué tout l'édifice des inventions et des découvertes [3]. Mais l'accouplement est le contraire du duel logique plutôt que son aboutissement ; n'est-il pas par définition l'accord sans lutte préalable, et non pas l'adaptation consécutive à l'opposition ? En d'autres termes (et c'est bien ce qu'admet Tarde en expliquant la suggestion par la sympathie), toute adaptation, tout accord, tout *consensus*, résultant d'influences ou réactions mutuelles, à l'exclusion des interprétations finalistes, ne suppose-t-il pas, comme l'a bien vu Cournot, « que les dispositions initiales aient été jusqu'à un certain point rapprochées des conditions finales d'harmonie », en un mot, qu'il y ait eu prédisposition à l'accord [4] ? Ainsi, sous l'apparente rigueur ou précision scientifique de la terminologie adoptée par Tarde, peut-être règne-t-il une inextricable confusion.

1. Cf. *Oppos. univers.*, pp. 422-427.
2. Cf. *Lois sociales*, p. 138.
3. Cf. *Ibid.*, pp. 139-142.
4. Cf. Cournot, *Essai sur les fond. de nos connaiss.*, t. I, p. 139.

Mais en somme, au point de vue social, l'adaptation est pour Tarde cette unanimité religieuse, politique ou admirative supérieure, cet équilibre des croyances, des intérêts, des orgueils, qui, selon lui, permet la *tolérance* de dissensions secondaires persistantes, sans inconvénient pour l'existence de la société. Or, il y a, d'après lui, cinq issues possibles du duel logique. Si par exemple (pour ramener son raisonnement à une formule schématique) le duel est entre A et B : ou bien A détruit B ; ou bien il y transaction de A à B avec des survivances ; ou bien B s'incline pour subsister ; ou bien B se retranche dans des couches sociales limitées (patois, superstitions) ; ou bien A et B sont conciliés plus ou moins effectivement par une nouveauté C[1]. Mais on voit aisément quelle est la relativité de ces différenciations ; tout semble se ramener à ces deux alternatives suffisamment explicites : l'un des deux termes est plus mutilé, cède plus que l'autre ; ou bien ils cèdent également. La question de proportionnalité a d'ailleurs fort peu d'importance, comme aussi le point de vue pour ainsi dire qualitatif de Tarde. Plus intéressante est sa remarque que le duel logique disparaîtra peut-être parce que la vérité scientifique en s'accumulant identifiera la logique individuelle, abstraite (rationalisme) à la logique sociale, concrète, et par suite véritablement unifiante comme les religions, tandis que seul « l'amour » pourra concilier la téléologie individuelle avec la sociale[2]. Car, si l'adaptation à soi diffère de l'adaptation à autrui, de même que l'habitude (imitation de soi) et l'hésitation dubitative (opposition à soi) diffèrent de l'imitation proprement dite ou de l'hérédité et de la lutte ou concurrence, à tel point que souvent elles s'excluent et que, par exemple, les constitutions les plus logiques sont les moins pratiques[3], néanmoins il n'y a pas entre elles d'opposition absolue. Bien au contraire, aux yeux de Tarde, il semblerait même que, dans une certaine mesure, on dût les identifier. En effet, il dit que l'adaptation sociale élémentaire est non seulement celle de deux hommes dont l'un répond en paroles ou en fait à l'autre (ce qui implique imitation, mais en est

1. Cf. *Logique sociale*, pp. 206-210.
2. Cf. *Ibid.*, pp. 210-214.
3. Cf. *Lois soc.*, pp. 117-118.

distinct, croit-il) ; elle est bien plutôt dans le génie même de l'inventeur [1].

IV

« L'invention est une harmonie d'idées qui est la mère de toutes les harmonies des hommes [2]. » Mais, à un certain point de vue, elle n'est pas autre chose que l'association nécessaire entre des termes opposés lorsqu'ils ne veulent pas périr tous moins un, en un mot pas autre chose que l'adaptation. En effet, « par l'association, par la fédération, les contraires deviennent complémentaires, les concurrents collaborateurs, les voici co-adaptés à une fin commune, comme les rouages d'une même machine. Aussi est-il permis de considérer chaque progrès nouveau dans la voie de l'association, c'est-à-dire chaque union nouvelle des travaux (ce qu'on appelle la division du travail, sa différenciation) comme l'équivalent d'une invention [3]. » Ainsi Tarde, qui confondait déjà l'adaptation avec l'accouplement logique, ramène encore à cette formule d'accord imprécise l'idée d'invention. Il identifie l'invention dans le domaine individuel à l'association dans le domaine social ; la première est la rencontre favorable dans un cerveau de deux rayonnements imitatifs éveillant l'idée d'un rapport possible de moyen à fin entre les deux phénomènes, comme par exemple le lien établi par Papin entre les deux idées anciennes, mais jusqu'alors séparées, du piston et de la vaporisation de l'eau ; de là résultent une multiplication de force, le développement de la production dans les deux ordres d'idées et enfin, ultérieurement, des inventions nouvelles par le même processus. Or, que l'invention consiste à simplifier ou à compliquer, elle provoque fatalement l'association qui joue dans la vie sociale le rôle correspondant : ou bien, en effet, il y a association proprement dite, simplification par unification de groupements producteurs, ou bien il y a complication, perfectionnement de cette association anonyme qu'implique la divi-

1. *Lois soc.*, p. 129.
2. *Ibid.*
3. Cf. *Oppos. univers.*, p. 428.

sion du travail[1]. Par conséquent, ou bien l'invention fait « s'utiliser réciproquement des moyens d'action qui auparavant semblaient étrangers ou opposés; elle est une association substituée à une opposition ou à une stérile juxtaposition de forces », ou bien, « en créant un nouvel emploi de produits connus, elle établit des liens nouveaux de solidarité, une société consciente ou inconsciente entre les producteurs souvent très distants de ces articles ». « L'invention, en somme, c'est le nom social de l'adaptation. Socialement les deux mots sont synonymes[2]. » Bien plus, toute association est une espèce d'invention, comme toute systématisation philosophique est une espèce de découverte, et toute invention est une association d'inventions précédentes comme toute découverte est une systématisation de découvertes antérieures[3]. Théorie ingénieuse, qui permet de ramener le fait social qui, par définition, nous semble essentiel, l'association, à une interprétation exclusivement psychologique, d'en faire une simple conséquence de l'invention, et qui semblerait singulièrement universaliser celle-ci, puisque toute association intermentale serait une invention. Ce n'est problablement pas la pensée de Tarde : mais du moins, s'il a fort bien mis en relief les rapports entre l'invention et l'adaptation intermentale, il semble qu'il n'a pu, par suite de sa confusion entre l'idée d'adaptation, de coordination, et celle de conquête psychologique, scientifique, en apprécier clairement les différences.

Il indique comme exemple typique d'adaptation psycho-sociale, celle qui se produit entre l'idée d'un désir du consommateur et celle du moyen de le satisfaire, entre l'idée de coordination du travail particulier et celle de division du travail général. Il va sans dire, et ceci confirme le point de vue psychologique, que l'adaptation idéale, pour avoir un caractère social, n'a pas besoin de se transformer en adaptation pratique : lorsqu'il n'y a pas de passage à l'acte, le caractère social subsiste, et peut-être même est-il plus prononcé.

Mais, après ces développements très cohérents, voici que Tarde va ruiner en partie son argumentation, puisqu'il recon-

1. Cf. *Logique sociale*, pp. 379-381.
2. Cf. *Oppos. univers.*, p. 428.
3. Cf. *Logique sociale*, p. 382.

naîtra une « évolution de la réalité sociale inverse à celle de la coordination mentale » : il nous disait tout à l'heure que l'adaptation pouvait être source de simplification ou de complication, aussi bien dans le domaine social que dans le domaine intramental; maintenant il conviendra que la réalité sociale évolue en sens inverse par rapport à la réalité psychologique individuelle, ce qui revient à dire qu'invention ne se confond pas avec imitation[1]. Il faut distinguer, suivant lui, entre l'adaptation « en extension » (par imitation) et l'adaptation « en compréhension » (par hymen logique). Et ce n'est nullement en exagérant sa pensée que l'on croit trouver une contradiction entre cette distinction et la précédente argumentation de Tarde, car il spécifie qu'il entend par élargissement la tendance de l'adaptation à se compliquer, à se grossir sans cesse en s'adaptant d'autres inventions ; ce n'est pas là, dit-il, la division du travail; mais, à vrai dire, ce procédé d'extension adaptatrice l'implique, et du moins ne diffère en rien du principe général d'adaptation sociale. En somme, c'est bien là une différenciation implicite entre l'adaptation intramentale, l'invention, « la progression inventive, systématisante », et l'adaptation sociale, association se compliquant en s'élargissant, mais aussi « progression imitative, uniformisante[2] ».

Invention et accouplement logique, accouplement logique et adaptation, adaptation et association, association et imitation, ce sont là des termes que Tarde n'a pas nettement différenciés, quand seules, cependant, l'adaptation et l'association pouvaient absolument se confondre, tandis que de légères mais essentielles nuances distinguaient adaptation, accouplement logique ou téléologique et invention, et que surtout l'imitation n'était qu'un des procédés adaptatifs, moins important peut-être que l'hymen logique ou téléologique (qui en diffère, si vraiment il existe de telles coordinations préétablies), moins important également que la tolérance, et probablement aussi que la conquête[3].

1. *Lois sociales*, pp. 129-130.
2. *Ibid*, pp. 131-135.
3. A laquelle Tarde attribue si souvent un rôle coordinateur prépondérant.

Mais s'il reste un peu d'obscurité dans la théorie de Tarde sur l'invention, sa définition des inventeurs et de leur rôle semble plus précise. Elle est du moins originale. Chez ses prédécesseurs, c'était la question de l'influence des hommes de génie sur l'évolution sociale. En effet, si le bon sens attribua longtemps à ceux-ci un rôle considérable et une essence supérieure, on sait combien la science moderne leur fut défavorable. Les théoriciens du « milieu » expliquaient par l'action de ce facteur aussi bien la formation que l'influence du génie; puis l'anthropologie s'efforça d'en trouver l'explication profonde dans la dégénérescence, la déséquilibration hypertrophiant certaines facultés comme certaines fonctions. D'autre part, cependant, l'individualisme de quelques intellectuels exaltait le rôle des grands hommes : Emerson et Carlyle marchaient sur les traces de Gœthe, et, tandis que Nietzsche donnait à cette thèse une apparence systématique et la forme la plus absolue, Renan l'acceptait discrètement, et des romanciers comme Flaubert y cherchaient la justification de leur mépris d'esthètes pour le vulgaire [1].

Ces diverses théories ont trouvé un écho chez Stuart Mill. Il reproche à Macaulay de n'attribuer aux grands hommes qu'un rôle relatif, celui de voir la vérité avant la multitude et de la refléter ensuite sur elle : opinion assez surprenante, comme l'a remarqué Tarde [2], chez un des plus grands historiens de l'énergique race anglo-saxonne. Mill accorde que, dans

---

1. « Vous vous étonnez de la bêtise, du fanatisme qui vous entourent, écrit Flaubert à une amie. Que l'on en soit blessé, je le comprends; mais surpris, non! Il y a un fond de bêtise dans l'humanité, qui est aussi éternel que l'humanité elle-même. L'instruction du peuple et la moralité des classes pauvres sont, je crois, des choses *de l'avenir*. Mais quand à l'intelligence des masses, voilà ce que je nie, quoi qu'il puisse advenir, parce qu'elles seront toujours des *masses*. Ce qu'il y a de considérable dans l'histoire, c'est un petit troupeau d'hommes (trois ou quatre cents par siècle peut-être) et qui, depuis Platon jusqu'à nos jours, n'a pas varié, ce sont ceux-là qui ont tout fait et qui sont la conscience du monde. Quand aux parties basses du corps social, vous ne les élèverez jamais. Quand le peuple ne croira plus à l'Immaculée-Conception, il croira aux tables tournantes. Il faut se consoler de cela et vivre dans une tour d'ivoire ». (Flaubert, *Lettre à Mlle de Chantepie*, 23 janvier 1866, in *Nouvelle Revue*, 15 février 1897). Cette thèse aristocratique n'est pas absolument conforme à la pensée de Tarde, qui d'ailleurs distinguerait dans les masses entre les foules et les publics.

2. Cf. *Oppos. univers.*, p. 329.

certains lieux, à certains moments de l'histoire universelle, on peut concevoir le progrès déterminé par les seules causes générales; mais, à son avis, ce sont là des cas exceptionnels. D'autre part l'action des grands hommes nécessite bien, comme le voulait Buckle, un terrain favorablement préparé. Mais, en somme, elle est seule efficace; c'est par elle seulement que le progrès se réalise [1]. Tarde approuve absolument cette critique; il reproche même à Mill de croire que l'action des grands hommes va diminuant avec les progrès de la civilisation, car, dit-il, si d'une part le courant général de la coutume et de l'opinion est plus fort, les moyens de s'y opposer se sont également perfectionnés et multipliés, et de plus, en se civilisant, en s'intellectualisant, les peuples deviennent plutôt instables [2].

Nous savons déjà que Tarde attribue, dans l'évolution historique de l'humanité, un rôle considérable à l'accidentel, ce fruit du hasard : et c'est pourquoi il admet la relativité extrême de la prévision sociologique. Sur ce terrain, il suivait et développait encore les indications d'Augustin Cournot. « La nature, dit celui-ci, en douant quelques individus privilégiés des plus brillantes facultés du génie, ne produit après tout qu'un phénomène accidentel et passager. » Le grand homme est un accident heureux; sa supériorité n'est pas un don mystérieux : il découvre, mais il ne crée pas, et s'il devient aisément la monade dirigeante de la société dans laquelle il est apparu, c'est simplement qu'il a le bonheur de posséder des aptitudes remarquables et une organisation physique et mentale adéquate aux besoins du moment [3]. Pour Tarde aussi le génie est l'accident en matière sociale [4], et il souscrirait

1. S. Mill, *Logique*, l. VI, ch. xi, §§ 2 et 3.

2. Tarde, *Oppos. univers.*, pp. 329-331. Une autre remarque de Mill, suivant laquelle le souvenir des grands hommes méconnus « rompt la chaîne de la tradition », serait peut-être à rapprocher d'une question précédemment indiquée : la transformation des minorités en majorités, et concorderait avec l'hypothèse de Tarde.

3. Cf. Cournot, *Essai sur les fond. de nos connaiss.*, t. I, p. 365. — *Traité de l'enchaîn. des idées fondam.*, t. II, p. 23.

4. « Aussi longtemps que le spermatozoïde et l'ovule se rencontreront sans s'être devinés et fait signe à distance, qu'ils s'accoupleront sans s'être choisis intelligemment, et que, de cet accouplement aveugle et fortuit, naîtront des singularités individuelles dont quelques-unes seront

certainement, lui qui parfois s'est inspiré de Taine, à ces
remarques de l'historien, que la volonté énergique et puissante, nécessaire pour la conquête et la conservation des
droits politiques, « exige une âme solitaire et capable d'inventer ses convictions », que « les seules résolutions solides
sont celles qu'on tire de son propre sein », enfin que « c'est
l'invention qui mesure la force morale, et que sa décadence
est parallèle à celle des nations »[1]. En effet, pour Tarde,
qu'est-ce que le génie? Ce sont des variétés individuelles
extrêmes dans le sens de la supériorité à la moyenne. « Les
variétés symétriquement opposées des individus ordinaires,
imitatifs, présentant de faibles différences en plus et en moins,
s'écartant peu de la moyenne, peuvent être toutes utilisées
dans la vie sociale; et, en réalité, trouvent toutes leur emploi
dans une société bien ordonnée; les variétés extrêmes, dont
l'écart est très grand, ne sauraient jouer des rôles sociaux
équivalents. » Le rôle des individualités très supérieures
l'emporte de beaucoup sur celui des très inférieures : il n'y a
pas de neutralisation, comme le remarque très justement
Stuart Mill. « Ainsi l'évolution progressive, qui n'est ni réversible ni semblable d'une civilisation à une autre, s'opère par
une suite d'*anomalies* individuelles dont les contraires ne
jouent aucun rôle social et ne parviennent pas à les neutraliser.
Et, quand ces anomalies heureuses ont émis des initiatives fécondes, le rayonnement imitatif de celles-ci se répand parmi les
individualités ordinaires, c'est-à-dire présentant des caractères moins tranchés, non moins précieux ni moins personnels
pour cela, et se conserve grâce, en partie, au balancement
symétrique des variétés faibles incarnées dans ces individus.
Par la variation dissymétrique se créent les nouveautés,
par l'opposition elles se conservent. Le progrès est dû à la
rupture intermittente d'un équilibre conservateur[2]. » Voici
une argumentation qui apporte déjà une contribution importante à la théorie du progrès et qui précise un peu le rôle de

géniales, sources de découvertes ou d'inventions capitales dans l'histoire du progrès humain, aussi longtemps on pourra dire que le rôle
de l'accident en sociologie est considérable, incomparable. » (*Log. soc.*,
p. 166, note 2).
  1. Cf. Taine, *Essais de critique et d'histoire*, 7e éd., pp. 294-95 et 305.
  2. Cf. *Opposit univers.*, pp. 325-327.

l'opposition : on voit, en effet, que l'obscurité de la pensée de Tarde en cette partie de son système tient surtout à ce qu'il identifie trop l'opposition statique à la dynamique, et (pourrait-on dire, à défaut de termes plus adéquats) l'équilibre mobile logique ou téléologique à la lutte effective, abus qui dérive d'ailleurs de son psychologisme trop exclusif.

Quelles sont donc les sources de ce génie individuel dont il vient d'indiquer le rôle en histoire? Certes le génie n'est pas pour lui cette névrose dont parlent MM. Lombroso et Max Nordau ; Tarde approuve sans restriction la remarque de M. Paulhan: « On s'est peut-être exagéré le manque d'équilibre des hommes supérieurs, et inversement l'équilibre des médiocres et des imbéciles [1]. » D'autre part, de même que Lombroso déclare : « La civilisation n'est pas la cause exclusive des génies et des découvertes, mais elle en détermine l'éclosion, le développement, ou, mieux encore, elle en détermine l'acceptation [2] », Tarde admet des causes extérieures du génie d'ordre vital ou social: le génie lui apparaît comme « la plus haute fleur de la vie et la plus haute source de la société ». C'est le « suprême accident » vital dont on parlait tout à l'heure, le résultat heureux des multiples influences sociales qui ont présidé à sa formation [3]. Mais le génie a aussi des causes intérieures, des raisons logiques ou téléologiques dont le mécanisme constitue la véritable théorie de l'invention. En effet, le duel et l'union logiques ou téléologiques [4] sont ici les processus fondamentaux, aussi bien que pour l'imitation [5]. Et ceci, selon Tarde, s'applique également

1. Cf. Paulhan, Les caractères, pp. 18-21. — Tarde, Log. soc., p. 167.
2. Cf. Lombroso et Laschi, Le crime politique, t. II, p. 197.
3. Cf. Logique sociale, pp. 166-168. — En tant qu'il s'agit de l'influence, et non de la nature du milieu, le différend entre Tarde et ses adversaires se ramène en somme à une question de proportionnalité.
4. Surtout le premier, dira Tarde, car le besoin, l'utilité, pas plus que l'influence du milieu, ne peut suffire à expliquer l'invention. Elle est libre (comme d'ailleurs, on l'a vu, toute variation). Sans le besoin, l'invention ne serait pas adoptée; cependant les inventions de luxe créent progressivement des besoins de luxe, qui en déterminent finalement l'adoption (cf. Études de psych. soc., pp. 33-36). Quant aux raisons logiques, elles entraînent nécessairement, suivant Tarde, le succès des inventions utiles, correctives et simplifiantes, en vertu même de la loi du moindre effort (cf. Oppos. univ., p. 323).
5. Cf. Logique sociale, pp. 172-175.

à la génialité « des inventeurs, artistes, industriels, hommes d'État, qui ont manié, utilisé, canalisé, en même temps qu'ils l'ont suivi, le grand courant du Désir, et à celle des inventeurs ou plutôt des découvreurs, savants, théologiens, philosophes, qui ont exercé une action pareille sur un autre grand courant en partie indépendant du premier, celui de la Croyance[1] ». Mais on peut se demander si, en vertu de ce raisonnement, Tarde ne détruit pas, une fois de plus certaines différenciations sociologiques qu'il déclarait naguère profondes et essentielles : l'imitation, en effet, n'apparaît-elle pas, dès lors, (non sans raison, croyons-nous) comme une forme de l'adaptation, ce que Tarde avouait aussi implicitement quand il distinguait entre l'adaptation extensive et la compréhensive ?

En définitive, Tarde croit inutile d'épiloguer sur le rôle respectif des causes *individuelles* et des causes *générales* : en tant que psychologiques, celles-ci sont le groupement, l'amas de celles-là ; quand aux causes générales extramentales, physiques ou organiques, elles n'ont naturellement, aux yeux de Tarde, qu'une importance très secondaire pour la constitution et l'action des individualités puissantes. Ce qui mène le monde, c'est l'invention ; considérer les grands hommes comme des « expressions inertes et passives » des idées, besoins et exigences de leur milieu, c'est une erreur égale, selon Tarde, à celle qui voit dans la conscience ou la volonté un épiphénomène : l'erreur est peut-être même encore plus grave, car en fait conscience et volonté impliquent du moins l'existence des phénomènes, tandis que, Tarde l'affirme, « les grands hommes seraient quelque chose, ils seraient même tout ce qu'ils sont, individuellement, sans l'approbation et l'écho de la société, quoique, dans ce cas, ils fussent réduits à l'impuissance d'agir[2] ».

Jusqu'ici la thèse de Tarde semblerait assez classique, conforme en particulier à celle de Guyau pour qui le génie, « accident heureux », comme le dit Darwin des espèces, est un fait normal et d'une grande importance sociale. « Le génie complet, dit Guyau, est puissance et harmonie, le génie partiel est ou puissance ou harmonie. » ; et c'est en effet ce

1. Cf. *Études de psychol. soc.*, p. 37.
2. Cf. *Oppos. univ.*, pp. 327-329.

dernier, lorsqu'il est puissance hypertrophiée, qui peut
simuler la folie. Seul le talent médiocre s'explique par le
milieu et par le caractère individuel (car c'est à ceci que se
réduit la théorie de Taine); il y a dans le génie des inconnues
irréductibles. « Les grandes personnalités et leur milieu sont
dans une action réciproque »; d'où les difficultés de la question. Mais en réalité c'est le génie qui se crée, soit un milieu
nouveau, soit un état nouveau du milieu; ce ne sont pas des
initiatives, si l'on veut, mais bien des *synthèses* réussies. « Le
génie est, en définitive, une puissance extraordinaire de sociabilité et de sympathie qui tend à la création de sociétés nouvelles ou à la modification des sociétés préexistantes [1]. » Et,
ici, Guyau prend le mot société au sens plus général de milieu
social. Sa théorie, au total, se rapproche assez de celle du
« sur-homme » : le « créateur de valeurs » de Nietzsche est
celui qui s'impose et subjugue le milieu, c'est le réformateur,
le Maître. Il semblerait que ce soit là aussi le dernier mot de la
doctrine de Tarde, puisque l'homme, suivant lui, s'adapte le
milieu, au lieu de se soumettre à ses conditions. Mais il n'en
est rien, car Tarde apporte à cette considération générale un
correctif qui en modifie diamétralement la signification.

En effet, une partie de sa critique vise la théorie des milieux, et surtout la thèse de M. Durkheim suivant laquelle
les *réalités* sociales, les « admirables édifices d'inventions
et de découvertes » qui constituent aujourd'hui le milieu
social, seraient facteurs et non fonctions de l'indvidu [2].
Comment alors se seraient-elles constituées? demande Tarde.
Et il croit que ce système, soutenable à la rigueur (mais
improbable) en matière de langage et de religion, c'est-
à-dire de grammaire ou de théologie, où la question des origines est obscure, est du moins inadmissible en matière
scientifique [3]. Sa théorie imitative a, suivant lui, l'avantage
de conserver le pittoresque social, le génie, cette inconnue
qui gêne l'évolutionnisme et que négligent tous les savants
exclusifs, hostiles à la notion de variation [4]. Tarde ne semble

1. Guyau, *L'art au point de vue sociol.*, pp. 30-45.
2. Cf. Durkheim, *Les règles de la méthode sociol.*, pp. 130 sqq.
3. Cf. *Lois sociales*, pp. 142-145.
4. Cf. *Études de psych. sociale*, pp. 57-58.

pas comprendre la pensée profonde de M. Durkheim, qui
sans doute affirme surtout la prépondérance de l'extramental,
du milieu physique social dans la formation de ces réalités [1].
Car on ne peut admettre avec Tarde que la science ne soit
pas latente chez l'homme, on dira même (en acceptant telle
quelle son objection peut-être abusive) chez le sauvage [2] :
c'est là un point de son argumentation que nous croyons
avoir suffisamment réfuté [3]. Au surplus, l'homme n'est pas
moins un automate dans son système que dans celui de son
contradicteur.

Mais, d'autre part, Tarde critique le point de vue de l'influence des grands hommes dont il admet cependant le principe essentiel : il le juge trop étroit. Il ne faut pas, dit-il,
fausser la théorie des causes individuelles [4]. Certes les novateurs sont assez souvent des hommes de génie [5], mais ils ne le
sont pas toujours, et cette affirmation répond à une erreur
séculaire. On ne doit pas parler de grands hommes, mais de
grandes et de petites inventions, de grandes idées qui apparaissent souvent chez de très « petits » hommes. En réalité,
chaque individu a collaboré en quelque mesure à la constitution de l'édifice commun, lui a fourni sa contribution plus ou
moins importante d'invention, ses découvertes minuscules
ou considérables [6]. Hypothèse assez vraisemblable, en tant du
moins que toute adaptation individuelle est, croyons-nous,
une invention, puis aussi que les inventions qui ont été les
plus remarquées étaient les plus surprenantes, non pas toujours les plus ou les plus exclusivement utiles. C'est d'ailleurs
pour réussir à déterminer la réalité de ces inventions obs-

1. M. Lombroso admet la thèse individualiste, par exemple, en ce qui
concerne les révolutions; mais, d'autre part, on connaît son point de vue
anthropologique. (Cf. *Le crime politique*, t. II, p. 40).
2. Cf. *Lois sociales*, p. 147.
3. Cf. *supra*, ch. III, § 1.
4. Cf. *Lois sociales*, p. 146.
5. Cf. *Oppos. univ.*, p. 328.
6. Cf. *Lois sociales*, p. 146-149. On voit ici combien, au fond, l'opinion
de Tarde diffère de celle qu'on a précédemment indiquée chez Flaubert. — Plus particulièrement, Tarde remarque que les inventions des
grands politiques ou guerriers ne sont pas les plus importantes : ce ne
sont même pas, suivant lui, de véritables inventions sociales, car elles
ne sont pas destinées à être imitées, du moins de par la volonté de leurs
auteurs. (Cf. *Lois de l'imitation*, pp. 101-102).

cures que Tarde demande des « monographies narratives »[1]. Une autre conséquence de son point de vue, qu'il semble avoir négligée et pour cause, serait l'égalité relative entre les hommes, fondée désormais non pas particulièrement sur des considérations individualistes, mais bien sur l'intérêt général. La personne serait respectable, non plus pour des raisons métaphysiques ou sentimentales, ni non plus en tant qu'auxiliaire, que moyen proprement dit, mais bien en tant que source d'invention.

Seulement il n'apparaît pas que Tarde ait véritablement ruiné la théorie du milieu, et il semble bien qu'on ne puisse soutenir le rôle primordial de l'individu sans admettre formellement le libre arbitre comme base de cette opinion. Mieux vaudrait peut-être se demander si l'inventeur, obscur et médiocre ou génial, si l'individu n'est pas à la fois conscience plus ou moins adéquate et intéressante de la collectivité et, en même temps, initiateur, ou plutôt relai transformateur d'énergie pour ainsi dire, en tant que sa personnalité, résultante caractérisée d'influences ancestrales et contemporaines, laisse son empreinte spécifique sur les adaptations qu'elle réalise. Ce n'est qu'en faisant intervenir la liberté dans le domaine des réalités psychologiques qu'il serait possible de dépasser ce point de vue[2].

V

On connaît déjà sous divers aspects l'opinion de Tarde en ce qui concerne le progrès. Il croit évidemment au progrès, malgré la persistance d'inadaptations douloureuses à côté des nombreuses adaptations précises[3], et bien qu'en particulier les faits ne lui semblent nullement prouver le progrès vers l'égalité et la liberté politique. Sa croyance n'est pas une pure auto-suggestion, une justification du mot de Renan : « Comme

1. Cf. *Lois sociales*, pp. 152-154.
2. Guyau a indiqué le rapport du principe d'invention selon Tarde avec la contingence comme l'entend M. Boutroux, le libre arbitre de Renouvier, etc. (Cf. *L'art au point de vue soc.*, p. 13).
3. Cf. *Lois sociales*, p. 50.

il faut peu de chose à l'humanité pour affirmer ses espé-
rances ». Non, c'est une théorie cohérente et méthodiquement
établie. Certes, Tarde a proclamé que la méthode de sa sociologie ne serait pas historique, il a critiqué sévèrement, on
l'a vu, la position d'Auguste Comte comme celle de la philosophie de l'histoire, car il ne croit pas avec Mill [1] que Comte
ait bien compris le caractère nécessairement psychologique
des lois sociologiques. Sans plus d'indulgence pour l'évolutionnisme unilinéaire, il lui reconnaît du moins le mérite de
n'avoir donné qu'un sens relatif aux mots de progrès et de
décadence, d'y avoir vu simplement la phase ascendante et
descendante dans l'ondulation infinie [2]. Enfin il croit fort au-
dacieuse la prétention de chercher un « mètre du progrès ».
telle qu'on la trouve par exemple chez M. de Greef ; parfois
même il va jusqu'à dire qu'il est bien difficile de prouver la
supériorité d'un type social sur un autre [3], et que « l'oratoire
question du progrès n'est pas aussi capitale qu'on le croit » [4].
Mais il la rencontre sans cesse, elle se relie à des points essentiels de son système, et si le progrès n'est jamais chez lui
un objet de recherches, du moins il en fournit souvent par
occasion des explications diverses, mais convergentes.

Son antipathie théorique et pratique nettement déclarée
pour les doctrines socialistes modernes n'est d'ailleurs pas en
jeu ici ; il ne croit pas que l'admission du progrès soit nécessairement un postulat révolutionnaire [5]. Il l'invoque plutôt
comme argument contre tous les excès dogmatiques. C'est
particulièrement au nom du progrès qu'il critique le misonéisme et la loi d'inertie de Lombroso ; à quoi celui-ci répond
que le philonéisme, au contraire, de par la loi du mouvement
accéléré, conséquence de la loi d'inertie, marche à l'exagération et à la ruine, et que le progrès s'explique par des causes

1. Cf. St. Mill, *Logique*, l. VI, ch. x, § 3. — Comte, *Cours*, t. V, ch. ix
p. 7.
2. Cf. *Logique sociale*, préface, p. xiv.
3. Cf. *Ibid*, pp. 155-156.
4. Cf. *Études de psych. soc.*, pp. 107-116.
5. « Les mots de socialisme et de communisme vont être maintenant
exploités comme l'ont toujours été certains mots épouvantails... Qui-
conque parlera du progrès, le plus timidement du monde, sera immédiatement communiste. » (Renan, *Lettre à sa sœur*, 30 juillet 1848, in
Rev. de Paris, 15 avril 1896).

purement extérieures : physiques, sociales ou historiques [1]. Ils sont d'ailleurs d'accord, si on fait abstraction de la nature des causes de progrès et de voies de réalisation; Tarde, en effet, contresigne vol tiers cette ren ue de M. de Greef : « Le progrès se produit plutôt par l'influence étrangère que par l'action interne. La civilisation est une plante qui se propage plus qu'elle ne se développe. » [2]

Dans cette partie si essentielle de sa logique sociale et de son système tout entier, la théorie de l'invention, la « dialectique sociale », la « logique sociale dynamique », deux questions se posent, à son avis : la question de l'équilibre de désirs ou de croyances, et celle du maximum de désirs (satisfaits) ou de croyances. L'alternance et l'antithèse entre ces deux problèmes explique l'air illogique des sociétés : ce sont toujours crise, puis accord, puis nouvelle crise (en vue d'un idéal plus élevé), puis nouvel accord, etc [3]. Et c'est bien là en effet, semble-t-il, ce qui a fait repousser absolument par Stuart Mill la notion du cycle en matière sociologique. Mais, si Tarde croit devoir étudier le problème de l'équilibre avant d'aborder la question du maximum, il pense que cette première recherche démontre également l'existence d'oppositions-rythmes, à côté des oppositions-luttes d'où résultent les adaptations; mais il ne renonce pas pour cela à la croyance au progrès. Il croit à une « loi psychologique qui veut que tout ce qui a commencé à être fin devienne moyen, que tout ce qui a commencé par être proposition devienne notion, et non vice-versa » [4]. En un mot, comme on l'a vu, il admet, d'ailleurs avec Stuart Mill [5], l'irréversibilité essentielle (ce qui ne veut pas dire la coercition, la détermination absolue) de l'évolution sociale; c'est pourquoi, à travers les rythmes sociaux, indubitables puisque « la suppression des contradictions n'est le plus souvent que

---

1. Cf. Lombroso et Laschi, *Cirme politique*, tome II, pp. 46-47.
2. Cf. *Études de psych. soc.*, p. 100.
3 Cf. *Logique soc.*, pp. 161-162.
4. Cf. *Oppos. univers.*, p. 307.
5. Cf. Mill, *Logique*, l. VI, ch. viii, ch. x, § 3, et surtout ch. xi, § 3. Mill avait là les éléments d'une conciliation entre le rythme et le progrès; il peut y avoir progrès au point de vue synthétique, totalisateur, rythme au point de vue analytique (*ibid.*, Introd. par M. Belot, p. LXXVIII).

leur déplacement[1] », se dessine le progrès. On sait d'ailleurs
que, selon Tarde, toute invention utile, tout perfectionnement
est nécessairement adopté tôt ou tard, de par les lois logiques de l'imitation. Enfin il y aurait également un progrès
dans l'uniformation croissante par l'élargissement des rayonnements imitatifs[2], autrement dit par l'élargissement des
oppositions et des adaptations qui leur succèdent[3].

Tarde, au surplus, ne croit pas comme Stuart Mill qu'il y ait
seulement deux réponses possibles au problème, le rythme
circulaire de Vico, ou la trajectoire hyperbolique ou paraboli-
que de Condorcet et Auguste Comte. Il voit au moins sept
hypothèses à envisager :

« 1º Celle d'évolutions sociales multiples mais semblables,
suivies de dissolutions inverses ;

2º celle d'évolutions sociales multiples et différentes, suivies de dissolutions inverses ;

3º celle d'évolutions sociales multiples, soit semblables,
soit différentes, aboutissant à un équilibre stable et mobile ;

4º celle d'évolutions sociales multiples, indéfiniment pro-
gressives ;

5º celle d'une évolution sociale unique, indéfiniment progressive ;

6º celle d'une évolution sociale unique, aboutissant à un
équilibre stable et mobile ;

7º celle d'une évolution sociale unique, suivie d'une dissolution inverse. [4] »

Mais il les élimine toutes sauf la troisième, et c'est peut-
être là une des meilleures définitions de son système, bien
que l'hypothèse d'un progrès indéfini n'ait rien de contradictoire, et que d'autre part l'unification croissante des évolutions
multiples soit peut-être précisément une des manifestations
du progrès.

Puisque Tarde nie la dissolution inverse, on peut se
demander quelle sera sa conception de la dégénérescence

---

1. Cf. *Logique soc.*, p. 155.
2. Mais on sait qu'il y a ici une certaine confusion entre imitation et
adaptation.
3. Cf. en particulier, *Lois de l'imitation*, pp. 413-421.
4. Cf. *Opposition universelle*, pp. 331-332.

sociale. Il l'a dit très explicitement, en notant d'ailleurs que,
« si normal veut dire habituel », elle est un fait beaucoup plus
normal que le développement de la civilisation. « La dégénérescence sociale consiste, dit-il, en une perte graduelle
comme le développement antérieur a consisté dans une
acquisition successive d'inventions et de découvertes. » Seulement il n'y a pas du tout opposition symétrique ; ce sont en
effet les besoins les plus factices, les plus récents par conséquent, qui persistent le plus longtemps[1]. Par contre, Tarde
semble ne pas avoir envisagé la possibilité d'une dégénérescence sociale par diminution du goût ou de la faculté d'imiter :
et cependant l'imitation est bien, suivant lui, un autre facteur
du progrès.

Si l'on se place au point de vue du progrès inventif dans
l'esprit collectif, on peut, suivant Tarde, distinguer trois phases
de l'évolution progressive : d'abord le « chaos », la période de
multi-conscience et de lutte ; puis le passage de la multiplicité des consciences à l' « uni-conscience » à travers la pluri-
conscience, enfin une phase de développement de l'harmonie
ainsi réalisée. Ce progrès, remarque Tarde à propos des essais
de langue internationale, est un processus universel et
naturel. « On a la mauvaise habitude d'appeler artificiel, en
toute catégorie de phénomènes sociaux, l'ordre établi par
uni-conscience. Mais comment donc qualifier d'artificiel un
caractère si universel et qui est la conséquence d'une loi naturelle[2] ? »

Le progrès imitatif, d'autre part, se manifeste par uniformisation croissante, par prédominance de l'imitation sur
l'invention. Ainsi s'établit, se perfectionne l'unité des grands
empires, comme par exemple « la paix romaine ». Mais « on
peut se demander si la similitude universelle, sous toutes
ses formes actuelles ou futures relativement au costume, à

---

1. Cf. *Logique soc.*, pp. 190-191. — La définition de Guyau (*Art au point
de vue sociol.*, p. 357), pour qui la décadence des sociétés se produit
quand la force croissante de l'individualité l'emporte par ses côtés les
plus égoïstes sur la solidarité, implique réversibilité et se rattache à la
doctrine de Spencer. Elle est peut-être assez logique, car on peut considérer toute société, aussi bien que tout individu, comme un rythme sous
lequel seulement se manifeste le progrès.

2. Cf. *Log. soc.*, pp. 192-204.

l'alphabet, à la langue peut-être, aux connaissances, au droit
etc., est le fruit dernier de la civilisation, ou si elle n'a pas
plutôt pour unique raison d'être et pour conséquence finale
l'éclosion de divergences individuelles plus vraies, plus intimes, plus radicales et plus délicates à la fois que les dissem-
blances détruites »[1].

C'est ici le point culminant de la théorie du progrès chez
Tarde, et nous savons déjà que c'est aussi l'un des corollaires
de l'infinie multiplicité des éléments substantiels. Il semble
même que celle-ci l'ait empêché de définir clairement ce qu'il
entendait par la variation, l'individuation supérieure se
détachant des groupements coutumiers et imitatifs, grâce à
l'élargissement de ceux-ci par quoi se manifesterait le progrès
suprême dans la vie sociale. N'y a-t-il pas plus de profondeur
dans cette pensée voisine, mais dégagée de préoccupations
systématiques, que Tarde a pu s'assimiler en lisant Cournot :
« Le propre d'une civilisation progressive est de détendre
les liens de solidarité qui tiennent à la conformité du langage, du culte, des mœurs, des institutions, et de faire de
plus en plus prévaloir ce qu'il y a d'universel dans la nature
humaine, sur ce qui est propre à chaque temps, à chaque
lieu, à chaque classe, à chaque nationalité[2] » ?

Quoi qu'il en soit, Tarde, par sa théorie du progrès inventif, laissait pressentir qu'il admettait en somme, et au point
de vue psychologique, la loi de Spencer, le progrès par gain
de matière (croyance) et perte de mouvement (désir)[3];
c'est en effet, à son avis, une profonde intuition que cette
formule évolutionniste, et il ne fait que la transposer dans
les cadres psychiques de sa doctrine. Cependant on pourrait

1. Cf. *Lois de l'imitation*, pp. 423-425.
2. Cournot, *Traité de l'enchaîn. des idées fondam.*, t. II, p. 32.
3. Cf. *Criminalité comparée*, p. 93. « Il peut paraître contradictoire,
ajoute Tarde, que la civilisation apaise notre désir en même temps
qu'elle multiplie nos besoins. Tous les besoins factices qu'elle a engen-
drés en nous sont bien loin cependant d'être la menue monnaie de la soif
et de la faim dont souffraient nos sauvages ancêtres. Et de même, en
substituant aux problèmes, profondément inquiétants, de l'ignorance et
de l'insécurité primitives les problèmes bien plus nombreux, mais bien
moins pressants, soulevés par les progrès du savoir à chaque point de
ses frontières agrandies, mais reculées, elle allège en somme le poids
total du doute et de l'inquiétude. »

se demander, avec Renan, si toute croyance n'est pas une borne, et d'autre part, avec La Rochefoucauld, s'il n'y a pas dans le cœur humain une génération perpétuelle de passions (de désirs), « en sorte que la ruine de l'une est presque toujours l'établissement d'une autre ». Et en effet, Tarde avoue lui-même qu'il y a comme un vœu universel en faveur d'une «majoration incessante de croyance et de désir[1] », et que la nature a sa manière à elle d'apaiser les vœux de nos cœurs : elle nous les soustrait et les remplace[2]. Il a d'ailleurs reconnu quelque part que l'adaptation trop parfaite était une entrave plutôt qu'un véritable progrès, et il se conformerait ainsi à l'opinion de Spencer, suivant qui le progrès psychologique est caractérisé par un accroissement de la « modificabilité » de croyance[3]. La pensée profonde de Tarde semble être qu'il faut diminuer le caractère «avidité» du désir, et non le détruire en tant que source d'activité. Les activités pures seront beaucoup plus faciles à concilier que les ambitions. « Ce n'est point, je crois, dit-il en effet, dans le sens du communisme, du désir de possession surexcité, mais plutôt de la coopération, du désir d'action stimulé, que le courant nous porte... Rien ne sera perdu, par suite, comme le disait le vieux Cournot, tant que la richesse sera poursuivie comme puissance plutôt que comme plaisir. » Elle reste alors source d'action ; or l'action est une perspective illimitée[4], et nous savons que la concurrence possessive elle-même tend à s'apaiser. Thèse assez juste en principe, malgré peut-être l'exagération de son optimisme, mais qui montre combien est discutable l'affirmation d'un progrès non illimité, si difficile à concilier avec la doctrine de Tarde sur la nature du progrès.

Car, malgré quelques hésitations, il a bien sur ce point une théorie précise. Pour lui, non seulement tout vient de l' «infinitésimal », mais encore « il est probable que tout y retourne». « C'est, dit-il, l'alpha et l'oméga »[5]. « Rien, chose surprenante et qui ne surprend personne, n'apparaît subitement

---

1. Cf. *Logique soc.*, p. 151.
2. Cf. *Essais et mél. sociol. — Variation universelle*, p. 392.
3. Cf. Spencer, *Princ. de psych.*, § 486. — *Premiers princ.*, § 32.
4. Cf. *Oppos. univ.*, pp. 415-417.
5. *Lois sociales*, p. 159.

dans la sphère du fini, du complexe, ni ne s'y éteint. Qu'en
conclure, sinon que l'iafiniment petit, autrement dit l'élément, est la source et le but, la substance et la raison de
tout [1] ? » Dans chaque variété de l'être, l'harmonie progressive
n'est que la condition d'une variation supérieure. Le groupement harmonieux de cellules qui constitue l'organisme n'est
qu'un moyen, non un but, puisque l'individu est sacrifié par
la nature à l'espèce, « groupe désordonné d'êtres épars,
série irrégulière de générations, de modifications naturelles,
ou d'événements historiques s'il s'agit d'une espèce sociable ». Et de là vient sans doute notre prédilection pour le
pittoresque, « moins saisissant et plus attachant que l'organique ». « On contemple une émeute dans une rue, et on se
croit philosophe. On l'est, en effet, mais à la condition d'ins-
crire en tête de sa philosophie *différence* et non harmonie. »
Et nous avons raison de nous intéresser plus à la « situation
historique », à « l'état social à un moment donné » qu'aux
harmonisations subordonnées, car la nouveauté incessante
est le but dernier de toute systématisation . « Un système ! Mais
il n'en *existe* pas, à titre de *réalité* ; il n'existe jamais, à un moment donné, que des fragments et des aspects épars de
systèmes pensés par un ou plusieurs esprits ». Dès qu'une
chose touche à la perfection organique, que ce soit l'art de
polir la pierre aux temps préhistoriques, le christianisme
catholique au moyen âge, ou la politesse française au
XVIIIe siècle, n'est-elle pas prête à céder la place à une nouvelle diversité, tendant elle aussi (Tarde ne le dit pas assez
à l'harmonie ? Il y a lieu de penser enfin que « le terme
absolu et vraiment *pour* soi d'où dépend ce monde », c'est la
variation [2].

La monade est la propre fin de son activité, et c'est pourquoi sans doute les penseurs modernes les plus pénétrants
ont constaté pareillement, malgré des divergences de formule, un retour à l'individualisation croissante dans les
sociétés très civilisées. Dans cette mesure, l'opinion de Tarde
n'est certes pas décourageante. Le progrès n'est pas irréel ni
méprisable, si « la multiplicité inharmonique » terminale de

1. *Essais et mélanges sociol.*, (*Monadologie et sociologie*) p. 316.
2. Cf. *Essais et mél. sociol.*, (*Variation univers.*) pp. 414-421.

l'être universel a pour but de favoriser « l'épanouissement exubérant de toutes les variétés imaginables de la matière, de la vie et de l'intelligence [1] », s'il n'y a pas là dissolution, mais plutôt comme une floraison de variations, superféta-toires au point de vue logique et téléologique, et dont les oppositions pacifiques conservent du moins le pittoresque au dessus de l'uniformité, de l'unité profonde des sociétés. Ce serait alors la marche de l'hétérogénéité confuse primitive à l'hétérogénéité coordonnée, l'évolution vers le plus multiple et le plus un à la fois, selon la formule platonicienne [2]. Mais Tarde semble hésiter. Devant la persistance d'inadaptations graves, et, de plus, par crainte de glisser dans « le gouffre de la substance identique et monotone où Herbert Spencer nous plonge et nous abîme » [3], il semble douter parfois de la réalité du progrès. Il ne décide pas entre le pessimisme dog-matisant la haine et la lutte universelles et éternelles, le caractère fugitif et périssable de toutes réalités humaines, et l'optimisme confiant dans la prédominance de la répétition et de l'union, jugeant que l'évolution sociale se réalise *con amore*, s'explique par l'Amour [4]. Dans ses dernières œuvres se manifeste comme une sorte de désillusion nihiliste fondée précisément sur l'universelle et incessante variation. Il dit, par exemple : « Le rôle de l'opposition est de neutraliser, le rôle de l'adaptation est de saturer ; mais l'une en neutralisant, l'autre en saturant sont pareillement délivrantes et diversi-fiantes [5] ». Et il se demande, avec l'angoisse du logicien devant le mystère des causes finales : « La poursuite de l'impossible à travers l'inutile, serait-ce donc là vraiment le dernier mot de l'existence ? » Peut-être, en effet, toute doctrine dynamiste ne peut-elle aboutir qu'à cette conclusion décourageante, si elle pousse jusqu'à ses extrêmes conséquences rationnelles son principe métaphysique [6]. Quoi qu'il en soit cette conclu-

1. Cf. *ibid.*, p. 420.
2. Cf. Worms, *La philos. sociale de G. Tarde*; in *Rev. Philos.* août 1905, p. 137.
3. Cf. *Essais et mél. soc.*, loc. cit., p. 422.
4. Cf. *Lois de l'imit.*, p. 397, note 1.
5. Cf. *Oppos. univers.*, p. 445.
6. Cependant Leibniz lui-même n'a pas méconnu la tendance au pro-grès, et c'est par un principe analogue de variation qu'il en explique

sion est bien l'aboutissement logique du système de Tarde. Si les prémisses en sont admises, il est parfaitement « en droit d'affirmer que la différence est la cause et le but, et l'harmonie le moyen et l'effet, que le progrès est en quelque sorte la chrysalide où le changement, arrêté en apparence, renonce à ramper pour apprendre à voler »[1]. Le progrès dans l'harmonie n'est qu'une espèce du changement, comme le plaisir une espèce de la sensation, l'ordre une espèce de la liberté. Toute harmonie, toute détermination, toute supériorité enfin, est source d'agitation, de rénovation et de fécondité[2]. Tarde veut croire à l'éclosion prochaine de cette vie esthétique, « la plus haute fleur de la vie sociale, où l'union harmonieuse sera subordonnée au libre jeu de l'activité individuelle, où notre civilisation actuelle n'apparaîtra plus que comme un long passage, obscur et tortueux, de la diversité élémentaire à la physionomie personnelle »[3].

les reculs apparents et l'éternelle imperfection. « Pour ajouter, dit-il, à la beauté et à la perfection générale des œuvres de Dieu, il faut reconnaître qu'il s'opère dans tout l'univers un certain progrès continuel et très libre qui en améliore l'état de plus en plus. C'est ainsi qu'une grande partie de notre globe reçoit aujourd'hui une culture qui s'augmentera de jour en jour. Et bien qu'il soit vrai que quelquefois certaines parties redeviennent sauvages ou se bouleversent et se dépriment, il faut entendre cela comme nous avons interprété l'affliction, c'est-à-dire que ce bouleversement et cette dépression concourent à quelque fin plus grande de manière que nous profitions en quelque sorte du dommage lui-même. Et quant à l'objection qu'on pourrait faire, que, s'il en est ainsi, il y a longtemps que le monde devrait être un paradis, la réponse est facile. Bien qu'un grand nombre de substances soient déjà parvenues à la perfection, il résulte cependant de la division du continu à l'infini qu'il reste toujours dans l'abîme des choses des parties endormies qui doivent s'éveiller, se développer, s'améliorer et s'élever, pour ainsi dire, à un degré de culture plus parfait. » (De l'origine radicale des choses, 1697, Œuvres de Leibniz, éd. Janet, t. II, p. 553).

1. Cf. Essais et mél. sociol., p. 421.
2. Cf. ibid., pp. 421-422. — Oppos. univers., p. 444.
3. Cf. Lois de l'imit., p. 425.

CHAPITRE V

LES MODALITÉS GÉNÉRALES DU GROUPEMENT SOCIAL

Après avoir étudié les faits sociaux, les actes sociaux élémentaires, première question importante de la sociologie, il convient de s'occuper maintenant des « êtres sociaux, c'est-à-dire, puisqu'ici *être* signifie *groupe*, des groupes sociaux élémentaires ».

I

Tarde, sur ce point, n'a pas absolument reculé devant la question des origines, et il y est amené par des considérations sur le rapport entre le fait social et l'être social élémentaires. En effet, il l'a démontré, le fait social élémentaire c'est l'imitation-suggestion avec réciprocité : la notion de service est insuffisante, car si l'assistance est unilatérale, il n'y a pas à vrai dire rapport social, et si elle est réciproque, elle s'explique par l'imitation[1]. Par conséquent le groupe social élémentaire semblerait constitué par deux individus s'imitant avec réciprocité. Tarde ne craint même pas de pousser jusqu'à des conséquences paradoxales sa thèse de la suggestion sociale : suivant lui, si la suggestion hypnotique (qu'il ramène avec Delbœuf, comme on sait, à la vie normale, au songe non pathologique) fournit la seule méthode d'expérimentation connue en sociologie comme en psychologie,

1. Cf. *Études de psych. soc.*, p. 50.

c'est que, « par la relation unique de l'hypnotisé avec son
hypnotiseur, elle met à nu l'élément même de la vie sociale »[1].
Et, si invraisemblable que soit la prétention de donner le
couple hypnotique comme prototype du couple social,
elle serait le corollaire logique à sa théorie de la vie sociale
considérée comme un hypnotisme complexe, si d'ailleurs l'on
ne pouvait à bon droit lui objecter que, dans ce rapport de
sujet à opérateur, il n'y a pas de réciprocité, alors que celle-
ci semble souvent être le seul élément spécifique dans les différenciations essentielles proposées par Tarde.

Au surplus, il a compris l'étroitesse du point de vue, sans
renoncer toutefois à la thèse générale, et il a cherché à serrer
de plus près la réalité. « Le groupe formé par chacun de ces
liens imitatifs, dit-il en effet, n'a qu'une réalité incomplète et
abstraite : le groupe concret et vivant suppose une superposition de plusieurs de ces groupes, un faisceau de plusieurs
de ces liens, comme une corde se compose de beaucoup de
de fils tordus et mêlés. » En outre il convient, malgré son
antipathie pour le point de vue biologique, qu'il faut le
lien du sang, l'action de l'hérédité pour consacrer le lien social, en assurer la durée. Par conséquent, tandis que le fait
social n'implique que des termes essentiellement psychologiques, le groupe social se ramène à des termes psychologiques et physiologiques.[2] Quelle en a donc été, dans la réalité, la forme élémentaire? Est-ce la famille? L'idée, dit Tarde,
est fort démodée aujourd'hui. Sumner Maine, dont il s'inspire
volontiers, la soutenait encore dans son *Ancient Law*, et c'était,
dans les termes du moins, la théorie de Le Play. Mais la théorie de Maine, adaptée à la seule période historique de l'évolution sociale, fut d'abord battue en brèche sur la question du
patriarcat primitif : on lui refusa que la descendance se soit
toujours faite par voie masculine, et l'étude plus scientifique
des peuples non-civilisés mit en relief de nombreuses survivances du matriarcat[3]. De là, on passa aisément à la critique

1. *Criminalité comparée*, p. 139, note 1.
2. Cf. *Études de psych. soc.*, pp. 80-81.
3. Cf. Giraud-Teulon, *Les origines de la famille*, Paris 1874, qui s'inspire surtout de Bachofen (*Das Mutterrecht*, Stuttgart 1861), Mac Lennan (*Primitive Mariage*, Edimbourg 1865) et Morgan (*System of consan-
guinity and affinity of the human family*, Washington 1871).

du caractère primitif attribué à la famille, et Spencer systématisa cette thèse nouvelle en affirmant, dans l'évolution de l'humanité primitive, une marche progressive vers la famille, à travers les stades suivants : promiscuité, polyandrie, polygynie, monogamie[1]. Mais il restait d'accord avec Maine pour reconnaître que, dans la société moderne, se manifeste une certaine désintégration de la famille, dissolution qui ne saurait d'ailleurs s'exagérer davantage, car ce serait la ruine de l'espèce[2]. L'œuvre magistrale de M. Espinas, universalisant le fait social jusqu'aux plus infimes degrés de l'échelle animale, et indiquant, sinon jusque chez les insectes, du moins chez les poissons, des sociétés conjugales de type paternel, provisoires si l'on veut, mais très effectives[3], semblait favorable à la thèse de l'origine domestique des sociétés humaines. Néanmoins la tendance opposée se généralisait : Starcke, par exemple, tenait compte de la cohabitation, non de la consanguinité, et les disciples de Le Play hésitaient eux-mêmes[4]. M. Durkheim, repoussant absolument toute notion biologique, admettait, beaucoup plus nettement que M. Giraud-Teulon, la horde comme type social primitif, puis le clan (organisation de hordes)[5] comme type déjà supérieur. On en venait presque à admettre une opposition entre la famille et la société, et Tarde pouvait logiquement aboutir lui aussi à cette conclusion, puisqu'il croit que, de plus en plus, l'imitation, répétition sociale spécifique, se dégage de la génération, répétition biologique spécifique. Mais ceci ne sera, pour lui, que l'explication du relâchement progressif du lien familial, justement signalé par Spencer.

Cependant il ne peut se résoudre à adopter une thèse trop favorable au point de vue biologique ou au système de M. Durkheim, ou du moins trop compatible avec ces deux doctrines. Il félicite M. Gumplovicz d'avoir insisté sur l'hétérogénéité primitive des groupements humains[6], et, ici comme

1. Cf. Spencer, *Princ. de sociol.*, §§ 278-283 et 291-314.
2. Cf. Spencer, *ibid.*, §§ 320-322.
3. Cf. Espinas, *Des sociétés animales*, Paris, 1876, pp. 396-401.
4. Cf. Tarde, *Études de psych. soc.*, pp. 81-82.
5. Cf. Durkheim, *Divis. du travail social*, p. 189. — *Règles de la méthode sociolog.*, pp. 102-103.
6. Cf. *Études de psych. soc.*, p. 100.

partout, il s'attache à démontrer l'importance primordiale de l'individualité, car la famille peut, en fait, être considérée comme telle. En réalité, dit-il, il y a deux procédés d'évolution du groupement social, antagonistes, mais issus tous deux du groupe domestique primitif : le premier est l'accroissement et la complication interne de la famille, d'où la tribu et le clan ; le second, seul susceptible d'un haut progrès, est la colonisation extérieure avec fédération entre les rejetons. C'est là exactement la distinction admise par Spencer [2], qui affirme aussi les avantages prépondérants de la fédération, et cette théorie peut en somme se ramener, la question étant considérée sous un angle un peu différent, à la distinction de Mac Lennan entre l'endogamie et l'exogamie, distinction assez généralement acceptée [3], comme aussi la supériorité attribuée au second procédé, lequel supprime l'inceste. Le mot de famille est d'ailleurs assez vague, convient Tarde. Le mariage syndiasmique des Iroquois, substituant la parenté « classificative » à la « descriptive », en est une des formes les plus curieuses, et s'explique par l'état de guerre primitif, et de même le cousinage de jadis ; le besoin de mutuelle protection crée aussi des phénomènes analogues dans d'autres groupes, professionnels, religieux, etc. Quant au matriarcat, il se rapproche, à son avis du mariage syndiasmique et s'explique plus généralement par la polyandrie, ou encore par l'abandon fréquent de la mère par le père chez les nomades. Néanmoins, malgré cette variété de formes, malgré aussi l'existence d'autres agrégats jouant un rôle important dans les sociétés primitives (la bande, la horde, l'armée, etc.), la famille patriarcale, en général, est bien le groupement primitif que tous les autres présupposent [4]. C'est elle, c'est « le groupe indissoluble de la famille ou de la tribu, qui fut à l'origine, et qui est encore en certains points arriérés du globe » l'unité sociale, bien que, dans les pays civilisés (comme en principe), la véritable unité soit

1. Cf. Tarde, *Études de psych. soc.*, p. 83.
2. Cf. Spencer, *Princ. de sociologie*, § 227.
3. Giraud-Teulon, dans l'ouvrage cité, et Spencer (*Princ. de sociol.*, § 284-290), en exposant cette théorie, ne font en effet que des réserves critiques d'ordre secondaire.
4. Cf. *Études de psych. soc.*, pp. 83-86. — *Lois de l'imitat.*, p. 280.

l'individu [1]. Au contraire, la famille primitive s'opposait au groupement des individualités non adaptées, pour ainsi dire, des déclassés de toutes les familles, d'autant plus nombreux que la loi patriarcale était plus despotique, et qui d'ailleurs, d'après Tarde, se fusionnaient par imitation [2].

Ici, Tarde aurait pu se poser une question : quelle société, de celle des familles ou de celle des « sans famille », est susceptible du plus haut progrès, ou, plus exactement, est vraiment la plus proche de la formule du groupement social ? Cette question, M. Espinas l'a tranchée en se plaçant à un point de vue assez voisin : le rapport entre la peuplade et la famille, leur valeur sociale respective. D'après lui, « si une société supérieure à la famille s'est établie, ce ne peut être qu'en s'incorporant des familles profondément altérées, sauf à leur permettre plus tard de se reconstituer dans son sein à l'abri de conditions plus favorables ». Non pas qu'il soutienne « que la société ethnique eût pu se former sans être précédée de l'organisation domestique »; il ne nie pas « que la famille soit la condition prochaine de la peuplade ». Mais ce qu'il affirme, c'est que ces alliances entre frères (mais frères qui, nécessairement, ignorent les « liens du sang ») ne sont nullement conditionnées par les rapports sexuels, par les affections domestiques, mais seraient plutôt gênées et entravées par eux [3]. Il semble qu'en rapprochant ces considérations de certaines de ses remarques personnelles, Tarde pouvait trouver, dans le groupement des « déclassés » de toutes les familles, comme une forme élémentaire et imparfaite du groupement social le plus fondamental qui soit exempt de toute condition biologique, donc essentiellement psychologique, et qui devient, dans les sociétés civilisées, ce « public » que Tarde a si profondément étudié.

Mais il s'engage dans un ordre d'idées assez différent en examinant le développement social de la famille, son évolution. En fait, reconnaît-il, on a toujours étudié, Starcke en particulier et aussi Le Play, plutôt que des familles, des « maisonnées » chez les peuples sédentaires, des « caver-

1. Cf. *Criminalité comparée*, p. 44.
2. Cf. *Lois de l'imitation*, pp. 280-281.
3. Cf. Espinas, *Des sociétés animales*, 2ᵉ éd. pp. 473-474.

nées », si l'on peut dire, chez les troglodytes, des « caravanes » chez les nomades. C'est là, pourrait-il ajouter, l'expression de société *domestique* prise en son sens étymologique, et non dans le sens plutôt biologique que lui donne M. Espinas, ou dans le sens psychologique qu'il lui attribue lui-même. L'acte commun, la cohabitation ou la copérégrination, n'est pas le phénomène fondamental : il présuppose le lien familial, surtout l'exemple préalable. « La famille est donc le berceau de l'imitation, parce que le premier et toujours le principal mobile de l'imitation a été la sympathie confiante et crédule qui, sans la piété filiale, sans le dévouement maternel, sans les tendresses domestiques, ne serait pas [1]. »

Voici donc une nouvelle preuve que la sympathie est le moteur primordial dans le mécanisme social, selon Tarde, tandis que, chez Spencer, même dans l'attachement au père, à l'ancêtre, tout dérive de la crainte respectueuse, et tout, chez M. Durkheim, du caractère coercitif des réalités sociales se manifestant déjà dans la horde primitive. Le lien de sympathie, suivant Tarde, le groupement naturel ne s'affaiblit, ne se relâche même pas avec les progrès de la civilisation (et on peut le lui accorder, car c'est plutôt l'autorité familiale qui diminue, au profit de la liberté de l'individu et surtout au profit de l'autorité de l'État). Au contraire, si les maisonnées se simplifient intérieurement, si elles se morcellent, elles se multiplient parallèlement. D'autre part, les dissensions primitives s'affaiblissent grâce à l'imitation. Et rien ne prouve mieux l'importance de ce groupement, son caractère primitif, que la netteté, la force d'existence qu'il conserve sous les divisions de classes, professionnelles, religieuses ou politiques; elles se superposent à lui sans l'éliminer : c'est pourquoi, par exemple, l'empire autrichien, constitué de races hétérogènes, est beaucoup moins solidaire que la grande famille polonaise, vainement tronçonnée par ses oppresseurs. De même si, aujourd'hui, la répartition des individus en grands syndicats devient très importante, la famille ne s'en est pas moins développée également [2]. Mais ici le raisonnement de Tarde semble tourner au sophisme, car il ajoute que

1. Cf. *Études de psych. soc.*, pp. 86-87.
2. Cf. *ibid.*, pp. 87-90.

la cité antique, la nation moderne, (et sans doute l'union internationale d'après-demain), sont des phases de son développement. Et l'on ne voit plus bien si les divisions politiques sont de simples élargissements de la famille, qui en impliqueraient la décadence *sous sa forme primitive*, ou si elles sont des divisions sociales de nature différente, qui s'y superposent.

C'est, en somme, grâce à cette ambiguïté que Tarde peut affirmer le perfectionnement, la force croissante, en même temps que l'élargissement du lien physiologique. Cependant il dit aussi : « La civilisation a singulièrement agrandi la famille, dans le sens national, *inter-familial*, du mot, autant que, dans le sens étroit et propre, elle l'a rétrécie. » Si ce point de vue est fort acceptable, du moins est-ce là un aveu assez contradictoire avec la précédente affirmation, et l'on voit qu'ici l'obscurité du système repose sur ce que Tarde, fidèle à sa position psychologique, envisage surtout la famille sous le point de vue de la suggestion-imitation, et non pas au point de vue biologique de l'extension par « exogamie ». Il croit en effet que l'imitation, née de la famille élémentaire, contribue à créer la parenté entre les familles jadis dispersées, et la renforce en établissant entre elles un lien social sans cesse plus étroit[1].

C'est toujours cette même systématisation qui laisse assez vagues ses définitions des groupements sociaux autres que la famille. De ce qui précède, il conclut donc, contre Sumner Maine, que la cohabitation et non la consanguinité a contribué d'abord à fonder l'idée de *patrie*, tandis que la communauté de *profession* fondait l'idée de *classe*, et il admet par suite une marche concurrente vers la nationalisation et l'internationalisation. De même, dit-il, la communauté de superstition a fondé l'Église, tandis que la communauté d'intérêt et de volonté fondait l'État. Et il y a eu dès le principe développement continu, mais inégal et concurrent, de ces diverses « idées » sociales[2].

Le détail de l'argumentation de Tarde en ce qui concerne ces groupements relèverait plutôt du chapitre suivant, où l'on

1. Cf. *Études de psych. soc* ., p. 90.
2. Cf. *ibid.*, pp. 90-92.

examinera les applications particulières de son système général. Mais, si vagues que soient les définitions précédentes, on
en comprendra mieux la signification, si on les interprète à
la lumière des principes de la logique sociale précédemment
exposés. Qu'est-ce qu'une nation ? se demande Tarde. C'est,
répond-il, un « syllogisme complexe ». Les majeures en sont
constituées par les enseignements ou injonctions des ancêtres,
c'est-à-dire les dogmes et les lois ; les occasions individuelles
d'application constituent les « mineures » ; enfin les « conclusions » sont tout ce qui se dit ou se fait ainsi conformément aux dogmes et aux lois. Au point de vue logique, le
syllogisme est un système ; au point de vue téléologique, c'est
un plan, et le système ou le plan national est analogue aux
synthèses philosophiques : il a comme elles son utilité provisoire. Le syllogisme national s'établit naturellement soit
par des hymens logiques, soit par des adaptations succédant
à des duels logiques, entre les individus d'abord, puis entre
les groupes locaux, cités et provinces. Et de même qu'en
matière psychologique le conflit ou l'accouplement intermental succède au conflit ou accouplement intramental, de
même, en matière sociale, aux luttes ou accords « internationaux » succèdent des luttes ou accords entre « les grands
syllogismes complexes nationaux », ou parfois, plus rarement, entre leurs « majeures ». Il est facile de comprendre,
que duels ou hymens imposent également à la société l'élargissement des systèmes, soit par des unions, soit par des
consolidations d'alliance, soit par des ruptures avec lutte,
puis unions consécutives. « En résumé, guerres ou alliances,
conflits ou accords, tout pousse les sociétés aux grandes
agglomérations, aux grandes centralisations, c'est-à-dire à la
formation de systèmes majestueux dont les proportions gran-
dissent toujours et où la logique sociale s'admire elle-même
en pyramides de syllogismes plus hautes et plus fortes que
nul tombeau des Pharaons[1]. » Cette théorie générale, si
étroitement liée à la thèse de Tarde sur le progrès, est à retenir, car elle va trouver son application très précise dans
l'étude la plus détaillée qu'il ait consacrée aux groupements

---

1. Cf. *Logique sociale*, pp. 163-173.

sociaux. Il existe en effet une grande distinction sociologique
dans laquelle il pouvait appliquer très adéquatement son système, celle entre les foules, et les publics. Assez négligée de
la science sociale avant les études contemporaines sur l'âme
et la vie des foules, sur leurs élans d'amours et de haine, cette
distinction, sous une forme d'ailleurs plus compréhensive,
allait devenir dans le système psycho-sociologique de Tarde,
la plus essentielle et la plus élevée.

Mais avant d'aborder cette étude on peut remarquer que
Renan admettait lui aussi l'élargissement futur des nations
en fédération internationale et que, dans une page célèbre
sur la nation, il était peut-être plus près de la vérité que
Tarde. Celui-ci, en effet, en indiquant les dogmes et les lois
comme les « majeures » du syllogisme national, admet la
prépondérance de la tradition, de l'imitation-coutume dans
la constitution et la conservation de ce lien social intermédiaire entre les formes les plus simples (lien familial) et les
plus complexes (solidarité universelle). Ce qu'il n'explique
pas, c'est s'il y a ou non volonté consciente de maintenir ce
lien, si la vie en commun tient à une décision personnelle
ou bien à une habitude héréditaire. « Une nation, disait
Renan, est une âme, un principe spirituel. Deux choses qui,
à vrai dire, n'en font qu'une constituent cette âme, ce principe spirituel. L'une est dans le passé, l'autre dans le présent.
L'une est la possession en commun d'un riche legs de
souvenirs, l'autre est le consentement actuel, le désir de vivre
ensemble, la volonté de continuer à faire valoir l'héritage
qu'on a reçu indivis. Avoir des gloires communes dans le
passé, une volonté commune dans le présent; avoir fait de
grandes choses ensemble, vouloir en faire encore, voilà les
conditions essentielles pour être un peuple. On aime en
proportion des sacrifices qu'on a consentis, des maux qu'on
a soufferts. On aime la maison qu'on a bâtie et qu'on transmet. Le chant spartiate : *Nous sommes ce que vous êtes,
nous serons ce que vous fûtes*, est dans sa simplicité
l'hymne abrégé de toute patrie [1]. » Si vague, si peu
scientifiquement exposée soit-elle, cette idée d'une chaîne

1. Renan, *Pages choisies*, éd. Calman-Lévy, p. 173. (*Qu'est-ce qu'une
nation ?*)

sans fin de solidarité entre le passé, le présent et l'avenir, par coopération, communauté d'héritage et d'efforts, semble encore plus adéquate à la réalité que la théorie de l'imitation prise en un sens absolu.

II

Tarde, comme on l'a vu, attache beaucoup d'importance à la distinction entre la foule et le public. « On dit, remarque-t-il, le public d'un théâtre, le public d'une assemblée quelconque : ici public signifie foule. Mais cette signification n'est pas la seule ni la principale, et, pendant que son importance décroît ou reste stationnaire, l'âge moderne, depuis l'invention de l'imprimerie, a fait apparaître une espèce de public toute différente, qui ne cesse de grandir, et dont l'extension indéfinie est l'un des traits les mieux marqués de notre époque. » Ce public, c'est une « collectivité purement spirituelle, une dissémination d'individus physiquement séparés et dont la cohésion est toute mentale ».

Mais voyons d'abord ce qu'est la foule suivant Tarde. Dans les sociétés animales les plus basses, dit-il, l'association est surtout matérielle, et elle devient de plus en plus spirituelle à mesure qu'on s'élève[1]. Ce qui semblerait indiquer que, tout au moins à la fin de sa vie, Tarde renonçait à critiquer absolument la notion des sociétés animales inférieures admises par M. Espinas ; et il pouvait en somme s'y rallier sans abdiquer en rien son point de vue fondamental, puisque M. Espinas, comme on sait, croit trouver le germe de l'imitation dans toute perception inconsciente, et applique même cette idée aux foules, en constatant que chez elles l'impulsion, l'émotion se transmet par la vue et par l'ouïe « avant que les motifs puissent être connus »[2]. Pour Tarde également, la foule n'est qu'un degré intermédiaire dans l'échelle : en elle la contagion psychique dépend des contacts physiques, du rapprochement des corps. La foule n'a pas d'histoire, semble penser Tarde : elle fut toujours et elle est encore. « La foule est le groupe social du passé, elle est le plus antique des groupes sociaux. »

1. Cf. *L'opinion et la foule*, pp. 1-2.
2. Cf. Espinas, *Des sociétés animales*, p. 187.

Mais son importance tend à diminuer, croit-il, et c'est seulement par une confusion injustifiée entre la foule et le public que le D[r] Le Bon a pu appeler notre siècle: l'ère des foules. Et ceci s'explique aisément : en effet, la foule, groupement spatial et temporel, si l'on peut dire, matériel en un mot, est par là-même limitée, et non indéfiniment extensible [1]; d'autre part, pourrait-on ajouter, les grandes découvertes modernes, depuis le livre jusqu'au chemin de fer et au télégraphe, n'ont évidemment exercé qu'une influence peu considérable sur elle, puisque ce sont là surtout des moyens de communication à distance. De la même caractéristique, l'unité matérielle des foules, il résulte aussi qu'on ne peut appartenir à la fois et simultanément à plusieurs foules: et par là s'explique l'intolérance particulière des foules et le danger social de leurs rencontres. D'autre part, la foule, étant un groupement naturel, reste soumise aux forces de la nature; elle est favorisée par le soleil, dispersée par la pluie [2], et surtout l'empreinte de la race est des plus prononcée sur elle, pour la bonne raison que, « dans la composition d'une foule, les individus n'entrent que par leurs similitudes ethniques, qui s'additionnent et font masse, non par leurs différences propres qui se neutralisent, et que, dans le roulement d'une foule, les angles de l'individualité s'émoussent mutuellement au profit du type national qui se dégage » [3]. Il y aurait donc là comme une sorte d'adaptation physique. Et « il en est ainsi malgré l'action individuelle du meneur ou des meneurs qui se fait toujours sentir, mais toujours contrebalancée par celle des menés ». D'ailleurs, convient Tarde, peut-être toute foule n'a-t-elle pas son meneur [4] : mais il n'insiste pas sur ce point, assez important cependant pour la clarté de la définition. Enfin la foule, et ce n'est pas là pour Tarde la moindre preuve de son infériorité, est un groupement homogène dès l'origine, et non pas le résultat d'une adaptation plus ou moins laborieuse; aussi n'y a-t-il pas en elle des oppositions,

1. Cf. *L'opinion et la foule*, pp. 2 et 10-14.
2. N'a-t-on pas, en effet, reconnu l'efficacité suprême de la dou générlisée pour disperser les attroupements séditieux?
3. Cf. *ibid.*, pp. 12-14.
4. Cf. *ibid.*, pp. 14-15.

sources de coordination : la foule est incohérente, quoique dirigée par une finalité irrésistible. En résumé, « une foule a la
puissance simple et profonde d'un large·unisson[1]. »

Tels sont aux yeux de Tarde les caractères généraux par lesquels la foule s'oppose le plus nettement au public. Mais il
est permis de se demander s'ils suffisent à la définir. En somme,
sa définition de la foule est surtout négative : elle dérive de sa
théorie du public.

III

Le public est le groupement social le moins matériel
comme le moins naturel, le plus élevé au point de vue sociologique, puisqu'il réalise en somme l'hétérogénéité coordonnée. Les publics se constituent « quand se dessinent dans
nos sociétés civilisées des *courants d'opinion* », car alors de
moins en moins se réalise, et d'ailleurs de moins en moins est
nécessaire, cette condition de rapprochement, de contact
physique qu'exigeait la contagion psychique dans les foules[2].
En effet, dans les grands courants d'idées modernes, sugges-
tionneurs et suggestionnés ne se voient ni ne s'entendent, ou
du moins ces rapports visuels, auditifs et, plus généralement,
mécaniques, ne sont pas indispensables à la suggestion. Quel
est donc alors la nature du lien social qui unit les membres
d'un public. « Le lien, c'est, avec la simultanéité de leur conviction et de leur passion, la conscience possédée par chacun
d'eux que cette idée ou cette volonté est partagée au même
moment par un grand nombre d'hommes. » L'influence de
cette masse d'opinions semblables et simultanées sera con-
comitante et parallèle à celle du publiciste[3]. Elle se ramène

1. Cf. *L'opinion et la foule.*, p. 17. — *Philosophie pénale*, pp. 320-321.
2. Spencer, parmi les différences entre l'organisme et la société, notait
déjà que celle-ci est un tout *discret*, par conséquent plus ou moins dissé
miné, et non pas un tout *concret* comme l'être vivant (*Princ. de sociol.*,
§ 221). M. Espinas indique, lui aussi, que le fait social n'implique pas
absolument le contact, la juxtaposition physique, et, s'il est rare qu'il
s'arrête explicitement sur ce point, du moins son étude des sociétés animales montrait-elle qu'à mesure qu'on s'élève dans l'échelle sociale, les
rapports physiques diminuent. (Cf. *Des sociétés animales*, pp. 157-158 et
passim).
3. Cf. *L'opinion et la foule*, pp. 2-5.

en somme à se qu'on appelle inexactement la *sensation de l'actualité*. Cette sensation, selon Tarde, est complexe : un journal ancien ne nous intéresse plus quand nous sommes seuls à le lire. Mais, « ce qui est réputé *d'actualité*, est-ce seulement ce qui vient d'avoir lieu ? Non, c'est tout ce qui inspire actuellement un intérêt général, alors même que ce serait un fait ancien »[1]. Analyse exacte et profonde, où sans doute on peut voir non pas tant un corollaire de la théorie générale de Tarde, qu'une des observations essentielles, une des intuitions qui lui inspirèrent sa formule systématique.

« Jusqu'à un certain point, accorde-t-il, un public se confond avec ce qu'on appelle un *monde*, le « monde littéraire », le « monde politique », etc., à cela près que cette dernière idée implique entre les personnes qui font partie du même monde, un contact personnel, un échange de visites, de réceptions, qui ne peut pas exister entre les membres d'un même public. » Néanmoins la différence est grande entre ces « mondes », qui d'ailleurs sont des publics très particuliers, et la foule proprement dite. Les publics étant essentiellement intellectuels, supérieurs aux conditions spatiales, on peut appartenir simultanément à plusieurs d'entre eux, et par suite les publics n'ont pas l'intolérance des foules[2]. D'autre part, le public est, au moins en principe, indéfiniment extensible. Puis, pour la même raison, « non seulement la naissance et la croissance, mais les surexcitations même du public, maladies sociales apparues en ce siècle, et d'une gravité toujours grandissante, échappent à l'influence des phénomènes naturels »[3]. Enfin l'empreinte de la race est bien moins profonde sur le public que sur la foule. En effet, « l'influence que le publiciste exerce sur son public, si elle est beaucoup moins intense à un instant donné, est, par sa conti-

---

1. Cf. *L'opinion et la foule.*, pp. 4-5.
2. Mais la foule n'a-t-elle pas plutôt de l'incohérence, des divisions violentes ou des alternances extrêmes d'opinion, tandis que le fanatisme, cohérent et souvent logique, serait plutôt l'apanage des publics?
3. Cf. *ibid.*, pp. 12-13. Par exemple, dit Tarde, la « crise aiguë » de l'affaire Dreyfus se produisit en plein hiver, et cette cause célèbre passionna encore plus les esprits dans les régions septentrionales que dans le midi : (mais peut-être ici, l'influence des opinions religieuses, qui intervint dans ce conflit, fut-elle prépondérante).

nuité, beaucoup plus puissante que l'impulsion brève et passagère imprimée à la foule par son conducteur; et, de plus, elle est secondée, jamais combattue, par l'influence beaucoup plus faible que les membres d'un même public exercent les uns sur les autres, grâce à la conscience de l'identité simultanée de leurs idées ou de leurs tendances, de leurs convictions ou de leurs passions quotidiennes, attisées par le même soufflet de forge ». Car le public a toujours, sinon son créateur, du moins son inspirateur : tels Karl Marx pour le socialisme, Kropotkine pour l'anarchisme, M. Drumont pour l'antisémitisme. Et cette idée, discutable d'ailleurs comme le principe dont elle dérive, est beaucoup plus conforme à la théorie générale de Tarde que son aveu sur les foules, lesquelles, dit-il, suscitent souvent leur meneur. Le public, une fois constitué, ne peut créer son publiciste, ajoute-t-il en poussant ainsi le paradoxe à l'extrême ; et il cite en exemple le monde catholique, en ce début du xxe siècle, cherchant vainement à consacrer un publiciste adapté à ses aspirations [1]. Exemple peu démonstratif, puisque le fait peut s'expliquer par la décadence des idées religieuses traditionnelles, ou bien par les contradictions internes, surtout politiques d'ailleurs, qui divisent aujourd'hui, sans le sectionner nettement, le parti catholique. Une fois de plus, Tarde refuse aux collectivités une action personnelle. Quoi qu'il en soit, après cette digression, il conclut ainsi : « On comprend facilement, d'après cela, que le génie de son promoteur soit plus marqué sur un public que le génie de la nationalité, et que l'inverse soit vrai de la foule. On comprend aussi, de la même manière, que le public d'un même pays, en chacune de ses branches principales [2], apparaisse transformé en très peu d'années quand ses conducteurs se sont renouvelés, et que, par exemple, le public socialiste français d'à présent ne ressemble guère à celui du temps de Proudhon, — pendant que les foules françaises de tout

---

1. Cf. *L'opinion et la foule*, pp. 13-16.
2. Il y a encore ici une certaine imprécision : la théorie du public semblait, en fait, ne pas exclure la notion de nationalité, mais, en principe, Tarde attache beaucoup d'importance à l' « internationalité » du groupement, en tant qu'il le déclare purement intellectuel, supérieur à toutes les conditions d'ordre physique, et indéfiniment extensible.

genre gardent une même physionomie reconnaissable à travers les siècles [1] ».

Mais ici Tarde prévoit une objection ; le lecteur, dira-t-on, le public garde sa liberté d'esprit ; il peut quitter le journal. Tarde admet trop le rôle de l'accidentel en histoire pour songer à le nier, mais précisément il lui est permis de répondre que la statistique des abonnements indiquera au journaliste quel est le succès de ses initiatives, et qu'il pourra ainsi déterminer ce qui plaît à son public, lui rester adapté même quand il ne peut absolument se l'adapter. Il y a donc une réciprocité d'action entre le publiciste et son lecteur : phénomène parfaitement conforme aux lois de l'imitation, et qui, selon Tarde, constitue un des dangers des temps nouveaux. En somme, « loin d'empêcher l'action du publiciste d'être finalement décisive sur son public, la double sélection la double adaptation qui fait du public un groupe homogène bien connu de l'écrivain et bien maniable, lui permet d'agir avec plus de force et de sûreté [2] ». Et il ne faut pas objecter ici l'adage célèbre suivant lequel « nous ne lisons jamais le même livre », autrement dit le changement universel et incessant. Dans la réalité, chaque journal a sa spécialité qui dure et qui s'affirme. D'ailleurs, le seul fait de faire partie d'une même clientèle suppose des affinités que ce lien augmente. « Chacun de nous, en achetant ce qui répond à ses besoins, a plus ou moins vaguement conscience d'exprimer et de développer par là son union avec la classe sociale qui s'alimente, s'habille, se satisfait en tout d'une manière à peu près analogue. Le fait économique, seul remarqué des économistes, se complique donc d'un rapport sympathique qui méritait aussi d'attirer leur attention. » Les acheteurs sont congénères avant d'être rivaux. D'ailleurs, de par le journal, le lien, intellectuel, devient encore plus intime, et il n'y a même pas, ici, concurrence pour l'achat.

1. Cf. *L'opinion et la foule*, p. 16.
2. Cf. *ibid.*, pp. 16-17.

IV

Mais, au surplus, qu'est-ce donc que la Presse, ce facteur social si important, qui est la véritable cause du groupement en publics? C'est pour ainsi dire, et en un sens purement dynamique, le plus parfait des facteurs de la suggestion sociale, puisqu'il agit à distance. C'est comme une synthèse entre la faculté du langage, l'art de persuader, et enfin les facilités de communication à travers le globe résultant de certaines inventions modernes; autrement dit, c'est le succédané « universalisé » et « généralisé » de la conversation orale et de la correspondance épistolaire[1]. L'importance de la *conversation* dans la vie sociale ou dans la suggestion, son influence interpsychologique, a souvent été signalée. Aristote avait simplement affirmé l'importance du langage dans la société[2]. Mais déjà Montaigne, se remémorant la signification étymologique du mot conversation, appelait « l'art de conférer » : « commerce » et « fréquentation », et disait de son rôle propagateur utile ou néfaste : « Il n'est contagion qui s'épande comme celle-là[3] ». De même, Pascal étudiait l'art de persuader, mais surtout au point de vue du raisonnement et du style, tandis que, plus justement, Malebranche en recherchait, dans les imaginations fortes, les causes physiques ou physiologiques[4].

« Par conversation, dit Tarde, j'entends tout dialogue sans utilité directe et immédiate, où l'on parle surtout pour parler, par plaisir, par jeu, par politesse. » Cet emploi du langage est en effet plus suggestif que la démonstration méthodique[5]. La conversation éveille l'attention *spontanée*, inconsciente, et par suite elle est le meilleur agent provocateur de l'imitation, le véritable instrument de propagande, de vul-

1. Mais aussi, et Tarde ne le dit pas, un dérivé des discussions judiciaires, législatives, académiques, électorales, etc., que d'ailleurs il ne rattache pas à la conversation, mais plutôt au livre.
2. Cf. Aristote, *Politique*, l. I, 1, 9.
3. Cf. Montaigne, *Essais*, l. III, ch. VIII.
4. Malebranche, *Recherche de la vérité*, l. II, III⁰ partie, ch. I, § 7.
5. Cf. *L'opinion et la foule*, pp. 18-19.

garisation sociales. Elle comporte d'ailleurs une réciprocité d'action beaucoup plus effective que la réaction de l'auditoire sur l'orateur[1]. Souvent, en effet, on a indiqué les manifestations très spécifiques du lien qui s'établit ainsi entre les deux interlocuteurs. « Quelque défiance que nous ayons de la sincérité de ceux qui nous parlent, dit La Rochefoucauld, nous croyons toujours qu'ils nous disent plus vrai qu'aux autres. » Et il ne faut pas, comme le moraliste misanthrope, attribuer ceci à l'orgueil, mais bien à la suggestion. Mme de Staël dit fort bien : « Le genre de bien-être que fait éprouver une conversation animée, ne consiste pas précisément dans le sujet de cette conversation... ; c'est une certaine manière d'agir les uns sur les autres,... de produire comme une sorte d'électricité qui fait jaillir des étincelles, soulage les uns de l'excès même de leur vivacité, réveille les autres d'une apathie pénible[2]. » Nous voici bien près, semble-t-il, de l'hypnotisme complexe et semi-conscient de Tarde.

Sans entrer dans l'historique détaillé consacré à la conversation par Tarde, qui, d'ailleurs, en pouvait parler en artiste aussi bien qu'en théoricien dilettante, on remarquera qu'il peut appliquer ici, et dans des considérations assez fortement motivées, la loi d'antériorité de l'unilatéral sur le réciproque. Il est fort plausible que le langage ait d'abord servi à transmettre des ordres ; puis qu'il soit devenu un instrument d'information (avec réciprocité) sans être encore un jeu ; enfin que cette forme perfectionnée soit d'abord apparue dans les narrations, les monologues des premiers poètes épiques, rhapsodes ou bardes[3]. Après quoi l'évolution de la conversation suivit celle de la civilisation. « En somme, dit Tarde, parler la même langue, avoir des connaissances et des idées communes, être de loisir, voilà les conditions nécessaires de la causerie. » Pour le reste, les transformations historiques de la conversation, comme toute autre évolution, ne sont pas un déroulement continu et spontané ;

1. Cf. L'opinion et la foule, pp. 83-85.
2. Mme de Staël, De l'Allemagne, 1re partie, ch. xi, éd. Charpentier, p. 74.
3. Cf. L'opinion et la foule, pp. 90-98. — L'histoire apparaît donc ici comme un point de vue intermédiaire entre l'utilitaire et l'esthétique, et cette remarque implicite est assez ingénieuse.

elles tiennent elles aussi à la succession, tantôt logique,
tantôt accidentelle des nombreuses découvertes humaines;
l'évolution se réalise toujours par des « greffages successifs
et superposés de nouveaux germes ». D'autre part, le rôle
important de la conversation dans la propagation ondulatoire
de l'imitation, assimilatrice et civilisatrice, explique, suivant
lui, cette double tendance qui se révèle à l'observation : la
progression numérique des interlocuteurs, et le passage de
sujets étroits à des sujets de plus en plus élevés et généraux.
En effet, la conversation a passé de la discussion à l'information, du marchandage au prix fixe, du doute à la certitude
mathématique; grâce à l'habitude des voyages, à l'extension
des relations sociales qui permettent de se mieux connaître,
grâce aussi à l'indifférence religieuse et même politique crois-
santes, la conversation s'est développée et adoucie, ou du
moins la discussion s'est en général élargie : les discussions
nouvelles suscitées par les informations nouvelles d'ordre
philosophique, littéraire, moral, ou même les discussions parlementaires, sont plus impersonnelles et moins âpres. On ne
sait trop qu'elle sera la forme de conversation prédomi-
nante dans l'avenir, mais du moins on est certain qu'elle sera
douce et courtoise, d'autant plus d'ailleurs que la conversation se conforme nettement à la loi d'imitation du supérieur
par l'inférieur [1].

Peut-être ici l'optimisme de Tarde tourne-t-il au paradoxe.
Mieux eût valu, semble-t-il, constater dans les sociétés
modernes la prédominance de la discussion sur la lutte brutale. De plus on remarquera combien il s'écarte de sa définition, car, à vrai dire, la conversation-jeu devrait rester un
pur badinage, d'où toute question pratique, économique,
morale ou politique, fût exclue. Il y a là, chez Tarde, comme
une auto-suggestion dont son individualisme aristocratique
est responsable. N'oublions pas, en effet, qu'il a voulu réha-
biliter le rôle, justifier l'existence des aristocraties, non pas
seulement intellectuelles, mais aussi au sens général du mot,
par un corollaire logique de l'imitation habituelle du supérieur par l'inférieur. De même sa théorie sur la conversation

---

1. Cf. *L'opinion et la foule*, pp. 99-110.

aboutit à une réhabilitation de la vie mondaine, des salons et des « ruelles », en dehors même du point de vue esthétique. Il convient, certes, que la conversation est née ailleurs, « en Grèce sous Périclès, à Rome sous Auguste, au moyen âge dans les villes italiennes ». Mais il ne croit pas, avec Taine, que la mondanité ait banalisé, desséché ce phénomène naturel si essentiel à la vie sociale ; Diderot, Voltaire (et tout le xviiie siècle, pourrait-il dire,) ont bien compris l'utilité de la vie de salon.

D'ailleurs la conversation, comme l'amitié, lorsqu'elle n'est pas née entre égaux, égalise. Notre égalité légale est fictive, mais « cette fiction de l'égalité est l'éclosion finale de la sociabilité ». Par conséquent, le mot de « société » pris au sens restreint, pour désigner « un groupe de gens habitués à se réunir quelque part pour causer ensemble », est très juste : il exprime fort bien que le rapport social par excellence est « l' échange des idées », égalitaire et égalisateur [1].

« Bien loin après la conversation et bien au-dessous se place la *correspondance* épistolaire, comme facteur de l'opinion. » Elle n'est d'ailleurs qu'une causerie à distance ; mais, pourrait-on ajouter, si imparfait que soit le procédé, surtout aux origines, son principe essentiel, échange d'idées *à distance*, n'en était pas moins un fait social très important. Elle a été favorisée par les mêmes circonstances sociales que la conversation, mais tout particulièrement par la facilité croissante des voyages, et par suite la fréquence des absences : c'est ainsi qu'à l'époque de Pline le Jeune on voyageait beaucoup, de même qu'au xvie siècle, ce « siècle d'épistoliers » [2]. Les voyages d'ailleurs, en tant que source d'observations personnelles, favorisaient aussi la causerie d'information : il en fut ainsi dans la Grèce maritime et dans l'aristocratie romaine. L'histoire du service des postes est intimement liée à celle de la correspondance, et Tarde rappelle que les courriers, d'abord privés, furent organisés en service régulier par Louis XI (édit du 9 juin 1464) ; exclusivement royal au début, le ser-

---

1. Cf. *L'opinion et la foule.*, pp. 112-129.
2. Tarde aurait pu noter que souvent les guerres et les négociations diplomatiques furent des causes de voyage et de correspondance privée, et de même les exils.

vice devint bientôt public, et Richelieu, en 1627, établit un
tarif fixe; cependant la correspondance ne se développa réellement que dans la seconde moitié du xviiᵉ siècle; et, à partir de cette époque, fait remarquer Tarde, on peut s'éclairer
sur les progrès quantitatifs de la correspondance par la statistique des prix du bail de la ferme des postes, sous la monarchie, et de nos budgets modernes. La hausse constante, malgré certains temps d'arrêt, « est bien propre à nous instruire
sur les degrés inégaux et les progrès de la sociabilité ». Seulement il est fort probable que la qualité et la quantité « intérieure » des lettres n'évoluent pas parallèlement à leur
nombre, bien au contraire. Les correspondances, comme
les conversations, ont diminué de volume en augmentant
de nombre. C'est que, comme l'avait prévu Renaudot, le
développement de la Presse a restreint d'autant les sujets
épistolaires. Il ne faut pas croire que la correspondance soit
devenue plus psychologique, plus individuelle, plus cordiale :
si les formules de politesse se sont simplifiées jusqu'au laco-
nisme, c'est que la correspondance devient non moins utilitaire que la communication télégraphique ou téléphonique.
Enfin, de plus en plus on s'adresse au public en général :
les faire-part, les annonces, les annonces et les réclames des
journaux progressent beaucoup plus que la correspondance[1].

Un autre mode de transmission de la pensée existait
cependant, et dès la plus haute antiquité : c'était le *livre*. Son
importance sociale fut d'abord assez secondaire : si l'on
ne trouve chez les anciens aucun mot pour désigner le
public, c'est qu'il n'y avait aucune réalité sociale correspondant à cette idée telle que Tarde l'a définie. En effet, la lecture simultanée d'une dizaine de manuscrits du même ouvrage
n'était un moyen de propagation ni assez rapide, ni assez
extensif pour créer des groupements importants, liés intérieurement par une solidarité consciente. « Au moyen âge
y avait-il un public ? Non, mais il y avait des foires, des pèle-
rinages, des multitudes tumultueuse où couraient des émotions, pieuses ou belliqueuses, des colères ou des paniques.
Le public n'a pu commencer à naître qu'après le grand déve-

---

1. Cf. *L'opinion et la foule*, pp. 148-155.

loppement de l'imprimerie au XVIᵉ siècle. Le transport de la force à distance n'est rien comparé à ce transport de la pensée à distance. La pensée n'est-elle pas la force sociale par excellence ? Songez aux idées-forces de M. Fouillée. Alors, on a vu, nouveauté profonde et d'incalculable effet, la lecture quotidienne et simultanée d'un même livre, la Bible, édité pour la première fois à des milliers d'exemplaires, donner à la masse unie de ses lecteurs la sensation de former un corps social nouveau, détaché de l'Église. Mais ce public naissant n'était encore lui-même qu'une église à part, avec laquelle il se présentait confondu, et c'est l'infirmité du protestantisme d'avoir été à la fois un public et une église, deux agrégats régis par des principes différents et de nature inconciliable[1]. Le public comme tel ne s'est dégagé un peu nettement que sous Louis XIV. »

Ces remarques seraient fort justes, si Tarde n'ajoutait que ce public du XVIIIᵉ siècle fut encore restreint, car il se limitait à la capitale, sinon à la cour [2]. En réalité, dès le milieu du XVIᵉ siècle, semble-t-il, le développement de l'imprimerie avait constitué un public étendu, théologique si l'on veut, mais non pas seulement une Église, car il existait aussi un public anti-religieux et, pour ainsi dire, laïque. Les questions religieuses n'étaient-elles pas souvent subordonnées aux questions temporelles dans les pamphlets d'Ulrich de Hutten, aux questions de philosophie et d'érudition dans les écrits d'Érasme que répandait à profusion l'imprimerie ? Et même, si l'on s'en tenait aux définitions de Tarde, les innombrables lecteurs de Rabelais ou de Montaigne ne constitueraient-ils pas un véritable public ? Mais c'est Tarde lui-même qui laisse trop de latitude, et sans doute il n'admettrait pas cette interprétation, que permet cependant sa définition de l'actualité. Il dit lui-même, en effet, que le livre est moins actuel, moins passionnant, moins vivant, plus général et

---

1. La véritable contradiction interne du protestantisme à cette époque fut plutôt de constituer à la fois un public politique et un public religieux, et il en est de même aujourd'hui pour la catholicité : ainsi la religion, principe d'union, devient multiplicande des oppositions politiques. L'institution du socialisme chrétien, par Léon XIII et celle du protestantisme libéral, n'ont fait qu'augmenter encore les dissensions.

2. Cf. *L'opinion et la foule*, p. 68.

abstrait enfin que le journal. « Il y a lieu de penser, ajoute-t-il,
qu'à la prépondérance du livre sur le journal comme éduca-
teur de l'opinion tient le caractère cosmopolite et abstrait de
l'esprit public au moment où s'est ouverte la Révolution de
1789 [1]. »

« Au xviiie siècle, dit-il encore, le public grossit rapidement et se fragmente. Je ne crois pas qu'avant Bayle, il ait
existé un public philosophique distinct du grand public
littéraire. Un public spécial ne se dessine qu'à partir du
moment, difficile à préciser, où les hommes adonnés aux
mêmes études ont été en trop grand nombre pour pouvoir
se connaître ainsi personnellement, et n'ont senti se nouer
entre eux les liens d'une certaine solidarité que par d'impersonnelles communications d'une fréquence et d'une régularité
suffisantes [2]. » Mais, si tant est que le public des lecteurs
et correspondants de Bayle fut philosophique, et non pas
plutôt érudit et « critique », du moins le courant venait
d'Erasme comme il allait à Voltaire, et, à travers son évolution, se manifestait nettement le passage du livre au journal,
de la spéculation supérieure et restreinte à la vulgarisation.
Le livre au temps jadis traitait surtout des idées très générales en lesquelles s'expriment les principes éternels de la
pensée et de l'activité humaines, et non pas de leurs applications particulières, des faits journaliers, des réalités positives : il se consacrait plutôt à la discussion, à la théorie qu'à
l'information. C'est du livre que résulte le double public
philosophique ou scientifique et littéraire ou esthétique,
assez restreint (ou du moins élargi grâce seulement à ce
livre périodique, la Revue), qui se confond plus ou moins
avec cette « élite » particulièrement rationnelle dont parle
Tarde [3], et qui est peut-être, si l'on adopte sa terminologie,
comme un relai entre l'invention supérieure et l'imitation
plutôt moutonnière par le grand public du « bon sens ». Il
est donc difficile d'admettre que la constitution de publics

1. Cf. *ibid.*, pp. 81-82. On remarquera que Tarde admet ici une cause
générale au lieu de causes individuelles, comme, par exemple, l'influence de Rousseau. (Cf. J. Texte : *J.-J. Rousseau et le cosmopolitisme
littéraire*).
2. Cf. *L'opinion et la foule*, p. 81.
3. Cf. *ibid.*, p. 64.

spéciaux soit comme une fragmentation d'un grand public
vague : ce qui est d'ailleurs contraire à la doctrine générale
de Tarde sur l'évolution. Il est évident que ceux-ci ont toujours
existé à côté de l'opinion publique vague et flottante,
puisque toujours on écrivit : ils se sont élargis avec les progrès de la civilisation, et, dans leur évolution, ils tendent à se
rapprocher de plus en plus du public général, à se fondre en
lui. Cette évolution date en somme du jour où Renaudot
conçut, en dehors de la conversation orale ou épistolaire,
mode de transmission de pensée puissant mais restreint et
inextensible, — en dehors du livre, succédané du discours ou
du monologue [1], et d'ailleurs pure littérature quand il n'est
pas information très spéciale et détaillée ou polémique
scientifique, politique, religieuse, etc., — une sorte de lettre
publique relatant ce qui se passe dans le monde entier, une
publication d'histoire, de vulgarisation journalière, succincte,
dont l'information positive et d'actualité reste encore aujour-
d'hui le but effectif, la raison suffisante, bien que la
discussion de questions théoriques ou pratiques y ait pris
désormais une place considérable, et que les journaux
tendent de plus en plus à remplacer le livre, sinon la revue.

V

Le *journal* procède indubitablement de la correspondance
épistolaire; celle-ci, surtout à partir du xvi⁰ siècle, était déjà
une sorte de journalisme manuscrit et clandestin [2], et ce fut
uniquement la difficulté pour chacun (pour les médecins en
particulier) d'avoir des correspondants en tous pays, qui
inspira à Théophraste Renaudot l'idée première de la Gazette.
Suivant Tarde, les épîtres de saint Paul sont déjà de véritables
« journaux », et on peut le lui accorder en tant que l'information y domine, et précisément comme moyen de propagande et de direction. « Le journal a commencé par n'être
qu'un écho prolongé des causeries et des correspondances,

---

1. *L'opinion et la foule*, p. 156.
2. Cf. *ibid.*

il a fini par en être la source presque unique[1]. » Et Tarde
veut dire par là que la Presse est comme le courant centra-
lisé des conversations possibles de l'univers, courant à la
constitution duquel chacun a contribué pour une part plus
ou moins considérable, et où il puise en retour des informations sur les faits et les opinions de tous et de partout, qui
alimenteront sa conversation. Le journal, d'ailleurs, vit
encore de correspondances, les « dépêches », qu'il utilise
et brode à son gré, d'où il tire par élaboration les nouvelles
sensationnelles qu'il répandra dans le public. Le rôle de la
Presse fut donc à la fois d'*unifier* et de *vivifier*, d'*uniformiser* dans
l'espace et de *diversifier* dans le temps les conversations individuelles[2]. « Tous les matins les journaux serviront à leur
public les conversations de la journée », sauf, ajoute Tarde,
dans les cas, fort rares heureusement, d'idée fixe, d'obsession
nationale[3]. Par conséquent le journal n'a nullement supplanté
la conversation ; il est seulement le facteur le plus nouveau,
le plus en vue, et d'ailleurs le plus extensif de suggestion
sociale. La conversation en reste l'indispensable procédé
élémentaire, elle est le facteur de l'opinion « le plus continu
et le plus universel », « sa petite source invisible qui coule
en tout temps et en tout lieu d'un flot inégal ». Comme l'a
bien vu Diderot, c'est des centres de conversation que rayonne
l'opinion bonne ou mauvaise[4], et, pourrait-on ajouter avec
Voltaire, « des lecteurs attentifs, qui se communiquent leurs
pensées, vont toujours plus loin que l'auteur[5] ».

L'*opinion*, tel est en effet le résultat le plus général et le
plus important de cette suggestion interpsychologique ; et
Tarde la définit ainsi : « L'opinion est au public, dans les temps
modernes ce que l'âme est au corps[6]. » Le rapprochement
entre les deux idées, opinion et public, n'était pas nouveau.
Chamfort disait : « L'opinion est la reine du monde, parce
que la sottise est la reine des sots » ; et il s'écriait : « Le

---

1. Cf. *L'opinion et la foule*, p. 157.
2. Cf. *ibid.*, pp. 76 et 104.
3. Cf. *ibid.*, p. 104.
4. Cf. *ibid.*, pp. 32-33.
5. Voltaire, *Traité sur la tolérance*, ch. iv, éd. Moland (Garnier),
t. XXV, p. 36.
6. Cf. *L'opinion et la foule*, p. 68.

public! le public! Combien faut-il de sots pour faire un public? » C'est que, suivant la remarque plus pénétrante de Renan, « une bêtise crue en commun lie plus qu'une vérité ». Tarde, moins sévère pour l'opinion, semble y voir, comme Platon, la vérité flottante et variable, peut-être même l'ἀληθὴς δόξα à laquelle Aristote ne refuse pas une valeur logique inférieure, une portée « dialectique ». « L'opinion, dit Tarde, est un groupe momentané et plus ou moins logique de jugements qui, répondant à des problèmes actuellement posés, se trouvent reproduits en nombreux exemplaires dans des personnes du même pays, du même temps, de la même société. » Et il ajoute que toutes ces conditions sont essentielles [1]. Deux remarques importantes se présentent tout d'abord : « Dans ce mot l'*opinion*, on confond habituellement deux choses, qui sont mêlées en fait, il est vrai, mais qu'une bonne analyse doit distinguer : l'*opinion* proprement dite, ensemble des jugements, et la *volonté générale*, ensemble des désirs [2]. » Restriction relative, et Tarde convient d'ailleurs qu'en étudiant surtout la première, il n'exclut pas la seconde. Mais ceci nous ramène au double point de vue logique et téléologique et aux duels qui en dépendent, car, d'autre part, bien qu'on emploie le mot au singulier, il y a toujours deux opinions, ou du moins plusieurs se ramenant à deux, dont l'une d'ailleurs l'emporte rapidement, soit parce qu'elle est plus répandue soit, parce qu'elle est plus bruyante [3]. Mais, en réalité, le triomphe de l'une des deux opinions est généralement imparfait, ou du moins le conflit ne fait que se déplacer et s'élargir; de plus, l'explication de Tarde est factice ou très superficielle : si une opinion prédomine, c'est ou bien pour des raisons logiques ou téléologiques, ou bien pour des motifs extra-logiques, conformément aux lois de l'imitation elles-mêmes.

Il ne faut pas, convient Tarde, s'exagérer trop le rôle de l'opinion dans l'histoire [4], malgré les apparences actuelles.

1. C'est là une nouvelle obscurité : n'y a-t-il donc pas de publics internationaux?
2. Cf. *L'opinion et la foule*, p. 64.
3. Cf. *ibid.*, p. 68.
4. De Barante, en particulier, l'a déclarée « le mobile le plus puissant de l'histoire », « son principal personnage » (cf. *Histoire des ducs de Bourgogne*, t. II, 1339, préface). Tendance commune aux grands histo-

Elle doit, en effet, lutter contre deux forces, dont il la faut
bien distinguer : « la *Tradition*, extrait condensé de ce qui fut
l'opinion des morts, héritage des nécessaires et salutaires préjugés, onéreux souvent aux vivants », et ce qu'on peut appeler d'un nom collectif et abréviatif la *Raison*, c'est-à-dire
« les jugements personnels relativement rationnels, encore
que souvent déraisonnables, d'une élite qui s'isole et pense, et
sort du courant populaire pour l'endiguer ou le diriger [1] ». Et
il spécifie : « Prêtres à l'origine, philosophes, jurisconsultes,
conciles, universités, cours judiciaires [2], sont tour à tour ou en
même temps l'incarnation de cette raison résistante ou direc-
trice, qui se distingue nettement et des entraînements passion-

riens modernes, et à laquelle Tarde reprocherait sans doute de se rapprocher de la thèse sociologique de M. Durkheim, car l'opinion est
comme un milieu social.

1. M. Fouillée semble admettre qu'il existe aussi une élite au point de
vue de la tradition, et qu'elle est représentative de ce qu'on appelle le
caractère national : « Le caractère français résume des actions sociales
prolongées à travers les siècles, indépendantes de la génération présente, s'imposant à elle par toutes les idées nationales, par les sentiments nationaux, par les institutions nationales. C'est le poids de l'histoire entière que l'individu subit dans ses rapports avec ses concitoyens.
Il en résulte que le caractère national n'est pas toujours le mieux
exprimé par la foule, par ce qu'on appelle le vulgaire, ni même par la
majorité présente. Il y a une élite naturelle qui, mieux que tout le reste,
représente l'âme d'un peuple entier, sa pensée la plus profonde et sa
volonté la plus essentielle ». « Entre la tradition et la raison, dit ailleurs
le même auteur, il reste toujours cette différence, que la première se
transmet par une imitation d'actes extérieurs, de rites, qu'on répète
sans en comprendre le sens : pure affaire d'habitude. La raison au contraire, avec les résultats de la science, se transmet par voie d'instruction et de raisonnement, et si tous ne font pas la série des raisonnements, quelques-uns la font toujours : les savants, en qui la masse met
sa confiance, parce qu'ils se contrôlent entre eux, révisent sans cesse
les raisonnements de leurs prédécesseurs ; la liberté de vérifier les titres
existe toujours pour tous. Il y a alors dans la masse du peuple *inculca-
tion* et éducation intellectuelle, non *imitation* machinale et préjugé. »
Ces intéressantes considérations de M. Fouillée, qui réduisent à sa juste
valeur la caractéristique imitative, sans cependant différer beaucoup des
hypothèses développées ici par Tarde, corrigeraient utilement, semble-
t-il, et surtout compléteraient sa théorie sur la Tradition et la Raison, et
aussi celle précédemment indiquée, suivant laquelle le caractère national se définirait comme le groupement des oppositions pittoresques qui
persistent entre les individualités, malgré l'union nationale. (Cf. Fouillée,
La psychologie de l'esprit français, in *Revue des Deux-Mondes*, 1er nov.
1896. — *La science morale contemporaine*, Paris 1880, p. 19).

2. En principe, dit-il assez ironiquement, on devrait pouvoir y ad-
joindre les assemblées parlementaires.

nés et moutonniers des multitudes ou des principes séculaires déposés au fond de leur cœur. » La lutte ou les alliances de ces trois forces sont le côté intéressant de l'histoire. La raison, on le conçoit, se trouve souvent en opposition avec la tradition ; mais quelle est donc l'attitude de l'opinion à leur égard ? « De ces trois branches de l'esprit public, dit Tarde, la dernière à se développer, mais aussi la plus prompte à grandir à partir d'un certain moment, est l'opinion, et elle grandit aux dépens des deux autres. » Bien loin de leur servir de trait d'union, rôle qui serait des plus utiles, elle prend parti dans leurs querelles et, suivant ses directeurs, elle s'attaque soit à l'une soit à l'autre. « Le malheur est que ce n'est pas seulement contre la Tradition, chose déjà bien grave, mais aussi contre la Raison, raison judiciaire, raison législative ou politique à l'occasion, que l'opinion contemporaine est devenue toute-puissante. » Le laboratoire du savant reste peut-être le « seul asile inviolable »[1]. Quant à la tradition, toujours étroitement nationale, nettement délimitée, elle est plus profonde et plus stable que l'opinion. Celle-ci, superficielle et passagère, est expansive et tend à devenir internationale. Aussi est-elle d'autant plus forte que la tradition l'est moins, ce qui ne veut pas dire que la raison est alors moins forte elle aussi[2].

1. Cf. *L'opinion et la foule*, pp. 64-67. — M. Belot a, en effet, raison d'objecter à St. Mill, qui soutient avec Comte la dépendance croissante des générations présentes à l'égard des générations passées, que bien au contraire la force de la tradition diminue visiblement (cf. *op. cit.*, p. 95, note 2). Mais encore le déterminisme n'a-t-il rien à voir ici. C'est la force de l'humanité présente prise en masse, non de l'individu, qui augmente.

2. Cf. *ibid.*, p. 67. — Cournot se fût probablement contenté de distinguer ici entre la Tradition et la Raison, la première relevant du point de vue historique et caractérisant les réactions politiques, la seconde fondée sur des considérations théoriques et se manifestant dans les révolutions. « Tantôt, disait-il, on a vu la société tout à fait livrée à l'esprit de système, tantôt des réactions inévitables ont rendu l'ascendant aux gardiens des précédents historiques et des traditions du passé ; tantôt enfin ceux-ci ont voulu pactiser avec l'esprit nouveau, en soutenant à titre de théorie ce qui ne pouvait avoir de force réelle que par l'influence des précédents historiques. » Quant à l'opinion, qui impliquerait sans doute en quelque mesure l'élément historique et l'élément rationnel, mais qui néanmoins se fonderait surtout sur les accidents du moment, sur l'actualité fortuite, Cournot ne semble pas l'avoir distinguée. (Cf. *Essai sur les fond de nos connaiss.*, § 301, t. II, pp. 177-179). — Spencer, par contre, ne considère qu'elle seule en apparence, mais en réalité il ne confond pas absolument l'opinion des vivants (opinion proprement dite) avec

L'opinion, suivant Tarde, a toujours existé, même aux époques barbares, mais elle était très différente alors de ce qu'elle
est devenue : le contact physique la rendait plus vivante, et,
entre gens se connaissant mieux, il était moins possible
de s'abuser mutuellement[1]. L'opinion était alors très forte,
contre la raison surtout, mais aussi contre la tradition ; elle
jouait un grand rôle dans la vie politique. Ce rôle, on le
retrouve aujourd'hui dans les grandes fédérations. Mais, entre
ces deux phases historiques extrêmes, il y eut une période
intermédiaire de forte dépression (par exemple, dans l'état
féodal, une multitude d'opinions locales non centralisées).
C'est qu'en effet, tandis que les sources de la raison sont
l'observation expérimentale et le raisonnement déductif, et
celles de la tradition les opinions et les initiatives individuelles du passé[2], l'opinion elle-même a des facteurs très spéciaux : la conversation et la Presse, qui agissent encore plus
sur elle que la raison et la tradition actuelles[3]. Ce qui revient
à dire, en interprétant l'idée de Tarde très conformément

l'opinion des morts (tradition) : il croit le rôle de cette dernière prépondérant dans l'établissement de l'autorité politique (cf. *Princ. de sociol.*,
§§ 467-469). Et en effet, une théorie révolutionnaire n'aboutit à la fondation d'un gouvernement stable que lorsqu'elle est assez ancienne pour
avoir acquis la force d'une tradition : ainsi l'idée monarchiste consti-
tutionnelle ne devait se réaliser, en France, qu'en 1830 et non pas en 1789,
ainsi l'idée républicaine en 1870 seulement, et non pas en 1830, ni même
en 1848. Mais cela ne veut pas dire, comme le croyait sans doute Tarde,
et comme l'a dit Hippolyte Taine, que la raison, pour conduire les
choses humaines, doit elle-même devenir un préjugé. On peut bien soutenir que « pour entrer dans la pratique, pour prendre le gouvernement
des âmes, pour se transformer en un ressort d'action, il faut qu'elle se
dépose dans l'esprit à l'état de croyance faite, d'habitude prise, d'inclination établie, de tradition domestique ». Mais ce serait en tirer un
corollaire injustifié que de dire : « Une doctrine ne devient active qu'en
devenant aveugle. » (Cf. Taine, *L'ancien régime*, p. 275). L'habitude
mentale, la tradition, même inconscientes et passées à l'état d'instincts et
de tendances n'en conservent pas moins la valeur rationnelle que n'a
jamais eu le préjugé erroné.

1. On peut remarquer ici encore, comme plus haut, à propos des
foires et des pélerinages, une certaine confusion entre les notions de
foule et de public ; le raisonnement de Tarde sur l'évolution historique
de l'opinion publique se ressent de cette ambiguïté.

2. Tarde n'explique pas si, à ses yeux, ce sont là plus particulièrement
des produits de la raison. On sait d'ailleurs qu'à son avis, chacun est
plus ou moins inventeur aussi bien qu'imitateur.

3. Cf. *L'opinion et la foule*, pp. 66-67.

à son système général, que l'opinion est surtout le résultat des influences entre les individualités présentes, de l'intermental immédiat, tandis que la tradition dépend des attaches entre la pensée présente et celle des ancêtres, de l'intermental héréditaire, et que la raison semble fondée sur les rapprochements logiques intramentaux, relève de la psychologie individuelle et non plus de l'inter-psychologie. Aux groupes primaires d'individus unanimes du moyen âge, groupes étroitement limités, et où la tradition en général, parfois la raison l'emportaient, la Presse a permis de substituer « un agrégat secondaire et très supérieur dont les unités s'associent étroitement sans s'être jamais vues ni connues [1] ».

C'est le journal qui a réalisé les grands courants d'opinion et, par suite, créé les publics. En répandant immédiatement dans des collectivités d'une étendue infinie les nouvelles sensationnelles du monde entier, il a éveillé dans les foules la conscience d'une simultanéité de pensée d'où résulte une action mutuelle dérivée de la sienne, et ainsi il organise « une foule immense, abstraite et souveraine, qu'il baptisera l'Opinion »[2]. L'esprit public, peut-on dire, s'est élaboré grâce au développement des postes, des routes, des armées permanentes, des cours, et de toutes les causes favorisant les relations inter-psychologiques. Mais c'est grâce seulement à la Presse que s'est achevée l'œuvre de la conversation et de la correspondance : elle a réalisé la « fusion des opinions personnelles en opinions locales, de celles-ci en opinions nationales et opinions mondiales, l'unification grandiose de l'esprit public ». Certes les esprits nationaux *traditionnels* subsistent au fond, malgré l'invasion de cet internationalisme pour ainsi dire rationnel, et de même les opinions locales sous les nationales; mais leurs proportions respectives ont diamétralement varié[3].

Telle fut par conséquent l'évolution des publics, dont l'opinion est pour ainsi dire l'expression psychologique et le lien. La Presse a tout élargi et tout « mobilisé », et ce sont surtout les institutions traditionnelles qui en ont souffert. « Comme durée et comme solidité, dit Tarde, il est certain que les

1. Cf. *L'opinion et la foule*, p. 70.
2. Cf. *ibid.*, p. 157.
3. Cf. *ibid.*, pp. 25-26 et 74-76.

groupes anciens n'ont rien à gagner au changement dont il s'agit. Il n'est pas d'église en apparence si immuable, qui, dès le moment où elle se soumet à la mode de la publication à jet continu, ne donne des signes visibles de mutations intérieures vainement dissimulées. » C'est en effet surtout sur les partis religieux et politiques que la Presse exerce une influence vivifiante. Le parlementarisme à l'« anglaise » devient impossible. Et ne voit-on pas aussi que le régime du suffrage universel, malgré ses inconvénients (sur lesquels Tarde s'appesantit souvent), s'impose partout grâce à elle, qu'elle est par conséquent la condition *sine qua non* d'une grande démocratie niveleuse. En effet, à la notion ancienne de capacité, de poids, cette force de groupement a substitué la notion de majorité numérique jadis ignorée, et les régimes monarchiques ne peuvent plus exister qu'en tant qu'expression passive de l'unité nationale. « Les monarchies d'avant la Presse pouvaient et devaient être toujours absolues et sacrées parce qu'elles étaient toute l'unité nationale; depuis la Presse, elles ne peuvent plus l'être, parce que l'unité nationale s'est faite en dehors d'elles, et mieux que par elles. » Ainsi s'est constituée la conscience nationale en tant qu'opinion et volonté, s'exprimant dans la puissance des parlements[1]. D'ailleurs, en même temps que les caractéristiques nationales s'accusaient, grâce aux rapprochements, à la comparaison plus facile et plus frappante, il se formait aussi comme une fusion supérieure et psychologique des nationalités[2]; car, si « la transformation de tous les groupes (existants) en publics s'explique par un besoin croissant de sociabilité qui rend nécessaire la mise en communication régulière des associés par un courant continu d'informations et d'excitations communes », l'élargissement progressif de cette sociabilité n'est pas moins inévitable. Et c'est d'ailleurs à quoi tend la Presse : elle ne transforme pas précisément ces groupements en publics (sauf peut-être pour la religion et la politique), elle

1. Cf. *L'opinion et la foule*, pp. 23-25 et 76-81. Les États Généraux, dit Tarde, étaient déjà comme une conscience collective vague et éphémère (cf. *ibid.*, p. 72).
2. On retrouve ici le progrès par hétérogénéité de plus en plus marquée et coordination de plus en plus profonde.

y superpose plutôt divers publics; c'est pourquoi d'ailleurs
la presse professionnelle est la moins développée et la moins
lue, et pourquoi aussi les classements professionnels diminuent d'importance. « C'est la division par groupes d'idées
théoriques, d'aspirations idéales, de sentiments qui reçoit de
la Presse une accentuation et une prépondérance visibles. »
On idéalise même les intérêts en théories ou en passions, ce
qui pourrait devenir dangereux, mais est aussi favorable à
l'alliance, à la communion universelle en une opinion unique[1].
Et si l'influence de cette opinion, de ce public suprême devient
sans cesse plus exclusive, il n'y a pas lieu de se lamenter
pour cela sur l'affaiblissement des caractères, mais bien
d'admirer la force croissante de la pensée et de l'union collectives. « Quand les peupliers et les chênes sont abattus par
l'orage, ce n'est pas qu'ils soient devenus plus faibles, mais
c'est que le vent est devenu plus fort[2]. »

Il faut admirer aussi la puissance de certains parmi les
guides de l'opinion publique. Certes, on doit reconnaître que
leur force tient à « la connaissance instinctive qu'ils possè-
dent de la psychologie du public, et qu'ils cèdent très consciemment à l'influence de ce public, tandis que lui-même se
laisse suggestionner en toute bonne foi. Cela tient à ce que
de plus en plus le public des journaux devient flottant[3], et
beaucoup plus qu'il n'est nécessaire pour la vie, l'évolution
normale d'une opinion cohérente. « On peut, dit Tarde, gémir
à bon droit sur cette évolution du journalisme, car les publics fermes font les publicistes honnêtes et convaincus,
comme les publics capricieux font les publicistes légers, versatiles, inquiétants. » Il y a donc certaines ombres au tableau;
mais ce qui du moins est évident, qu'on s'en réjouisse ou
non, c'est la puissance considérable des grands publicistes.
« Ceux-ci, bien plus que les hommes d'État, mêmes supérieurs, font l'opinion et mènent le monde. Et quand ils se

1. Cf. *L'opinion et la foule*, pp. 22-26. — Tarde distingue expressément cette communion d'idées, qui caractérise le public, de l'uniformisation supprimant toute différence individuelle, qui caractérise le
professionalisme. (Cf. *ibid.*, p. 29).

2. Cf. *ibid.*, p. 158.

3. C'est, remarque Tarde, ce qui manque aux vieilles feuilles des partis
déchus, et paralyse leurs publicistes.

sont imposés, quel trône solide est le leur! Comparez à
l'usure si rapide des hommes politiques, même des plus
populaires, le règne prolongé, indestructible du journaliste de
haute marque, qui rappelle la longévité d'un Louis XIV où
le succès indéfini des comédiens ou des tragédiens illustres.
Il n'est pas de vieillesse pour ces autocrates. Voilà pourquoi
il est si malaisé de faire une bonne loi pour la Presse. » Tarde
en conclut que le rôle des individualités ne va nullement en
s'amoindrissant au profit de la collectivité, et il semble que le
journaliste lui apparaisse comme le « sur-homme » de l'avenir, aussi bien que du présent, puisqu'il manie la force la
plus favorable au progrès de l'humanité, la pensée. « Ainsi,
chose remarquable, ajoute-t-il en effet, le dernier formé des
groupements sociaux et le plus en voie de se développer au
cours de notre civilisation démocratique, autrement dit le
groupement social en publics, est celui qui offre aux caractères
individuels marquants les plus grandes facilités de s'imposer
et aux opinions individuelles originales les plus grandes facilités de se répandre [1]. » Par conséquent l'individu reste toujours le moteur essentiel, point de départ et d'aboutissement
de tout phénomène social, par qui et pour qui toute société
existe et se développe.

VI

Ce qu'on voit le moins clairement jusqu'ici, ce sont les
bases essentielles de la distinction entre les publics et les
foules, car, en somme, tant que le public est national et surtout local, il ne se distingue de certaines foules (au sens de
Tarde du moins, puisqu'il n'entend pas par là une cohue sans
but particulier, sans idée dominante, sans rapports psychiques) [2] que par son degré de spiritualité, et aussi en ce qu'il
est indéfiniment extensible. Mais Tarde lui-même convient
que l'agrégat social le plus en rapport avec le public, c'est
encore la foule : tous deux se trouvent, par l'importance de
la suggestion intermentale qui leur est inhérente, au sommet

1. Cf. *L'opinion et la foule*, pp. 20-21 et 58.
2. Cf. *ibid.*, p. 32.

de l'échelle des êtres collectifs. D'ailleurs, « le public procède
en partie d'une espèce de foule, l'auditoire des orateurs » ;
le nombre des « auditeurs » est allé sans cesse diminuant ; il y
a aujourd'hui plus d'orateurs, plus d'apôtres, et d'ailleurs les
plus influents d'entre eux ont changé de nom et de procédé.
« Les grandes conversions d'à présent, ce sont les journalistes
qui les opèrent. » De plus, il peut jaillir parfois d'un public
surexcité une foule fanatique ; par conséquent, quoique le fait
soit rare, le public est une foule en puissance, aussi bien que
certaines foules sont des publics virtuels. [1] Néanmoins, Tarde
croit la distinction nécessaire, et peut-être en effet la précise-
t-il dans son essai de classification des publics et des foules.

La différenciation suivant le sexe et suivant l'âge, ses considérations sur la *gérontocratie*, contre-poids à l'*éphébocratie*,
sont d'intérêt secondaire, car ce point de vue physiologique
n'a aucun rapport avec les bases de son système. Au contraire
il était naturel qu'il distinguât entre les foules ou publics
croyants (unis par la foi, l'idée dominantes) et les foules
ou publics *désireux* (unis par le but dominant) ; l'excès vient
d'ailleurs vite dans ces agrégats, et mieux vaut dire foules et
publics convaincus, fanatiques, ou passionnés, despotiques.
Le dogmatisme et le fanatisme sont moins aigus chez le public, mais plus tenaces et plus chroniques. Parmi les foules
croyantes, il ne faut pas reprocher particulièrement aux
foules religieuses leur intolérance dans les cas de conflit :
cette intolérance est commune à toutes les foules de ce genre,
et les foules esthétiques y sont peut-être le plus sujettes,
parce qu'il s'agit de jugements plus arbitraires et plus sub-
jectifs. Quant aux foules politiques, elles sont heureusement
urbaines, c'est-à-dire passionnées mais versatiles ; car
Tarde appliquerait sans doute aux foules rurales le mot de
La Bruyère : « Quand le peuple est en mouvement, on ne comprend pas par où le calme peut y rentrer, et quand il est
paisible, on ne voit pas par où le calme peut en sortir. » En
somme, Tarde reconnaît dans toutes les foules les mêmes
défauts et dangers : « Intolérance prodigieuse, orgueil grotesque, susceptibilité maladive, sentiment affolant de leur

[1]. Cf. *L'opinion et la foule*, pp. 12-13 et 26-29.

irresponsabilité né de l'illusion de leur toute puissance, et
perte totale du sentiment de la mesure qui tient de l'outrance
de leurs émotions mutuellement exaltées ». Or, dans les
publics, on rencontre les mêmes défauts et les mêmes distinctions, mais beaucoup moins prononcés : les publics de foi
et d'idée l'emportent de beaucoup d'ailleurs, et, de plus,
leur rôle est fécond alors que celui des foules est rarement
utile[1].

A un autre point de vue, on pourrait distinguer : les foules
expectantes, plus patientes que l'individu, si quelque manifestation individuelle de nervosité ne vient pas les conta-
gionner ; les foules *attentives*, c'est-à-dire les auditoires, plus
attentifs ou inattentifs que l'individu, suivant le pouvoir suggestif de l'orateur ; les foules *manifestantes*, symboliques mais
sans imagination, tantôt puériles et tantôt criminelles, dérivant
parfois d'un public qui manifeste par leur intermédiaire, et
en ce cas plus originales et plus dangereuses ; enfin les foules
agissantes, foules « de haine » ou foules « d'amour », aussi
inutiles et dangereuses peut-être l'une que l'autre, bien que
la « foule de fête », la foule de joie, la foule amoureuse
d'elle-même, ivre uniquement du plaisir de se rassembler
pour se rassembler, soit une source d'union saine et réconfortante, comme aussi la foule agitée par l'enthousiasme patriotique.[2] Mais, se demande Tarde, existe-t-il des publics
agissants? « Le public, cette foule dispersée, n'est-il pas
essentiellement passif? En réalité, quand il est monté à un
certain point d'exaltation, dont les publicistes sont avertis par
leur habitude quotidienne de l'*ausculter*, il agit par eux comme
il manifeste par eux, s'impose aux hommes d'État qui deviennent ses exécuteurs. C'est ce qu'on nomme la puissance
de l'opinion. Il est vrai qu'elle atteste surtout celle de ses conducteurs qui l'ont mise en mouvement; mais, une fois soule-
vée, elle les entraîne dans des voies qu'ils n'ont pas prévues. »

1. Cf. *L'opinion et la foule*, pp. 29-37.
2. Cf. *ibid.*, pp. 37-46. — Tarde reconnaît aussi le rôle parfois salutaire
des foules de deuil (*ibid.*, p. 46), et ceci est à rapprocher de la pensée
de Renan : « La souffrance en commun unit plus que la joie. En fait de
souvenirs nationaux, les deuils valent mieux que les triomphes, car ils
imposent des devoirs, ils commandent l'effort en commun. » (Renan.
Qu'est-ce qu'une nation? in *Pages choisies*, éd. Calman-Lévy, pp. 1-4),

Et l'on en vient ainsi à la question des foules et des publics criminels ou délinquants. Elle n'était pas nouvelle, et l'ouvrage de M. Sighele, en centralisant les idées dispersées à travers la littérature sociologique contemporaine, a laissé peu de chose à dire sur la foule criminelle. Mais deux points de sa théorie devaient déplaire à Tarde : d'abord l'idée que l'exaltation sanguinaire de la foule est comme « une subite résurrection atavique de cet instinct homicide primordial, qui couve comme un feu sous la cendre, et qui n'attend qu'un souffle pour éclater »; puis aussi celle que la foule criminelle n'a pas toujours un meneur, car ici l'intention est trop précise pour que Tarde consente à se passer du facteur individuel. De plus, il croit qu'on s'est probablement exagéré le caractère malfaisant des foules et sans doute il n'accorderait pas à M. Sighele que, « dans une multitude, les facultés bonnes des individus, au lieu de se sommer entre elles, s'éliminent », ni que, par suite, la foule soit « un terrain où le microbe du mal se développe très facilement, tandis que le microbe du bien meurt presque toujours, faute de trouver les conditions de vie »[1]. Non pas qu'il se refuse à reconnaître l'existence de crimes collectifs en un certain sens : au contraire il se demande si, au point de vue psychologique, il en est de vraiment individuels, si la responsabilité de l'entourage social n'est pas toujours engagée plus ou moins[2]. Il va même jusqu'à admettre l'existence de foules « criminelles-nées », ou plutôt « aliénées criminelles », et il semble accorder que celles-ci n'ont pas besoin d'un meneur proprement dit[3]. Mais, en général, il croit que le meneur exerce seul l'action décisive, et pour lui, ce meneur c'est souvent le public. Souvent aussi, celui-ci est lui-même criminel ou délinquant. Le public, dit Tarde, est une foule beaucoup moins aveugle et beaucoup plus durable, dont la rage plus perspicace s'amasse et se soutient pendant des mois et des années. Ses crimes principaux sont précisément envers les foules (abus électoraux,

1. Cf. Sighele, *La foule criminelle*, trad. fr., F. Alcan 1892, pp. 63 sqq.
2. Cf. *Les foules et les sectes criminelles*, in *L'opinion et la foule*, p. 290. — Cet article, publié primitivement dans la *Revue des Deux-Mondes*, est reproduit également dans les *Essais et mélanges sociologiques*.
3. Cf. *L'opinion et la foule*, pp. 55-56.

mensonges de la Presse, etc.), et peuvent souvent constituer·
une excuse aux entraînements de celles-ci. Enfin les crimes
des publics sont moins repoussants, moins violents et vindi-
catifs, mais plus astucieux, plus durablement et largement
oppressifs, plus assurés de l'impunité, et, « règle générale
ou à peu près : derrière les foules criminelles, il y a des
publics, plus criminels encore, et, à la tête de ceux-ci, des
publicistes qui le sont encore plus »[1].

On voit que, pour Tarde comme pour Ésope, si l'on en
croit La Fontaine, la langue, autrement dit la Presse, est à la
fois ce qu'il y a de meilleur et de pire, parce qu'elle propage
aussi bien les mauvaises inventions que les bonnes, les
mensonges ou les erreurs que les vérités. Toutefois, il faut
reconnaître avec Bayle que de tout temps on a répandu les
fausses nouvelles comme les sophismes, et chercher avec lui
à « désabuser ceux qui croient que ce n'est que depuis l'invention de la Gazette que l'on trompe le public »[2]. Du moins
on peut accorder à Tarde que, dans le public, s'il y a aussi
contagion des excitations, l'imitation (puisque telle est pour
lui l'explication universelle) est du moins plus consciente, et
par suite la responsabilité plus effective, à son sens[3]. Au
total, il semble que Tarde reconnaisse au public sur la foule
les avantages et les inconvénients du plus conscient sur le
moins conscient, qu'il le juge moins sot et plus pervers, moins
brutal et plus venimeux.

La foule en effet est éminemment suggestionnable, et
Tarde approuverait, certes, M. Sighele de rapprocher la contagion des impressions à l'intérieur des foules de la théorie de
Sergi sur l'universelle suggestion, qui ramène l'imitation de
plusieurs à l'imitation d'un seul, théorie assez conforme,
comme le remarque M. Sighele lui-même, au point de vue
de Tarde. Ne dit-il pas en effet : « La plus grande excuse des
foules dans leurs pires excès, c'est leur prodigieuse crédulité
qui rappelle celle de l'hypnotisé »? Le « *monoïdéisme* » dans
les rassemblements constitue comme un état d'hypnose dans
lequel les affirmations portent toujours. D'ailleurs, avec leurs

1. Cf. *L'opinion et la foule*, pp. 48-53 et 58.
2. Bayle, *Dictionnaire critique*, art. *Agésilaus*, 3ᵉ éd., 1734, t. I, p. 134.
3. Cf. *L'opinion et la foule*, pp. 54 et 59.

stigmates caractéristiques, hypertrophie d'orgueil, intolérance, excès en tout, les foules sont peut-être encore plus folles qu'hypnotisées. Mais elles ne sont pas plus particulièrement portées au mal que les publics : s'il y a des publics réformistes et utopistes, cependant la découverte, l'invention d'un nouvel et grand objet de haine est encore le meilleur moyen de devenir un des rois du journalisme; et c'est seulement par le caractère d'infinie variabilité de la Presse et des groupements qu'elle réalise, qu'on peut espérer le progrès, l'union essentielle dans l'hétérogénéité croissante [1].

On voit qu'en somme Tarde n'insiste pas outre mesure sur la distinction entre foules et publics. Seulement il semble hésiter sur la cause profonde de la suggestibilité à l'intérieur de ces groupements. Est-ce le meneur ou le publiciste qui exerce l'influence prépondérante, comme il semble le dire d'abord ? Est-ce l'idée vague du nombre, de la force, surtout physique dans les foules, surtout mentale (droits ou influence) dans les publics, qui explique comment des individus, qui « peuvent être libéraux et tolérants chacun à part ». deviennent, rassemblés, « autoritaires et tyranniques » ? Il semble bien que, de l'aveu même de Tarde, il y ait un peu et même beaucoup de cela : c'est par le nombre que l'opinion est irrésistible [2]; grâce à la presse, l'idée du nombre, de majorité numérique l'emporte partout, en politique comme ailleurs, sur celle de comparaison qualitative. Toutes choses, aujourd'hui, dit Tarde, *numerantur* et non, comme jadis, *ponderantur*. « La Presse, à son insu, a travaillé à créer la puissance du nombre et à amoindrir celle du caractère, sinon de l'intelligence. » Le seul avantage du public sur la foule serait alors son intellectualité. Ou bien faut-il pousser l'analyse plus loin, et chercher l'explication profonde de cette force elle-même

1. Cf. *ibid.*, pp. 54-55 et 59-60. — Stuart Mill admet dans le progrès une double tendance : prépondérance des qualités mentales sur les qualités physiques, et, d'autre part, des masses sur les individus. (Cf. *Logique*, l. VI. ch. x, § 6). Mais, sur ce dernier point, Tarde spécifierait du moins qu'il s'agit de masses psychologiques, et que leur puissance croissante, loin d'exclure les forces individuelles, en est faite. Pour lui, on le sait, la masse n'est toujours que la somme des individus, affirmation très discutable, surtout au point de vue psychologique.

2. Cf. *L'opinion et la foule*, p. 158.

dans l'action (doublement multipliée par sa double réciprocité, comme l'a fort bien démontré M. Espinas [1]) qui se manifeste entre ces trois termes : l'individu considéré, le nombre
des autres individus composant le groupement, le publiciste
(ou le meneur, ou l'orateur,) et le pouvoir suggestif de son
émotion, de sa croyance, de son désir [2] ? Car cette pensée est
très juste et elle apporte un nouvel argument à la théorie du
milieu, du moins au point de vue psychologique. En effet, il
y aura bien dans la collectivité, comme le veut M. Durkheim,
autre chose que l'addition des émotions, croyances ou désirs
communiqués ; il y aura (et c'est ainsi que Tarde aurait dû
entendre cette formule) progression géométrique et multiplication. Seulement, — on peut le lui accorder, sans se trouver
nullement en contradiction avec la sociologie autonome,— les
multiplicateurs et multiplicandes réciproques sont nécessaires à l'existence du résultat, et seules les œuvres de la
collectivité, en lesquelles se manifestera sa conscience collective, harmonisée, seront par leur caractère objectif et durable,
indépendantes des individus et survivront à leur disparition
ou à leur dispersion. M. Espinas a d'ailleurs lui-même appliqué son idée, sous une forme un peu différente, à la question
du milieu social en général. « L'individu, dit-il, est l'œuvre
bien plus que l'auteur de la société ; car l'action qu'il exerce
sur elle compte pour un, tandis que les modifications qu'il
en reçoit sont représentées par le nombre des autres [3] ». Et
pour être probante cette explication doit être complétée par
la théorie précédente.

Quoi qu'il en soit, et malgré le perfectionnement, l'unification du public, Tarde persiste à croire qu'il vaudrait mieux
s'isoler du public comme de la foule ; que seuls les orgueilleux et les jaloux, Richard Wagner, Victor Hugo, Chateaubriand et Jean-Jacques Rousseau, par exemple, ont admiré la

1. Cf. Espinas, *Principes de psychologie*, t. I, p. 361.
2. Ceci est à rapprocher de la remarque de Tarde, que « l'orgueilleux
sentiment de leur nombre enivre les hommes rassemblés et leur fait
mépriser l'homme isolé qui leur parle, à moins que celui-ci ne par-
vienne à les éblouir et à les « charmer ». Et il ajoute : « C'est la foule
surtout, dans ces occasions, qui se sert de spectacle à elle-même. La
foule attire et admire la foule. » (Cf. *L'opposition et la foule*, p. 41 .
3. Espinas, *Des sociétés animales*, p. 542.

collectivité; qu'en réalité, tout progrès vient de l'individu. Mais il avoue que celui-ci, dans la vie moderne, est sans influence en dehors du groupe ou des groupes dont il fait partie, et que d'ailleurs son union, sa collaboration avec eux est condition de son existence même [1].

1. Cf. *L'opinion et la foule*, pp. 60-62.

CHAPITRE VI

CONSIDÉRATIONS PSYCHOLOGIQUES SUR LES PHÉNOMÈNES ET LES GROUPEMENTS SOCIAUX PARTICULIERS

Il ne saurait être question d'aborder dans le détail les applications particulières par lesquelles Tarde s'est efforcé d'universaliser la portée de son système. Dans les vastes limites de la sociologie, le sujet serait vraiment encyclopédique. Non seulement, en effet, Tarde cherche, dans les divers ordres de faits sociaux, des preuves fragmentaires pour son argumentation, mais encore il empiète délibérément sur le domaine des sciences morales et politiques, soumet leurs objets à des interprétations subtiles et discutables, et, par l'inévitable désir de systématisation conquérante, prétend leur imposer les lois que sa recherche spéculative et dialectique a cru découvrir. C'est pourquoi, malgré ses affirmations conciliantes, il ne saurait, pas plus que ses prédécesseurs, supprimer l'hostilité de ces sciences anciennes, nettement délimitées, et jadis prépondérantes, envers leur jeune et ambitieuse rivale. Cependant il sera possible, et non superflu, d'exposer les applications les plus générales auxquelles Tarde s'est essayé, et d'examiner rapidement à ce point de vue, en renonçant à toute critique approfondie et comparative, les questions auxquelles il a consacré des ouvrages spéciaux, comme l'économie politique, la politique, le droit et la criminologie, et celles qu'il a traitées plutôt incidemment, comme la morale, la religion, l'esthétique et la linguistique.

I

On a vu en quoi l'*économie politique* avait contribué à l'établissement de la sociologie, et quelles étaient encore ses lacunes. Après avoir admis fort justement le point de vue quantitatif, les économistes se sont contentés de notions équivoques ; ils ont tout résumé en ces deux mots « peine et jouissance »; ils ont étudié les « services » et les « satisfactions », qui présentent la croyance et le désir, seuls éléments psychologiques et sociologiques quantitatifs, en combinaison avec des éléments « sensationnels », par conséquent dissemblables et d'addition impossible. Le « désir de la richesse », en économie politique, est un principe aussi vague que le « désir du bonheur » en morale : ce sont là des tautologies qui reviennent à dire le « désir du désiré », et n'ont pas d'autre portée explicative. La grande lacune est, en somme, l'oubli du rôle de l'imitation : et cependant l'économie politique la suppose parfois, inconsciemment, puisque, par exemple, elle explique l'unité de prix sur un même marché, la loi de l'offre et de la demande, non par l'intérêt individuel, mais par l'imitation du désir[1].

Tarde croit, en effet, que son système général peut trouver dans l'économie politique une application très adéquate. Tout s'y ramène à son avis à des répétitions, des oppositions et des adaptations ; quant à la notion économique la plus essentielle, l'idée de *valeur*, il en fournit une interprétation psychologique et logique qui est évidemment la partie la plus originale, sinon la plus solide, de ses considérations sur l'économie politique[2].

Le mot de valeur, dit-il, a deux sens, il y a la valeur *prix*, qui est relative à une « lutte » téléologique, et la valeur *emploi*, qui se définit par une « aide » téléologique. « Une chose

---

1. Cf. *Logique sociale*, pp. 339-346.
2. Cette théorie de la valeur fut primitivement exposée dans un article intitulé, *Les deux sens de la valeur* (*Revue d'économie politique*), 1868 puis développée dans *La Logique sociale*, pp. 357-385, et dans *La Psychologie économique*, t. I, pp. 11-56.

vaut, 1º ce que coûte son acquisition, 2º ce qu'elle permet d'acquérir si on l'échange, ou ce qu'elle contribue à produire si on
la consomme ». Or, suivant Tarde, « tous les problèmes relatifs à la valeur se ramènent à mettre en balance, dans des syllogismes téléologiques affrontés, des désirs et des croyances ».
Le système communiste des *bons* substitués à la monnaie
serait la meilleure preuve de l'exactitude de cette définition. La concurrence des acheteurs n'agit qu'indirectement,
c'est-à-dire grâce au mécanisme de l'imitation, en influant
sur la concurrence psychologique des désirs chez un même
individu : c'est celle-ci qui crée la valeur. Par exemple, à
quoi tient le prix extraordinairement élevé des vieilles re-
liures ? Est-ce au rapport entre le nombre des amateurs et la
rareté de l'offre ? Non, mais bien à ce que la passion du col-
lectionneur l'emporte sur d'autres désirs chez les gens richis-
simes. Par suite, on peut supposer que la concurrence entre
acheteurs disparaîtra, si, comme le croit M. Leroy-Beaulieu,
les rangs et les fortunes tendent à s'égaliser. Quant au vendeur, il ne doit tenir compte, parmi les acheteurs concurrents,
pour la fixation de ses prix, que des plus pauvres, car pour
les riches le prix influera moins sur la lutte entre les désirs
contradictoires. On a d'ailleurs trop négligé l'influence du
désir de vente sur le désir d'achat ; le premier, en effet, ne
diminue pas le second, mais accroît l'espérance, c'est-à-dire
la croyance d'acheter à bon compte. En réalité, ce qui fonde
la valeur, c'est la proportionnalité du désir d'acheter, lequel
d'ailleurs est comme une soustraction entre deux termes, le
désir de posséder l'objet considéré, et le désir de ne pas se
déposséder de son argent [1]. Ici encore, tout se ramène à une
« pesée syllogistique de désirs et de croyances », et il ne
s'agit, pour Tarde, que d'une application assez simple de sa
théorie du syllogisme. Quant à la valeur en tant qu'accord
d'utilité, en tant qu'échange, c'est le meilleur sens du mot,
car, tandis que l'autre se ramène à l'opposition, celui-ci
exprime un accord, une association. Et c'est là pour Tarde
une occasion de développer encore, à ce nouveau point de
vue, ses remarques sur le rapport entre l'association et l'in-

---

1. Cf. *Logique sociale*, pp. 346-347.

vention, ces deux formes de l'adaptation. Enfin, dans le sens
de prix, on peut considérer la valeur soit au point de vue
psychologique (hésitation intellectuelle entre deux biens),
soit au point de vue économique (concurrence aboutissant à
un monopole); et il en est de même dans le sens d'emploi :
« psychologiquement, elle se mesure au degré de finalité de
la conduite individuelle, économiquement, au degré de collaboration des activités associées »[1].

Telle est cette théorie de la valeur, qui, soit dit sans entrer
dans un détail inopportun, critiquait non sans raison la loi
mécanique et trop simpliste de l'offre et de la demande, mais
lui substituait trop absolument une explication logique et
téléologique, laissant peu de réalité à l'économie politique en
tant que science positive.

Plus hasardeuse encore, et d'ailleurs plus énergiquement
repoussée par les spécialistes, est la systématisation générale
de Tarde en matière d'économie politique.

Comme *oppositions* économiques, il désigne, on le sait déjà,
la concurrence, les crises, les rythmes économiques (oscil-
latoires, car les rythmes «circulatoires » relèvent de la répétition), enfin les prix, dont on vient d'indiquer la signification.
On notera seulement encore qu'il y a lieu de distinguer entre
un prix de « mode », variable dans le temps mais universel,
et un prix de « coutume », stable mais local[2].

Les *répétitions* économiques se spécifient, suivant lui, dans
les besoins, les travaux, la monnaie, le capital. Les besoins
sont des combinaisons de croyances et de désirs, il y a un
cycle individuel de besoins, l'habitude, un cycle collectif,
la coutume. Les besoins primitivement semblables, naturels,
n'ont rien de social, dit Tarde : et nous retrouvons ici sa
crainte un peu vaine de tout rapprochement entre la biologie
et la sociologie, comme si le besoin d'aide mutuelle, naturel
et universellement semblable, qui est au moins un des fondements essentiels du groupement social, pouvait être absolument négligé de la sociologie. Au début, ajoute-t-il, il y

1. Sur tout ce qui précède, cf. *Psychologie économique*, t. II, *passim :*
— *Logique sociale*, pp. 357-385.
2. Cf. *Psychologie économique*, t. II, pp. 57-208. — *Lois de l'imitation*,
pp. 372-374.

eut peu de solidarité économique, chacun produisait son
nécessaire ; mais le groupement familial, qu'il reconnaît primitif, ne réalise-t-il donc pas déjà comme une association
élémentaire d'ordre économique ? Ce qu'on peut lui accorder, c'est que l'imitation-coutume ait dominé d'abord, puis
l'imitation-mode, dans la consommation et la production
économiques : et il le spécifie, car, à son avis, production et
consommation, voilà une distinction universellement applicable. Les besoins de consommation se sont d'ailleurs plus
vite répandus que ceux de consommation, et ceci peut être
comparé, selon Tarde, au retard de la forme (extérieur) sur le
fond (intérieur) que Guyau constate, par exemple, dans les
révolutions politiques de la première moitié du xix° siècle en
France. Quoi qu'il en soit, l'imitation-mode a d'importantes
conséquences sociales, puisqu'elle fonde les échanges internationaux. Tandis que le débouché de la production n'est
qu'étroit, intérieur et ultérieur aux âges de coutume, il est
immédiat et large, parce que extérieur, aux âges de mode [1].
Le travail n'est également qu'une des branches de l'imitation,
et par suite c'est, suivant Tarde, une erreur fâcheuse de
« faire rentrer l'invention dans le travail ». Celui-ci, en effet,
n'est pas la source de toute richesse et de toute civilisation,
comme le prétend l'axiome socialiste. C'est de l'invention
que dépend la création ou la destruction de toute valeur [2]. Par
suite, le capital, cette autre idole des économistes, qui
l'adorent sans le comprendre, n'est nullement du travail accu-
mulé, ou du moins n'est pas cela essentiellement, mais bien
avant tout de l'invention accumulée. Il ne faut pas confondre
les deux sortes de capital : 1° le capital essentiel, nécessaire,
c'est l'ensemble des inventions régnantes, sources premières
de toute richesse actuelle, 2° le capital auxiliaire, plus ou
moins utile, c'est la part des produits, nés de ces inventions,
qui contribue, moyennant des services nouveaux, à créer
d'autres produits. Ce n'est pas le capital monétaire qui intéresse Tarde, mais le capital d'inventions. En ce sens, il est
le produit de la tradition, mémoire sociale, laquelle est aux
sociétés ce que l'hérédité, mémoire vitale, énigmatique dans

1. Cf. *Lois de l'imit.*, pp. 358-369. — *Psychol. écon.*, t. I, pp. 202-221.
2. Cf. *Psychol. écon.*, t. I, pp. 222-280. — *Logique soc.* pp. 350-353.

sa nature, est aux êtres vivants. Et cette définition a, suivant
Tarde, l'avantage d'expliquer la continuité des progrès humains, malgré le recul du moyen âge après la chute de l'empire romain : le capital des inventions et découvertes se con-
serva dans quelques cloîtres [1].

L'erreur qui attribue le rôle prépondérant au travail, imitatif, Tarde l'assimile (et naturellement, puisqu'il s'agit de
deux modalités de la répétition universelle) à l'erreur de
Darwin expliquant l'évolution par la génération ordinaire.
En économie politique comme ailleurs, c'est, dit-il, l'inventeur, que ce soit Noé, Watt, Stephenson, ou l'écrivain en
général, qu'il faut considérer plus que le travailleur, vigne-
ron, constructeur mécanicien, ou typographe. Peut-être objec-
tera-t-on qu'il est regrettable d'ajouter encore à la chance
de l'inventeur, mais celle-ci est injuste « à peu près
comme la beauté est inutile ». « Toute branche du travail,
c'est-à-dire toute justice provient de cette injustice là, comme
toute utilité est suspendue à cette inutilité supérieure. » Et
cependant le travail apparaît comme une peine, et l'invention
comme un plaisir: mais inventer, c'est se dévouer, travailler,
c'est poursuivre son intérêt [2].

Quant à la monnaie, elle est caractérisée, selon Tarde, par
sa désirabilité constante et son « échangeabilité ». Dans le
domaine économique, elle a la même utilité que les mathématiques dans le domaine intellectuel [3].

Par conséquent, si le rôle de l'imitation-mode ou coutume
est important, celui de l'invention est capital et déterminant en économie politique, comme dans tous les domaines
sociologiques particuliers. Il semble bien d'ailleurs que le
retour à l'imitation-coutume s'explique par l'épuisement de
l'invention contemporaine [4]. L'invention, c'est la forme la
plus élevée de l'adaptation économique, suivant Tarde, c'est
l'imagination industrielle et commerciale, les autres formes
étant l'échange et l'association dont on a déjà parlé à propos
de la valeur. « D'une manière ou d'une autre, dit-il, la pre-

---

1. *Psychol. écon.*, t. I, pp. 330-380. — *Logique sociale*, pp. 353-355.
2. Cf. *ibidem*.
3. Cf. *Psychol. écon.*, t. I, pp. 287-329.
4. Cf. *Lois de l'imitation*. pp. 371-379.

mière cause de tout désir économique, c'est l'invention. »
Mais « la richesse n'est pas seulement désir, elle est foi... Or
l'invention est mère de la foi aussi bien que du désir ». Enfin,
ce qui caractérise l'imagination économique, c'est une tendance aux formes associatives, excellente condition de progrès social [1].

Il y a peu de choses à dire sur la conception de la propriété
comme une adaptation à la fois positive et négative, et les
inductions consécutives de Tarde sur les causes de ses transformations [2]. Ceci n'a qu'un rapport lointain avec notre sujet.
Et de même son historique des associations depuis les cor-
porations jusqu'aux syndicats, sa distinction entre quatre sortes
d'association celles de co-production, celles de co-consom-
mation, celles d'échange et de crédit [3], ou bien encore ses
considérations sur la population, quoiqu'il tente une interprétation psychologique de sa propagation, de ses conflits belliqueux ou économiques, de son adaptation aux circonstances
historiques ou géographiques [4]. Plus intéressantes sont les
vues de détail que Tarde a exposées sur l'élargissement progressif des publics économiques (acheteurs ou vendeurs) et
l'apaisement consécutif de la concurrence [5], sur l'importance
considérable de la conversation qui suscite l'idée d'un achat,
contribue à la propagation imitative des besoins et la fixation
des prix, en agissant sur les désirs et les croyances [6]. On
peut aussi reconnaître avec lui que la diminution des heures
de travail est non moins indispensable à l'amélioration sociale
que l'augmentation des salaires, puisqu'il faudrait développer
la vie esthétique, toujours unifiante, aux dépens de la vie
professionnelle, qui divise les individus par le conflit des
volontés et la concurrence des efforts [7]. C'est là comme une
curieuse justification du droit à la paresse admis par Fourier,
et qu'implique au moins dans une mesure relative le droit au

1. Cf. *Psychologie économique*, t. II, pp. 230-297. — *Logique sociale*
pp. 317-350.
2. Cf. *Psych. écon.*, t. II, pp. 298-345.
3. Cf. *ibid.*, pp. 384-442.
4. Cf. *ibid.*, pp. 423-446.
5. Cf. *supra*, ch. IV.
6. Cf. *Psych. éc.*, t. I, pp. 191-201. — *L'opinion et la foule*, p. 138.
7. Cf. *Oppos. univers.*, p. 317.

jeu. Toutefois, dit Tarde, on doit remarquer que le « côté croyance » de la richesse est destiné à grandir, grâce à l'apaisement des passions, qui diminue progressivement le « côté désir »; et le point de vue éthique, juridique et esthétique (car l'argent n'est pas la seule rémunération humaine) semble révéler la même évolution : dans tous les domaines, l'opinion, le droit, et l'honneur deviendront plus importants que le fait, la force et la richesse [1].

Telles sont les principales considérations de Tarde sur l'économie politique. On ne peut méconnaître la précision et l'ingéniosité de ces interprétations systématiques; mais, c'est peut-être là aussi un des chapitres sur lesquels une critique générale du système aurait le plus de prise.

II

Tarde, comme on l'a vu, n'a guère insisté sur la distinction entre la politique et la sociologie. Il dit quelque part que la *politique* est un « art supérieur » [2] : en ce sens, la différence serait essentielle. Mais il existe, à côté de l'art, une science politique, et Tarde serait le premier à le reconnaître. On sait d'autre part qu'il cherche assez vainement à distinguer *nation* de société, sans doute parce que, dans la première, se glisserait un élément biologique. Mais les nations ou états, comme les publics, sont (en adoptant sa terminologie) des syllogismes logiques et téléologiques complexes, des sociétés plus ou moins essentiellement psychologiques; ce sont les races, les peuples, qui constituent des groupes surtout biologiques.

On peut cependant accorder à Tarde que l'État dérive de la famille, et de cette pseudo-famille qu'on appelle la horde. Il est la conséquence normale de la loi du progrès par élargissement des groupes sociaux; la civilisation naissante unit la famille, diminue l'importance de ce groupe primitif, mais, d'autre part, tend à reconstituer une nouvelle association, une grande famille naturelle et sociale [3].

1. Cf. *Logique sociale*, pp. 385-392.
2. Cf. *ibid.*, p. 339.
3. Cf. *Lois de l'imit.*, pp. 311-316.

En économie politique, la notion de valeur était la notion essentielle, en politique, la théorie du *pouvoir* est la question fondamentale; pour Tarde, naturellement, le pouvoir sera d'origine psychologique : en effet, où pourrait-on trouver meilleure occasion d'appliquer le système de l'universelle suggestion? « Le pouvoir politique est dans une nation ce que la volonté consciente et personnelle est dans une âme ». Or « vouloir, c'est tantôt *s'obéir soi-même*, quand on ne fait qu'apposer, en quelque sorte, la formule exécutoire au bas de son désir le plus puissant, tantôt se commander à soi-même quand on départage les désirs en conflit ». Cette distinction s'applique au point de vue politique, aussi bien au pouvoir « temporel » qu'au pouvoir « spirituel ». Par suite, on voit mieux les rapports entre la vie politique et la vie sociale : celle-ci consiste « en courants multiples d'exemples qui se croisent, interfèrent, s'anastomosent ». « La vie politique consiste à diriger ces courants, soit en les contenant, soit en les activant, dans le sens de leur plus grande convergence et de leur moins grande divergence ». Quant à l'État, au sens restreint du mot, « c'est le pouvoir gouvernemental personnifié dans son chef, roi absolu ou président du conseil », et, de plus, dans l'administration dont il se sert. Enfin, c'est dans l'armée, en ce « bourgeon détaché de la nation dans lequel celle-ci condense tout ce qu'elle a de sève et de vie juvénile et par lequel elle agit au dehors comme par sa vivante image », dans ce « microcosme national », qu'on pourra le mieux étudier les rapports de « l'individu » et de l'État[1].

Le pouvoir répond à un double besoin de protection et de direction, et son origine est familiale, car ce fut précisément le rôle du père, le but de cette primitive organisation sociale que la direction et la protection des jeunes. En dehors de cette origine primitive, le pouvoir diffère beaucoup suivant ses sources immédiates (tradition, usurpation, élection, etc.), et la nature du commandement, de la loi, et aussi de l'obéissance diffère également suivant l'origine du pouvoir. Quant à son passage de la famille à la nation, il est conforme à la loi du progrès qui nous est connue[2]. Enfin ses transfor-

1. Cf. *Les transformations du pouvoir*, pp. 21-22.
2. Cf. *Les transformations du pouvoir*, pp. 31-35.

mations dépendront naturellement de la série universelle
des inventions et découvertes répandues par imitation, et
non pas particulièrement des contacts belliqueux, commer-
ciaux ou religieux ; on sait d'ailleurs que la série en question
n'est pas réversible, qu'elle a un sens déterminé [1].

Et (ce qui achève de ramener la théorie du pouvoir à la
doctrine générale de Tarde), on retrouve, en poussant l'analyse,
comme sources premières de l'autorité politique, les deux
quantités psychologiques essentielles, le désir et la croyance,
avec leurs variations et leurs rapports respectifs et réciproques. « Le pouvoir d'un homme d'État, d'un fonctionnaire,
d'un magistrat quelconque, dit Tarde (après avoir rappelé sa
théorie de la valeur), a deux sources : 1° le plus ou moins de
confiance qu'on a dans son aptitude à remplir ses fonctions,
et le plus ou moins de diffusion de cette confiance ; 2° le plus
ou moins de besoin qu'on a de cette fonction, et la diffusion
plus ou moins étendue du sentiment de ce besoin. » Quand
l'autorité s'appuie plus particulièrement sur les croyances,
elle est dite « légitime » ; on appelle, au contraire, autorité
« tyrannique » celle qui a pour base les désirs [2]. Parfois,
cependant, il y a comme une opposition entre le croire et le
désirer : on qualifie de légitime le chef qu'on juge ou préjuge
appelé au pouvoir par sa naissance ou par la constitution du
pays, mais qui ne répond pas au désir du peuple, ou inversement [3].

Tarde distingue avec raison entre les conditions favorables
à l'invention politique (pour ne pas parler des autres) et
celles qui sont favorables à l'expansion des inventions, à
l'imitation : celles-ci dominent dans le monde moderne.
Deux grandes supériorités sociales, jadis uniquement les
noblesses, aujourd'hui les *capitales*, furent les créatrices ou
propagatrices des formes de gouvernement, et aussi les pépi-

1. Cf. *Les transformations du pouvoir*, pp. 35-42.
2. Cette théorie n'a pas le relativisme séduisant de celle de Cournot,
suivant qui la légitimité des divers gouvernements est fondée seulement
sur la conformité de ces phases successives de l'évolution politique, si
discontinue, avec l'état de choses simultané, résultant de l'action progressive et continue des forces naturelles. (Cf. *Essai sur les fond. de nos
connaiss.* t. I, pp. 412-413).
3. Cf. *Les transform. du pouvoir*, 42-46.

nières de fonctionnaires, selon Tarde. Mais nous connaissons déjà son opinion sur le rôle des aristocraties : on mentionnera seulement que, suivant lui, la noblesse peut être définie une « sélection héréditaire » (dont l'origine première est toujours un prestige individuel) « propagée imitativement », et qu'il lui reconnaît quatre sources possibles : une source militaire, une source économique, une source religieuse, une source esthétique [1]. Quant aux capitales, qui dans les temps modernes ont supplanté les noblesses, elles sont pour Tarde l'occasion d'une étude détaillée sur l'origine et le développement des villes, qu'on peut seulement indiquer ici. Il distingue entre des capitales religieuses, économiques, esthétiques et enfin politiques ; les trois premières peuvent être qualifiées de « capitales sociales » et généralement se subordonnent à la quatrième, se fondent avec elle [2]. Enfin, les capitales comme les noblesses travaillent, par définition, à se rendre inutiles, car l'imitation qu'elles répandent tend toujours à égaliser par similitude. Les noblesses survivent sous forme esthétique, et il en sera peut-être de même pour les capitales, qui « perdront de leur prestige et ne conserveront plus que leur beauté et leur charme de vie ». Du moins la décentralisation est certaine et progressive, et parallèle à l'évolution du régime démocratique qui en est une manifestation spéciale [3].

Mais, suivant Tarde, ce ne sont pas « les prédications des philosophes ou des théologiens, qu'ils se nomment Stoïciens ou Apôtres », qui ont fait naître et répandu les idées égalitaires dans les aristocraties ; c'est, comme on vient de l'indiquer, la suggestion, l'imitation résultant elle-même d'une imitation antérieure ; autrement dit, c'est comme l'acceptation suggérée de ce qu'il y a d'ambition ou d'envie dans l'imitation du supérieur par l'inférieur. « Il vient toujours un moment ou à force de copier en tout le supérieur, de penser, de parler, de prier, de s'habiller, de vivre comme lui, l'inférieur suggère au premier le sentiment irrésistible qu'ils appartiennent de droit, l'un et l'autre, à la même société. Ce

1. Cf. Les transform. du pouvoir, pp. 70-82.
2. Cf. ibid., pp. 83-102.
3. Cf. ibid., p. 102-114.

sentiment trouve alors son expression, d'ordinaire exagérée, dans quelque formule philosophique ou théologique qui le fortifie et favorise son expansion[1]. »

Ceci revient à dire que l'opinion est le principal facteur des transformations du pouvoir. « L'évolution du pouvoir s'explique par l'évolution de l'opinion, qui s'explique elle-même par l'évolution de la conversation, qui s'explique à son tour, par la série de ses sources différentes : enseignement de la famille, école, apprentissage, prédications, discours politiques, livres, journaux. » Le rôle politique de la conversation sera donc considérable, puisqu'il y a un lien étroit entre « le fonctionnement de la conversation et les changements de l'Opinion, d'où dépendent les vicissitudes du Pouvoir ». L'opinion, en effet, est toujours conforme, relative à la conversation, on peut connaître l'une par l'autre, induire de celle-là à celle-ci. A Athènes se réalisa véritablement le gouvernement de l'opinion : sous Louis XIV seule l'opinion de la cour fut influente, mais elle le fut par dessus tout[2]. Chacun des arts fondés en vue de guider les hommes tend en quelque sorte à constituer une opinion. On peut en effet distinguer dans l'art politique, deux branches principales : l'art militaire, dont il n'y a pas lieu de s'occuper en sociologie, et l'art de persuader, « l'habileté à diriger, en vue d'une action quelconque, pacifique ou autre, intérieure ou extérieure, les forces exclusivement sociales des nationaux : autrement dit le don de les convaincre et de les passionner, de manier leurs croyances et leurs désirs ». Et, au point de vue de cette action, on doit distinguer en somme : la « rhétorique », assez peu active sous sa forme poncive, mais très efficace sous sa forme supérieure dont le journalisme a eu l'intuition; puis la pédagogie, l'art de l'enseignement; enfin l'art diplomatique, lié d'assez près à l'art de la guerre, mais éminemment psychologique. Or tous trois tendent bien à créer et fixer une opinion[3]. La Presse est particulièrement intéressante : elle s'alimente de toutes les inventions quotidiennes du monde entier, mais spécialement des faits politiques, des actes

1. Cf. *Lois de l'imitation*, p. 384.
2. Cf. *L'opinion et la foule*, pp. 133-134.
3. Cf. *Les transformations du pouvoir*, pp. 231-241.

du pouvoir : si celui-ci évolue, c'est donc que ses actes sont
commentés dans la Presse et dans les conversations. Par
conséquent, dans un pays muet, la stabilité du pouvoir serait
assurée, et si l'hypothèse d'un mutisme absolu pouvait se
réaliser, le suffrage universel lui-même ne pourrait rien
démolir, puisqu'il n'y aurait plus d'opinion. Toutes ces
remarques, Tarde tient à le spécifier, s'appliquent aux conversations et discussions privées plutôt qu'aux discussions et
conversations parlementaires. Mais, de plus, il ne faut pas
oublier que, si les conversations privées créent le pouvoir,
elles ont pour bases essentielles les données de l'éducation
domestique, les habitudes de crédulité et de docilité qui sont
ainsi les vrais fondements du pouvoir[1].

L'imitation, en politique comme ailleurs, est donc pour
Tarde le véritable passe-partout, et, ici encore, on retrouve
la distinction habituelle entre répétitions, oppositions et
adaptations.

Les répétitions politiques tiennent, comme l'obéissance au
chef (qui naturellement se confond avec elles)[2], au prestige,

---

1. Cf. *L'opinion et la foule*, pp. 134-137.
2. Ici encore il y aurait beaucoup à dire sur la confusion trop absolue
établie par Tarde entre l'obéissance et l'imitation. Spinoza, avec la
finesse d'analyse psychologique qui caractérise les Cartésiens même
dissidents, a beaucoup mieux distingué le rôle respectif de l'obéissance
et de la persuasion dans les rapports entre l'individu et l'État. L'homme
cédant plutôt, selon lui, à ses désirs passionnés qu'à des mobiles intéressés
et rationnels, la nécessité d'un pouvoir gouvernemental semble indiscu-
table. « Toutefois la nature humaine ne se laisse pas entièrement con-
traindre, comme dit Sénèque le tragique ; il n'est donné à personne de
faire durer un gouvernement violent, et la modération seule donne de la
stabilité... On sait aussi que rien ne nous est plus insupportable que
d'être asservis à nos semblables et de vivre sous leurs lois... Voici maintenant la conclusion où j'en veux venir : Premièrement, le pouvoir doit
être, autant que possible, entre les mains de la société tout entière,
pour que chacun n'obéisse qu'à soi-même et non à son égal ; ou si l'on
donne le pouvoir à un petit nombre, ou même à un seul, ce dépositaire
unique de l'autorité doit avoir en lui quelque chose qui l'élève au-dessus
de la nature humaine ou du moins il doit s'efforcer de le faire croire au
vulgaire. En second lieu, les lois doivent être, dans un État quelconque,
instituées de telle sorte que les hommes y soient contenus moins par
la crainte du châtiment que par l'espérance du bien qu'ils désirent avec
le plus d'ardeur ; car de cette façon le bien est pour chacun d'accord
avec ses désirs. Enfin puisque l'obéissance consiste à se conformer à
un certain ordre en vertu du seul pouvoir qui le donne, il s'ensuit que
dans une société où le pouvoir est entre les mains de tous et où les lois

soit d'une classe supérieure, soit d'un pays étranger, soit
enfin de la métropole, s'il s'agit d'une colonie. Une des conséquences les plus originales du système de Tarde, c'est que
les procédés révolutionnaires eux-mêmes, malgré leur
apparence philonéique, se forment et se développent par
imitation, ou du moins en se conformant aux lois de l'imitation, ce qui est peut-être une nuance essentielle [1]. Ici encore
l'imitation-coutume domine primitivement, puis l'imitation-
mode lui succède, enfin une coutume nouvelle plus compréhensive et par suite moins sujette à la critique s'établit. C'est
en effet par l'imitation-mode que peut s'expliquer l'adoption
si fréquente de familles royales, étrangères par le sang; le
fief, comme aussi le système de la monarchie féodale, furent
des inventions qui se propagèrent par engouement, et de
même l'idée moderne de l'État, inventée par les petites
républiques italiennes « quattrocentistes », Florence surtout.
La coutume, en politique, se personnifie en somme dans le
« nationalisme », tandis que le « cosmopolitisme » des libéraux n'est autre chose que le penchant à l'imitation-mode.
D'ailleurs, grâce à l'imitation héréditaire, les importations
étrangères se nationalisent et donnent bientôt naissance
à la coutume élargie et consolidée. Ainsi, par exemple, s'est
constitué le patriotisme collectif des États-Unis d'Amérique.
Enfin cet avènement d'une nouvelle tradition caractérise
en général des périodes de civilisation éclatante, comme par
exemple les siècles de Périclès, d'Auguste ou de Louis XIV :

se font du consentement de tout le monde, personne n'est sujet à
l'obéissance; et soit que la rigueur des lois augmente ou diminue, le
peuple est toujours également libre puisqu'il agit de son propre gré, et
non par la crainte d'une autorité étrangère. » Mais, s'il semble opposer
nettement la persuasion à l'obéissance, Spinoza les rapproche ailleurs,
ou du moins distingue plutôt entre la crainte et la persuasion, comme
motifs de l'obéissance politique. « L'obéissance, dit-il, ne concerne pas
tant l'action extérieure que l'action intérieure de l'âme ; et c'est pourquoi celui-là est le plus complètement soumis à autrui, qui se résout de
son plein gré à exécuter les ordres d'autrui, et par suite celui-là exerce le
souverain empire qui règne sur l'âme de ses sujets. Si le souverain empire appartenait à ceux qui inspirent le plus de crainte, il appartiendrait
certainement aux sujets du tyran qui sont pour lui-même un objet
d'épouvante. » (Cf. *Traité théologico-politique*, ch. v et ch. xxii, *Œuvres de Spinoza*, éd. Saisset, t. II, pp. 94-95 et 269).

1. Cf. *Les transform. du pouvoir*, pp. 115-137.

ce sont là les époques de classicisme, c'est-à-dire de perfection exemplaire [1].

Ce qu'il y a de particulier en politique, c'est que dans chaque état, dès l'origine, il existe un parti coutume et un parti mode [2]. Et c'est là une première forme d'opposition politique. On en distingue de deux sortes, en effet : les luttes extérieures et les luttes intérieures. On peut remarquer que toutes ces oppositions-luttes, phénomènes de logique sociale, dérivent d'un phénomène de logique psychique, d'une « question », d'une opposition-réponse, si l'on peut dire, et on doit noter aussi le rôle considérable de la Presse dans l'éclosion et le développement de ces conflits. A propos de l'opposition entre les partis de mode et les partis de coutume, Tarde spécifie que l'imitation poussée à l'extrême (et c'est ce que Lombroso reconnaît fort bien à propos du philonéisme) serait dissolvante ; comme l'amitié, en effet, la société se déforme en s'étendant trop loin ou trop rapidement ; ainsi s'explique et se justifie la résistance des conservateurs, des partis de la coutume. Ils ne l'emportent jamais d'ailleurs, et, même quand l'agglomération politique des peuples est stationnaire ou rétrograde, leur assimilation tend néanmoins à se réaliser en vertu de la loi générale du progrès. Ceci se rattache au surplus à ce qu'on a dit précédemment de la guerre et de son avenir, question sur laquelle il serait superflu de revenir, car Tarde, dans *Les transformations du pouvoir* ne fait que grouper ses opinions dispersées sur l'armée et la guerre, en y joignant quelques considérations sur la diplomatie. Mais en ce qui concerne les oppositions intérieures, il faut encore noter que, suivant lui, les minorités devront compter beaucoup plus sur le désaccord intra-psychologique entre les croyances et les désirs chez les triomphateurs et gouvernants, que sur la distinction matérielle entre les pouvoirs : seule l'influence des croyances pourra refréner, maîtriser celle des désirs chez le plus fort [3].

Quant aux adaptations politiques, Tarde les a étudiées sur-

1. Cf. *Lois de l'imitat.*, pp. 316-331.
2. Cf. *Lois de l'imit.*, pp. 316 sqq.
3. Cf. *Les transfor. du pouvoir*, pp. 138-167. — *Lois de l'imit.*, pp. 318-319 et 385.

tout par comparaison avec les adaptations économiques. On sait que l'adaptation est pour lui comme une évolution progressive.De plus, il veut qu'on distingue entre les *variables indépendantes* (comme par exemple l'évolution religieuse ou scientifique et l'évolution industrielle) et les *fonctions* (par exemple l'évolution du Droit et celle du Pouvoir). En suite de quoi, on s'apercevra que « c'est surtout la série, remarquablement fortuite, des inventions militaires et des inventions relatives à la locomotion ou à la transmission des pensées, qui joue un rôle immense dans la transformation de la politique extérieure ou intérieure ». Tels sont donc les facteurs essentiels d'adaptation, variation et réadaptation politiques. D'autre part, on sait que « les société tendent — comme chacune des âmes qui les composent — à un maximum et à un équilibre en même temps de croyances démontrées ou jugées telles, c'est-à-dire s'entre-confirmant, et de désirs satisfaits, c'est-à-dire s'entr'aidant ». C'est d'ailleurs là un fait général. « La vie sociale, dans son ensemble, élabore un vaste *système*, et dans le détail, la vie politique consiste à élaborer péniblement une constitution, la vie juridique un corps de droit harmonieux et stable, la vie religieuse un Credo, une cathédrale théologique, la vie scientifique une encyclopédie, une somme philosophique, la vie économique un ordre économique, une organisation du travail, la vie linguistique une grammaire, la vie artistique une esthétique. » Quand à l'esprit social, on sait que, pour Tarde, ce n'est nullement une entité distincte des individus[1].

La marche systématisante et progressive de l'évolution politique est des plus évidentes. On constate que, partout, « les pouvoirs divisés d'abord et hostiles, se sont centralisés pour se diviser de nouveau, mais d'accord entre eux » : c'est comme le passage d'une « diversité illogique » à une « diversité logique », ou mieux la transition d'une division incohérente, à travers une centralisation logique, vers une division harmonieuse. Ainsi, pour Tarde, la division des pouvoirs, comme la division du travail, n'est nullement une différenciation de l'homogène, mais bien un groupement de l'hétérogène en une homogénéité provisoire, dont le but n'est qu'une

1. Cf. *Les transform. du pouvoir*, pp. 186-197.

hétérogénéité coordonnée supérieure[1]. Et, sans qu'il soit
utile d'insister davantage sur les considérations de détail, on
reconnaît ici tout le mécanisme du système de Tarde, s'ap-
pliquant assez aisément, il faut en convenir, aux réalités
politiques.

Quant au côté pratique de la science politique, Tarde ne l'a
pas absolument négligé. Lui qui d'ailleurs a admis l'utilité
des aristocraties, croit aussi, avec Tocqueville, que les gouvernements aristocratiques sont plus libéraux, moins oppressifs que les régimes démocratiques; il pense que Spencer
n'aurait pas dû affirmer si absolument la supériorité du
régime industrialiste sur le régime militariste, et que du
moins il   aurait lieu de distinguer entre le militarisme coutumier, coercitif et primitif, et le militarisme volontaire,
résultat d'une imitation de l'extérieur. Il lui apparaît que les
sociétés égalitaires modernes marchent vers une fixation
coutumière, et qu'en vertu de la loi de progrès de l'hétérogénéité confuse vers la coordonnée à travers une adaptation homogène instable, l'uniformité changeante de nos démocraties
doit aboutir à une aristocratie nouvelle (celle du cœur et de
l'esprit sans doute) multiforme, mais stable et harmonieuse[2].
Tarde ne croit pas, au surplus, qu'il y ait antinomie entre la
politique et la morale, et que si les hommes d'État ont ordinai-
rement une réputation d'immoralité au point de vue politique,
cela tient à ce que la morale privée est essentiellement con-
formiste, et ne s'accorde généralement pas avec la morale
de la vie publique, bien plus novatrice, « que les chefs des
peuples ou des partis ont à pratiquer et à refaire en même
temps[3] ». Opinion fort originale, et qu'il faut rapporter à ce
principe général, dont Tarde n'a jamais donné, croyons-nous,
la formule explicite, mais que souvent ses théories impliquent :
la moralité est la conformité aux fins de la logique sociale.

On ne saurait, certes, réduire la critique nuancée, discursive et subtile de Tarde à des formules positives et nettes,
qu'il s'est toujours refusé lui-même à établir, car on risquerait fort de trahir sa pensée. Cependant il est permis de pré-

1. Ch. *Les transform. du pouvoir*, pp. 198-230.
2. Cf. *Lois de l'imit.*, pp. 334-339.
3. Cf. *Les transformat. du pouvoir*, pp. 241-257.

ciser ce qui, dans l'ordre pratique, dérive immédiatement de sa doctrine théorique. Tarde ne regrette évidemment pas les régimes déchus, en ceci précisément qu'il reconnaît le rôle et les droits de l'individu en général, et non pas seulement de l'homme de génie. Volontiers, sans doute, il dirait avec Montaigne : « Il me semble très inique de vouloir soumettre les constitutions et observances publiques et immobiles à l'instabilité d'une privée fantaisie (la raison privée n'a qu'une juridiction privée) [1]. » Tarde croit en effet que, « sans une forte dose de dévouement chez les gouvernants et de confiance chez les gouvernés, il n'est pas de gouvernement longtemps possible. » « La rencontre de ces deux conditions, dit-il, est rare, tantôt un peuple naïf se confie aveuglément à un despote, à un égoïste de talent ou de génie ; tantôt un homme d'État dévoué aux intérêts du pays se heurte à une défiance générale qui le paralyse : mais il y a cette différence à noter que souvent, à la longue, le dévouement des chefs rend la la foule confiante, tandis qu'on n'a jamais vu la confiance de foule faire naître l'abnégation dans le cœur de ses maîtres. C'est donc avant tout le désintéressement, la générosité, l'amour intelligent du bien public qu'il s'agit de rencontrer chez les hommes appelés à gouverner, puisque le reste peut venir par surcroît. [2] »

Or, sans doute, Tarde jugeait insuffisant le « despote éclairé », et ne croyait pas non plus qu'on rencontrât souvent le « bon tyran ». De plus le régime monarchique devait lui déplaire en ce qu'il restreint considérablement le rôle de l'opinion publique, sans profit pour l'élite intellectuelle. Comme le disait Machiavel, « pour guérir la maladie du peuple, les paroles suffisent ; pour celle du prince, le fer est nécessaire ». Mais, plus encore peut-être que la tyrannie d'un seul, Tarde redoute celle de la foule (qui d'ailleurs sera celle des meneurs), ou du moins c'est ce à quoi il ramène la critique du socialisme sous forme collectiviste ou communiste[3]. Cette

1. Cf. Montaigne, *Essais*, l. I, ch. XXII.
2. Cf. *Criminalité comparée*, pp. 220-221. — *Les transf. du pouvoir*, pp. 258-259.
3. Outre les ouvrages cités, cf. son article sur *Le socialisme contemporain*, in *Revue philos.* t. XVIII.

antipathie reposait sur plusieurs fondements théoriques.
D'abord, comme il le dit après une de ses larges envolées sur
l'internationalisation croissante des sociétés modernes, il ne
veut pas « flatter la mode socialiste du jour », ni manifester aucun autre parti pris que l'indépendance à l'égard des solutions
régnantes. « Mes idées sur l'imitation, dit-il, ont eu au moins
cela de bon, de m'apprendre à me tenir en garde contre le
prestige du succès, quelle que soit sa durée ou son étendue,
puisque dans ces deux sens triomphe signifie routine et passi-
vité d'esprit.[1] » Une autre raison, plus positive déjà est le rôle
démoralisant de la révolution comme de la guerre, mais c'est
là un point sur lequel on reviendra à propos des phénomènes
moraux [2]. Enfin le socialisme, suivant Tarde, ne saurait réaliser pratiquement l'idéal politique, puisqu'il se maintient sur
le terrain économique, terrain de combat plutôt que de conciliation. La révolution sociale par la lutte de classes ne serait
jamais qu'un progrès chèrement acheté, et sans doute le socialisme a-t-il le tort impardonnable, aux yeux de Tarde,
d'avoir substitué aux anciens conflits politiques, d'ordre
surtout logique, des conflits surtout téléologiques, beaucoup
plus irréductibles. De plus, en glorifiant uniquement le travail, le socialisme méconnaît le rôle fécond de l'inventeur, et,
au point de vue intellectuel, semble trop dogmatiser l'égalité
vers le bas, vers le minimum, ce qui ne saurait être un progrès.

C'est sans doute à ce dernier point de vue que Tarde est
le plus hostile aux doctrines modernes ; c'est surtout en tant
qu' « intellectuel » qu'il est « bourgeois » : car l'individualisme, ou du moins la reconnaissance que tout homme est en
quelque mesure inventeur, ne serait-ce pas là encore le meilleur fondement des doctrines égalitaires et socialistes ; en ce
sens, par conséquent, Tarde est, non pas conservateur (car, si
on admet le progrès, conservateur signifie réactionnaire), mais
plutôt progressiste « évolutionniste ». Il ne croit pas à ce
qu'on appelle le « milieu » et ne voit donc pas la nécessité de
le modifier brusquement par des procédés révolutionnaires ;
c'est l'action persuasive et lente de la suggestion imitative qui,

1. Cf. *Log. soc.*, préface, p. xi.
2. Cf. *Criminalité comp.* pp. 91-98. -- *Infra*, ch. vi, § 5.

seule, à son avis, peut produire des modifications sociales
utiles et durables. C'est en effet pour l'équilibre intérieur de
l'individu, dont la disparition entraînerait la dégénérescence
psychologique et sociale, que Tarde réclame le maintien des
habitudes morales, qu'il redoute toutes les oppositions-
luttes, toutes les crises. Il admet bien que l'idéal social soit
la fraternité, l'harmonie dans la liberté ; mais, abstraction
faite de son goût pour l'anarchie intellectuelle du moment
présent, il ne croit pas que la logique sociale arrive à ses fins
par les moyens violents, par des procédés coercitifs, par des
réformes globales, mais bien par des suggestions individuelles. En somme, Tarde, comme Sainte-Beuve en matière
littéraire, se contente d'analyser et de comprendre ; ils sont,
si l'on peut dire, trop intelligents pour s'attacher à aucune
école, à aucun parti, car cela suppose de la docilité, de la crédulité et un certain défaut de sens critique. Seulement,
n'était son point de vue systématique, on pourrait s'étonner
que Tarde, en prétendant se maintenir sur le terrain théorique,
ait néanmoins bien souvent saisi au passage les occasions de
critiquer ironiquement les systèmes socialistes, et que nulle
part il n'en ait indiqué le légitime fondement humanitaire,
lui qui, cependant, revendique sans cesse les droits du sentiment contre la science pure, ou, comme il disait, contre la
« pédantocratie ».

III

A l'étude du *droit* proprement dit on pourrait rattacher
celle des *usages*, car ils sont, comme le dit Tarde lui-même,
« la législation la plus obéie et la plus rigoureuse ». D'après
lui, les usages dérivent du rituel : ils sont toujours le culte
d'un idéal quelconque, d'une croyance. Dans les temps primitifs, il y eut d'abord multiformité et stabilité des usages ;
puis, comme tous les autres ordres de faits sociaux, les usages
devinrent uniformes et soumis à de rapides changements.
C'est que, comme toujours, l'imitation moderne l'a bientôt
emporté sur la coutume exclusive ; c'est par elle qu'il faut
expliquer les similitudes d'usages et non par l'analogie natu-

relle : en effet, dit Tarde, comment, en dehors de cette hypothèse (si aventureuse cependant, comme on l'a vu), expliquer, par exemple, que les Incas, parvenus à un degré de
civilisation avancée, n'aient jamais eu l'idée de la roue, ni
celle de l'éclairage artificiel. Et ici, Tarde se contredit presque, puisqu'il suppose ailleurs une contagion imitative préhistorique entre l'Europe et l'Amérique à propos de certains
objets en pierres précieuses. Pour lui, les seuls usages, comme
les seuls besoins, originellement semblables sont pour ainsi
dire vitaux, et n'ont rien de social [1].

Pour le droit non plus, il ne veut pas croire à l'homogénéité primitive, bien qu'il soit obligé d'accorder la similitude
universelle, et sans doute dès l'origine, de cette notion
sociale. Le droit, suivant lui, se serait constitué par une
sorte d'accumulation d'inventions particulières, on pourrait
dire de « précédents ». « La législation n'est au début que de
la justice accumulée, généralisée, capitalisée ; de même que
la constitution n'est que de la politique accumulée, généralisée, systématisée. La législation est à la justice, la constitution est à la politique ce que le lac de Genève est au
Rhône [2]. » On voit qu'ici, comme en matière de morale,
l'application du système de Tarde entraîne une théorie
assez positiviste, et que les notions de droit et de devoir
perdent tout caractère métaphysique, toute valeur absolue.
Seulement il ne lui était guère possible de réaliser ici une
application adéquate, et en particulier d'utiliser sa distinction
entre des répétitions, des oppositions et des adaptations. Mais
peut-être Tarde, ainsi que Cournot, juge-t-il plus important le
rôle social de l'organisation judiciaire que celui de la législation elle-même [3]. Du moins, c'est surtout dans ce domaine
qu'il fournira, en s'appuyant sur son système général, des
explications assez ingénieuses.

On vient de voir que, contrairement à certains historiens
du droit, il ne croit pas à l'uniformité de sa nature première
et des phases de son évolution chez tous les peuples. Suivant

1. Cf. Lois de l'imitation, pp. 354-359.
2. Cf. Les transformations du droit, pp. 1-13. — Lois de l'imit.,
pp. 310-311.
3. Cf. Cournot, Essai sur les fond. de nos connaiss., t. II, ch. XVIII.

lui, il y eut d'abord le « droit coutumier », correspondant
aux constitutions originales, aux religions closes, aux patois,
en un mot à toutes les formes de l'imitation-coutume, à tous
les produits de la tradition, et qui naturellement était multiforme et stable. Puis vint le « droit législatif », très uniforme
et changeant, produit de l'imitation-mode, de courants d'opinions novatrices, et de même nature, par conséquent, que
les constitutions rationnelles, les religions prosélytiques et
les langues cultivées. Enfin, dans une troisième phase, se
produit l'inévitable essai de conciliation plus ou moins
« réussi » entre « l'uniformité acquise » et « la stabilité re-
trouvée », en mot, une coutume nouvelle, plus large et plus
solide, tend à s'établir, et il n'est pas difficile à Tarde de
découvrir de nombreux exemples de propagation imitative
d'ordre juridique, qui peuvent sembler favorables à cette
interprétation. « Quand aux xiie et xiiie siècles, dit-il par exemple, nous voyons en France et en Allemagne un certain
nombre de villes auparavant régies par des coutumes très
distinctes, présenter une similitude relative de législation,
nous savons que, en France, cette uniformité s'est établie par
la propagation imitative de la première charte communale
dont le public d'alors s'est engoué, et nous savons que cette
idée de se copier sous ce rapport est venue aux villes déjà en
relations multiples de commerce ou d'alliance, de langue ou
de parenté[1]. » C'est en ce sens, suivant Tarde, qu'il faudrait
interpréter la distinction de Summer Maine entre l'ancien
droit et le droit nouveau; on doit y voir un « tournant »,
une modification progressive par voie d'imitation, et non
un saut brusque du principe essentiel de la consanguinité
familiale au principe essentiel de la cohabitation territo-
riale. La théorie de Maine semblerait d'ailleurs accorder une
importance prépondérante aux causes biologiques ou physiques, alors qu'il s'agit d'une cause psycho-physiologique,
l'imitation[2]. Ici encore, naturellement, Tarde signale l'inévitable restriction à l'explication imitative des similitudes, en
reconnaissant que « le véritable fondement et la première

1. Cf. *Lois de l'imit.*, pp. 341-345. — *Les transform. du droit, passim* et
surtout pp. 32-47 et 166-174.
2. Cf. *Lois de l'imit.*, p. 345-348.

condition du droit est une certaine similitude préalable des hommes qu'il doit unir ». « Quand la parenté était requise, c'est qu'alors elle seule faisait présumer ce degré de ressemblance, tandis qu'à présent la communauté de pays suffit à faire naître cette présomption. D'ailleurs celle-ci aspire à se fortifier par l'adjonction de la première[1] ». Suivant Tarde, enfin, la période de coutume nouvelle succédant à celles de mode ou de crise, présente les caractères suivants : « Plus de richesse dans le contenu et plus de simplicité dans les formes, une part plus large faite aux contrats, aux engagements réciproques, à l'équité, à l'humanité, à la raison individuelle, dans le droit qui se répand ; et dans le droit qui se fixe et se codifie, un air de casuistique savante et de réglementation despotique ajouté aux précédentes qualités[2]. »

Enfin, en ce qui concerne les formes particulières du droit, on remarquera que, pour lui, la première qui se développa fut le *droit criminel*, né (car c'est là, plutôt que la cause utilitaire, la véritable origine du droit) de l'instinct de sympathie comme l'idée primitive de culpabilité. Tarde en effet ne croit pas que l'idée de culpabilité soit moderne, comme le veulent certains criminologues italiens, et que la justice dérive de la vengeance. Pour lui, dès l'origine, « la réaction défensive contre l'acte criminel se bifurque en deux formes bien distinctes et d'une étendue bien inégale : l'une morale, indignée et compatissante à la fois, l'autre vindicative, haineuse et impitoyable ; l'une et l'autre, d'ailleurs, ayant pour trait commun une tendance au talion vrai ou simulé ». Pour lui, la pénalité eut donc une double source : la vengeance est la plus apparente, mais aussi la plus secondaire ; « la source essentielle est la punition domestique, expression d'un blâme moral et traduction d'un remords »[3]. Vint ensuite la *procédure civile*, qui présente déjà mieux le caractère du droit logique ou téléologique, et dont l'évolution, comme toute autre, se réalisa par des greffes successives d'inventions[4]. Son premier développement eut trait au *régime des personnes* : celui-ci trouva sa

1. Cf. *Lois de l'imit.*, p. 347.
2. *Ibid.*, p. 349.
3. Cf. *ibid.*, pp. 14-23.
4. Cf. *ibid.*, pp. 24-32 sqq.

première expression dans l'organisation familiale, et c'est là
pour Tarde une nouvelle occasion de développer ses remarques à ce sujet, sa négation de la promiscuité primitive et,
mais moins absolue ici, du matriarcat[1]; son opinion dominante, c'est que le mariage n'est point parti d'une forme unique, et qu'il n'y tend pas non plus. Enfin, l'élargissement
parallèle de la famille et du droit qui lui est relatif l'amène
à signaler combien sa théorie du progrès par élargissement
des groupements (et par voie imitative) s'applique à ces cas
particuliers. Il peut montrer en effet, d'une part, le droit
s'élargissant de plus en plus, devenu national, après avoir été
provincial, local, familial et tendant d'ailleurs à l'universalité, et d'autre part, dans le sens individualiste, le droit se
développant sous l'influence de l'imitation-mode, substituant
par exemple, en ce qui concerne la propriété, à la notion
antique, coutumière, de patrimoine, la notion d'acquêt, de
travail personnel, infiniment plus respectable (peut-être à
tort, dit Tarde) aux yeux des modernes. La justice va donc, en
somme, se raffinant et se différenciant; c'est par là d'ailleurs,
que la notion d'égalité devient relative, et qu'on la recherche
de plus en plus seulement entre collègues, entre « co-produc-
teurs ou consommateurs »[2]. On est ainsi amené à considérer le *régime des biens* qui se constitua après celui des personnes : Tarde ne croit pas avec Maine, Loria, de Laveleye
au communisme primitif; il croit que la fréquence de cette
forme de propriété, forme familiale, tient au rayonnement
imitatif de quelques exemples, et qu'elle ne fut nullement
universelle : il y eut de tous temps, suivant lui, des propriétés
individuelles, mobilières surtout, et aussi, quoique ce fût
souvent peu favorisé par les circonstances, immobilières, fon-

1. On peut s'étonner que Spencer, qui admet en somme le matriarcat
sous le nom de polyandrie, donne néanmoins, comme exemple du progrès universel, l'amélioration de la condition sociale des femmes (*Princ.
de sociol.*, § 324). Le féminisme, du moins, s'appuyant d'ailleurs sur les
difficultés que présente parfois la recherche de la paternité, ne doit-il pas
voir dans le régime matriarcal une forme sociale plus élevée que le
patriarcat, lequel se fonde sans doute sur la supériorité de la monogamie, mais aussi sur le dogme de l'inégalité physique et morale des
sexes ?

2. Cf. *Les transform. du droit*, pp. 61-63 et 203-210. — *Lois de l'imit.*,
pp. 349-354.

cières. D'autre part il ne pense pas que le collectivisme puisse se renouveler, car il convient à de petites communautés fortement unies par la sympathie réciproque de leurs membres et la haine des voisins ; or c'est vers un idéal absolument opposé que marche la civilisation [1]. Enfin il croit que les *obligations* contractuelles ou non, si antiques soient-elles, sont encore les derniers nés des actes juridiques. Rares jadis de groupe à groupe, elles se développent beaucoup sous cette forme dans les temps modernes. On notera enfin que, suivant Tarde, l'obligation « découle d'une haute et profonde volonté unilatérale, celle du maître » ; c'est une sorte de commandement réciproque, et d'ailleurs réfléchi. Ce sera donc au point de vue logique ou plutôt en tant que syllogisme, mais syllogisme téléologique, pratique, que Tarde la considérera : elle n'est pour lui, en tant que juridique, « qu'une espèce dont le genre est l'obligation morale, espèce elle-même d'un genre plus vaste, formé par les devoirs de finalité ». Par suite il pourra la rapprocher de la notion de « valeur », car dans le combat ou concours de syllogismes, dont, pratiquement, l'obligation est la traduction, il y a une « présomption d'équivalence d'avantages, d'*équation de valeurs* » [2].

Cette classification a été discutée par les spécialistes, tout au moins au point de vue chronologique. Sans entrer dans cette discussion très spéciale, on notera seulement combien la théorie, par le détail du moins, se relie intimement au système de Tarde. On comprend en particulier que l'idée de droit naturel ne plaise guère à Tarde, au moins dans son expression ambiguë, et que pour lui cet idéal n'ait eu d'autre utilité que d'inspirer la constitution du droit international si développé aujourd'hui [3]. Dans un autre ordre d'idées on aurait pu croire qu'il appliquerait ici sa théorie des publics et des foules, car les émeutiers et les « lyncheurs » constituent bien comme des foules juridiques, tandis que les admirateurs des « bons juges », les partisans de la suppression de la peine de mort, etc., forment de véritables publics. Il aurait

1. Cf. *Les transform. du droit*, pp. 64-104.
2. Cf. *ibid.*, pp. 105-145.
3. Cf. *ibid.*, pp. 146-165.

pu signaler aussi le rôle considérable de la conversation et de la Presse en matière judiciaire.

Enfin, si Tarde estime le point de vue juridique aussi insuffisant en sociologie que le point de vue économique, du moins il admet que les juristes pourraient travailler plus efficacement que les économistes à la réalisation de la paix sociale, car leur fonction est de substituer de plus en plus des duels logiques aux duels téléologiques, des conflits de théories aux dangereux conflits de désirs.

IV

La criminologie occupe une place considérable dans l'œuvre du magistrat et du statisticien que fut professionnellement Gabriel Tarde : c'est par elle, probablement, autant et plus que par l'influence de Cournot qu'il fut guidé vers la philosophie sociale. Et son œuvre à ce point de vue est aussi importante par son originalité, que considérable par son étendue, car il fut un des premiers et des principaux adversaires de Lombroso. « A nos yeux, disait-il, le criminaliste n'est pas avant tout un naturaliste, mais bien un moraliste éclairé, c'est-à-dire un sociologiste [1]. »

Cependant la vieille théorie du criminel-né, du type criminel, n'est pas seule l'objet de la critique de Tarde [2]. Il tient aussi à réfuter celle de M. Durkheim qui a trait à la nature du crime en lui-même et au point de vue sociologique. La question se pose ainsi : le crime est-il une maladie, une anomalie sociale, ou bien est-il normal et même utile [3]? M. Durkheim, en effet, reprenant, dit Tarde, une idée soutenue vers 1893 par M. Poletti, affirme que le crime est un phénomène tout à fait normal, nullement morbide, de la vie sociale, qu'il est même un « facteur de la santé publique »; il ajoute d'ailleurs que le crime n'est utile que malgré lui (c'est pourquoi on doit le

---

1. Cf. *Criminalité comparée*, p. 122.
2. Cette théorie remonte au moins au début du xviiᵉ siècle, et non pas seulement aux systèmes de Gall et de Lavater. On en pourrait trouver le germe dans la *Metoposcopia et Ophtalmoscopia* de Samuel Fuchs (1615), curieux ouvrage analysé dans *l'Emporium* de Bergame, en mai 1896.
3. Cf. *Criminalité et santé soc.*, in *Ét. de psych. soc.*, p. 136 sqq.

haïr), et aussi qu'il exige pour jouer ce rôle le correctif « pénalité » [1]. Mais, suivant Tarde, il y a au fond de ce raisonnement deux erreurs. La première consiste à admettre une
liaison entre la civilisation et la criminalité, ce qui n'est pas
un fait démontré : à Genève, par exemple, le nombre des
crimes va décroissant. D'autre part, le génie n'est nullement
lié au crime, mais bien plus souvent à la haute moralité,
comme l'a démontré de Candolle, et comme le prouveraient
plus clairement des statistiques restreintes spécialisées; la
suppression des fautes et des crimes ne supprimerait que la
littérature perverse. Enfin il est paradoxal de prétendre
qu'une société sans criminalité serait trop rigoriste : il
y a déjà trop d'indulgence aujourd'hui, et, dans cette société
idéale, il y en aurait encore davantage ; seule l'opinion serait
plus exigeante et ce serait un bien : l'unique excuse de la faiblesse moderne n'est-elle pas comme on l'a dit à propos du
crime collectif, dans le sentiment de la complicité relative de
tous [2] ?

L'autre erreur consiste à désigner le type *moyen* comme le
type *normal*. C'est là, dit Tarde, une définition dont Cournot a nettement démontré l'inexactitude : il se peut qu'il y ait
des crimes utiles à l'espèce, ils n'en sont pas moins nuisibles
à l'individu. C'est seulement grâce à la notion d'adaptation
que le normal se définit nettement : on pourrait dire que l'anormal est « ce qui rend un être impropre ou moins propre à
entrer dans une association et à en fortifier les liens [3] ». Idée
fort juste, que Tarde a reprise ailleurs sous une forme un peu
différente. « Le normal, dit-il, est simplement la condition de
l'idéal [4]. » Mais ici, comme trop souvent, il semble hésiter
entre deux opinions presque contradictoires; dans sa théorie
de l'opposition, nous l'avons vu avancer que le normal n'est
pas le parfait, mais bien le zéro de monstruosité, et d'autre
part, en rappelant ailleurs que, selon Spencer, « l'état normal,
est pour tout être le plus élevé qu'il puisse atteindre, autrement dit l'idéal », il se demande si, par conséquent, le vulgaire

1. Cf. Durkheim, *Règles de la méthode sociol.*, pp. 59-93.
2. Cf. *Études de psych. soc.*, pp. 137-147.
3. *Ibid.*, pp. 148-150.
4. Cf. *L'oppos. univers.*, p. 114.

n'est pas déjà le pathologique [1]. Conception bien dangereuse, qui tendrait à créer deux mondes, deux sociétés, celle du bien, du juste, et celle du crime, la dernière vivant aux dépens de la première, mais toutes deux ayant leur domaine de « vulgarité » et celui d' « idéal ». Mais sans doute ceci est fort loin de sa pensée : pour lui, au contraire, les criminels sont comme des microbes luttant contre les cellules sociales utiles qu'on appelle les gens de bien [2]. Cependant, pour confirmer cette manière de voir, Tarde aurait dû spécifier plus nettement que le crime est antisocial, qu'il est une inadaptation persistante, un obstacle à la coordination, que si la maladie vous oblige à prendre des précautions salutaires en elles-mêmes, si elle est cause de l'invention des remèdes, elle n'en affaiblit pas moins l'organisme. Comme toute opposition, comme tout réactif, le crime a donc son utilité relative ; cependant il est en soi non seulement inutile, mais évidemment nuisible, et tout au moins en tant que phénomène de discorde. Seulement il faut avouer qu'en s'en tenant aux lignes strictes de son système, Tarde devait arriver à considérer le crime à la fois comme une variation, une opposition et une imitation, par conséquent comme un phénomène social dont la répression pénale constituera l'adaptation relative, ce qui reviendrait en somme au point de vue de M. Durkheim. Le crime, qui est en principe une concurrence entre l'honnêteté légale et le vice irrespectueux des lois, se traduisant aussi par une guerre entre la police et les criminels, ne devrait donc être, pour Tarde, pas plus anormal et destructible que les autres oppositions sociales.

La discussion de Tarde avec Lombroso est plus importante. Il ne conteste pas le tableau anatomique, physiologique, et pathologique du criminel selon l'école italienne, mais il s'attaque aux caractères psychologiques et sociologiques. Au point de vue psychologique, dit Tarde, le criminel n'est pas un fou. En effet, le criminel est anti-social, et par suite sociable à un certain degré, tandis que le fou est inconséquent, insociable, « extra-social ». Le crime d'ailleurs est relatif au milieu, tandis que la folie ne l'est pas. « Le type criminel

1. Cf. *Études de psych. soc.*, p. 155.
2. Cf. *ibid.*, p. 151.

que Lombroso nous esquisse, c'est celui de notre époque ou de notre ère ; mais, qu'il soit ou non une survivance du temps où la sauvagerie couvrait le globe, il est clair qu'en cette primitive période historique le type criminel était tout autre, à savoir, peut-être, un type d'artistes et de délicats, de femmes sensuelles et sensibles, gens impropres au pillage des tribus voisines, et nés quelques siècles trop tôt[1]. » Ingénieux corollaire de la relativité du bon et du mal, mais dont Tarde avoue lui-même l'exagération, en convenant que celui-là a toujours été dit criminel qui tue ou vole une personne du groupe social dont il fait partie[2]. Tarde enfin repousse l'idée de penchants innés et celle de la spécificité des penchants naturels ; il y voit le fondement d'une confusion regrettable entre les maladies originelles et la tendance au crime, autre moyen d'admettre l'irresponsabilité. « Seul, dit-il, parmi tous les sens, le sens moral a une origine exclusivement sociale, et seul il est nécessaire à tout moment dans les emplois sociaux. Donc, quoique reconnu daltonien, un homme peut être maintenu à son rang social, dans le groupe social, mais reconnu immoral de naissance, c'est-à-dire anti-social, il doit être mis hors de la loi sociale[3]. »

Au point de vue sociologique, le criminel, suivant Tarde, n'est nullement un réveil du sauvage primitif dans l'homme civilisé. Lombroso, en effet, semblait pencher également vers cette hypothèse. Elle était séduisante car elle expliquait la criminalité infantile, et d'autre part elle se rattachait à la théorie de l'évolution. Quoi qu'on en ait dit, et même en ce qui concerne le tatouage et le langage, il y a des différences essentielles entre les tribus de sauvages et les associations de criminels[4].

Par conséquent le criminel n'est, malgré les ressemblances anatomiques et psychologiques, ni un fou, ni un sauvage. « Il est un monstre, dit Tarde, et comme bien des monstres, il présente des traits de regression au passé de la race ou de l'espèce, mais il les combine différemment, et il faudrait se

1. *Criminalité comparée*, pp. 26-27.
2. Cf. *ibid.*, p. 29.
3. Cf. *ibid.*, pp. 32-36.
4. Cf. *ibid.*, pp. 36-46.

garder de juger nos ancêtres d'après cet échantillon. » D'ailleurs ce que Tarde discute surtout, c'est l'absolutisme de la
théorie de Lombroso, et son interprétation du type criminel. Lui-même ne refuse pas la spécificité à ce type, mais il
le juge *professionnel*, et non biologique, bien qu'aux habitudes
physiologiques, comme d'ailleurs dans toutes les profes-
sions, s'ajoutent des particularités anatomiques d'origine
vitale et nullement sociale. Le crime est, en général, une
« vocation ». Mais Tarde reconnaît trop l'importance de
l'accidentel pour ne pas limiter cette affirmation, et admettre
des criminels de hasard aussi bien que des gens honnêtes
ayant le type criminel [1]. Sa position a du moins l'avantage
de rendre concevable la disparition progressive du type
criminel [2].

En effet, comme il y avait lieu de s'y attendre, elle est toute,
psychologique, et ici encore plus peut-être même que partout
ailleurs, l'imitation est la grande ressource explicative :
l'importance de l'exemple n'est-elle pas lieu commun en
matière de morale. C'est donc par l'imitation que se recrute
cette profession; l'individu en imite un autre, puis par la
récidive, il s'imite lui-même, autrement dit, il cède à
l'habitude du crime. En un sens la localisation de la criminalité dans une sorte de corporation ne serait pas fâcheuse en
elle-même, si ce groupement anti-social n'était ouvert,
prosélytique. La profession s'est d'ailleurs améliorée et la
statistique démontre que, depuis un demi-siècle, les profits
se sont accrus (parallèlement à la richesse publique), tandis
que les risques ont diminué; d'autre part, la nécessité augmente comme le nombre des déclassés, et l'aptitude également,
car elle est développée par la concurrence fiévreuse. Ces
deux derniers points sont les plus graves, remarque Tarde;
et l'on n'y remédiera que par un grand déploiement de bienfai-
sance; celle-ci est d'ailleurs toujours un témoignage de civilisation. « On reste généreux jusqu'au jour où l'on cesse d'être
inventif et fécond, où l'on devient imitatif et routinier.
L'égoïsme est une acquisition sénile [3] ».

1. Cf. *Criminal. compar.*, pp. 47-55.
2. Cf. *ibid.*, pp. 56-61.
3. Cf. *ibid.*, pp. 80-89.

Le plus curieux corollaire de cette thèse psychologique
de Tarde est sa théorie de la responsabilité [1]. Nécessairement
en effet, il devait en revenir au système de la suggestion
à l'état normal [2], et appliquer ses conclusions aux questions
de criminologie et surtout de pénalité. En conséquence, la
responsabilité se fondera pour lui sur « l'intériorité » de
la suggestion, l'identité personnelle qui fonde l'autonomie
relative de l'individu. En effet, il ne s'agit pas ici de la
liberté, vague autonomie métaphysique, au sens de Tarde, et
très insuffisante pour justifier des applications pénales [3].
Mais, raisonnement original et qui à première vue, peut
sembler contradictoire, c'est au contraire l' « imitativité » de
l'acte incriminé qui justifie ou non la punition. En effet, par
exemple, l'ivresse est imitative, quoique ses conséquences
soient involontaires : l'homme ivre ne jouira donc que d'une
immunité relative; au contraire la folie n'est pas imitative.
Par conséquent, on excusera « les actes involontaires, et
par suite n'ayant pu naitre par imitation », et ce critérium
s'ajoutera à celui de l'identité par auto-suggestion, si l'on
peut dire [4]. Cette théorie subtile de Tarde a l'inconvénient
de montrer, qu'en prétendant négliger la liberté, il laisse
toujours subsister le problème au cœur de ses hypothèses, et
que, particulièrement en matière de morale et de criminologie, il y aurait lieu de savoir avec précision si l'imitation
est volontaire, comme on peut le penser si elle fonde la
responsabilité, — ou si elle est involontaire, comme simultanément il semblerait le dire en excusant dans leurs conséquences les fautes relevant de suggestions extérieures.

Certes, Tarde reconnait l'exagération de son premier point
de vue, mais quoi qu'il en soit, il est certain que, ou bien
l'homme est libre, et alors la suggestion n'est qu'un vain mot,
une pure et simple perception, un motif d'une plus ou moins
grande valeur à côté de la synthèse des autres motifs qui
constituent la conscience morale, et tout criminel doit être
puni, — ou bien la vie est l'hypnotisme compliqué et universa-

1. Pour son développement détaillé, cf. *Philosophie pénale*, Paris, 1890.
2. Cf. *Criminalité comparée*, pp. 134-140.
3. Cf. *ibid.*, pp. 140-142.
4. Cf. *ibid.*, pp. 147-150.

lisé dont parle Tarde, il n'y a plus d'autre liberté que la contingence de telle ou telle suggestion, le suggéreur immédiat n'est pas plus coupable que le suggestionné qui a commis le crime, car l'hypnotiseur lui-même a subi d'autres influences suggestives directes ou ancestrales, et le criminologiste est pris dans une chaîne sans fin, une échelle infinie aux multiples entre-croisements de causalité suggestive, autrement dit, si l'on ne joue pas sur les mots, dans un déterminisme psychologique effectif, qui ne lui laisse aucune base solide où établir équitablement la notion de responsabilité. On en revient à la thèse de Lombroso, car il n'y a peut-être bien qu'une différence de degré entre l'homme véritablement suggestible à ce point, et l'épileptique ou l'aliéné. Il n'est donc plus permis alors au criminologue de demander la répression du crime, sinon comme moyen de préservation, puisque la punition du ou des groupes sociaux auxquels appartient le coupable (telle qu'elle était admise dans l'antiquité, telle qu'on la retrouve indiquée dans cette survivance en vertu de laquelle le père est responsable pour ses enfants mineurs) serait encore une conception injuste et trop restrictive; ceci n'empêchera pas d'ailleurs qu'on ne s'efforce d'agir surtout sur les causes sociales du crime, puisque, comme Tarde l'a déjà affirmé pour le génie, elles sont prépondérantes[1]: et l'un des premiers moyens sera naturellement une conception modérée de la peine qui en fera une source de suggestion salutaire, non un moyen de vengeance qui attise les haines anti-sociales.

Mais la question de l'avenir de la criminalité relève plutôt de l'étude des phénomènes moraux dont il va être question.

Quant aux groupements criminels, on les a déjà étudiés sous forme de foules et de publics. Les associations proprement dites des malfaiteurs seraient, suivant Tarde, plutôt en voie de décroissance[2]; car, bien entendu, l'élargissement de ces sociétés anti-sociales, si l'on peut dire, serait en contradiction absolue avec le progrès qui se réalise par l'élargissement des groupes véritablement sociaux.

---

1. Cf. *ibid.*, pp. 143-146 et 150-164. — La race et le climat justifient, dit-il, la candidature au crime, mais c'est la société qui fait l'élection
2. Cf. *Criminalité comparée*, p. 40.

V

Tarde, cependant, ne songe pas à nier l'accroissement de la criminalité et, en particulier, de la criminalité juvénile [1]. Non seulement la statistique démontre la progression du crime, ce qui diminue d'autant le progrès moral de la civilisation ; mais encore, comme on l'a souvent montré, ce mouvement dans les conditions actuelles ne peut que s'accentuer.

En effet, en ce qui concerne les jeunes criminels, considérant leur ignorance, leur faiblesse, leur veulerie, Tarde renonce à sa théorie relativement optimiste. « Ils ne sont pas du tout des monstres, dit-il, ces jeunes malfaiteurs, ils sont bien fils de leurs pères. [2] » En d'autre termes, c'est bien l'exemple familial et social qui est responsable de leur mentalité et de leur conduite. Les causes, qui sont aussi sans doute celles de la dépopulation, sont toutes morales, qu'elles soient pathologiques (alcoolisme), économiques (accroissement de convoitises), ou intellectuelles (ambition, sécheresse de cœur, irréligion), et elles ont agi sur les pères d'abord, puis plus fortement, sur les fils, victimes en partie de l'habitude héréditaire. La famille, par conséquent, plus encore par l'exemple que par la médiocrité des préceptes, a contribué à cette déchéance morale [3] ; mais elle y était conduite par l'influence des causes extérieures. Tarde n'entend pas désigner particulièrement l'école elle-même, bien qu'il ne la juge pas neutre et sans influence, comme M. Fouillée [4] et Maudsley ; il rend hommage à ce qu'il y avait de juste dans les théories de Condorcet et de Stuart Mill, et il estime salutaire en général le rôle de l'instruction : si, dit-il, l'éducation ne se fait guère à l'école, ce n'est pas la faute des maîtres, c'est bien plutôt que les enfants s'éduquent entre eux [5]. Et il pourrait ajouter que trop souvent, en effet, la contagion morale se réalise

1. Cf. *Études de psych. soc.*, pp. 195-225.
2. *Ibid.*, p. 197.
3. Cf. *ibid.*, pp. 202-204.
4. Cf. Fouillée, *Les jeunes criminels*, in *Rev. des Deux-M.*, 15 janv. 1897.
5. Cf. *Études de psych. soc.*, pp. 206-211.

vers le bas plutôt que vers le haut. D'autre part, suivant lui, l'instruction primaire ne fait que détruire les antiques superstitions, sans les remplacer ; seul l'enseignement secondaire et supérieur leur substitue un idéal de vérité et de beauté, source d'une moralité supérieure [1]. Les facteurs sociaux responsables du déclin moral, ce sont les cafés, les ateliers [2], toutes les promiscuités où peuvent se trouver des éléments contaminateurs, sans compter l'intempérance en elle-même, enfin et surtout la Presse.

Sur ce dernier point, Tarde a incontestablement pour lui la grande majorité des penseurs et criminalistes contemporains. MM. Max Nordau et Fouillée ont insisté sur cette influence de la Presse, qui fit même l'objet d'un rapport du Dr Aubry, au congrès d'anthropologie de Genève, en 1896. La théorie de la suggestion conduit en effet directement à admettre la contagion de l'idée [3] simplement par son expression fréquente. La chronique judiciaire, en indiquant les détails des crimes ou délits, propage, dirait Tarde, les « inventions », les nouveaux procédés criminels, et aussi les procédés de défense juridique, l'art de se réfugier dans le maquis de la procédure ; on a pu dire ainsi que, si la prison est l'école normale du crime, la Presse en est l'école primaire.

Mais si le principe favori de Tarde explique en grande partie le nombre trop considérable des crimes et délits, notre auteur lui-même doit avouer implicitement que tout ne s'explique pas par cette faiblesse devant les suggestions ambiantes [4].

En effet, à quelles conditions se réalise le progrès moral, soit chez l'individu, soit dans les masses? C'est, dit Tarde,

1. Cf. *Criminalité comparée*, pp. 113-119.
2. La criminalité est en effet beaucoup plus forte dans les milieux ouvriers et les pays producteurs d'alcool.
3. Cf. Aubry, *La contagion du meurtre*, Paris 1880. — Lombroso et Laschi, *Le crime politique*, t. I, pp. 194-201.
4. De même, en ce qui concerne le suicide (qu'il ne veut pas envisager avec l'école italienne comme une sorte de substitut de l'homicide, mais bien comme un phénomène analogue obéissant aux mêmes influences), Tarde constate qu'il est favorisé par l'alcoolisme, et par la multiplication des rapports entre humains, mais aussi et surtout par le déclin de la foi et des préjugés qui en dérivaient. (Cf. *Criminalité comparée*, pp. 165-180).

grâce à la fixité des habitudes, des mœurs, des coutumes : et
il ne lui est pas difficile de trouver de nombreux exemples de
l'immoralité inhérente aux périodes révolutionnaires. Ce
sont là des inconvénients très positifs et irréductibles des phénomènes d'opposition sociale. Les guerres et les révolutions
causent toujours un rayonnement imitatif déplorable [1]. « La
civilisation, dit Tarde, est un rayonnement imitatif complexe et
très antique, qui a pour foyers principaux des découvertes de
faits et de lois naturelles, des inventions utiles à tous : la
révolution de notre âge est un rayonnement imitatif plus
simple et plus récent, qui a pour foyers des inventions ou
découvertes de droits, d'idées subjectives utiles ou parais-
sant telles à certaines classes ou à certains partis, ou plutôt
appropriées à certains tempéraments [2]. » On retrouve encore
ici l'éternelle opposition entre la coutume stable et limitée,
et la mode universelle mais instable. Comme l'art, la morale
est née de la religion, source d'accord supérieur, et de la
famille, c'est-à-dire du groupement social immédiat et transmetteur de la coutume [3]. Tandis que la civilisation antique,
est source de travail et de progrès, notre nouvelle civilisation
révolutionnaire, basée sur les sophismes sociologiques issus
de l'idée de concurrence vitale, ne produira que des luttes et
le déclassement de plus en plus généralisé ; à moins peut-
être (mais Tarde ne semble pas y songer ici) qu'il n'en résulte
une nouvelle coutume consistant en une véritable adaptation.
Mais, de plus, il y a autre chose que la lutte de classes dans
les causes profondes de la crise morale actuelle : il y a une
contradiction, irréductible malgré toutes les tentatives de
conciliation, entre la grande philosophie populaire moderne,
positiviste et scientifique, et les croyances séculaires ; et
Tarde rapproche ceci de la crise de la morale chrétienne au
xvi⁰ siècle, époque de luttes intestines et de guerres [4].

En effet, dit-il, il paraît surprenant à première vue qu'avec
les progrès de la science vers la vérité, le besoin de mensonge
ou, comme disait Guyau, le *conventionalisme*, aille croissant

1. Cf. *Criminal. compar.*, pp. 90-93.
2. Cf. *ibid.*, p. 93.
3. Cf. *Lois de l'imit.*, pp. 379-381.
4. Cf. *Études de psych. soc.*, pp. 217-219.

dans les civilisations. C'est que, dit-il, « l'organisme social, en somme, se défend contre la vérité qui l'assaille de toutes parts, comme l'organisme naturel contre les intempéries et les forces physiques ». « Maintenant, poursuit-il, le besoin social d'illusion, qui explique l'habitude du mensonge en raison inverse de l'erreur, et par suite la hausse ou la baisse de la délictuosité astucieuse, sur quoi est-il fondé ? Il est fondé, et c'est là ce qui nous oblige à le croire immortel, sur le besoin même d'organisation sociale, c'est-à-dire d'accord logique, dans le sens social du mot ». Et nous savons ce qu'il entend par là. Mais ce qu'il y a de particulier, c'est qu'en logique sociale, on ne peut éliminer les contradictoires comme en logique individuelle, car ici les idées sont incarnées dans des hommes ; de plus la poursuite d'un bien, qui fait l'unité mentale, crée la désunion sociale. « D'où la nécessité de susciter quelque grand objet imaginaire, ciel mystique, gloire patriotique, qui fait converger dans le vide et s'accorder idéalement les désirs de tous entre-heurtés sur terre. Un halluciné ou un imposteur montre ce but, suggère cette vision ; elle éblouit des aveugles et les fait marcher en bon ordre à la victoire. Quand les yeux seront dessillés, ils iront pêle-mêle à tâtons, redemandant leur rêve[2]. »

On voit combien ce point de la doctrine est parfaitement en rapport avec la théorie logique de Tarde. C'est pour ainsi dire le défaut de majeures solides, cette base essentielle du syllogisme social, qui, d'après lui, entraîne dans les conclusions, c'est-à-dire dans les applications pratiques, cette dysharmonie persistante, l'immoralité source de la criminalité. L'homicide décroît, mais les délits augmentent et de même la voluptuosité, par conséquent les délits de mœurs. Et Tarde croit voir dans ce dernier fait une conséquence naturelle de la civilisation avancée, qui se reconnaîtrait à « l'amour plus précoce, l'amour plus prolongé, l'amour plus libre et plus infécond ». Mais, il semble que ce point de vue plus strictement moral n'a d'intérêt pour lui qu'en tant que

1. V. à ce sujet les remarques de Tarde sur la politesse dans ses rapports avec la conversation et la civilisation. (Cf. *L'opinion et la foule*, pp. 141-146).
2. Cf. *Criminalité comparée*, pp. 208-210.

facteur de la criminalité, et aussi dans ses rapports avec
la dépopulation : on sait en effet qu'il se demande si
l'unification finale ne se réalisera pas par une conquête
colossale, et si, en ce cas, sa patrie serait la nation ou une
des nations prépondérantes dans l'unification consécutive.

Mais en réalité il ne semble pas qu'on trouve, dans l'œuvre
de Tarde, une conception très claire de la moralité en elle-
même ou du moins du rôle moralisateur de la civilisation. Le
progrès moral ne lui semble pas se manifester dans une civilisation en voie de croissance, mais il serait un succédané de la fixation de celle-ci, bien plus que de l'hérédité proprement dite. « Le bien qui s'opère (dans nos sociétés),
et qui même s'y développe, est dû à des causes beaucoup
plus sociales que vitales, à une action prolongée, paisible,
sédimentaire, de l'éducation et de l'exemple, dont, par
malheur, le jaillissement brusque des faits politiques ou militaires vient à chaque instant rompre les couches[1]. » Et c'est
pourquoi, suivant Tarde, le progrès moral marque de nos
jours un temps d'arrêt. La civilisation qui se fait, le duel
logique et téléologique est donc surtout un facteur d'immoralité ; seule la civilisation établie est moralisatrice. Mais quand
rencontrera-t-on une période de stabilité aussi nettement
définie ? C'est là une conception liée à la thèse évolutionniste
de l'intégration progressive avec désintégration consécutive.
Tarde, il est vrai, n'a pas admis le progrès illimité ; mais
peut-il croire vraiment à la réalisation très prochaine de
l'harmonie universelle, qui seule permettrait, à son dire,
d'entrevoir la possibilité d'un progrès moral, fondée sur la
stabilité définitive des coutumes et des principes ? Peut-être
objecterait-il que chaque progrès de la civilisation tend bien
à se conserver par la coutume sans nouvelles crises ni nouveaux conflits, mais que la loi de variation universelle s'y
oppose, et d'ailleurs aussi la loi d'imitation : souvent en effet
il y a contradiction entre la morale coutumière et les importations étrangères, quoique la fraternité, le sentiment
« exquis et puissant » des douceurs de la vie sociale ait assu-
rément partout et toujours existé[2], et qu'il y ait ainsi un fond

1. Cf. *Criminalité comparée*, p. 47.
2. Cf. *Lois de l'imitation*, pp. 382-383.

moral commun. Mais on pourrait alors répondre à Tarde que, s'il en est ainsi, sa loi d'imitation est absolument contraire au progrès moral, autant par le renouvellement incessant des conflits que par la possibilité des imitations néfastes.

Cependant, ici comme ailleurs, l'imitation reste le remède spécifique des maux dont elle est responsable. En effet, elle va toujours du supérieur à l'inférieur, et, au point de vue moral, Tarde serait tenté de voir là une condition favorable en général au progrès, de par son préjugé aristocratique. Mais d'autre part l'imitation-mode propagera des inventions utiles, et il en résultera l'habituel élargissement des conceptions et des groupes. « A mesure que la civilisation progresse, le groupe social dont l'opinion s'impose à la conscience de l'individu et constitue sa loi morale va s'élargissant, et le groupe social dont les frontières circonscrivent le champ d'application de cette loi morale, inapplicable en dehors d'elles, s'agrandit plus rapidement encore. » La croissance extensive du public moral en surface (internationalisme) et en profondeur est évidente, et c'est grâce à l'imitation que l'opinion de l'élite se répand dans toutes les classes de la nation, et que, d'autre part, des gens politiquement, géographiquement étrangers, deviennent compatriotes *sociaux* et *moraux*. Il y a donc là dans la civilisation un élément d'union dont on trouve la démonstration dans l'accroissement des parentés artificielles, de l'adoption, dans l'expansion des principes de fraternité chrétienne ou d'altruisme positiviste[1]. Par conséquent la civilisation, en tant qu'elle est le développement de la logique sociale, implique véritablement le progrès harmonique dans tous les ordres d'idées. Si la théorie darwiniste du *struggle for life*, un des résultats hypothétiques du progrès scientifique contemporain, a peut-être favorisé le recul de la moralité par une propagation maladroite et prématurée, on doit y remédier en basant la morale sur un « fédéralisme » supérieur, en répandant le culte et l'amour de notre civilisation européenne[2]. Tarde, évidemment, souscrirait à ces considérations de M. G. Ferrero : « Le mécontentement de la civilisation peut bien persister,

1. Cf. *Lois de l'imit.*, pp. 385-388. — *Criminalité comp.*, pp. 186-190.
2. Cf. *Études de psych. soc.*, pp. 323-324.

oar c'est là, sans doute, que se trouve la raison de nos progrès futurs. Mais, tandis que le mécontentement excite nos pensées et nous dirige vers un idéal meilleur, le mépris qu'on affecte aujourd'hui pour la civilisation nous énerve et nous affaiblit. Le premier aide à l'évolution, le second la paralyse et l'étouffe [1]. »

Tarde d'ailleurs ne méprise pas l'antique notion de devoir, et il lui attribue un rôle efficace dans le maintien de la moralité. « Le vouloir, dit-il quelque part, est le désir aiguillé par le jugement », et le devoir est un vouloir qui a perdu conscience du désir qui constitue sa majeure, parce que celui-ci est un désir fondamental et suprême [2]. « Écho du passé, legs des générations éteintes et de nos premières années, il s'est formé sous l'empire d'illusions salutaires et nécessaires qui nous faisaient croire à l'infaillibilité, à la toute puissance, à l'autorité sans limites de nos parents ou de nos maîtres. » Mais de plus, à ce respect superstitieux, se joignait le germe inné de la sympathie. « Ce que le devoir ajoute à la foi, c'est l'amour. » Ce sentiment, par bonheur, survit aux croyances qui l'ont fait naître. En effet « l'obéissance au devoir offre deux grands avantages: elle dispense le plus souvent de prévoir et toujours de réussir. [3] » Et si c'est là une théorie assez positiviste, sinon sceptique, sur le devoir, c'est que Tarde attribue plutôt à celui-ci une valeur moralisatrice (parce que tendance à idéaliser, à « supérioriser » les désirs), qu'une valeur morale essentielle.

VI

Tarde, on l'a bien vu, rapproche très étroitement la religion de l'esthétique, en leur attribuant le même rôle important de valeurs substitutives dans la logique sociale. Et, en effet, il les a plutôt étudiées dans leur essence même et leur signification sociologique qu'au point de vue de leurs origines.

1. Cf. Ferrero, *Le mépris de la civilisation*, in *Rev. des Revues*, 15 fév. 1896.
2. Cf. *L'opposit. univers.*, pp. 215-216.
3. Cf. *Essais et mél. sociol.*, (*La variat. univers.*), pp. 410-414.

Cependant cette dernière question se reliait trop étroitement aux deux autres pour qu'il la négligeât absolument.

Naturellement, pour lui comme pour Renan, toute religion est le résultat d'une invention favorablement accueillie, par conséquent l'invention d'une minorité (Tarde dirait même d'un individu) que suit le troupeau des imitateurs. « Un pays, dit Renan, est protestant, est catholique, cela dépend, non de raisons profondes dans le pays, mais de quelques personnes il y a quelques siècles. » Malgré les apparences, la religion, dit Tarde, est chose essentiellement imitative et logique. Ici, comme pour les langues ou les arts, on peut concevoir une infinité de possibles irréalisés ; c'est le besoin de se soumettre à l'enseignement, au vouloir d'un « autrui » qu'on finit par chercher et trouver au fond de soi. C'est donc bien là toujours la suggestion-imitation logique et téléologique, dans ses conséquences et dans ses fins, mais dont la source profonde semble être pour Tarde, en dernière analyse, la sympathie pré- et supra-scientifique.

La religion au début fut sans doute familiale et exclusive : c'est la période d'imitation-coutume. Le prestige magnétique du père, du roi-prêtre et des ancêtres, explique à la fois les origines du culte et la gérontocratie qui domine dans les premières sociétés. Tous les rites ont, au surplus, leur explication plus encore rationnelle que naturelle ; c'est ainsi que l'explication psychologique de l'*animisme* primitif fournie par Spencer est trop étroite[1] ; l'animisme était logiquement inévitable : il dérive de la croyance à l'immortalité, à la renaissance au sein de l'*alma parens*, donc d'une conséquence nécessaire de la volonté de vivre, de la répugnance instinctive au néant[2]. Cette conception n'a pas divinisé particulièrement l'ancêtre, mais bien aussi toutes les forces naturelles, tous les êtres forts ou supposés tels : c'est de cette « crainte révérentielle » que sont venus la *thériolatrie*, et aussi le culte des étrangers qui s'en rapproche. Puis, suivant Tarde, du culte des animaux dériva le *totémisme*, qui, selon lui, n'est pas primitif ; « l'animal n'est réputé ancêtre qu'après avoir été déi-

---

1. Cf. Spencer, *Princ. de sociologie*, §§ 60-73 sqq. (explication par les rêves).
2. Cf. *Lois de l'imit.*, pp. 293-295. — *Log. soc.*, pp. 260-265.

fié ». Le *zoomorphisme* en dérive, et s'explique naturellement
par l'imitation. On ne tarde pas en effet, à mesure que la
domestication des espèces utiles se développe, à reconnaître
l'infériorité de l'animal; dès lors une nuance de domestication
du dieu animal se mêle à son culte, sans que l'anthropomorphisme s'y substitue immédiatement cependant. Néanmoins
ce nouveau principe religieux ne tarde pas à prévaloir. Mais
l'attribution au surhumain de la forme humaine sublimisée
était encore trop puérile pour durer longtemps, si ce n'est
avec une signification purement symbolique; puis aussi,
l'hypothèse spiritualiste, source de la religion sous sa forme
élémentaire, devait nécessairement se développer conformément au progrès universel. Autrement dit, dans l'expansion
par imitation-mode des diverses « inventions » religieuses,
la plus spiritualiste devait nécessairement l'emporter; et
d'ailleurs toute religion en se répandant se spiritualise, car
c'est, au sens de Tarde, le côté social, c'est-à-dire spirituel,
d'un culte qui se développe nécessairement[1]. Ainsi s'explique
le succès complet du christianisme au iiime siècle après J.-C.;
il répondait au besoin d'un « maximum » de croyance en cette
époque d'« équilibre » déjà réalisé. Toutefois cette religion
nouvelle n'était bien qu'un dérivé de l'anthropomorphisme,
en ce sens qu'elle favorisait du moins la perpétuation du préjugé anthropocentrique, source des idées de péché et de
culpabilité, et de l' « athéisme intérieur » chrétien. Pour
Tarde, le christianisme est sans doute une de ces religions,
les plus moralisatrices, les plus contagieuses aussi, qui ont le
souci des choses humaines, de la réalisation de la fraternité
universelle, et non pas particulièrement celui de l'éternité
et des choses divines, comme les religions-coutumes[2]; et de

---

1. Cf. *Lois de l'imitation*, pp. 295-305. — *Logique sociale*, pp. 265-268.
Il y a peut-être en cette dernière idée une confusion, au moins dans
les termes : il y aurait lieu de distinguer entre les rites (côté matériel),
les dogmes (côté spirituel), les préceptes ou conséquences pratiques
(côté moral) d'une religion, et il semble bien qu'ici encore Tarde attribue
trop d'importance au point de vue logique, à la communion mentale
dans l'unanimité de croyance, qui souvent n'est qu'un succédané de la
réunion matérielle. Il en convient d'ailleurs implicitement quand il
parle, d'après M. Réville, de la « genèse du temple » (*Log. soc.*,
pp. 270-71).

2. Cf. *Lois de l'imit.*, pp. 306-308. — *Log. soc.*, pp. 273-280.

même probablement le bouddhisme, auquel le christianisme ressemble, non pas autant toutefois qu'on l'a souvent prétendu. D'ailleurs, selon Tarde, le fondateur du jainisme a sans doute imité le Bouddha[1], et l'on a signalé également des similitudes imitatives entre le krishnaïsme et le christianisme. Évidemment les chrétiens attachent plus d'importance à la ferveur de la foi, et les bouddhistes à l'extinction du désir. Mais en somme les uns et les autres, et c'est là l'essentiel pour la vérification du point de vue psychologique de Tarde, proclament également l'idée divine et l'idée d'immortalité répondant au double besoin de certitude et de sécurité, en un mot d'équilibre logique et téléologique[2].

On sait en effet quelle importance moralisatrice Tarde attribue à cet équilibre, sans nier cependant la nécessité de la recherche d'un maximum de croyance. Pour la religion, comme pour toute chose sociale, l'imitation-mode, le prosélytisme réciproque est indispensable au progrès de la civilisation. Mais celle-ci ne s'est établie que grâce à l'imitation-coutume ; et, dans les sociétés primitives, si déjà l'imitation-mode se manifestait en matière religieuse, c'est par un retour à la coutume élargie et consolidée que sont apparues des religions fortes et originales, favorisant ces adaptations momentanées, ces temps d'arrêts, ces paliers du progrès humain, si l'on peut dire, qui sont aux yeux de Tarde une condition nécessaire de l'ascension ultérieure vers l'équilibre idéal, et de plus une réalisation imparfaite de celui-ci. La religion évolue, comme tout au monde, par greffage, et non par activité interne, mais c'est toujours le besoin d'unanimité qui se révèle en elle.

L'affaiblissement de la religion établie est donc un germe de dissolution sociale, et c'est pourquoi les apôtres de l'altruisme, comme par exemple Saint-Simon et Auguste Comte, furent toujours des mystiques, car leur doctrine ne pouvait être autre chose qu'une religion de l'humanité. On comprend

---

1. Hypothèse assez gratuite : il est fort douteux que ce novateur, Mahâvîra, ou même son précurseur Pârçva se soient inspirés effectivement du bouddhisme ; par contre il est évident que, sur plusieurs points de leur doctrine, ils ont imité la religion-coutume, le brahmanisme. (Cf. Guérinot, *Essai de bibliographie jaina*, Paris 1906, introd., pp. XXII-XXVIII).

2. Cf. *Log. soc.*, p. 280.

par là quelle crise morale, quelle angoisse logique et téléologique a pu naître de la demi-victoire de la science moderne
sur la religion, ou du moins sur les religions établies, puisqu'elle n'a rien substitué d'équivalent, en somme, à ces principes coutumiers qui refrénaient les désirs et réalisaient
l'unanimité de croyance au nom d'une autorité supérieure.
Certes, cette anarchie intellectuelle a son charme, et Tarde
la qualifie d' « inappréciable ». Mais s'il en souhaite la durée,
ce n'est que pour une élite, et, à son avis, Guyau se trompe
quand il croit au triomphe futur de la logique individuelle,
c'est-à-dire de la diversité d'opinions[1]. En réalité (Guyau le
reconnaît lui-même)[2], la multiplication des religions, des
croyances, et les oppositions-luttes qui en résulteront, doivent aboutir à des oppositions complémentaires, c'est-à-dire
à un accord de fait, à une conciliation des groupes[3]. Peut-
être d'ailleurs, dit Tarde, reste-t-il, malgré les rudes assauts
de la science, un « bagage suffisant de dogmes » : on pourrait
en effet concevoir un Dieu dont les attributs n'aient rien de
rationnellement contradictoire[4], et de même, si l'on songe
à certaines expériences troublantes de spiritisme, une vie
future compatible avec les certitudes et les hypothèses
scientifiques actuelles. Car on ne saurait guère se contenter d'un culte des morts, des ancêtres, des grands hommes,

---

1. Cette idée de Guyau semble juste cependant : sinon l'on aboutirait
à un conformisme tyrannique, tel que l'avait conçu Auguste Comte dans
la dernière période de sa vie. L'unanimité ne peut s'établir par sympathie et persuasion, semble-t-il, que sur quelques principes très essentiels, comme s'est déjà partiellement formulé l'accord téléologique universel dans la Déclaration des Droits de l'homme. Au-dessus fleurira
toujours la diversité des croyances et désirs originaux, de par les idées
de Tarde lui-même sur le progrès et la variation universelle.

2. Mais il ne faut pas oublier que, pour Guyau, la religion est « un lien
de société » entre l'homme et des puissances supérieures, conçues
comme plus ou moins semblables à lui. « Une sociologie mythique ou
mystique est ainsi le fond de toutes les religions. » (Cf. *L'Irréligion de
l'avenir*, passim, et préface à *L'Art au point de vue sociologique*). — Il
est donc compréhensible que tout autre principe puissant de sociabilité
lui apparaisse comme un substitut de la religion.

3. Cf. *Lois de l'imit.*, pp. 308-314. — *Log. soc.*, pp. 281-285. — *Oppos.
univ.*, p. 443.

4. C'est en effet la conception des protestants libéraux, surtout de ceux
d'entre leurs théologiens qui se sont adonnés particulièrement aux
études scientifiques, et ils sont nombreux.

lequel n'est d'ailleurs pas scientifiquement nécessaire, et ne
serait que le retour à la forme intérieure des religions, au
fétichisme [1].

Il y a là comme un dilemme : en effet, et Spencer l'a bien vu
avant Tarde, l'apparition de l'esprit critique, cet équivalent
moral de l'esprit d'indépendance hostile à la coopération
coercitive, est liée au développement de la civilisation, à l'ou-
verture de l'ère industrielle; autrement dit, si les religions
sont bien en théorie des principes d'harmonie, de communion sociale [2], en fait leurs oppositions intérieures aussi bien
que mutuelles ne font que s'accentuer, ou du moins leurs
principes ne se consolident que très rarement par confirmation réciproque [3]; et cependant la logique sociale ne saurait
supporter longtemps le scepticisme d'aujourd'hui, l'inquiétude et l'hésitation où s'énerve la moralité contemporaine. La
notion démocratique et individuelle de l'*honneur* n'est qu'un
palliatif insuffisant [4]; la liberté n'est pas non plus le remède à
tous les maux : elle révèle aussi bien les antipathies que les
sympathies cachées; enfin, si l'essentiel est la *sublimation*,
l'idéalisation non mensongère des désirs, cela veut dire
qu'il faut passer du duel téléologique, si dangereux, au duel
logique moins irréductible, et non pas que le culte de l'art
soit suffisant comme le croyaient Lange, Strauss et Guyau;
en effet, « la religion a pour appui l'apparente solidité des
croyances plutôt que leur poésie et leur beauté ». Par conséquent, Tarde, préférant toujours au fond l'accord logique à
la sympathie, persiste à proclamer « l'utilité au moins transi-
toire, de certains objets imaginaires du désir et de la foi,
pour la conciliation des désirs et des idées terrestres [5] ».

Par conséquent, peut-être Tarde, en ce qui concerne la
religion, ne va-t-il pas même jusqu'au pari de Pascal : ses
arguments favorables ne sont jamais spéculatifs; il invoque
toujours l'utilité pratique ou l'attrait sentimental. Sans discussion préalable, il proclame de la foi nécessaire au confor-

1. Cf. *Oppos. univers.*, pp. 441-442.
2. Cf. Spencer, *Principes de sociol.*, § 645.
3. Cf. *Log. soc.*, p. 37.
4. Cf. *Lois de l'imit.*, pp. 392-394.
5. Cf. *Criminalité comparée*, p. 210, note 1. — *Oppos. univ.*, pp. 436-440

misme que présuppose à l'union sociale. Pour lui, la croyance
religieuse relevait donc surtout du sentiment, comme,
pour Cournot, tout le domaine de l'inconnaissable. Cournot
d'ailleurs repoussait lui-même l'épithète de rationaliste, si
elle impliquait une nuance d'irréligion : il se refusait à ébranler « pour la vanité de quelques opinions spéculatives » des
croyances auxquelles il attribuait une utilité pratique ; il
recommande aussi de ne pas s'illusionner et surtout de ne pas
chercher à illusionner autrui par une négation précipitée
de la vie future[1]. Son disciple indépendant n'a pas oublié du
moins ce double enseignement. En effet, le *credo* de Tarde,
qui n'est guère qu'effusion discrète et douce réminiscence
héréditaire, tient tout entier dans ces strophes plus émues
que sceptiques :

> Oui, je veux, philosophe inconséquent peut-être,
> Impénitent, qui sait ? libre jusqu'à la fin,
> Je veux que mon convoi soit suivi par un prêtre,
> Par notre bon curé, mon plus proche voisin.

> Car un espoir divin s'est levé dans notre ombre,
> Décevant ? il se peut — menteur ? je le veux bien.
> Mais après tout, parmi nos mensonges sans nombre,
> Un mensonge de plus ou de moins, ce n'est rien.

. . . .

> C'est surtout un mensonge, et le plus hypocrite,
> Que la fausse pudeur de faux ambitieux
> S'indignant de l'espoir qu'évoquent les vieux rites,
> Espoir antique et doux qui nous vient des aïeux.

> S'il est menteur, je veux, après ma mort encore,
> Mentir, comme ont menti les poètes toujours,
> Comme mentent l'avril, la jeunesse et l'aurore,
> Et nos efforts si longs et nos essors si courts ![2]

1. Cf. Cournot, *Essai sur les fond. de nos connaiss.*, t. I, préf., p. III, et
pp. 315-318.
2. Cf. *Archives d'Anthropol. crim*, t. XIX, pp. 519-520.

VII

Quoi qu'il en soit, Tarde semblerait, en quelque mesure, conserver des doutes sur la valeur moralisatrice de l'art. Mais il ne les a exprimés, et encore sans beaucoup de rigueur, que dans son dernier grand ouvrage, *L'Opposition universelle*, où d'ailleurs se manifeste souvent une certaine inquiétude spéculative en ce qui concerne la réalité générale du progrès social. Partout ailleurs, il insiste sur l'essence sociale, le rôle civilisateur de l'art, et ne s'éloigne guère, en dehors de son point de vue systématique, de la théorie séduisante et originale de Guyau. Il n'y a pas grande différence à dire : « Le but le plus haut de l'art, est de produire une émotion esthétique d'un caractère social »[1], ou bien : « L'art est le culte et le déploiement du beau social »[2]. Mais Guyau pousse la théorie à l'extrême : il place l'intérêt de l'œuvre d'art dans l'association entre le spectateur, l'artiste, et le sujet. « C'est, dit-il, une société nouvelle dont on épouse les affections, les plaisirs et les peines, le sort tout entier[3]. » Chez Tarde, l'analyse, plus détaillée et plus aventureuse peut-être, est dirigée en un sens un peu différent : il est d'ailleurs plutôt psychologue et logicien, Guyau moraliste et sociologue. Tandis que ce dernier universalise vraiment le fait social et l'étend même au domaine esthétique, Tarde ne recherche pas ici l'application précise et nouvelle de la triade (imitation, opposition, adaptation, ou affirmation, négation, conciliation) qui fonde sa psychologie collective ; il se contente de rechercher en quoi l'art peut favoriser les accords logiques et téléologiques dont est fait le progrès social.

Il distingue naturellement de l'art en général, c'est-à-dire la totalité de l'inventivité humaine, les beaux-arts au sens restreint. L'art est bien une branche importante de la téléologie sociale ; il est bien toujours un moyen approprié à un but,

1. Cf. Guyau, *L'Art au point de vue sociol.*, p. 21.
2. Tarde, *Log. soc.*, p. 406.
3. Guyau, *op. cit.*, p. 19. — Par suite il attribue l'éclectisme des Français à leur sociabilité extrême, (*ibid.*, p. 41).

lequel d'ailleurs peut évoluer : mais l'industrie ne cherche qu'à supprimer la douleur, tandis que l'art cherche à créer le plaisir[1]. Tarde admet naturellement un « art de coutume », stable, limité, national, né du métier, donc profession- nel, et qui reproduit des types aimés, consacrés par la tra- dition (peinture religieuse, épopées légendaires, etc.), et un art de mode, instable, expansif, exotique, qui tendra plutôt à devenir un métier, et qui est d'essence imaginative plutôt que mnémonique, si l'on peut dire, et non pas, par con- séquent, le résultat d'une accumulation de recettes utiles. Les rapports de la mode et de la coutume sont les mêmes ici que dans toutes les autres branches de l'activité sociale : à la coutume étroite primitive (d'origine religieuse et familiale) succède l'imitation-mode, l'expansion des modèles, des exemples, d'où l'élargissement progressif très visible du public esthétique ; après quoi s'établit la coutume élargie et consolidée[2]. Mais si l'art a une origine familiale, Tarde n'ac- corde pas à Spencer qu'il vienne de l'amour et l'amour de la monogamie. En effet, «l'art pur consiste à généraliser l'amour des choses inappropriables, et par suite, à concilier les désirs inconciliables »[3]. On voit donc, dès maintenant, quelle est sa portée sociale.

Suivant Tarde, on peut en apparence distinguer des arts d'expression (imitation de la nature) et des arts d'invention (musique, architecture). Mais il n'y a pas entre eux un hiatus infranchissable; la seule différence est que, dans les premiers, on imite une «découverte», dans les seconds une « invention » (colonne, plain-chant, etc) : au fond il y a toujours imitation et cette différence tient seulement à ce que la nature est parti- culièrement pauvre en combinaisons de sons (ce qui est pos- sible), et de lignes (ce qui est discutable). Cette théorie a du moins, selon Tarde, l'avantage d'expliquer pourquoi les arts d'invention sont encore plus traditionalistes que les autres[4].

Enfin il importe de préciser la distinction entre l'art et l'industrie, qui, d'ailleurs, correspondent pareillement à des

1. Cf. *Logique soc.*, pp. 393-394 et 397-403.
2. Cf. *Lois de l'imitation*, pp. 379-391.
3. Cf. *Logique sociale*, pp. 404-405.
4. Cf. *ibid.*, pp. 294 et 410.

désirs de production et de consommation. Dans tous deux, il
y a échange entre un producteur (industriel ou artiste) et un
public. Mais les désirs artistiques sont beaucoup plus artificiels, plus indéterminés aussi, et, tandis que le désir économique de consommation « préexiste à son objet », le désir de
consommer, en art, « attend de son objet même son achève-
ment ». « L'œuvre d'art n'est pas un organe artificiel ajouté à
l'individu, elle est, qu'on me passe l'expression, une maîtresse
artificielle, imaginaire. Elle ne répond pas à un besoin, mais
à un amour. » Ainsi l'art se rattacherait plutôt, mais en ce
sens, à l'instinct de reproduction: et l'industrie à l'instinct de
nutrition, de conservation. Dans celui-ci, les désirs sont
égoïstes, utilitaires, mais constants, périodiques, spontanés ;
dans celui-là ils sont instables, mais dérivent de l'amour et de
la sympathie, ces traits-d'union entre l'art et la morale.
« Le sentiment de l'art est un *amour collectif*, qui se réjouit
d'être tel [1]. » Et en effet, non seulement son influence salutaire
est concurrente avec celle du devoir, mais encore la morale
n'est qu'une esthétique supérieure, l'art de la conduite belle
et louable. Aussi l'art n'est-il dissolvant qu'aux époques où
il y a contradiction logique entre l'art et la morale. On comprend ici pourquoi Tarde admet la nécessité actuellement
persistante de principe religieux : il croit en effet qu'aujour-
d'hui, comme au temps de la Renaissance, ce désaccord existe [2].
C'est pourquoi aussi l'art, comme l'amour et contrairement
à l'industrie, est toujours périssable ; « tout art croît et tout
art meurt, comme tout amour et pour la même cause », à savoir
qu'ils constituent la rupture d'un équilibre, et aboutissent
nécessairement à un équilibre nouveau. Par suite, Tarde en
vient à se demander, non sans ingéniosité : « L'art ne jouerait-
il pas dans le monde social le même rôle que la vie dans le
monde organique ? » Jadis tous les métiers avaient un aspect
esthétique, mais ils le perdent de plus en plus : au contraire,
du côté de l'art, se produit l'union croissante entre l'artiste et
le connaisseur (on pourrait dire aussi : le technicien), entre
l'art et l'industrie. Si d'ailleurs le machinisme, qui a du moins
l'avantage de rendre le travail moins « bestial », semble

1. Cf. *Logique soc.*, pp. 419-421.
2. Cf. *ibid.*, pp. 395-397.

séparer l'art de l'industrie, peut-être cependant sortira-t-il
de l'industrialisme une grande éruption d'art. [1]

En effet, dit Tarde, l'entassement de besoins plus ou moins
factices qui fut à la fois la cause et l'effet de l'extraordinaire
développement de l'industrie contemporaine, ne saurait s'accroître éternellement, et bientôt sans doute le besoin de loisirs
et de paix esthétique de l'esprit deviendra la préoccupation
dominante [2]. Cet argument est faible, et Tarde pouvait trouver
dans son système les bases d'une hypothèse moins fragile.
Pour lui, en effet, la beauté, c'est la vérité rassurante, forti-
fiante. La beauté, pour plus d'exactitude, c'est le pressentiment
de la vérité ou de l'utilité future, indéfinie, pleine et totale, et
en outre, de la vérité ou de l'utilité collective, s'il s'agit de la
beauté de l'art. On a soutenu parfois, il est vrai, que la beauté
consistait dans l'utilité passée. Mais, répond Tarde, « cela
veut dire que les types et les genres traditionnels sont la
langue nécessaire, logiquement nécessaire de l'art [3] ». On voit
par là que le génie artistique, dont la puissance de sociabilité,
suivant Guyau, réside dans la création d'un nouveau milieu
social [4], est plus encore pour Tarde, puisqu'il devient comme
une vision anticipée, et par suite une réalisation partielle de
l'harmonie logique et téléologique qui, dans un avenir plus ou
moins lointain, fondera la société universelle et idéale. En ce
sens l'art serait donc supérieur peut-être aux religions, qui,
dans le domaine concret, sont bien des facteurs d'union
logique, mais n'ont agi qu'indirectement sur la conciliation
entre la téléologie individuelle et la sociale, à savoir en développant l'amour, cette suprême ressource [5]. Ainsi se précise à
la fois le rôle social respectif de l'art et de la religion, et la
nécessité actuelle de celle-ci sous une forme quelconque.

L'application du système général logique et psychologique
de Tarde aux faits particuliers de l'esthétique est souvent plus
ingénieuse que solide [6]. On pourra noter seulement son idée
que l'art-coutume (aussi bien que la morale de coutume par

1. Cf. *Logique soc.*, pp. 421-429.
2. Cf. *ibid.*, p. 425.
3. Cf. *ibid.*, pp. 406-409.
4. Guyau, *op. cit.*, pp. 42-45.
5. Cf. *Logique soc.*, pp. 212-214.
6. Cf. *ibid.*, pp. 431-451.

rapport à la morale de mode) a plus de fraîcheur que l'art-
mode[1], ce qui est assez paradoxal en un sens, mais s'explique
par l'accord des traditions esthétiques avec le fond national,
comme s'explique par la même raison la durée du classicisme[2],
puis aussi ses remarques sur le rôle de la conversation dans
la genèse des divers genres littéraires et surtout de la critique en général[3], considérations moins intéressantes peut-
être que celles de Guyau sur les rapports entre la critique
et la sympathie sociales[4].

Mais, à un point de vue plus général, Guyau et Tarde semblent
parfaitement d'accord. Le premier en effet note que la fiction
augmente la transmissibilité des émotions, et que, par suite,
« l'art joue un rôle considérable dans cette pénétrabilité
croissante des consciences qui marque chaque progrès de
l'évolution »[5]. Tarde, après avoir d'abord constaté simplement que la fiction artistique était en somme une expression
de l'individuel en vue de l'immortalité, lui découvre ensuite
le rôle logique conciliateur entre les croyances et les désirs
dont on a parlé, et déclare même, rapprochant ainsi l'art de la
religion, qu'en dehors de toute logique ou téléologie, il socialise les sensations individuelles incommunicables directement,
crée entre elles comme une discipline harmonieuse, réalise
en un mot la sensibilité collective[6]. On comprend ainsi pourquoi « plus un peuple devient moral ou devient artiste, moins
il a besoin d'être gouverné », et aussi pourquoi « c'est à la
prépondérance croissante de la vie esthétique, fille des loisirs,
qu'il faut viser, si l'on cherche sérieusement la paix sociale »[7].
C'est l'apogée de cette vie esthétique se réalisant dans un
monde néo-troglodytique, que Tarde a imaginée dans ses
Fragments d'histoire future.

Cette théorie de Tarde a permis à l'un de ses critiques d'établir de curieux rapprochements entre ce sociologue et certains philosophes anciens ou modernes. M. Lionel Dauriac, en

1. Cf. *Lois de l'imit.*, p. 388.
2. Cf. *Logique soc.*, pp. 429-430.
3. Cf. *L'opinion et la foule*, pp. 139-140 et 147.
4. Cf. Guyau, *op. cit.*, pp. 46-55.
5. Cf. *ibid.*, pp. 19-20 .
6. Cf. *Log. soc.*, pp. 394 et 451-459.
7. Cf. *Lois de l'imitation*, pp. 379. — *Opposition univ.*, p. 418.

effet, après avoir indiqué des points de contact entre Tarde d'une part, et de l'autre Hegel et même Héraclite, signale aussi les ressemblances de cette cosmologie sociomorphique avec les hypothèses d'Anaxagore, de Démocrite (ressemblances bien superficielles, celles-ci), et enfin d'Empédocle. « Quand, dit-il, s'attachant à la philosophie du poète Empédocle, on est tenté de voir dans cette philosophie un essai de donner au monde un fondement esthétique, — encore qu'au temps de l'Agrigentin, il n'y eût ni logique, ni esthétique, et qu'avec de la philosophie et de la poésie mêlées on s'imaginât faire de la science, — il suffit de se retourner vers l'auteur des *Lois de l'imitation* et de la *Logique sociale*, pour s'apercevoir que sa riche et presque luxuriante imagination de philosophe poète flottait sur des eaux toutes pareilles. De trois choses l'une en effet : ou bien l'on admet une explication purement mécanique du monde, et, contrairement aux vues de Tarde, on rejette toute finalité; ou l'on assigne à la création de l'univers un but moral, ce qui revient à placer à l'origine des choses un Dieu tout bon et tout puissant; mais Tarde était trop sensible aux émotions qu'excitait en lui la perception du mal et du désordre pour s'incliner à la manière d'un dévot devant les mystères de la Providence; — ou l'on refuse de croire en Dieu, tout en faisant une part à l'action des causes finales; on est alors, tout ensemble, naturaliste et finaliste. Tarde était l'un et l'autre. Il prenait au sérieux, beaucoup plus au sérieux qu'Aristote, la comparaison très grecque — ne devrais-je pas plutôt dire très athénienne? — du monde à une œuvre d'art. Mais se laisser tenter par cette comparaison, c'est bon gré mal gré donner raison, en partie du moins, à l'attitude de Nietzsche, le plus incontestablement hellénique, après Gœthe, de tous les penseurs allemands. Nietzsche, on le sait, se représentait volontiers la création comme un jeu, au sens profond du terme, et se représentait assez souvent la puissance qui gouverne le monde sur le type d'une activité moralement indifférente, mais souverainement intelligente, et très profondément artiste, donc amie de l'unité dans la variété, de l'opposition dans la répétition, éprise par dessus tout de concurrence et de lutte, pourvu que le dernier mot fût assuré de rester à l'harmonie, à la paix, à la variation, à l'individuation.

Est-ce Héraclite dont je paraphrase la philosophie? Est-ce Nietzsche dont je cherche à dégager la pensée favorite? Est-ce Tarde dont je suis occupé à résumer la doctrine? Choisissez. En aucun cas vous ne choisirez mal [1]. » Affirmation trop absolue peut-être, et rapprochements plus ingénieux que solides, car, pour Tarde, la société tout au moins n'est pas essentiellement esthétique. « La société, dit-il, est un système, un système qui diffère d'un système philosophique en ce que les états mentaux dont il se compose sont dispersés entre un grand nombre de cerveaux distincts au lieu d'être ramassés dans un même cerveau. Mais cette différence qui constitue toute celle de la logique sociale à la logique individuelle, seule étudiée par les logiciens, n'empêche pas les règles de celle-ci de s'appliquer, en se transposant, moyennant quelques additions importantes, aux phénomènes de la vie sociale. La vie sociale avec ses concurrences ou ses coalitions d'efforts, avec ses alliances ou ses luttes de partis et de peuples, est une grande et bruyante dialectique qui tend à résoudre un problème ardu, renaissant à chaque âge de ses solutions mêmes, toujours incomplètes et provisoires, le problème d'un maximum de croyances et de désirs à équilibrer [2]. » L'accord logique et téléologique, tel est donc l'aspiration essentielle de la vie humaine pour Tarde. Mais il est vrai que la vie esthétique sera le plus parfait moyen de réaliser cet accord : et bien que cet idéal d'existence soit lointain, on voit déjà comment l'esthétique pourra dominer le logique. Et certes ce n'est pas là le point le moins original de la doctrine de Tarde.

VIII

La parole, comme dit Tarde, est le plus ancien des arts [3]; mais il ne l'a guère étudiée en tant que facteur de la suggestion, et s'est plutôt attaché aux questions de linguistique, au langage en tant qu'objet d'une science spéciale. Les langues,

1. Dauriac, *La philos. de G. Tarde*, in *Année philos.*, t. XVI, pp. 166-167.
2. *Psych. économique*, t. I, pp. 2-3.
3. Cf. *Logique sociale*, p. 415.

en effet, lui semblent éminemment logiques et imitatives[1], et
par conséquent, en faisant abstraction des hypothèses contradictoires, son système devait trouver là une application
facile.

Tarde croit tout d'abord que les monogénistes ont tort
d'affirmer l'unité primitive des langues : il n'est pas possible,
à son avis, de concevoir une apparition multiple et similaire
spontanée non seulement des sons, mais même du fait d'en
proférer ; il y a toujours invention, puis imitation consécutive. Ce sont des nécessités logiques ou des similitudes sensorielles qui expliquent les ressemblances entre les langues ;
leur évolution fut toujours multilinéaire avec tendance à
l'unification, et non pas inversement. Les grammaires, en
effet, sont comme des « traités à la fois naïfs et compliqués
de logique populaire »[2]. Plus absolu que Cournot qui, lui,
admet, à côté du syncrétisme, de la juxtaposition d'éléments nouveaux, un développement organique des langues,
une véritable végétation linguistique, tout en reconnaissant
aussi, d'ailleurs, le rôle considérable de l'imitation, Tarde
explique l'évolution des langues uniquement par l'insertion
de petites innovations successives et coordonnées peu à peu :
à l'appui de sa thèse, il invoque l'autorité de Lefebvre et de
M. Bréal ; il cite comme exemple les inventions nombreuses
et, pour la plupart, non imitées de Rabelais, et revient ainsi
à sa théorie des possibles irréalisés (dans l'ordre de l'imitation, surtout), sur l'importance de l'accidentel en histoire, et
son lien étroit avec le rationnel. Qu'il s'agisse de tels greffages
d'inventions nouvelles, de changements de sons ou de changements de sens, tout s'explique encore par des duels ou des
hymens logiques et parfois même téléologiques : si quelquefois, en effet, la grammaire est absurde, souvent le syllogisme
l'est également. Le seul tort, à ce sujet, des idées de M. Gumplovicz sur les « luttes des races » est donc de négliger trop
l'imitation. La perfection compliquée des langues anciennes
ne peut d'ailleurs s'expliquer que par l'ingéniosité, cette
menue monnaie du génie qui convenait parfaitement à l'élaboration des langues. Au surplus, on a reconnu « l'inventi-

1. Cf. *Logique soc.*, pp. 227-229.
2. Cf. *Lois de l'imit.*, pp. 279-280. — *Logique soc.*, pp. 229-231 et 234.

vité linguistique » des primitifs, et Littré avoue qu'il ne faut nullement les accuser de « barbarie grammaticale[1] ».

Les langues nouvelles, par conséquent, ne se forment jamais par la décomposition pure et simple des anciennes : en juger autrement, ce serait confondre la cause avec la conséquence; ainsi, pour les langues romanes, *chèrement, caramen* et *caramente* sont trois inventions nées quelque part à l'audition du mot latin, et qui ont rayonné de là, dans des régions différentes, par propagation imitative. « Il a fallu, ici et là, l'introduction de microbes inattendus, vraiment neufs, pour amener la décomposition qu'on veut leur donner pour cause. » C'est par la mode seule qu'on peut expliquer le triomphe des langues nouvelles sur les anciennes[2]. Nous retrouvons ici, en effet, l'imitation-coutume et l'imitation-mode. La coutume est primitive : on utilise d'abord la langue des ancêtres parce qu'elle est alors la plus avantageuse pour es communications; puis la conquête, la domination des maîtres étrangers suscite l'imitation-mode de leur langue. La tribu se forme par fusion, et de même la langue dans cette grande famille, à côté de laquelle reste le groupe des déclassés des diverses familles, unis entre eux imitativement, et tout particulièrement par leur langage. Par conséquent, dès les origines, il y a fusionnement, syncrétisme linguistique, comme aussi religieux. Puis, ensuite, les tribus s'unissent en cité, les cités en État, et la langue nationale se constitue par des imitations-modes, non seulement par l'imitation de l'étranger, mais aussi par l'imitation du supérieur qui s'y mêle assez intimement pour interdire tout discernement précis. [3]

Ici surtout, Tarde croit prépondérant le rôle de la conversation, et il pense démontrer, plus clairement encore que dans les autres domaines, que conversation et civilisation vont de pair, et que si deux hommes causent, ce n'est pas seulement pour mieux se connaître, comme le voudrait M. Giddings, pour définir la « conscience d'espèce », mais bien pour en reculer les bornes, pour consolider ou même

1. Cf. *Logique soc.*, pp. 235-254. — *Lois de l'imit.*, p. 288.
2. Cf. *Lois de l'imit.*, pp. 284-287.
3. Cf. *Ibid.*, pp. 279-284.

créer leur association. Voici en effet un exemple du rôle conservateur de la conversation, de la façon dont elle enrichit
les langues : la conversation était très développée dans les
derniers siècles de l'empire romain ; or, après la chute du
régime, c'est-à-dire la modification des classes supérieures
de la société, le latin se décomposa rapidement, n'étant plus
entretenu par les causeries ; en effet, « le paysan isolé se
tait ». Ainsi le latin se perdit, et le néo-latin se développa
avec la civilisation nouvelle. En Grande-Bretagne, où la centralisation des pouvoirs s'est établie plus tôt qu'en France,
où d'ailleurs l'emprisonnement insulaire favorisait la coutume, la langue nationale s'est également fixée et répandue
beaucoup plus rapidement qu'en notre pays [1] ; mais ici Tarde
ne spécifie pas si la race anglo-saxonne était alors particulièrement loquace.

En matière linguistique, on peut distinguer deux sortes
d'imitation-mode : ou bien on apprend la langue étrangère
elle-même, ou bien on donne à la sienne les formes de
l'étrangère ; parfois on utilise simultanément les deux procédés, et il en fut ainsi pou.   langue grecque à Rome. L'un et
l'autre système aboutissent d'ailleurs semblablement à une
nouvelle coutume. C'est pourquoi il n'y a pas lieu de s'étonner si, malgré la puissance de l'imitation, l'unification linguistique reste des plus lentes ; c'est qu'ici la coutume nouvelle
arrête toujours promptement la mode, soit qu'elle consacre
les innovations, soit qu'elle les repousse. Et, à ce propos,
Tarde risque cette définition assez sceptique. « Un classique
est un ancien novateur littéraire, imité et admiré de ses
petits-neveux après l'avoir été de ses contemporains parce
que sa langue n'a pas changé. » Autrement dit, le classicisme,
c'est la mode passée, consacrée et fixée par la coutume [2].

Néanmoins, ici comme dans tout le domaine social, Tarde
veut croire au progrès vers l'unité compréhensive. La différenciation dans le temps et l'uniformisation dans l'espace se
compensent encore, si même la première ne l'emporte pas ;
mais, peu à peu, la stabilité même dans le temps doit s'établir
et s'universaliser. Et Tarde semblait pressentir déjà le succès

1. Cf. *L'opinion et la foule*, pp. 128-133.
2. Cf. *Lois de l'imitation*, pp. 284 et 288-290.

assez prononcé de la langue universelle Espéranto, lorsque, leibnizien et disciple de Cournot[1] sur ce point encore, il souhaitait qu'on renouvelât l'essai imparfait du Volapük, non pas tant pour parvenir à l'établissement d'une véritable « caractéristique universelle », que pour réaliser ainsi une harmonisation relative de l'invention linguistique[2].

1. Cf. Cournot, *Essai sur les fond. de nos connaiss.*, t. II, pp. 16-17.
2. Cf. *Logique sociale*, pp. 202 et 254-256.

CONCLUSION

I

Le caractère le plus frappant de la sociologie de Tarde est l'originalité du point de vue.

Auguste Comte, le père ou du moins le parrain de la science nouvelle, a senti l'insuffisance de la littérature philosophique du xviiie siècle : Voltaire, Diderot, d'Holbach et tant d'autres ont admiré la science ; ils n'ont pas su lui rattacher fortement leurs considérations politiques et sociales, toujours étroitement confondues d'ailleurs ; ils n'ont pas compris quelle solidarité hiérarchique unit tous les domaines scientifiques, depuis les pures abstractions et généralités jusqu'aux réalités les plus concrètes et les plus différenciées ; enfin ils se sont égarés continuellement, Rousseau surtout, dans la question métaphysique des origines. Mais la partie positive de la sociologie de Comte reste inférieure à cette partie critique ; sa statique sociale ne se dégage que péniblement des sentiers battus de l'économie politique, et sa dynamique sociale reste une philosophie de l'histoire, une systématisation sans fondement ni portée scientifiques.

Stuart Mill, économiste par profession et vocation primitive, n'oublie cependant jamais qu'il est aussi le fils d'un des principaux représentants de l'école psychologique écossaise. C'est par rapport à l'homme qu'il considère le fait économique, et lorsqu'il posera les bases d'une science sociale, celle-ci restera strictement psychologique et logique, indifférente à ce qui n'est pas le caractère de l'individu considéré isolément, et son rôle particulier dans les faits sociaux ; sa sociologie, en un mot, sera trop historique et idéaliste dans sa méthode.

Bien différent est l'évolutionnisme de Herbert Spencer, vaste synthèse scientifique où la solidarité rayonnante devait en principe se substituer à la hiérarchie positiviste, mais où, en réalité, c'est encore la classification linéaire de Comte qui s'impose trop absolument, et non toujours avec l'adéquation désirable, aux réalités : ce défaut d'ailleurs n'est pas suffisamment compensé par l'introduction assez factice de la psychologie dans l'échelle des sciences. L'inconnaissable y est théoriquement admis, mais négligé dans la pratique : en effet, dans tout le domaine des sciences tel que le conçoit Spencer, le matérialisme darwiniste règne en maître ; la sociologie, comme la psychologie, n'est plus qu'une biologie très complexe, où l'élément, l'individu, s'explique par le tout, et non inversement.

Puis M. Espinas vint élargir le domaine de la sociologie dans son étude des sociétés animales, et de plus chercher là les bases d'une nouvelle doctrine générale où la thèse organiciste se modifiait et s'exprimait en une formule moins absolue, plus compréhensive. La coordination, l'organisation sociale n'y est plus la source d'inductions analogiques contestables, et si l'intérêt est encore un des fondements de la réciprocité de services à quoi se ramène le fait social, du moins cette coopération se fondè-t-elle également, et de plus en plus à mesure qu'on s'élève dans l'échelle des sociétés, sur la sympathie, affection plus que familiale, irréductible aux conséquences psychologiques de la vie organique. Ainsi le point de vue sentimental des psychologues et moralistes anglais, et peut-être même la métaphysique du sentiment de Schopenhauer, venaient s'unir aux principes scientifiques de Comte et de Spencer, corriger la froideur du positivisme, dont ils précisaient et développaient la thèse altruiste, et calmer aussi l'enthousiasme exclusif de l'évolutionnisme pour les interprétations un peu forcées et simplistes de l'école biologique.

Celle-ci cependant restait en faveur auprès des criminologues et sociologues italiens. D'autre part, la thèse de la solidarité organique s'imprégnait de mysticisme chrétien, et se présentait d'ailleurs sous une forme apocalyptique renouvelée de Lamennais, dans *La Cité moderne* de M. Izoulet; la notion morale et vague de solidarité, de « symbiose », est le *primum movens* de cette théorie, et la domination absolue du milieu social sur l'individu y devient un dogme plutôt encore qu'une loi. De son côté, M. de Roberty, avec son *psychisme collectif* ou *socialité*, s'unissant au facteur organique et à l'idéalité (conscience individuelle) pour produire l'être social, côtoyait de bien près l'ontologie. Cependant que M. Fouillée, sacrifiant à l'éclectisme, réagissait déjà contre le monisme naturaliste, en imaginant la thèse de l'*organisme contractuel*, qui replaçait le phénomène psychologique, le contrat à la base, et le phénomène surtout matériel, physique, l'organisation, l'adaptation spencérienne au sommet de l'évolution sociale. Enfin, tandis que les théoriciens socialistes confondaient souvent économie politique et science sociale, M. Durkheim, disciple indépendant de Montesquieu et du positivisme, proposait une méthode d'une incontestable originalité : respectueux de la théorie du milieu, transposée du domaine biologique dans le domaine sociologique, il proclamait le fait social extérieur et supérieur à l'être social (si du moins l'individu peut être considéré comme tel), lui attribuait une existence indépendante se manifestant dans la formule verbale ou scripturale, et par suite une action coercitive qui, seule, lui permettra de s'imposer à l'individu. Ainsi devait s'établir une sociologie véritablement autonome.

C'est à cette phase du développement de la science sociale, alors que l'ardeur aventureuse des anthropologistes ou naturalistes, des économistes eux-mêmes incapables de résister davantage au mouvement, des théoriciens politiques cherchant des bases spéculatives à leurs doctrines pratiques, enfin des diverses écoles philosophiques, vient écarteler la sociologie naissante dans les directions les plus contradictoires, en disperser l'évolution et par suite en menacer l'existence même, c'est alors qu'apparaît l'œuvre si personnelle, et, dans le domaine de la sociologie, si synthétique, de Gabriel Tarde.

Tarde n'est ni un philosophe, ni un naturaliste, ni un économiste de profession. Il s'est d'abord destiné aux mathématiques, et s'est initié assez profondément à la science fondamentale, dont il a reconnu les rapports avec la logique ; c'est pourquoi, peut-être, loin d'admettre que celle-ci soit purement qualitative, il dépassera de beaucoup en un sens le matérialisme et le positivisme dans son respect de la quantification. Puis une grave maladie des yeux vient lui interdire cet ordre d'études où la vue est tout particulièrement mise à contribution. Devenu par nécessité *unius libri*, comme il le dit lui-même, il apaise sa faim de savoir en lisant à petites doses, condition singulièrement favorable, l'œuvre d'Augustin Cournot ; il s'attache à ce grand criticiste français, si peu connu de ses contemporains et de la postérité immédiate, surtout en France, et il s'imprègne de sa pensée, mais sans l'interpréter toujours, il est vrai, avec la prudence désirable. Entre temps, cependant, il a étudié le droit, qui ne demande que peu de lecture, et bientôt, après une courte période de début, il est juge d'instruction dans son pays natal, à Sarlat. De par ses fonctions, Tarde est conduit, autant sans doute que par la spéculation pure, à remarquer l'importance primordiale de l'exemple, de la suggestion d'individu à individu : le juge d'instruction, en effet, s'inquiète fort peu de la complicité anonyme du milieu, ce sont toujours les individus qu'il considère ; et de même il se résout très difficilement à regarder le criminel comme un malade, puisque l'inutilité de la magistrature serait le corollaire immédiat de cet aveu. Ce sont là des préjugés professionnels auxquels Tarde, haute intelligence rationnelle et compréhensive, céda sans doute moins qu'un autre, mais dont cependant on retrouve la trace dans sa doctrine sociologique. Au surplus, ce magistrat est poète, il a du style et de la verve, ce qui n'est pas fréquent chez les philosophes. Cependant l'influence de Cournot l'incline à la méditation spéculative, et la criminologie lui est d'ailleurs une occasion de publications scientifiques. Il néglige bientôt la poésie et la comédie de salon, pour consacrer spécialement ses loisirs à des travaux désintéressés plus austères : ses articles sur « la croyance et le désir » paraissent dans la *Revue philosophique*, et révèlent en lui un psychologue

hardi et absolument original ; il touche aussi, dès lors, à l'économie politique ; puis paraît *La Criminalité comparée* où déjà
la théorie de la suggestion venait compléter partiellement le
système psychologique de Tarde ; enfin deux ans plus tard,
en 1890, *Les Lois de l'imitation* donnaient la clef de toute sa
doctrine et consacraient sa réputation, au moins dans le public
philosophique.

Comme il l'a dit parfois lui-même, les idées qu'il développait dans ses publications leur étaient bien antérieures ; depuis
longtemps, sans doute, son siège était fait. Aussi ses ouvrages
ultérieurs furent-ils le développement très méthodique, non
pas chronologiquement, mais logiquement, des *Lois de l'imitation*. Et quand, après vingt années de vie provinciale, il fut
nommé, en 1894, directeur de la statistique au ministère de la
justice, en attendant les honneurs ultimes de l'Institut et du
Collège de France, il ne semble pas que ce changement d'existence ait beaucoup influé sur l'évolution de ses idées essentielles. Seulement la vie intensive de la capitale lui inspira
l'application de son système au phénomène de l'opinion, à
l'étude des publics et des foules, à l'influence sociale de la
conversation et de la Presse, tandis que la statistique le con-
firmait plutôt dans son point de vue « individualiste » et « imitatif ». Peut-être aussi ses dernières œuvres laissent-elles
parfois entrevoir une pensée pessimiste, dont sa dépression
physique croissante était sans doute non moins responsable
que les révélations de la statistique judiciaire et l'observation
directe des oppositions sociales, de la lutte pour la vie dans
l'immense agglomération parisienne.

Toute la critique méthodologique de Tarde gravite naturellement autour de cette question essentielle ; quel est le fait
social spécifique et élémentaire ? Pas plus que Cournot, qui
cependant nuance et justifie mieux sa critique, Tarde ne saurait se contenter de la philosophie de l'histoire, parce que
ce n'est là pour lui qu'une fiction contradictoire dans les
termes. L'histoire n'est à ses yeux qu'une science inférieure,
l'étude purement narrative et descriptive de l'accidentel, du
fortuit, des « inventions » humaines. Elle ne peut prétendre
au point de vue « théorique », le seul vraiment scientifique
et qui consiste, suivant Tarde, en la reconnaissance de répé-

titions spécifiques, quantités indispensables à la détermina-
nation inductive de rapports de causalité. Cette théorie
demande un substratum métaphysique, sans lequel du moins
cette définition assez peu classique de la science serait difficile à justifier. Parmi les essais d'interprétation universelle,
c'est la monadologie qui semble à Tarde le moins improbable.
Il ne voit nullement l'homogénéité à la base des choses : la
notion d'une substance unie se différenciant progressivement
lui déplait, car, dit-il, il faut bien admettre un principe de
différenciation (ce qui est d'ailleurs une manière de dualisme)
pour le premier phénomène différentiel tout au moins, si
tant est que tous les autres dérivent de celui-ci par voie
de causation déterminée ; d'autre part, au point de vue expérimental, n'est-il pas visible, surtout dans le monde social,
que c'est plutôt la diversité qui évolue vers l'union que l'unité
vers les différences? C'est donc la variété, l'hétérogénéité,
que l'expérience, comme la logique, nous incline à juger primitive. Et l'homogénéité vers laquelle elle tend n'est même
qu'un moyen, dont le but sera une différenciation supérieure
harmonieuse. La science contemporaine, en effet, dans ses
diverses branches, et indépendamment de toute spéculation
philosophique, et en particulier les théories atomiste, cellulaire, microbienne, ont mis en lumière l'importance primordiale de l'infinitésimal : or seule la monade, élément dynamique et d'ailleurs infinitésimal, sera susceptible d'expliquer
l'initiative des variations. Dès lors toute évolution s'expliquera non par différenciation, mais par greffage, par association. Le monisme ne sera ni matérialiste, ni mixte (matière
et esprit dérivant d'une substance commune et inconnaissable), il sera psychomorphique; car il n'y a aucun inconvénient à reconnaître que la matière est spirituelle, si l'on
s'aperçoit que l'esprit contient deux éléments fondamentaux
quantitatifs : désir et croyance. Enfin il s'agira de monades
non pas closes, mais bien essentiellement communicatives,
susceptibles d'influence réciproque, et par conséquent socia-
bles : c'est là ce que Tarde appelle le sociomorphisme des
monades. Trois ordres de phénomènes se manifestent dans
les rapports entre ces individualités élémentaires caractérisées, et d'ailleurs dans les rapports entre toutes les réali-

tés. Les unes s'imitent, se répétent, les autres s'opposent,
toutes s'accordent, se concilient, s'adaptent plus ou moins.
Cette adaptation n'est d'ailleurs que provisoire, car la loi de
variation universelle, condition du progrès, suscite toujours
de nouvelles oppositions, sources d'adaptations supérieures.
Ces quatre principes de variation, d'imitation, d'opposition et
d'adaptation seront donc les ressorts de la cosmologie sociale
de Tarde.

Cette hypothèse métaphysique, on s'en aperçoit aisément,
implique le rejet de toutes les doctrines sociologiques antérieures : elle ne peut admettre en effet ni la loi d'évolution
unilinéaire de l'homogénéité confuse à l'hétérogénéité coordonnée; ni la thèse organiciste sous sa forme matérialiste ou
sous le point de vue de la réciprocité de services, car l'organisation, l'adaptation, n'est pour Tarde qu'un moyen, non une
fin; ni enfin la thèse autonomiste qui méconnaît le psychisme
universel et transforme le groupement des individualités
élémentaires en une entité nuageuse, le milieu. Par conséquent, la sociologie de Tarde sera psychologique et considérera l'individu comme facteur et non comme fonction de la
collectivité.

Cependant il ne s'agit pas d'une psychologie individuelle,
qui au surplus n'a guère de réalité en dehors de la psychologie physiologique. C'est d'une psychologie sociale qu'on entend parler, ou plutôt d'une interpsychologie, étudiant les
rapports mentaux de l'individu avec ses semblables. Pour
l'homme, en effet, l'intermental ne se confond pas avec
l'extramental, la personne humaine avec le monde extérieur.
Quand l'homme perçoit l'homme, l'identité de l'objet et du
sujet est réalisée, et l'être subjectif ne peut nier l'être objectif qu'en se niant soi-même : l'intermental est l'écueil du
scepticisme idéaliste : il ne tolère que la négation, contradictoire en les termes, du scepticisme absolu. Et c'est pourquoi
sans doute il joue un rôle beaucoup plus considérable que
celui de l'extramental dans le développement intellectuel de
l'individu. Quels sont donc les éléments et le mécanisme de
cet échange, de cette action réciproque qui fonde l'interpsychologie? Les seuls éléments communicables, ce sont les
deux forces essentielles, variables dans leur degré mais non

dans leur nature d'un individu à un autre, l'avidité mentale et sa cause finale, la constriction mentale, autrement dit le désir et la croyance. En effet, la sensation, que la science moderne s'est efforcée de quantifier, qu'elle a choisie comme base d'une psychologie positive, est en elle-même qualitative, relative à l'individu : seule la part de désir et de croyance, c'est-à-dire de plaisir ou de douleur et d'attention, qui s'y mêle, est mesurable; c'est pourquoi d'ailleurs le sentiment, où cette part non purement affective est considérable, joue un rôle important dans la vie interpsychologique. L'identité de nature du désir et de la croyance sous les nuances de leurs manifestations individuelles les rend susceptibles d'addition non seulement en tant qu'ils se spécifient à l'intérieur d'un même esprit, mais aussi entre des intelligences distinctes, entre les notions et les volitions, les desseins et les jugements de plusieurs individus. Et ce sera le rôle de la statistique bien comprise d'additionner et peser en même temps les quantités du Désir et de la Croyance universels exprimés dans les diverses manifestations de l'activité humaine. Quant au mécanisme interpsychologique, c'est l'action suggestive, profondément étudiée sous sa forme pathologique par la science contemporaine, mais négligée sous sa forme normale, d'une réalité si évidente cependant et d'une importance si considérable. La suggestion hypnotique n'est pas autre chose en effet, suivant Tarde, que la transmission intermentale presque coercitive d'un désir ou d'une croyance, et la même transmission à l'état normal n'en diffère que parce qu'elle est persuasive, et toujours suivie d'ailleurs d'une réciprocité plus ou moins prononcée. Tarde confond par conséquent dès maintenant l'obéissance sous sa forme la plus absolue (suggestibilité hypnotique) avec l'accession raisonnée ou sympathique au désir d'autrui, l'acceptation réfléchie ou débonnaire de sa croyance. Peu importe que la cause de la répétition, de la similitude de désir ou de croyance, soit physique, sentimentale, extralogique ou logique : le fait en lui-même est seul intéressant. Cependant la véritable suggestion interpsychologique, et surtout sociale, est celle qui a pour base la sympathie: c'est sur l'Amour, non sur l'utilité ou la crainte, que se fonde la société.

La sociologie est en effet, pour Tarde, l'application objective, le développement de cette interpsychologie essentielle
qui étudie la transmission intermentale des désirs et des
croyances. La connaissance réciproque n'est qu'un phénomène interpsychologique très inférieur, et de même les rapports sociaux non intermentaux, mécaniques ou biologiques,
ne relèvent de la science sociale que par leurs caractères de
désirabilité ou de crédibilité, et non pas en eux-mêmes. La
sociologie étudiera donc, en général et dans leurs manifestations particulières, les répétitions, les oppositions et les
adaptations sociales, puis aussi (mais seulement dans sa
nature et son mécanisme général, car le détail ici n'est rien
moins que le domaine de l'histoire universelle), l'invention,
fille de la variation universelle, et source multiple de l'évolution sociale.

La répétition universelle se manifeste dans le monde physique par l'ondulation, dans le monde vivant par la génération, dans la psychologie individuelle par l'habitude. Sa
manifestation sociale est l'imitation, fait social élémentaire et
spécifique. C'est par elle seulement que s'expliquent les
similitudes à l'intérieur des sociétés ou entre plusieurs
d'entre elles, car, si vraiment il existe des similitudes
humaines originelles, non imitatives, elles sont d'essence
biologique et n'ont aucune signification sociale, en vertu du
principe d'hétérogénéité primordiale et élémentaire. L'explication des similitudes par l'analogie fondamentale des intelligences humaines est insuffisante : celle-ci n'est qu'une
condition nécessaire à la suggestion ; c'est cette dernière, et
l'imitation, son aspect objectif, qui seules permettent une
conception compréhensive de la sociologie, science universelle (aussi bien que la psychologie d'ailleurs) et non pas
servante de la biologie. Par l'imitation on expliquera la conception mystique de l'harmonie préétablie, la conception
ontologique du milieu qui se ramène à des imitations inter-
individuelles, enfin l'hérédité psychologique elle-même. Il y
a lieu de distinguer d'ailleurs entre l'imitation-coutume,
stable, limitée, attachée à la tradition, et l'imitation-mode,
instable dans le temps, mais universelle, favorable aux innovations ; la marche habituelle de l'évolution sociale est la sui-

vante : 1° imitation-coutume restreinte (groupe familial);
2° imitation-mode prosélytique (réunion de familles par imitation); 3° imitation-coutume élargie et consolidée (groupement national). C'est là un ordre de phénomènes irréversible qui assure l'élargissement graduel de la coutume et, parallèlement, des groupes sociaux. Enfin, il y a, suivant Tarde, trois lois logiques de l'imitation : la première est que l'inférieur imite toujours le supérieur réel ou présumé ; la seconde, qu'il y a bientôt réciprocité de la part du supérieur ; la troisième enfin est que l'imitation va du dedans au dehors, qu'il y a adhésion mentale avant répétition matérielle, adoption des buts avant imitation des moyens.

A ce point de vue encore, le mécanisme social apparaît comme essentiellement psychologique. Il y a en effet une logique sociale qui décide de l'accord des croyances, une téléologie sociale qui concilie les intérêts, comme la logique et la téléologie individuelles organisent les désirs et les croyances dans l'intramental. Par suite, le procédé syllogistique recouvrera une double valeur : Tarde, en effet, fondera sur sa théorie de la croyance et du désir une nouvelle conception, beaucoup plus féconde que l'ancienne, du syllogisme individuel, et d'autre part il reconnaîtra au fond de tout phénomène social, un syllogisme naturel, pratique, application déductive des principe acquis aux faits nouveaux, qui sera le procédé élémentaire dans le mécanisme de l'évolution universelle. Toute action sociale comme toute action mentale, tout rapport inter-individuel comme tout rapport inter-idéal constitue en effet soit un accouplement, un hymen, soit un duel logique ou téléologique. L'hymen est primitif quand il y a imitation ; il est dérivé, et sans doute relatif, quand il s'agit d'une adaptation : en ce cas, l'accord succède au duel, qui se traduit dans les oppositions.

L'imitation intermentale était la source de l'imitation intramentale, de l'habitude : au contraire l'opposition sociale n'apparaît que lorsque cesse l'hésitation individuelle, l'opposition intramentale, bien que le doute et l'inconstance, propagés imitativement, prennent aussi par là même un caractère social. Si d'ailleurs la véritable opposition est la polarité, l'opposition dynamique, non de deux complémentaires (car

il s'agit alors d'une véritable adaptation), mais de deux contraires équidistants d'un état neutre ou zéro, encore faut-il
établir certaines distinctions, et discerner en particulier
entre les oppositions-rythmes, qui ne sont qu'une modalité
particulière de variation, puisque les termes en sont
successifs, et qui par suite n'ont pas grand intérêt scientifique, et les oppositions-luttes où se manifeste véritablement
l'action contraire dans la polarisation. C'est à celles-ci, dans
l'ordre social, que Tarde s'attache particulièrement : il y distingue la discussion, opposition spéculative, la plus proche
du pur duel logique, la concurrence, opposition téléologique
et surtout économique, enfin la guerre, synthèse de toutes
les oppositions sociales. Elles lui semblent toutes trois
s'élargir progressivement, comme les êtres sociaux entre
lesquels elles se produisent, et tendre par suite à l'apaisement. Tarde ne peut croire, en effet, que l'opposition sous
ces diverses formes soit, ou même ait jamais été un procédé
nécessaire ou absolument utile à l'évolution sociale : il
admet l'accord logique antérieur et supérieur au duel, aussi
bien qu'il y voit l'aboutissement inéluctable, proche ou lointain, du conflit.

Sous cette dernière forme, l'accord, a-t-on dit, deviendra
l'adaptation sociale, qui, autant qu'on puisse préciser la pensée
un peu fuyante de Tarde, est bien une sorte d'imitation nuancée, de conciliation et de coordination impliquées par le phénomène associatif. Pour comprendre, en effet, l'adaptation
sociale, il la faut rapprocher de l'adaptation individuelle,
intramentale, de l'invention. Celle-ci a pour principe transcendantal la variation universelle, mais elle a pour cause immédiate une interférence de deux rayonnements imitatifs indépendants jusqu'alors, interférence fortuite selon Tarde, ce
qui limite la sociologie à la prévision conditionnelle, et permet
de tourner la question du libre arbitre par l'admission de la
contingence, du rôle de l'accidentel. Le génie est l'accident
indispensable à l'évolution sociale : il n'est pour Tarde ni une
névrose, ni l'effet d'une prédétermination dont l'hérédité et
le milieu seraient responsables : mais d'autre part il semble
bien qu'il se réduise pour lui à une association d'idées excep-
tionnellement heureuse, épithète assez peu significative

d'ailleurs dans son système, car, dans le domaine véritablement social, en dehors de ce qui est vital, Tarde semble
admettre que c'est toujours l'invention qui crée le besoin, et
non inversement. Et ce paradoxe est une conséquence logiquement déduite de sa critique de la notion de milieu, puisque
pour lui la réalité sociale est fonction et non pas facteur des
phénomènes individuels. L'invention géniale est donc spontanée, l'homme de génie est donc un initiateur, le promoteur
d'un rayonnement imitatif à travers la collectivité, et non
pas la concentration sublimée, l'individuation de la conscience
collective. Tarde reconnaît d'ailleurs que sa définition très
large de l'invention permet de comprendre la fréquence et
l'importance des inventions obscures : on peut même dire que
chaque individualité humaine, à des degrés très divers, contribue pour sa part à l'accroissement du capital d'inventions
qu'utilise la société universelle.

Enfin si la chaîne des inventions n'est pas déterminée dans
son déroulement, dans l'apparition de ses chaînons, du moins
est-elle irréversible, comme toutes les séries de réalités les
plus importantes : les rythmes ne sont jamais que superficiels ;
au cœur du réel se manifeste toujours une évolution progressive, qui jamais ne sera suivie d'une dissolution inverse
et compensatrice par destruction. Par l'imitation, par l'élargissement des groupes en associations et fédérations, conséquence d'un accord logique ou téléologique suggéré, implicite,
se réalise le progrès social. La variation, source de rythmes et
d'oppositions est amplement contre-balancée par l'imitation
égalisante et unifiante, et si la conception de Spencer est in-
exacte, du moins le progrès ne sera-t-il pas infini : il s'enroule
en spirale vers son but indéterminé, comme une courbe vers
un centre asymptote. Toutefois, même quand ce but sera
atteint, la variation conservera ses droits : et, par dessus cette
coordination homogène de la primitive diversité hétérogène et
incohérente, fleuriront de nouvelles variétés supérieures de
réalités individuelles, respectivement indifférentes, sinon harmoniques, parce que purement esthétiques. L'infinitésimal
est donc aussi bien la cause finale que la cause première de
l'évolution progressive.

Après les phénomènes sociaux élémentaires, la sociologie

doit étudier les êtres sociaux, le groupement social dans ses modalités les plus générales. D'après la théorie de la suggestion-imitation, le couple social par excellence serait celui constitué par deux individus s'imitant ou susceptibles de s'imiter; car la notion de services est ici insuffisante : si 'aide est unilatérale, le phénomène n'a pas un caractère social, si elle est réciproque, on doit la considérer sous son aspect imitatif. Par conséquent, le couple du magnétiseur et du sujet serait plutôt encore l'être social élémentaire que le couple sexuel en tant que tel. Néanmoins, on peut ici serrer de plus près la réalité, ne pas négliger la question des origines, et désigner la famille comme le groupement social élémentaire, puisqu'aussi bien elle est le berceau de l'imitation. C'est en effet une société très simple, où les rapports sympathiques sont particulièrement développés, et d'ailleurs le père règne, et surtout régnait par son prestige, parfois aussi la mère, quoique Tarde ne soit guère favorable à la thèse du matriarcat. Il est assez porté d'ailleurs, à nier également la promiscuité, la polyandrie et la polygynie chez les primitifs, puisque, dit-il, les animaux supérieurs sont déjà monogames. Le groupe familial se développe par accroissement intérieur ou extérieur, et c'est seulement sous cette seconde forme qu'il est susceptible d'un haut progrès; de lui dérivent, dans l'ordre téléologique, l'État, dans l'ordre logique, l'Église. Enfin, et ceci prouve bien son caractère essentiel et primitif, le lien familial persiste toujours très prononcé sous les autres liens sociaux qui se superposent à lui.

Une autre modalité générale du groupement social est celle où, au contraire, nul facteur biologique n'intervient; et ici, suivant que le groupement est effectif, matériel, ou seulement spirituel, on distinguera entre les foules et les publics. La foule n'a pas d'histoire; c'est un groupement invariable, inextensible, le plus ancien après la famille. Les rapports mécaniques y sont au moins aussi importants que les rapports psychologiques. C'est une masse homogène et confuse, où les suggestions du meneur proprement dit, ou de l'un des éléments, ont une répercussion intense et presque pathologique. Le public, au contraire, groupement hétérogène, disséminé dans l'espace, uni seulement par la croyance ou le désir,

indépendant d'ailleurs des influences de la race et des phénomènes naturels, est en relation beaucoup plus étroite,
réciproque d'ailleurs, avec son publiciste qui agit sur lui par
le livre ou surtout par la Presse. Le lien du public, c'est, en
effet, l'opinion, qui consiste en réalité dans l'accord des volontés comme des opinions particulières. Elle n'est pas toute
puissante, puisque la tradition, ce véritable frein social, et la
raison, opinion d'une élite, lui font souvent obstacle. Néanmoins son importance grandit chaque jour, parallèlement
au développement de la Presse, succédané puissant, par son
caractère extensif, de la correspondance et de la conversation,
qui d'ailleurs n'a nullement détrôné cette dernière, facteur
le plus efficace, le plus parfait de suggestion passive, et ne
fait que collaborer avec elle.

Enfin, pour ce qui est des phénomènes et groupements
sociaux particuliers, l'économie politique et la politique sont
pour Tarde matière à interprétations psychologiques : il explique les notions de valeur et de pouvoir par sa théorie du
désir et de la croyance, et applique la distinction entre les
imitations, les oppositions et les adaptations à la classification des phénomènes économiques et politiques, comme aussi
les notions de mode et de coutume; toutes constructions
ingénieuses, mais fragiles. En matière de droit et de criminologie, il ne peut systématiser que sur des points de détail, et
de même pour les langues, tandis que la religion et l'esthétique, la foi et le goût du beau, principes d'union, lui sont
une occasion de développer en d'intéressantes considérations
pratiques, ses théories sur l'accord logique et le progrès
social.

II

On ne saurait entreprendre ici la critique intime de la
nouvelle monadologie imaginée par Tarde ; ce serait prétendre à résoudre brièvement la suprême énigme, et d'ailleurs,
si cette hypothèse peut apparaître comme le fondement
transcendantal de la théorie de l'imitation qui impliquait
multiplicité élémentaire et influence réciproque entre les

éléments, elle n'en est probablement en fait que l'ingénieux
corollaire. Notons seulement que le reproche souvent adressé
par Tarde à l'école biologique se retourne contre sa méthode
idéaliste : ce n'est pas à la lumière faible et vacillante de la
métaphysique qu'il sera possible d'analyser clairement le
complexus social, de trouver à la sociologie des bases solides
sur lesquelles viennent se briser les vaines objections de
principe. Par exemple, la théorie des possibles, diminuant
par l'admission de la contingence la portée pratique de la
science sociale, ne donne cependant pas satisfaction aux
partisans résolus du libre arbitre, et l'on retrouve cette ambiguïté du possibilisme métaphysique dans son application
psycho-sociale, la théorie de la suggestion, puisqu'il n'y a
sans doute qu'une question de dosage, une différence de
degré entre la coercition et la persuasion, telle du moins que
Tarde la comprend.

Le psychomorphisme est d'ailleurs une hypothèse dangereuse, et même difficilement conciliable avec le primat de
l'hétérogénéité individualisée, puisque le « panpsychisme »
se concevrait plutôt comme une transposition dynamiste du
panthéisme. Et si Tarde a eu le mérite de signaler avec insis-
tance le sociomorphisme universel, encore l'ingénieuse substitution de la notion d'Avoir à celle d'Être n'entraine-t-elle
pas l'universalisation de la croyance-possession, car cette
identification implique le psychomorphisme plutôt qu'elle ne
l'explique.

A cette psychologie pénétrée de métaphysique, la prétendue quantification de la croyance et du désir ne saurait
rendre un caractère scientifique ; car, en préconisant un procédé de mensuration à l'intérieur d'un même esprit, Tarde
laisse apercevoir qu'il n'est aucune comparaison quantitative
possible entre le désir respectif de deux individus pour un
même objet, leur croyance en une même affirmation. Si,
comme il le voudrait, la statistique additionnait des croyances et des désirs (c'est-à-dire, avoue-t-il, des individus
croyants et désireux), et non pas les actes, les produits, les
réalités, en lesquels s'expriment la tendance et la foi, elle
arriverait au même résultat que si, par exemple, pour un re-
censement de la fortune monétaire, elle considérait simple-

ment le nombre des coffres-forts, porte-monnaie ou bas
de laine sans s'inquiéter du poids de leur contenu, ou
même le nombre des pièces de monnaie sans tenir compte
de leur valeur.

Indépendamment de ces annexes métaphysiques, dont on
doit accorder la disjonction à Tarde, la théorie de l'imitation
n'en reste pas moins contestable en elle-même.

C'est à la critique comparative, si développée depuis les
innombrables découvertes archéologiques du siècle dernier,
que le phénomène imitatif doit son exaltation. Les histoires
de la religion, de la littérature et de l'art ont mis en relief de
multiples similitudes, d'où certains, plutôt naturalistes, ont
conclu à la parenté, à l'hérédité psychologique ou du moins
à l'homologie fondamentale de l'intelligence humaine, tandis
que d'autres, et les plus nombreux, supposaient l'imitation.
C'est cette dernière hypothèse que Tarde a systématisée en
l'appuyant sur une argumentation riche et originale. Il la
soutiendra même sous sa forme la plus absolue, comparant
souvent, lui l'adversaire instinctif du darwinisme, cette
répétition sociale spécifique à l'imitation simienne, absurde
et caricaturale. Le paradoxe n'était-il pas déjà trop flagrant,
et peut-être l'intention trop ironique, pour que l'hypothèse
conservât un caractère véritablement scientifique ?

Cependant, si, négligeant l'exagération des formules, on accorde provisoirement à Tarde que les similitudes sociales
ne s'expliquent pas par l'homogénéité universelle de l'« humaine nature », par l'existence d'un minimum d'idées et
d'actions commun à tous les hommes, ceci ne suffira pas
encore à démontrer que l'imitation joue un rôle exclusif
ou même prépondérant dans la vie sociale.

D'abord, la répétition spécifique est bien la raison nécessaire, mais non la raison suffisante de la recherche scientifique, car son intérêt réside dans la multiplication des rapports
particuliers similaires de cause à effet, d'où seulement l'on
peut induire les lois générales sans lesquelles il n'est pas
d'autre science que l'empirisme. De plus la génération ne
serait l'analogue biologique de l'imitation sociale que si l'on
admettait dans tout acte d'imitation une part d'initiative
importante ; or, Tarde ne saurait admettre que l'imitation et

l'invention diffèrent seulement par le degré d'originalité dans l'association d'idées. Et cependant, chaque idée, chaque action humaine n'est-elle pas partiellement imitation, partiellement invention ? La pensée et l'activité, même lorsque leurs manifestations conservent entre elles le maximum d'analogie, sont pourtant nuancées différemment suivant les individus. L'imitation n'est qu'un minimum d'invention, et l'invention un minimum d'imitation. Peu importe, surtout objectivement, que l'acte se réalise par coordination de données intramentales (c'est-à-dire déjà emmagasinées, mais d'origine également inter- ou extra-mentale), ou par coordination de données telles avec la perception immédiate d'un certain acte, la connaissance immédiate d'une certaine idée d'autrui. Ceci d'ailleurs se rattache également à la question des causes de l'imitation.

Tarde prévoit en effet une double objection générale à son système [1]. La première sera que « l'homme n'invente pas pour le plaisir d'inventer, mais pour répondre à une nécessitée sentie », que la civilisation est « la multiplication ou le remplacement graduel des besoins autant que l'accumulation et la substitution graduelles des industries et des arts ». Tarde répond qu'il n'existe pas de besoin avant la connaissance, la spécification de son objet, autrement dit avant l'invention, du moins au sens psychologique où il l'entend : ainsi, dit-il, c'est le vêtement qui crée la pudeur et non inversement.

La théorie, comme on voit, est assez positiviste, au moins dans ses conséquences. Elle consiste en somme à distinguer, dans le besoin, entre le désir et la notion, celle-ci étant déjà comme une invention préalable. Et si l'on objectait à Tarde que souvent la notion similaire existe chez divers individus sans qu'il y ait eu entre eux suggestion imitative (ce qui reviendrait alors à admettre l'invention collective), il répondrait qu'une telle similitude originelle ne peut caractériser que des besoins vitaux et non pas sociaux. C'est en effet grâce à cette même distinction qu'il cherche à maintenir sa thèse générale, en admettant cependant certains besoins irréductibles : il voit dans ceux-ci des nécessités vitales, en dehors

1. Cf. *Lois de l'imit.*, pp. 103 sqq.

de quoi tout résulte d'inventions de hasard, nées du jeu de l'imagination créatrice, et devenant objets de désirs que l'habitude fixera et transformera en besoins. S'il soutient ailleurs, comme on l'a vu, cette opinion plus modérée qu'en matière d'art le désir se précise seulement par la réalisation de son objet, tandis qu'en matière économique il est préalablement spécifié, c'est encore sans doute parce que les besoins économiques lui semblent répondre à des conditions surtout biologiques. Tarde insiste peu d'ailleurs sur ce point assez vulnérable de son raisonnement; cependant la question était essentielle, et il y avait lieu, comme on le verra tout à l'heure, de s'entendre une fois pour toutes sur le rapport entre le phénomène vital et l'état social.

La seconde objection générale que prévoit Tarde, c'est que l'homme « n'imite pas toujours pour le plaisir d'imiter soit ses ancêtres, soit les étrangers ses contemporains », qu'il fait un choix entre les inventions, qu'il « adopte seulement celles qui lui paraissent utiles ou vraies ». En vertu de ce raisonnement ajoute Tarde, non sans intention captieuse, « c'est donc la recherche de l'utilité et de la vérité, non le penchant à l'imitation qui caractérise l'homme social, et la civilisation pourrait être définie l'utilisation croissante des travaux, la vérification croissante des pensées, bien plutôt que l'assimilation croissante des activités musculaires et cérébrales ». A quoi Tarde répond, s'appuyant sur ce développement tendancieux de l'objection, que, si l'imitation n'apparaît pas toujours sous la forme de mode ou de routine, que si parfois, malgré l'incommensurable crédulité et docilité « populaire », elle semble réfléchie, ce n'est là qu'une illusion; en réalité, quand on croit rechercher le vrai ou l'utile, on est surtout influencé par des besoins, des dessins (ou même des lois locales, par exemple) résultant d'inventions ou d'imitations antérieures : ainsi, dit-il, on en revient à l'imitation « née de soi », si considérable dans la vie sociale du sauvage, et aussi chez l'enfant. Mais la question est ici détournée plutôt que résolue : Tarde doit bien savoir que nul ne conteste le penchant des primitifs et des enfants à l'imitation, qu'on objecte seulement l'affaiblissement de cette tendance chez l'adulte civilisé, son peu d'intérêt au point de vue social, et d'ailleurs le peu d'im-

portance subjective, rationnelle du caractère imitatif dans la
plupart des phénomènes qui le comportent. C'est ainsi, par
exemple, que Tarde en arrive à voir dans la théorie des
suppléances entre cellules cérébrales un argument en faveur
de sa doctrine de l'imitation; mais comment pourrait-on
soutenir que c'est l'aspect imitation, ou même répétition,
qui est l'important dans ce phénomène physiologique, et non
pas le côté adaptation et organisation ? Si le lien qui unit la
société de cellules ou d'êtres est, comme le dit Tarde, l'imitation et non la coopération utilitaires, les plus sociaux des
phénomènes seront souvent les plus inutiles et les plus
absurdes : et peut-être, d'ailleurs, cette imitation extra-logique et extra-téléologique à laquelle Tarde accorde la prépondérance n'est-elle qu'une sorte de mécanisme réflexe, dont
l'origine, l'embryon développé et modifié par l'habitude, fut
un phénomène de répétition volontaire logique ou téléologique. Qui sait, en effet, s'il n'y a pas plus d'automatisme
psychologique, d'auto-suggestion, que de suggestion extérieure dans la vie sociale? La suggestion intermentale n'apparaît pas comme l'unique facteur des phénomènes imitatifs, à
moins qu'on ne les réduise tous (et Tarde s'y refuserait) à
l'imitation « pour imiter »; encore faudrait-il, au surplus,
bien distinguer la suggestion du commandement et l'imitation de l'obéissance, tandis que Tarde les confond absolument. Cette identification est, en effet, paradoxale : on peut
concevoir une obéissance imitée, l'imitation d'autres individus
obéissant à un maître, autrement dit le résultat d'une suggestion persuasive de docilité ; or il est aisé de voir que cette
véritable obéissance-imitation diffère en nature de l'obéissance proprement dite, abnégation craintive ou du moins
intéressée de la volonté personnelle devant celle d'un maître,
c'est-à-dire résultat d'une injonction autoritaire et plus ou
moins menaçante, qui peut parfois se trouver d'accord avec
les motifs d'action rationnels, mais parfois aussi les combattre et l'emporter sur eux. D'autre part la suggestion,
même purement persuasive, est bien la source de l'imitation
proprement dite, irréfléchie, instinctive, sympathique ou
admirative. Mais cette imitation extra-logique est rare, et
elle n'a d'ailleurs qu'une importance sociale très restreinte,

puisque, par définition, elle propagera aussi bien les inventions ou coutumes néfastes et absurdes que les autres. Ce n'est certes pas le moindre défaut de la notion d'imitation que cette ambiguïté. Le rôle de l'imitation ressemble assez à celui qu'un célèbre humoriste prêtait à l'épée de son héros : elle était prête à défendre les institutions, et au besoin à les combattre. De même l'imitation expliquerait la routine aussi bien que l'esprit d'ordre et de suite, la versatilité comme l'esprit d'initiative et de progrès. Ce serait pour ainsi dire un principe homœopathique, qui n'aurait d'autre contraire que soi-même dans l'ordre de l'utile et de l'inutile, du bien et du mal. Or cet « asymbolisme » très caractéristique de l'imitation n'est-il pas, dans une certaine mesure, l'équivalent de la réversibilité qui, selon Tarde, est elle-même l'indice du secondaire et du superficiel ? Tout mal qui est à soi-même son propre remède, tout progrès qui est cause suffisante de sa propre ruine, n'est en effet qu'un mécanisme rythmique particulier, souvent plus apparent que les principes essentiels et d'action irréversible, lesquels seuls sont importants et explicatifs cependant. Si de telles hypothèses sont celles que M. H. Poincaré déclare apprécier en raison de leur « commodité », cette affirmation reste un paradoxe élégamment sceptique, qui, chez un savant mathématicien, ne tire pas à conséquence, mais dont l'application semble au moins discutable quand un philosophe ingénieux le veut reprendre à son compte.

Il est précisément remarquable que l'imitation effective, celle qui trouve son but en soi-même, qu'il s'agisse de coutume ou de mode, soit souvent un fléau social. Dès le XIIIᵉ siècle, le vieux moine Roger Bacon, ce génial précurseur des théoriciens du progrès et, en général, des savants et philosophes modernes, désignait, à côté de la complaisance pour les opinions du vulgaire, le respect de la coutume et l'autorité des exemples (imitation-coutume et imitation-mode) comme des causes essentielles de la langueur dont souffre l'esprit humain. Et, en effet, c'est, par exemple, dans la stagnation sociale, inintelligente et obstinée, qui, hier encore, caractérisait l'empire chinois, ou bien dans l'engouement néfaste et simiesque des Indiens de l'Amérique du Nord et de certaines

races noires pour les défauts ou les vices des civilisés, que
se manifeste, sous une forme particulièrement sociale, l'imitation pour imiter. Celle-ci n'est en somme qu'une des modalités de l'imitation illogique, moins intéressante même,
sociologiquement parlant, que l'imitation para-logique ou
-téléologique ; c'est parmi ces dernières qu'il faut évidemment placer l'imitation du supérieur réel ou, surtout, *présumé*
par l'inférieur, qui semble être pour Tarde le plus fréquent
des phénomènes d'imitation, et serait donc, selon sa théorie,
l'explication suprême de toute la vie sociale. N'est-ce pas là
un mépris exagéré pour le rôle du rationnel dans l'activité
universelle, puisqu'aussi bien le sociomorphisme est un des
postulats fondamentaux de sa cosmologie ? N'est-ce pas également refuser toute portée, toute signification profonde à cet
autre postulat, le psychomorphisme universel, puisqu'un
tel genre d'imitation n'est guère qu'un réflexe, d'ailleurs inutile et absurde ? Telle est évidemment la plus grave contradiction interne du système général de Tarde. Tous les faits
sociaux, importants comme tels, cités par lui en exemple ne
sont pas des imitations « pour imiter », c'est-à-dire *volontaires
en tant qu'imitations*, mais bien des phénomènes qu'on pourrait analyser de la façon suivante : en présence d'une occasion d'agir ou de juger caractérisée (car, si Tarde nie la pré-
existence du besoin, subjectif et déterminant, il lui en faut
bien admettre l'équivalent objectif et contingent, l'occasion),
l'individu adopte souvent le mode d'action ou de jugement
qu'il a perçu chez autrui dans les mêmes circonstances et
qu'il estime, lui aussi, utile ou vraisemblable. Le reste n'est
que mode et routine, phénomène imitatif proprement dit,
reproduction d'un acte, adoption d'un désir ou d'une croyance
sans autre motif que le désir plus ou moins conscient d'imiter, d'adopter sans examen la tendance ou l'opinion d'un
être sympathique, persuasif ou autoritaire. L'identification
assez juste que Tarde établit entre l'imitation et l'habitude,
cette répétition de soi-même, devait d'ailleurs lui indiquer la
nécessité de distinguer entre la répétition rationnelle et la
répétition imitative. En effet, ne faut-il pas également différencier l'habitude illogique, routine et manie individuelles,
— (qui sous sa double forme spéculative et active, obsession

et impulsion, est sans doute le principal facteur de la dégénérescence mentale, en tant qu'elle hypertrophie la vie
subconsciente de l'esprit et rétrécit d'autant le champ de la
conscience et de l'adaptation raisonnée aux conditions d'existence), — ne faut-il pas la différencier de l'habitude, de la
répétition raisonnées, source de perfectionnement par spé-
cialisation, parce que suffisamment consciente et fondée
essentiellement sur des motifs logiques et utilitaires ? Qu'il
s'agisse d'habitude ou d'imitation, on ne doit pas oublier que
tout phénomène se définit surtout par sa cause et ses effets
véritablement spécifiques : or, en matière sociale, la cause est
le raisonnement logique et surtout téléologique (car peut-
être la société doit-elle ramener, sacrifier le vrai à l'utile, et
non la téléologie à la logique comme le propose Tarde) ;
quant à l'effet, aussi bien au point de vue subjectif qu'au
point de vue objectif, c'est une adaptation et non pas une
imitation proprement dite.

Le principe d'imitation, en tant que fondement de la science
sociale, soulevait d'ailleurs une autre objection : il impliquait
en effet la thèse, très nettement affirmée par Tarde, que tout
rapport social est d'individu à individu. S'il en est ainsi, la
sociologie n'est plus qu'un chapitre de ce qu'on peut appeler
avec lui l'inter-psychologie, car c'est seulement sous son
aspect psychologique que le fait social peut être jugé inter-
individuel. Le couple social (deux individus s'imitant, dirait
Tarde, ou, dirons-nous plutôt, s'entr'aidant, conciliant leurs
intérêts et coordonnant leurs efforts) n'est qu'une conception
abstraite. N'était-ce pas, dès les temps les plus reculés, dans
le rapport entre l'individu et une collectivité (famille ou horde,
consile de famille ou tribunal d'anciens, par exemple) que se
manifestait le fait social ? Si l'on considère les rapports économiques et les politiques, c'est-à-dire les plus voisins, sans
doute de la pure « socialité », de l'essence même de la vie
sociale, ne peut-on les regarder comme la conséquence des
relations de fait entre chacun des éléments constitutifs de la
société et l'ensemble des autres associés. La réfutation précédemment esquissée des objections de Tarde à la théorie
du milieu semble valable ici encore. L'État, par rapport à
l'individu, n'est même pas simplement la somme des autres

individualités qui le constituent; il en est le produit, la moyenne ou résultante, abstraite si l'on veut, mais individualisée et agissante comme telle. L'identification du Pouvoir avec le prestige sympathique ou autoritaire du chef, par conséquent d'un individu en qui se *réaliserait* l'État, n'est chez Tarde qu'un brillant paradoxe, affilié naturellement à la théorie de la suggestion, et d'ailleurs basé comme elle sur ce double lieu commun; la nature moutonnière de la majorité des hommes et la puissance suggestive de la trop rare initiative individuelle. Ne voit-on pas, au contraire, qu'en matière politique comme ailleurs l'individualité n'est elle-même qu'une abstraction? Le soi-disant autocrate le plus absolu est-il, en fait, plus puissant, plus actif par lui-même qu'un président de République parlementaire? C'est au moins douteux, car il n'est, en vertu même des lois inter-psychologiques, qu'une voix, prépondérante si l'on veut, au chapitre de sa délibération intime, en dehors de quoi, même si l'on rejette contre toute vraisemblance le déterminisme psychologique, il est surtout le reflet de l'ambiance, le bénéficiaire ou la victime des suggestions dont l'enveloppent ses ministres, sa « camarilla » de cour, et peut-être sa famille. Sous le nom de Louis XIII, c'est Richelieu qui agit; mais il subit lui-même l'influence du père Joseph; et qui sait à quelles suggestions multiples obéissait à son tour l'Éminence grise? Au surplus, le pouvoir est toujours à la merci d'une révolution qui, elle, dépend bien d'une collectivité, puisqu'elle peut être réalisée par une foule et que celle-ci, de l'aveu même de Tarde, n'a probablement pas toujours son meneur. A ce propos, on peut se demander si ce n'est pas plutôt dans le collectif incohérent que dans l'individuel, toujours plus ou moins logique, qu'il faudrait chercher la manifestation de l'accidentel dans la vie sociale. Du moins, on voit combien la conception classique du pouvoir comme émanation de la volonté nationale, et de l'État comme résultante (opinion et volonté) des tendances collectives par rapport à l'un des associés (sa contribution personnelle y entrant d'ailleurs en ligne de compte), est plus explicative, plus conforme à la réalité que l'interprétation individualiste de Tarde, assez proche, malgré le correctif « suggestion persuasive », de la thèse de Nietzsche. On remarquera aussi que les rapports politiques et juridiques par lesquels s'organise la vie en commun, ont un caractère coercitif très prononcé: si donc le fait social spécifique (que Tarde, au surplus, renonce à distinguer absolument du phénomène inter-psychologique en général) était essentiellement persuasif, le droit et la politique, ces conséquences si immédiates, si indispensables, du groupement en société, se trouveraient contradictoires en nature avec le phénomène social élémentaire. Quand aux rapports économiques, c'est de même par abstraction seulement qu'on peut les concevoir d'individu à individu : celui, en effet, qui par exemple achète un vêtement, est aussi bien en rapport économique avec le tailleur qui en conçut la coupe, les ouvriers, qui en réalisèrent la confection, ceux même qui fabriquèrent les fournitures et les instruments nécessaires etc., etc., qu'avec l'intermédiaire commercial placé en relation directe, matérielle avec lui; c'est seulement au point de vue physique et surtout verbal qu'il est en rapport plus étroit avec ce dernier ; de même ce fournisseur immédiat peut être, et est le plus souvent aujourd'hui, une collectivité, grand magasin ou coopérative de production et de consommation ; et ici se manifeste tout particulièrement l'insuffisance du point de vue individualiste de Tarde, car les prix adoptés par de telles collectivités ne sont généralement pas l'invention d'un seul parmi les associés, mais bien une conciliation, un moyen terme entre les propositions de chacun d'entre eux, en un mot une résultante, et de même l'action suggestive qui s'exerce sur le client émane aussi de cette résultante collective, puisque le choix du vendeur prestigieux et du réclamiste habile dépend également d'une telle volonté générale, pluri-personnelle, ou, ce qui revient au même, impersonnelle.

En un certain sens, la thèse de l'imitation comme fait social essentiel pourrait sembler déjà moins discutable, si l'on admettait ce concept d'une collectivité, non pas sans doute extérieure aux individualités constitutives, mais différente de leur somme. En effet, parmi les imitations proprement dites, celle d'un accord, d'une conciliation ou d'une collaboration, est peut-être la seule qui présente un réel intérêt sociologique. Mais ici encore, l'imitation n'est pas le phénomène pre-

mier, le fait essentiel, et quand bien même, dans cette mesure
si relative, elle expliquerait en partie les progrès de l'esprit
humain, elle ne serait pas encore sociologiquement spécifique.

Il ne faudrait cependant pas oublier, en effet, que le but
de toute science sociale est, par définition étymologique,
d'étudier le phénomène associatif sous sa forme générale ou
dans ses manifestations particulières. Or l'imitation est-elle
la cause nécessaire ou suffisante, ou bien encore la cause
finale de l'association? Est-ce en s'imitant ou pour s'imiter
que l'on s'associe?

Il est de toute évidence que la collectivité sociale ne se constitue nullement par une imitation réciproque et maximale :
elle suppose bien un minimum de conformisme, mais ce n'est
là qu'un produit complexe des similitudes, ou plus exactement des non-oppositions préalables, et des résidus de l'adaptation sociale, des sacrifices mutuels par lesquels furent éliminées ou conciliées les causes d'opposition absolue. Au surplus, ce qui est nécessaire dans une société, ce ne sont pas
les similitudes, ce sont les caractéristiques complémentaires,
ce n'est pas la répétition qui importe essentiellement, c'est la
coordination. Et c'est pourquoi, n'en déplaise à Tarde, les
sociologues semblent avoir raison d'attacher beaucoup plus
d'importance à la notion d'adaptation, qui explique sans exi-
ger aucune subtilité la conciliation croissante (et non l'assimilation) des individualités hétérogènes. Ce sont là d'ailleurs
des vérités que Tarde a reconnues lui-même, mais, grâce à
l'élasticité de sa doctrine complexe, sans renoncer pour
cela à sa thèse générale.

Quant à dire que l'imitation est le but de l'organisation
sociale, c'est là, de la part de Tarde, un nouveau paradoxe bien
imprudent. Le mutualisme, l'échange de services réciproques
est en effet sans intérêt sous son aspect imitation que Tarde
s'obstine à considérer exclusivement. Cette réciprocité est
bien le but de l'organisation, mais en tant que collaboration, c'est-à-dire dans sa cause profonde, dans ses résultats
pratiques. En effet, comme on l'a dit, la plupart des actes en
apparence imitatifs ont, en réalité, une valeur téléologique.
« Tous les hommes recherchent d'être heureux, affirmait déjà

Pascal... C'est le motif de toutes les actions de tous les hommes, jusqu'à ceux qui vont se pendre. » Si à la notion vague du bonheur on substitue l'idée plus positive du «vouloir vivre», (qui d'ailleurs peut expliquer même le suicide), on remarquera aisément combien est fragile la critique de la notion de *besoin* développée par Tarde et, plus généralement, sa critique du point de vue vitaliste. Le vital ne peut se séparer du social, car il existe entre eux un rapport de cause à effet, ou plutôt de cause finale à moyen. Tarde, en effet, avait raison de spécifier que l'organisation n'est pas la fin dernière ; mais, par contre, il errait, semble-t-il, gravement en indiquant l'imitation comme la cause finale de la coordination, alors qu'elle en est tout au plus un procédé particulier, et d'une efficacité très relative. Le but immédiat de l'organisation, c'est évidemment et, pour ainsi dire, par définition, la réciprocité, la collaboration, mais celle-ci n'est elle-même qu'un moyen dont la fin essentielle est la conservation de l'être, la vie.

Non seulement le sociomorphisme universel, nettement mis en relief par la science contemporaine comme l'a fort bien montré Tarde, peut se concevoir en dehors de son hypothèse monadologique, en dehors du psychomorphisme des éléments, mais il semble bien que l'introduction de la psychologie, science hypothétique et controversée, dans l'interprétation de l'univers soit peu favorable à l'éclaircissement de la cosmologie, et aussi de la science sociale sous son aspect le plus général. Même en s'attachant spécialement aux sociétés humaines, n'y aurait-il pas lieu de rechercher des principes d'une portée plus générale que ceux adoptés par Tarde ?

Dire que toute chose est une société, c'est dire que tous les processus universels sont association ou dissociation et doivent être étudiés comme tels. Si, comme le croit Spencer, « il faut que chaque parti reconnaisse dans les prétentions de l'autre des vérités qu'il n'est pas permis d'ignorer », on doit avouer que l'association, en elle-même, et non pas particulièrement dans ses causes ou dans ses effets, est l'objet spécifique de la science sociale. Tarde répondrait peut-être que l'association est pour ainsi dire le postulat, ou, si l'on préfère, le fondement transcendantal de la science sociale,

comme la vie, est le postulat, la condition énigmatique en
elle-même de la science biologique, et il ajouterait que le
fait social positif, cause et conséquence à la fois de l'organisation, c'est l'imitation ; que, par conséquent, le social
s'étudie dans ses causes, dans le mécanisme par lequel il se
réalise, et non dans son essence substantielle, d'autant plus
qu'il est tout simplement, à son avis, une complication et
peut-être une sublimation de cette force si peu connue en
elle-même, la pensée. Cette objection semblerait avoir une
valeur au moins provisoire si l'on prétendait à démontrer
analytiquement le sociomorphisme universel, à refondre
toutes les sciences sur le modèle et d'après les données de la
science sociale. Mais elle tombe absolument si, d'autre
part, on remarque, suivant des indications déjà formulées,
que l'imitation assimile bien plutôt qu'elle n'associe, et
surtout que le groupement en société a pour but dernier,
chez l'homme du moins, la conservation et le perfectionnement de la vie. C'est là, comme aussi, jusqu'à nouvel ordre,
dans la substance même de ses procédés psychologiques,
qu'il faut chercher l'aspect transcendantal, métaphysique et
extra-scientifique du fait social, alors qu'en lui-même il est
très susceptible d'analyse et d'étude objective, ce qui, au
surplus, justifie parfaitement l'existence de la sociologie.

Dans sa forme la plus apparente, le rapport entre hommes
est bien surtout psychologique et c'est pourquoi Tarde
désigne la pensée comme la force sociale par excellence. Mais
faut-il attribuer plus d'importance spécifique au moyen d'expression, à l'un des rouages du mécanisme, qu'à la cause
même du rapport? Or cette cause est biologique : ce ne sont
pas spécialement les conflits entre les besoins intellectuels,
mais bien plutôt ceux entre les besoins vitaux individuels
que l'organisation sociale s'efforce d'éviter ou de canaliser.
Et c'est par là d'ailleurs que, même en regardant la conciliation et coopération comme le fait social élémentaire, on peut
admettre cependant que la société est un phénomène naturel
et non le résultat d'un contrat : n'y-a-t-il pas toujours, en
effet, au moins un essai spontané d'équilibration entre toute
espèce de forces naturelles opposées? Seulement, pour en
revenir au rôle de l'élément intellectuel dans le domaine social,

il est probable que l'importance de la pensée individuelle et
de l'interpsychisme dans les sociétés s'est développée parallèlement aux progrès sociaux matériels comme à tous les progrès de l'espèce humaine. Les besoins essentiels, causes du
groupement en société, ont sans doute peu changé depuis
les origines, tandis que la pensée, cet admirable instrument
de communication, n'était peut-être alors qu'un automatisme
à peine conscient et sans valeur expressive. En ce sens, elle est
bien plutôt fonction que facteur de la société, et c'est ainsi
que M. Séailles a pu dire : « La pensée est essentiellement
sociale. En chacun de nous, elle représente ce que, sans le
savoir, nous devons à tous. »

Voilà probablement la raison profonde pour laquelle il ne
faut pas subordonner en matière sociale la téléologie à la
logique, comme Tarde le fait trop souvent. On ne doit pas
négliger la réalité sociale positive, en elle-même et dans ses
causes coercitives, au profit du mécanisme psychologique
qu'elle utilise. L'être humain n'est pas d'essence uniquement
spirituelle, et c'est tout d'abord pour parer aux besoins, aux
exigences organiques, et non aux aspirations, aux exigences
mentales, qu'il s'unit à certains de ses semblables : c'est
pourquoi d'ailleurs une politique doctrinaire, comme le fut
souvent celle des hommes d'État français, ne fait qu'aggraver les problèmes sociaux.

Le vrai postulat social, on ne saurait trop le répéter, ce
n'est pas la pensée, c'est l'aspiration éternelle et universelle,
non seulement à la conservation, mais encore au développement de l'Être, ou, comme dit ingénieusement Tarde, de
l'Avoir. Dans l'individualité humaine, le caractère originel de
cette tendance est évident, et le principal mérite de l'hypothèse monadologique est de favoriser particulièrement la
généralisation ou l'extension à tous les éléments de cette
caractéristique égoïste fondamentale : mérite relatif, il est
vrai, car l'antagonisme essentiel et universel qui en résulte
peut se concevoir aussi bien comme l'opposition mécanique,
physique, entre des forces inverses, que comme l'opposition
logique, psychologique, entre des notions ou volitions
contradictoires. Il est même plus aisé et plus synthétique de
concevoir le conflit au point de vue matériel, car l'interpré-

tation dynamique de la croyance proposée par Tarde est plus
discutable peut-être que la théorie des idées-forces développée par M. Fouillée; et il se pourrait que la croyance fût,
subjectivement, un état passif résultant de l'action de ces
forces objectives, le caractère rationnel de l'idée et la force
d'affirmation ou de persuasion de ses partisans, par conséquent un état auquel l'automatisme perceptif ou rationnel du
sujet ne saurait conférer le caractère d'activité. Quoi qu'il en
soit, l'opposition sera donc sinon le fait *social*, du moins le
fait *humain* primitif, et s'il ne faut pas lui accorder plus
qu'une fonction de réactif et une priorité de fait, encore ne
doit-on pas, par excès de « moralisme » ou de « sociolo-
gisme » sentimental, lui refuser ce rôle capital. Elle est surtout pré-sociale, si l'on veut; mais ceci démontre tout simplement que les deux derniers termes de la triade de Tarde,
l'opposition (élément négatif) et l'adaptation (élément positif),
étaient seuls intéressants et irréductibles. En d'autres termes,
il n'y a que deux rapports vraiment importants, entre les
êtres humains: l'accord ou la lutte. Au surplus la lutte, aussi
bien que la mutualité, peut être considérée comme une
imitation, une réciprocité imitative.

Tout ceci revient à dire, une fois de plus, que la répétition
n'a pas d'intérêt en elle-même: qu'il s'agisse d'activités ou de
besoins, ce ne sont pas des similitudes qu'il convient de
réaliser entre les éléments constitutifs du groupement, mais
bien plutôt des différences complémentaires; tout individu,
pris au hasard, a certains désirs arbitraires, et, au moins dans
un domaine déterminé, il vise à l'accaparement: si son voisin
l'imite, c'est probablement un conflit qui naîtra de cette imitation. Cette insatiable avidité individuelle fut sans doute,
aussi bien que la difficulté de se suffire à soi-même ou l'instinct social, une des causes du groupement, de l'organisation
en société. Si d'ailleurs, abandonnant le point de vue de l'utilité, on s'occupe plus particulièrement du facteur social
« sympathie », on notera que, sous sa forme amitié ou sous
sa forme amour, il n'exige qu'un minimum de ressemblance,
et que, suivant son plus profond théoricien, l'amour se manifeste surtout entre les êtres qui diffèrent assez pour se
compléter et qui s'harmonisent donc naturellement. Seules

peut-être leurs opinions, et ceux de leurs désirs dont la similitude n'entraîne pas compétition, se ressemblaient au préalable et se ressembleront de plus en plus par suite de leur
accord. Mais la vie sociale n'a aucun rapport à de tels désirs
originellement conciliés; quant aux conflits d'opinion, ils ne
présentent un intérêt social que dans leurs conséquences
pratiques, et le fanatique massacrant son contradicteur croit
encore offrir un sacrifice propitiatoire à son dieu, si du moins
il ne cède pas à une impulsion brutale toute physiologique.
Plutôt que de ramener les faits sociaux positifs à une logique
plus ou moins abstraite, ne vaudra-t-il pas mieux se demander, conformément au principe même du sociomorphisme
universel, si la logique n'est pas comme la science des
phénomènes sociaux ou d'association se manifestant entre
les idées, et si, dans cette mesure, il n'y aurait pas d'intéressants points de contact entre l'ordre logique et l'ordre
social? C'est ce que Tarde a souvent entrevu, mais sans y
conformer son argumentation.

Comment les oppositions originelles, fortuites dans l'état de
dispersion, et qui seraient constantes et plus aiguës dans le
simple état de contiguïté non organisée, pré-sociale, se ré-
solvent-elles en ces adaptations multiples, en cette coordination générale qui se manifeste dans la vie de société? C'est là,
sans doute, le problème capital de la sociologie, et, pour
l'éclaircir, peut-être convient-il de ne recourir qu'à l'observation objective, et non pas à la psychologie, à la logique, ou à
la métaphysique, comme Tarde nous le propose bien souvent.
N'est-ce-pas la guerre qui nous fournit l'exemple le plus clair,
le plus général, le plus persistant et le moins modifié peut-
être par la civilisation, d'opposition sociale? On ne niera pas
toute sympathie humaine originelle. Mais l'ἄνθρωπος ζῶον
πολιτικόν et l'*homo homini lupus* sont deux hypothèses également improbables, parce que trop absolues. Il y avait là pour
Aristote une belle occasion de se conformer à son principe du
juste milieu. Sans prétendre à trancher la question des origines, on peut admettre cette thèse vraisemblable que la société
ne suppose, comme condition psychologique nécessaire, mais
non suffisante, que la possibilité d'influence intermentale, ce
qui a l'avantage d'éviter également le rationalisme un peu

naïf de la théorie contractuelle, et aussi le demi-automa-
tisme assez contestable qu'entraîne la suggestion, sur laquelle
Tarde s'est au moins insuffisamment expliqué. Mais la possibilité de sympathie et d'accord n'empêche pas que le conflit soit
psychologiquement et même « économiquement » inévitable
entre les êtres humains, et qu'en lui réside la raison suffisante
immédiate de l'organisation sociale. Le but dernier, qui est
la vie, se réalise en particulier par ce moyen suprême, l'association, la réciprocité ; celle-ci est elle-même un but dont le
moyen est l'organisation, enfin ce nouveau but inférieur a
lui-même pour moyen l'individuation, qui peut être considérée comme le but suprême dans l'ordre psycho-physiologique. Quoi qu'il en soit, c'est bien le conflit, la lutte pour la
vie, qui fonde l'état social ; et la meilleure preuve en est que
le rêve anti ou a-social de l'anarchisme ne saurait se réaliser
parce qu'il suppose au contraire la sympathie universelle, à
moins qu'il ne verse dans le nihilisme. Puisqu'il en est ainsi,
la guerre, cette crise sociale, peut nous renseigner au moins
très généralement sur le mécanisme intime de l'accord
social. Comment se termine-t-elle en effet ? Ou bien par une
conquête totale, c'est-à-dire non pas la destruction du
vaincu, mais une mutilation considérable de son individualité atteignant surtout ses propriétés ou principes politiques, juridiques, économiques, parfois aussi ses aspirations
religieuses, et, plus rarement, sa langue ; — ou bien par un
traité, qui souvent est la consécration d'une conquête partielle,
mais qui, en général, implique des sacrifices réciproques,
très relatifs de la part du vainqueur, beaucoup plus importants
de la part de son adversaire, et plus pénibles. Ne peut-on voir
dans les concessions mutuelles, dans le sacrifice du superflu
pour sauver l'indispensable, l'essence même du fait social ?

« Toute société, a dit un sociologue contemporain [1], offre
deux caractères susceptibles de s'opposer ou de se concilier,
mais tous deux indestructibles, parce qu'ils tiennent à sa
constitution fondamentale, *concurrence* entre ses membres
pour l'expansion complète de chaque individualité, *solidarité*
entre eux pour le mieux-être de tous et de chacun... Les

---

1. Cf. Georges Renard, *Le régime socialiste*, 3ᵉ éd., p. 6.

énergies individuelles se fécondent en s'unissant. C'est
« coalition pour la vie ». Mais le premier terme ne restreint-il
pas le second, ou du moins celui-ci ne doit-il pas se diviser
en deux phases : conciliation, puis coopération? Celle-ci n'est
guère qu'un aspect ou plutôt un moyen immédiat de la conservation individuelle, cette cause première du fait social.
Aristote a dit que l'État par excellence est celui qui se propose comme idéal le développement de l'activité en vue
de la paix : s'il s'agit aussi bien de la paix intérieure que de
l'accord avec l'extérieur, voilà sans doute la définition du fait
social élémentaire, qui est coordination de tendances contradictoires, conciliation (ce qui ne veut pas dire équilibre
inerte) de forces opposées. Il semble que l'association,
phénomène sociologique spécifique, si elle a pour cause finale
la coopération des énergies coalisées pour la sauvegarde
générale, ait surtout pour cause efficiente et immédiate des
renonciations individuelles, ce qu'on appelle sans beaucoup
de précision : la reconnaissance des droits d'autrui. Tarde, on
peut le remarquer en passant, objecterait que, dans la
conciliation, il y a adoption d'idées neuves étrangères, et par
conséquent imitation au sens très large où il l'entend. Mais
c'est au moins discutable : il y a plutôt sacrifice de fantaisies
illogiques et de préjugés anciens, l'accord se fait en somme
sur le rationnel, dans l'ordre logique ou dans le téléologique,
et, peut-on dire, sur l'éternel humain, sur ce qui ne fut jamais
ni totalement ignoré ni totalement repoussé de l'un et l'autre
associé. Quant à savoir si les sacrifices réciproques sont
inspirés par la logique de l'intérêt (crainte ou utilité), par la
sympathie (admiration ou amour), illogique et d'ailleurs non
suggérée à proprement parler, ou enfin par une suggestion
volontaire, c'est là, semble-t-il, une question d'importance
très relative; on notera toutefois que le prestige et la sympathie apparaissent comme des causes seulement adjuvantes,
beaucoup plus variables et fragiles que l'intérêt. C'est là une
considération que Tarde a bien négligée. Par contre il a eu
parfaitement raison d'indiquer la politesse comme un phénomène social très spécifique. Le « conventionnel » en général,
que certains tiennent pour une sorte d'hypocrisie sociale
inhérente à la civilisation, n'est-il pas plutôt, en effet, la forme

la plus élémentaire et la plus courante de cette abnégation mutuelle qu'exige la vie en société?

En résumé, l'association est à la fois conciliation, c'est-à-dire sacrifice réciproque, et coalition, coopération. Peut-être dans le relatif accord universel entre les hommes y a-t-il plus de tolérance que de synergie, plus de scepticisme que de logique. L'influence de l'activité vitale en tant que cause finale de l'association est beaucoup plus prononcée dans les manifestations moins complexes du sociomorphisme universel. Cette réserve étant faite, il est possible d'expliquer par le phénomène associatif la génération animale ou végétale, les individualités biologiques, les combinaisons chimiques, et peut-être aussi le passage de celles-ci à celles-là. Mais si, renonçant à ces spéculations téméraires, on veut se cantonner dans l'étude des sociétés humaines, il y aura lieu de remarquer tout d'abord que l'association non purement biologique entre les êtres humains crée, elle aussi, des réalités nouvelles, des lois, des formules, qui seront non seulement les statuts de la société actuelle, mais encore, sous bénéfice d'inventaire, et sous réserve d'expérimentation, les bases des sociétés futures. C'est pourquoi il y a une grande part d'exactitude dans la thèse de M. Durkheim, suivant qui les faits sociaux dérivent toujours des faits collectifs antérieurs plutôt que de faits individuels plus ou moins immédiats. Peut-être l'individu, seule réalité saisissable, n'est-il que la cause matérielle, si l'on peut dire, des phénomènes universels en lesquels se réalise et se manifeste la vie par le moyen de l'association.

Le point de vue de Tarde fut donc trop restrictif. Son intelligence vaste et originale, mais systématique par besoin de certitude, se refusait à considérer les questions sociologiques sous des angles divers, ce qui pourtant est plus indispensable encore dans cet ordre d'idées que dans toute autre recherche scientifique. Ce n'est certes pas à lui qu'il serait possible d'appliquer le mot de M. Faguet sur Montesquieu : « Il est si peu homme à système qu'il est capable d'en avoir plusieurs. » Tarde, non moins que Francisque Bouillier, est un dernier disciple de Descartes, et c'est pourquoi il approprie volontiers à son usage personnel la métaphysique de

Leibniz, et pourquoi, sans le savoir probablement, il se trouve en contact assez étroit avec Malebranche. Or, si le cartésianisme triompha de la scolastique par sa psychologie inductive et finement analytique, il s'oppose aussi à l'empirisme, et même dans une certaine mesure, à la science expérimentale contemporaine, par son rationalisme spiritualiste : ici encore Tarde se conforme à l'esprit de l'école, et sans doute il le faut regretter. Son psychologisme est évidemment séduisant : à tous ceux que rebutaient un peu la sécheresse positiviste et la rude franchise du matérialisme, il apportait une doctrine claire et cohérente, idéalisant la vie sociale et relevant la dignité humaine. Mais, si tant est que l'homme soit un animal supérieur, encore n'est-il pas cet esprit immatériel, cette monade purement inventive ou imitatrice, dont nous parle la sociologie de Tarde. De telles conceptions spéculatives justifient trop les remarques de Montaigne sur le peu d'aptitude des philosophes à juger des réalités humaines. La théorie fondamentale de l'imitation est une hypothèse, un principe parasite qui gâte l'ensemble de l'œuvre sociologique de Tarde. Certes, on ne dira pas de cette œuvre qu'elle est une mine précieuse de documents ; car la sophistique naïve, involontaire, s'est trop perfectionnée chez les penseurs modernes, pour que les exemples, dans un domaine scientifique aussi complexe que la sociologie, conservent une valeur autre que celle de l'illustration. Mais, d'abord, on admirera ce don de rendre la philosophie aimable sans en diminuer la valeur spéculative, et le gracieux laisser-aller de celui qui, après avoir ouvert l'exposé de sa monadologie par cette épigraphe significative : *Hypotheses fingo*, le terminait en ces termes : « C'est assez hypothétiser ; me pardonnez-vous cette débauche métaphysique, ami lecteur ? » Le ton simple, la verve discrète, telles sont les qualités, non les plus importantes, mais les plus originales, les plus personnelles, de ce logicien, cartésien le plus souvent, mais parfois aussi scolastique, si moderne toujours par l'allure et le choix des exemples. Enfin et surtout, on rendra justice à cette partie essentielle et durable de son œuvre, l'interpsychologie, car c'est la grande découverte de Tarde que d'en avoir indiqué l'aspect normal et spécifique, et son principal titre scientifique que de l'avoir assez profondément étudiée, en particulier dans ses recherches sur l'opinion et les publics. La psychologie intermentale fondée par lui sera comme un intermédiaire entre la psycho-physiologie et l'étude des faits sociaux, et peut-être sera-t-il beaucoup plus aisé d'en légitimer l'existence que celle de la psychologie individualiste traditionnelle, en tant que science distincte. Elle subsistera à côté de la sociologie naturaliste, comme l'algèbre à côté de la physique; elle voisinera avec la sociologie autonome, comme l'étude des techniques avec celle des produits. En un mot, elle sera un chapitre, non pas sans doute le plus synthétique, mais du moins un des plus intéressants, de la science sociale.

Gray, 1906-1908.

BIBLIOGRAPHIE

BAGEHOT. — *Lois scientifiques du développement des nations*, 1 vol. in-8, Félix Alcan.

BERTRAND (ALEXIS). — *Un essai de cosmologie sociale*, in *Arch. d'Anthropol. criminelle*, juillet-août 1904.

BINET. — *Les altérations de la personnalité*, 1 vol. in-8, Félix Alcan.
— *La psychologie du raisonnement*, 1 vol. in-16, Félix Alcan.
— *La suggestibilité*, 1 vol. in-8, Paris 1900.

BOUGLÉ. — *Rapports de l'histoire et de la science sociale d'après Cournot*, in *Rev. de Métaph. et de Morale*, mai 1905.

CABANIS. — *Rapports du physique et du moral* (éd. Peisse), 1 vol. in-8, Paris 1844.

COMTE (AUGUSTE). — *Cours de philosophie positive* (t. IV-VI), 6 vol. in-8, Paris 1830-1842.
— *Système de politique positive*, 1 vol. in-8, Paris 1851.

COURNOT (AUGUSTIN). — *Essai sur les fondements des connaissances humaines*, 2 vol. in-8, Paris 1851.
— *Traité de l'enchaînement des idées fondamentales*, 2 vol. in-8, Paris 1861.
— *Considérations sur la marche des idées et des événements dans les temps modernes*, 2 vol. in-8, Paris 1872.
— *Matérialisme, vitalisme, rationalisme*, 1 vol. in-18, Paris 1875.

DAURIAC (LIONEL). — *La philosophie de Gabriel Tarde*, in *Année Philosophique*, t. XVI, Félix Alcan, 1906.

DURKHEIM. — *Les règles de la méthode sociologique*, 1 vol. in-16, Félix Alcan.
— *La division du travail social*, 1 vol. in-8, Félix Alcan.

ESPINAS. — *Des sociétés animales*, 1 vol. in-8, Félix Alcan, 1878.

FOUILLÉE. — *La science sociale contemporaine*, 1 vol. in-18, Paris 1880.
— *La psychologie de l'esprit français*, in *Revue des Deux Mondes*, novembre 1896.

GIDDINGS. — *Principes de sociologie* (trad. fr.), 1 vol. in-8, Paris 1897.

GIRAUD-TEULON. — *Les origines de la famille*, 1 vol. in-8, Paris-Genève 1874.

GREEF (de). — *Les lois sociologiques*, 1 vol. in-16, Félix Alcan.
— *Le transformisme social*, 1 vol. in-8, Félix Alcan.

GUYAU. — *L'art au point de vue sociologique*, 1 vol. in-8, Félix Alcan.
— *L'irréligion de l'avenir*, 1 vol. in-8, Félix Alcan.

JANET (PIERRE). — *L'automatisme psychologique*, 1 vol. in-8, Félix Alcan.

LE BON (G.) — *Lois psychologiques de l'évolution des peuples*, 1 vol. in-16, Félix Alcan.

LEIBNIZ. — *Œuvres philosophiques* (éd. Janet), 2 vol. in-8, Félix Alcan.

LOMBROSO et LASCHI. — *Le crime politique*, 2 vol. in-8, Félix Alcan.

MALEBRANCHE. — *De la recherche de la vérité*, t. II (éd. Ollé-Laprune), 1 vol. in-16, Paris 1893.

MAZEL (H.). — *La synergie sociale*, 1 vol. in-12, Paris.

NIETZSCHE. — *Ainsi parlait Zarathustra* (trad. H. Albert), 1 vol. in-12, Paris 1901.

PALANTE. — *Précis de sociologie*, 1 vol. in-16, Félix Alcan.

PAULHAN. — *Les caractères*, 1 vol. in-8, Félix Alcan.

POINCARÉ (H.). — *La science et l'hypothèse*, 1 vol. in-18, Paris 1903.

QUÉTELET. — *Du système social et des lois qui le régissent*, 1 vol. in-8, Bruxelles 1848.

RENARD (GEORGES). — *Le régime socialiste*, 1 vol. in-16, Félix Alcan.

RICHET. — *Les réflexes psychiques*, in *Revue philosophique*, t. XXV Félix Alcan, 1890.

ROBERTY (de). — *La sociologie*, 1 vol. in-8, Félix Alcan.

SCHOPENHAUER. — *Le monde comme volonté et comme représentation* (trad. fr.), 3 vol. in-8, Félix Alcan.

SERGI. — *La suggestione nella veglia e nello stato ipnotico*, in *Rivista esperimentale di medicina legale*, Reggio 1888.

SIGHELE. — *La foule criminelle*, 1 vol. in-16, Félix Alcan.

SPENCER (HERBERT). — *Principes de sociologie* (trad. fr.), 4 vol. in-8, Félix Alcan.
— *Introduction à la science sociale*, 1 vol. in-8, Félix Alcan.

SPINOZA. — *Œuvres* (éd. Saisset), 3 vol. in-18, Paris 1861.

STARCKE. — *La famille primitive*, 1 vol. in-8, Félix Alcan.

STUART MILL. — *Logique*, VIe livre (Sciences sociales), éd. Belot, 1 vol. in-16, Paris 1897.

TAINE. — *Essais de critique et d'histoire*, 1 vol. in-18, Paris 1857.

TARDE (G.). — *La criminalité comparée*, 1 vol. in-16, Félix Alcan, 1888.
— *Les Lois de l'imitation*, 1 vol. in-8, Félix Alcan, 1890.
— *La philosophie pénale*, 1 vol. in-8, Lyon-Paris 1890.
— *La Logique sociale*, 1 vol. in-8, Félix Alcan, 1895.
— *Les transformations du droit*, 1 vol. in-16, Félix Alcan, 1895.
— *L'Opposition universelle*, 1 vol. in-8, Félix Alcan, 1897.
— *Études de psychologie sociale*, 1 vol. in-8, Paris 1898.
— *Les Lois sociales*, 1 vol. in-16, Félix Alcan, 1899.
— *Les transformations du pouvoir*, 1 vol. in-8, Félix Alcan, 1899.

TARDE (G.). — *Psychologie et sociologie*, in *Annales Instit. internat. sociol.*, t. X, Paris 1901.

— *L'opinion et la foule*, 1 vol. in-8, Félix Alcan, 1901.

— *Essais et mélanges sociologiques*, 1 vol. in-8, Lyon-Paris 1902.

— *La psychologie économique*, 2 vol. in-8, Félix Alcan, 1902.

— *L'interpsychologie* in *Arch. d'anthropol. criminelle*, juillet-août 1904.

— *Fragments d'histoire future*, in *Arch. d'anthropol. criminelle*, juillet-août 1904, et Félix Alcan.

— *L'accidentel et le rationnel en histoire d'après Cournot*, in *Revue de métaph. et de morale*, mai 1905.

WORMS (R.). — *La philosophie sociale de G. Tarde*, in *Revue philosophique*, août 1905.

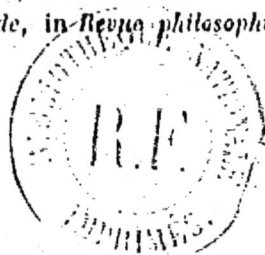

TABLE ALPHABÉTIQUE

DES NOMS D'AUTEURS

TABLE

CHAPITRE IV

LES PHÉNOMÈNES GÉNÉRAUX DE LA PSYCHOLOGIE SOCIALE

II. — L'OPPOSITION, L'ADAPTATION ET L'INVENTION, LE PROGRÈS

CHAPITRE V

LES MODALITÉS GÉNÉRALES DU GROUPEMENT SOCIAL

CHAPITRE VI

CONSIDÉRATIONS PSYCHOLOGIQUES SUR LES PHÉNOMÈNES ET LES GROUPEMENTS SOCIAUX PARTICULIERS

Paris. — Typ. PHILIPPE RENOUARD, 19, rue des Saints-Pères. — 2224

www.ingramcontent.com/pod-product-compliance
Lightning Source LLC
Chambersburg PA
CBHW071629270326
41928CB00010B/1847